中国少数民族地区
城乡居民收入差距研究

峻 峰 著

中国经济出版社
CHINA ECONOMIC PUBLISHING HOUSE
·北京·

图书在版编目（CIP）数据

中国少数民族地区城乡居民收入差距研究／峻峰著.
—北京：中国经济出版社，2018.9
ISBN 978-7-5136-5360-2
Ⅰ.①中…　Ⅱ.①峻…　Ⅲ.①少数民族—民族地区—居民收入—城乡差别—研究—中国
Ⅳ.①F126.2
中国版本图书馆 CIP 数据核字（2018）第 210890 号

责任编辑　余静宜
责任印制　巢新强
封面设计　华子图文

出版发行　中国经济出版社
印 刷 者　北京建宏印刷有限公司
经 销 者　各地新华书店
开　　本　710mm×1000mm　1/16
印　　张　23.75
字　　数　348 千字
版　　次　2018 年 9 月第 1 版
印　　次　2018 年 9 月第 1 次
定　　价　58.00 元
广告经营许可证　京西工商广字第 8179 号

中国经济出版社 **网址** www.economyph.com **社址** 北京市西城区百万庄北街 3 号 **邮编** 100037

前　言

本书是在作者主持并组织课题组完成的国家社会科学基金资助项目“我国少数民族地区城乡居民收入差距现状、影响因素及对策研究”（项目编号：13BJY038）的结项成果基础上凝练修改而成的。课题组主要成员有张昭俊、苏米雅、凤兰、王秀丽、木仁等。课题组在查阅国内外大量有关文献研究资料、系统梳理前人研究成果的基础上，围绕我国少数民族地区（主要指五个少数民族自治区）城乡居民收入差距有关问题，通过大量发放问卷、田野调查等方式，深入基层，深入农牧户家中，掌握了第一手资料。同时，借助数理统计和计量经济学分析法，从多维视角对差距产生原因、影响因素和效应进行理论诠释以及动态和静态分析，进而提出缩小少数民族地区城乡居民收入差距的对策建议。

“收入差距过大”已经成为当前我国经济社会发展中最为突出的问题之一。我国少数民族人口虽少，但却分布在全国50%～60%的土地上，并且主要分布在我国陆地边境地区和西部经济发展较为落后的地区。随着我国改革开放不断深入，东西部地区的经济、社会发展差距呈现不断拉大趋势，其中西部少数民族地区城乡居民收入差距更是不容忽视。如果任由这种态势发展下去，可能会带来更多的社会问题，导致社会动荡与不和谐。因此，缩小少数民族地区城乡居民收入差距，实现共同富裕，防止收入分配两极分化导致社会问题，关系到2020年全面建成小康社会的奋斗目标的实现。

通过研究不难发现，中国少数民族地区城乡居民收入差距呈现以下特点：一是总体来看，我国少数民族地区城乡居民收入差距较大。2014年，五个少数民族地区的城乡收入绝对差距达到14000元以上，城镇居民收入与农村居民收入比大多数在3左右。改革开放以来，各少数民族自治区城乡居民的收入差距的增长速度达到10%以上，达到或超过了城乡居民收入的增长速度。与全国城乡居民收入相对差距相比，除内蒙古低于全国平均水平之外，改革开放以来，其他几个少数民族地区城乡居民的相对收入差距在绝大多数年份都比全国平均水平大。二是中国少数民族地区城乡居民收入差距总体呈现波浪式上升趋势，近几年呈现下滑趋势。改革开放以来，我国少数民族地区城乡居民收入泰尔指数从1978年的0.083上升到2014年的0.135，其间呈现“两升三降”的阶段性特征。最值得关注的是1978年开始实施的家庭联产承包经营责任制以及2004年开始的“三农”政策，这两项政策广泛地调动了农民从事生产的积极性，农民收入大幅度提高，使得我国少数民族地区城乡居民收入差距逐步缩小。三是少数民族地区城乡居民收入依然落后于全国平均水平。少数民族地区因其独特的地理位置及人口分布，经济发展水平相对落后，交通网络并不发达，导致城乡居民收入落后于全国平均水平，特别是近年来落后趋势更为明显。总体而言，除内蒙古城乡居民收入水平与全国平均水平较为接近外，其他少数民族地区城乡居民收入均显著低于全国平均水平。四是少数民族地区城乡居民收入来源单一。各少数民族地区城镇居民依然以工资性收入为主要收入来源，农牧民以经营性收入为主要来源，且占比较大，城镇居民工资性收入及转移性收入占比总和接近或超过了90%。

本书认为，造成城乡居民收入差距的因素众多，如经济发展水平、产业结构、城镇化水平、金融发展水平、国家政策、教育水平、地理区域、历史文化沉淀等。通过区域差异性影响因素的共同因子分析，发现经济发展水平和产业结构情况是导致城乡居民收入差距的两个最主要的原因。

第一，少数民族地区城乡居民收入差距与经济发展水平存在着较强的联系。我国民族地区城乡收入差距的共同波动很大程度是由经济发展水平引起的，经济增长的不平衡拉大了城乡收入差距。

第二，城乡居民收入差距随产业结构的变迁在波动中呈逐步扩大的趋势，近几年略有下降。五个少数民族地区的城乡居民收入差距与产业结构之间具有长期稳定的负向影响关系，随着产业结构的变迁，经济结构的二元性越来越强，少数民族地区城乡居民收入差距越来越明显。

第三，大部分少数民族地区在发展战略的选择上缺乏具有民族特色、能够促进少数民族地区自身造血功能和少数民族群体自身发展的关键点，致使少数民族地区的经济政策在制定上呈现出用整体普遍性掩盖局部问题的现象，导致经济政策反而成为制约少数民族地区经济发展的不利因素。

第四，改革开放30多年来，民族地区城镇化水平和城乡居民收入差距之间的相关关系并不明显，只有宁夏地区城镇化率与城乡居民收入差距之间具有单向正向关系，这一结论与较多学者的观点存在差异。

第五，少数民族地区金融与教育发展水平与全国众多省份存在着较大的差距。城乡差别的金融体制和国家对农牧业融资支持的力度不够，再加上近年来少数民族地区自然环境进一步恶化，农牧区居民的收入很难得到稳定的保障；同时教育水平的落后使得少数民族地区农村牧区居民很难适应快速发展的经济社会发展的多样化需求。

第六，少数民族聚居区的居民收入与自然资源禀赋相关性较强，产业层次、民族聚集等因素对农牧民收入影响不大，尤其是第二产业的发展并未带来城乡居民收入的大幅提高以及收入差距的相应缩小。

因此，缩小我国少数民族地区城乡居民收入差距既要从共性的影响因素出发，更要考虑各自治区的发展特色与自然资源特征，只有两个层面共同发挥作用，才能达到缩小民族地区城乡居民收入差距的目的。

首先，在国家宏观经济政策方面，要依据少数民族地区区域发展实际，以各民族群体的自我发展为导向，制定具有区域特色、有利于区域可持续发展、有助于区域内各民族群体自身的造血功能的宏观政策，以推动民族地区全面协调可持续发展，缩小少数民族地区城乡居民收入差距。

其次，少数民族地区在发展经济、增加收入的同时，走入了城乡居民收入差距扩大的困境。要破解这一难题，必须要充分考虑自身的资源与环境优势，加快产业升级的速度，重点发展农村、牧区经济，大力发展第三产业，同时要防止工业偏重化趋势。

再次，西部民族地区需要转变城镇化发展的侧重点，应极力发展小城镇，注重人口城镇化而非土地城镇化。少数民族地区政府应增加对农牧区的教育投资，特别是在九年义务教育及汉语教育领域的投入，努力提高农牧区居民整体受教育水平，丰富劳动力职业技能，从根本上解决农牧区居民转移进城之后的就业困难问题。

最后，在政府技术引导与财政支持下积极打造具有民族特色的产业，在弘扬民族文化的同时带动相关产业发展，真正做到“一村一品”“一镇一特色”，使农牧民主动“创业”，促使农牧民多渠道多方式增加收入。

我国五个少数民族地区在资源禀赋、地理位置、生态环境等方面的差异决定了其经济发展水平的差异，正因如此，缩小少数民族地区城乡居民收入差距的具体措施也应强调因地制宜。

内蒙古自治区在五个少数民族地区中经济发展最快，城乡居民收入差距最小。然而，内蒙古自治区的经济发展属于资源带动型，要实现经济增长与城乡居民收入差距之间的平衡发展，关键在于调整产业结构，加强第一产业和第三产业的发展，同时要重点改变农牧区的经济发展模式。

西藏自治区是五个少数民族地区中城乡居民收入差距最大的地区。缩小城乡居民收入差距的关键是提高农村牧区的经济发展水平，彻底改变西藏经济“输血型”发展的特点，使其向“输血型+造血型”发展模式转化，建立城乡一体化、区域协调发展的新局面。

宁夏回族自治区的城乡居民收入差距呈现波动扩大态势。因此，缩小宁夏回族自治区城乡收入差距的根本途径在于通过一系列正式和非正式的制度安排彻底改变传统经济社会体制下形成的城乡分离的二元体制。

新疆维吾尔自治区城乡居民收入差距呈现缩小的良好态势。要着力实现经济跨越式发展，使之尽快走过经济发展的早期阶段，缩小收入差距。

广西壮族自治区是我国最大的少数民族聚集地区，是西部欠发达民族地区的典型代表。缩小广西城乡收入差距应该着力开发当地的特色文化产业，依托当地民族特色，塑造自身经济发展的独特优势。

本书以内蒙古自治区为例，在对草原牧区牧民家庭收入状况、蒙古族聚居区居民收入状况以及贫困地区精准扶贫战略等问题进行调研的基础上，作了专题研究和典型分析。研究发现，内蒙古牧区老龄化带来的劳动力严重短缺、畜产品价格保护和质量标准体系不完善、国家相关政策落实不到位、城乡二元经济、牧民生态移民的负面影响、民族文化变迁、牧民受教育程度以及牧区金融发展不发达等多方面问题困扰着农牧民的生计。而且有些问题应引起政府层面的高度重视，例如：对于少数民族地区草原牧区的传统产品（如牛羊肉、奶食品等），需要国家尽快建立起统一规范的质量保障体系；在实施生态移民政策过程中，需要考虑自然环境和人文环境的改变对移民的生产、生活方式（包括民族文化心理等方面）的影响；西部少数民族地区应极力发展小城镇，可以考虑借鉴澳大利亚等国家的模式，充分利用当地人力、物力，既可以达到城镇化的根本目的同时也可间接增加其收入等。

本书试图从学术角度补充国内外对我国少数民族整体城乡收入差距的系统深入研究。鉴于我国少数民族具有的“大杂居、小聚居”的分布特点，现行的宏观研究视角难以真正深入了解少数民族聚居程度较高地区的居民经济收入现状。本书打破了宏观研究中民族性因素难以具体体现的局限性，打破了诸多学者按照国家行政区划，将自治区一级作为研究单位的习惯方法，专就某一少数民族聚居地区的居民经济收入状况进行深入的调研和聚类分析，为少数民族经济研究和少数民族族群收入差距研究提供了一个新的视角和研究方法。

本书出版时正逢学习领会习近平新时代中国特色社会主义思想，全面贯彻落实党的十九大各项决策部署的关键时期。党的十九大报告提出了一系列振奋人心的新观点、新思路和新举措，提出决胜全面建成小康社会的伟大目标。报告指出："实施区域协调发展战略。加大力度支持革命老区、民族地区、边疆地区、贫困地区加快发展，强化举措推进西部大开发形成新格局。"党的十九大开启了新时代，为少数民族地区发展带来了新机遇。我们相信，少数民族地区通过中央政策的扶持和干部群众的共同努力奋斗，定能与全国一道实现全面小康的宏伟目标。

作　者

2018 年 2 月 6 日于呼和浩特

目 录

第一章　导　论

第一节　研究背景

一、现实背景

世界经济论坛《2015 年全球议程展望》报告的全球十大趋势调查中，“收入差距拉大”跃居榜首。随着世界经济发展，全球财富增加，收入差距却越来越大，差距的扩大将造成全球性危害。

相比全球而言，我国经济快速发展，居民财富收入同比都有较大提高。据中国社会科学院《社会蓝皮书：2017 年中国社会形势分析与预测》，城乡居民收入增长出现新的态势，但是我国城乡居民收入差距仍然较大。党的十八大提出到 2020 年全面建成小康社会的奋斗目标，是中华民族伟大复兴征程上又一座重要的里程碑。全面建成小康社会，在“四个全面”战略布局中居于引领地位。党的十八届五中全会对全面建成小康社会进行了总体部署，发出了向全面建成小康社会目标冲刺的新的动员令。当前，全党全国各族人民最重要的是树立起攻坚克难的坚定信心，凝聚起推进事业发展的强大力量，把“十三五”规划描绘的全面建成小康社会的宏伟蓝图变成现实。

实现全面建成小康社会的宏伟目标，其难点集中在农村，而制约我国农民实现小康的 13 个因素中，“农民收入水平低”排在了第一位。在过去的 30 年，虽然我国经济社会快速发展、居民收入迅速提高，但居民收入差距也在迅速拉大，城乡收入差距、行业收入差距、区域收入差距均呈现出扩大趋势。

在国家层面大力推行精准扶贫的大战略、大政策背景下，我国城乡收入差距格局将会发生巨大变化。

我国是一个多民族国家，也非常特殊地拥有属于省级自治区的少数民族地区。① 在民族区域自治制度下，无论是经济发展还是城乡居民收入差距，少数民族地区都有其独特点，且就地域分布而言，5个少数民族自治区有4个分布在西、北部边疆落后地区。根据国家民委发布的2014年少数民族地区农村贫困监测结果来看，2012年、2013年、2014年，少数民族地区减贫率分别为20.3%、17.9%、13.9%，全国同期为19.1%、16.7%、14.9%，少数民族地区减贫速度前两年快于全国，到2014年低于全国1个百分点。2014年与2012年相比，少数民族地区减贫速度下降了6.4个百分点，全国下降了4.2个百分点，少数民族地区不仅与全国一样，减贫速度逐年放缓，而且呈加速放缓趋势。② 民族地区不仅贫困面大，而且随着扶贫开发的深入，扶贫攻坚任务越来越重，是扶贫攻坚战的“硬骨头”。这就赋予了少数民族地区城乡居民收入研究独特而又重大的意义。

二、理论背景

本书是课题负责人的博士学位论文及国家民委2002年重点项目“西部地区人力资源开发与管理研究”的后续研究的成果。从地域上来说，少数民族地区与西部地区有绝对地域交叉。在人力资源开发研究的基础上，深入到收入差距研究也顺理成章。

除深入研究之外，本研究本身也具有其独特的意义。从理论意义上讲，本研究首次提出将5个少数民族地区作为一个整体深入研究，在运用经济学原理的基础上大量引入并运用民族学的理论和研究方法，这对现有相关理论

---

① 少数民族地区是指以少数民族为主、少数民族聚集生活的地区。中国的少数民族主要分布在西部、北部等边疆地区。本书特指内蒙古自治区、广西壮族自治区、西藏自治区、宁夏回族自治区、新疆维吾尔自治区5个少数民族自治区。

② 数据来源：国家民委经济发展司．国家民委发布：2014年少数民族地区农村贫困监测结果［EB/OL］，［2015-04-15］.

研究是一个极大的补充。从现实意义上讲，我国居民收入差距的扩大正在向纵深发展，“收入差距过大、贫富分化”已经成为当前我国经济社会发展中最为突出的问题。在全国范围内又以少数民族地区、边疆地区最为严重。

目前，我国少数民族地区的收入分配形势比较严峻，收入差距逐渐扩大，甚至出现了两极分化的趋势，如果任由这种趋势发展下去，会引致更多的社会问题。因此，缩小城乡居民收入差距，实现共同富裕，防止收入分配出现两极分化，促进社会与经济的和谐发展，是摆在党和政府面前的重大任务。

五个少数民族自治区中存在大量的贫困人口，城镇化的推进使城乡收入差距的扩大越来越引起人们的重视。这种城乡差别造成了经济发展中的恶性循环，城乡收入差距扩大带来的农牧民消费水平降低、内需不足进一步制约了社会经济的发展，工业无力实现对农村牧区的支援，无法快速吸纳农村牧区剩余劳动力，农牧业劳动生产率提高缓慢、收入难以稳步提高，工农业、城乡差距进一步扩大。如何增加农牧民收入、缩小城乡差距、共同奔小康已经成为五个自治区经济发展和社会稳定与繁荣面临的重大问题。

要打破上述少数民族地区城乡发展差距扩大的恶性循环，就必须认真研究少数民族地区特殊的城乡发展差距的深层原因，找出影响城乡居民收入差距扩大的核心和根本因素，并通过有效统筹城乡发展、缩小城乡差距来实现城乡之间的相互联系、相互依存、相互支持、相互促进、和谐发展，以保证边疆稳定和繁荣昌盛。

基于上述研究背景，本研究试图解决的问题为：①深度分析少数民族地区城乡居民收入差距的现状；②研究影响少数民族地区城乡居民收入差距的深层次原因；③分模块、分专题找到影响因素与收入差距的互动关系；④针对缩小少数民族地区城乡居民收入差距提出建议。

为实现上述研究目的，在充分考虑五个少数民族自治区地区特色的基础上，本研究重点进行了对差距现状的量化分析；探索了政策、城乡二元结构、城镇化、产业结构、经济增长、贸易开放等主要影响因素；分模块研究了收入差距与经济政策、经济增长、产业结构变迁、城镇化、边贸开放的关系；

还分专题剖析了草原牧区家庭、蒙古族聚居区、精准扶贫等相关问题。

第二节 研究现状

一、文献综述

(一) 收入的概念及其核算方法上的分歧

收入差距问题的研究，首先应该澄清如何定义城镇与农村地区的居民收入。由于城乡居民的收入来源、收入构成、消费结构、社会保障与社会保护存在着巨大的差异，因此，中国的城镇与农村地区居民的收入水平不像其他国家那样具有直接的可比性。目前，多数研究者都遵循了国家统计局对收入的定义。国家统计局对城镇居民家庭人均可支配收入的定义为：指调查户可用于最终消费支出和其他非义务性支出以及储蓄的总和，即居民家庭可以用来自由支配的收入；计算公式为：可支配收入=家庭总收入-交纳个人所得税-个人交纳的社会保障支出-记账补贴。对农村居民家庭人均纯收入的定义为：指农村住户当年从各个来源得到的总收入相应地扣除所发生的费用后的收入综合；计算公式为：纯收入=总收入-家庭经营费用支出-生产性固定资产折旧-调查补贴-赠送农村内部亲友支出。

然而，近年来，研究者们都意识到国家统计局给出的收入的定义无法直接运用到实际的研究当中。例如，李实和罗楚亮（2007）认为，国家统计局对城乡居民收入的定义中存在着三个方面的重要缺陷：第一，收入概念中未将自有住房估算租金纳入其中；第二，许多城镇居民所享有的实物性补贴与社会保障没有计入城镇居民收入之中；第三，没有对生活费用指数差异进行调整。Sicular 等（2007）在他们的研究中，对收入作了较多的修订，使用了一个更为全面的收入的衡量。首先，在收入中加入了业主自有住房及公有住房估算租金价值、教育、医疗保健和基础设施建设等公共服务领域的家庭消费价值；其次，提出并限定了居民生活成本的空间差异；最后，将居住在城市地区的未注册的流动人口的数据考虑在其研究中。通过对收入的较全面的衡量，发现这种对收入的调整显著降低了中国城乡收入差距和差距对不平等的贡献。当然，差距仍然很大，而且随着时间的推移这种差距还有所扩大。

居民收入差距问题研究的意义在于收入差距一旦扩大可能会危及社会稳定，阻碍经济的长期增长。因而，研究的出发点常常是为这一社会现象找到其产生的内在原因，并为缩小这一差距提供合理的政策建议。若是这样，也许研究者们更关心的是居民的财富差距。正如陈彦斌（2008）所提出的那样，财富差距研究尤其是我国城乡财富分布的对比研究要比收入差距研究更具价值。首先，财富作为经济变量比收入更具理论价值。财富是存量，而收入是流量，存量要比流量更加适合作动态模型的状态变量。其次，财富要比收入更加客观。家庭是依据其财富水平而不是收入水平决定其最优消费和投资数量的。对于很可能存在的财富较高而收入较低的家庭，若使用收入作为变量，其有规律的基于财富的消费函数就会被人为地扭曲为没有规律的基于收入的消费函数。最后，财富涉及资产和负债，因而要比收入蕴含更多的财务信息，有助于更加深入地了解贫富差距的原因。陈彦斌（2008）在文中给出了财富的核算方法，即家庭财富等于总资产减去总债务。

（二）收入差距衡量指标上的分歧

要想客观地判断收入差距水平、性质及其影响因素，首先必须对某些关键性收入差距指标进行定量的测度。在现有文献中，常用来度量城乡收入差距的指标有三种：

第一种是城镇人均可支配收入与农村人均纯收入之比，即城乡居民收入比。该指标的缺点是没有反映城乡人口所占比重的变化（许芳，2015；魏君英等，2015；肖晓军，2015）。该指标具有计算简便的特点，但由于我国是一个农业大国，城乡经济呈现出显著的二元结构，农村人口占比较大，因此这一度量方法不能准确度量我国的城乡收入差距。

第二种是基尼系数。基尼系数可以客观反映居民之间收入分配的公平程度，能够较好地体现出居民之间的贫富差距，是国际公认的衡量一国收入差距的权威指标（刘瀑，2015）。特别是国外学者们的研究中用的几乎全部都是基尼系数。这是由基尼系数相对于其他收入差距指标而言所具有的一系列优点所决定的。但基尼系数将总人口划分为不同的收入阶层，因而所度量的是总的收入差距而不是城乡收入差距。改革开放以来，对中国基尼系数的经验研究中有不少有价值的文献，但同时也存在重要的缺憾，主要包括以下三个方面：第一，目前大部分文献都只关注农村或城镇内部基尼系数，对全国总体基尼系数的定量研究极为有限；第二，对全国总体基尼系数与农村和城镇内部基尼系数的关系缺乏了解；第三，所有研究都只涉及少数年份，改革开放以来连续时间序列的农村、城镇和全国总体基尼系数研究几乎是空白。造成这种缺憾的原因，既有数据方面的，也有方法方面的。由于目前统计部门调查的收入数据都是城乡分离的，根据这些数据，利用现有的方法无法准确计算全国总体基尼系数。全国总体基尼系数与农村和城镇基尼系数的关系涉及基尼系数的组群分解问题，这是基尼系数相关研究的热点问题之一，但至今还没有得到完善的结果。程永宏（2007）放弃 Bourguignon 和 Shorrocks 对组间差距指标的个别不合理的限制，实现了基尼系数的城乡分解。该分解式的结构与泰尔指数分解式类似：组内差距的权重等于各组收入份额，这使得分解式经济意义更明确。该分解方法最显著的特点在于，不是从抽象的原则出发讨论可分解性问题，而是直接利用计算基尼系数的一个新公式，以演绎推理的方法合乎逻辑地导出基尼系数分解公式，从而将总体基尼系数分解成组间差距和组内差距两个部分，并重新定义了一个城乡差距指标。该城乡差距指标符合 Blackorby、Donaldson、Auersperg 关于组间差距指标的观点：它将各组内部差距（城镇和农村各自内部差距）纳入组间差距指标（城乡差距指标），但纳入的方式与 Blackorby、Donaldson、Auersperg 不同。程永宏（2007）已经较为充分地论证了这一城乡差距指标的合理性。

第三种是泰尔（Theil）指数。近年来国内学者在度量我国城乡收入差距时常用该指标。泰尔指数是各地区的收入份额与人口份额之比的对数加权和，不仅充分考虑到人口的作用，而且对阶层两段收入的变动比较敏感，因此能很好地厘清泰尔指数的变化是由低阶层收入变动引起的，由高阶层收入变动引起的，还是由城乡人口比例变动引起的（杨森平等，2015）。用泰尔指数来衡量收入差距的最大优点是可以将总地区差距分解为组内差距和组间差距，从而可以衡量组内差距和组间差距对总收入差距的贡献度。

（三）收入差距的成因上的分歧

近年来，关于我国城乡居民收入差距的研究存在的主要分歧在于，到底是哪些因素影响和扩大了我国城乡居民之间的收入差距？教育这一因素是绝大部分学者认同的造成我国城乡居民收入差距的重要因素。Sicular 等（2007）的研究发现，教育是造成城乡居民收入差距的不具地域性的最大共性特点。2002 年城乡地区之间的教育水平差异对收入差距的贡献为 1/4。相比之下，其他家庭特点，如人口的多少、家庭组成、土地所有权、党员身份以及禀赋等，就显得不那么重要。Su 和 Heshmati（2013）的研究结果表明，教育和职业是家庭收入水平的最重要的决定因素。他们的研究发现，在城市地区，教育为高收入人群加码，而在农村及牧区，专业化和大专教育使贫困家庭受益良多。在所有职业类型中，农业活动显示出比其他职业更低的教育回报。徐舒（2010）认为，教育回报率的变化是我国劳动者收入不平等扩大的重要原因。劳动者收入不平等的扩大具有不对称性，体现在城乡差别上就是，低收入农村劳动者的收入不平等受到教育要素的影响程度比相同收入水平的城市劳动者更大，而高收入农村劳动者的收入不平等程度较同等收入水平的城市劳动者受教育要素的影响程度更小。李俊青和韩其恒（2011）的研究认为，中国农民与牧民同时受到教育不平等和金融不平等的双重约束。在农村与牧区金融市场更加不完善的影响下，倾向城市的教育投入政策对中国居民收入影响会更大。曲兆鹏和赵忠（2008）的研究也认为教育是影响我国农村与牧区家庭之间消费不平等的主要因素。他们认为，教育的确起到了减小不平等的作用。

除了教育这一最主要的影响因素外，学者们提出的其他影响因素并不一致。Wan 等（2007）根据面板数据，利用 Shapley 分解法，指出全球化是影响区域间收入不平等的重要因素且其贡献率呈上升趋势，国内资本已成为影响区域间收入不平等的最主要因素，私有化对区域间收入不平等的影响也在快速增长。Yu 等（2011）在 Wan 等（2007）所用方法的基础上，结合联立方程探讨了 1990—2005 年海外直接投资中国股票对区域间收入不平等的影响，发现海外直接投资对收入差距的贡献并不大，而省际的人均实物资产、地理位置以及教育水平对收入差距的贡献是显著的。曲兆鹏和赵忠（2008）提出，除了教育这一主要的影响收入的因素外，对于农村牧区的居民而言，劳动经验和家庭规模等特征的差异都是影响现阶段我国农村及牧区收入不平等的重要原因。但是，他们的研究还发现，收入的不平等会随着年龄增加而迅速增加。虽然目前老龄化直接的不平等效应还小，但人口老龄化与不平等随着年龄的增加而增加这一情况仍不容忽视。钟笑寒（2008）考虑了城乡移民（农民工进城）因素对收入差距的影响，其研究结果表明，农民工进城并不总是减少收入不平等，特别是在城乡移民早期，很可能增加收入不平等。

近年来，有关城镇化率如何影响我国城乡收入差距问题备受实务界和理论界的关注。余菊和刘新（2014）认为，就全国而言，城市化率和社会保障支出这两个解释变量都与城乡收入差距正相关，但影响效应的方向及大小存在地域差异。许芳（2015）也认为，城市化对城乡收入差距的影响具有明显的时空差异，其研究结论为我国城市化率和城乡收入差距在空间上分别呈现出“从东部向中部、从西北向西南递减”和“从东到西、从北到南上升”的对比分布格局。还有一种说法是，城镇化率与城乡收入差距之间呈倒“U”形关系。如杨森平等（2015）通过测算 1995—2012 年的时间序列数据与各省面板数据，根据数据计算得出泰尔指数与城镇化率值后进行实证分析，得出城市化率与城乡收入差距之间确实存在倒“U”形关系。

（四）数据来源方面的不同

大多数研究者在衡量中国城乡收入差距时，都采用了国家统计局的收入数据，中国社会科学院（CASS）主持下进行的住户收入调查数据，由北卡罗来纳州立大学教堂山分校的卡罗来纳人口中心、营养与食品卫生研究所、中国预防医学科学院共同收集的中国营养与健康调查数据（CHNS），中国居民收入分配课题组和中国城乡劳动力流动课题组（RUMIC）的抽样调查数据等数据。

Sicular 等（2007）的研究运用的数据来自中国社会科学院在 1996 年和 2003 年进行的两轮家庭收入调查，以 1995 年和 2002 年为基期进行调整。这些调查是在研究小组的指导下进行的，这些研究小组由经济研究所、中国社会科学研究院和其他国家的研究学者组成。数据用国家统计局项目研究小组设计的调查工具收集。中国社科院所作的这两次调查在地区覆盖上有变化。第一次抽样调查包括了 28 个省份，而第二次抽样调查只包括 19 个省份。农村样本包括安徽、北京、甘肃、广东、贵州、河北、河南、湖北、湖南、辽宁、江苏、江西、吉林、山西、山东、陕西、四川、云南和浙江。城市样本包括安徽、北京、甘肃、广东、河南、湖北、江苏、辽宁、山西、四川和云南。由于城镇居民在 1995 年过度采样，而在 2002 年欠采样，给城镇和农村子样本加以权重，以便使他们的人口比例等于国家统计局的人口普查数据。调整之后，样本在农村和城镇地区的分布与官方人口分布相一致。大多数中国家庭调查数据的缺陷是农村到城市的流动人口没有被包括在内。

李实和罗楚亮（2011）的研究中采用的住户调查数据来自中国居民收入分配课题组和中国城乡劳动力流动课题组于 2007 年进行的抽样调查。调查样本大体上可分为三种类型：传统意义上的城镇（户籍）居民户、农村居民户以及进入城镇的农村（户籍）流动户，其中进入城镇的农村（户籍）流动户只包含城镇里长期稳定的农村外来人口。前两类样本来自国家统计局的常规住户调查的大样本，收入和支出指标也来自统计局常规住户调查的记账数据；城镇中的农村流动人口样本由课题组委托一调查公司获得，抽样方法和调查问卷由课题组设计；城镇流动人口调查中，没有住户记账数据，因此收入信息是根据被调查人对分项收入的回忆得到的。夏庆杰等（2007）利用中国家庭收入调查项目（CHIP）数据，分析了我国 1988—2002 年城镇贫困的变化趋势和模式。研究表明在样本期内，我国城镇居民的绝对贫困显著减少，但收入分配不平等加剧。徐舒（2010）利用中国健康与营养调查数据研究了

1991—2006 年我国工资收入不平等程度在时间维度上的纵向变化特征。该纵向调查数据涵盖了八个年份：1989 年、1991 年、1993 年、1997 年、2000 年、2004 年、2006 年和 2009 年。其样本住户从黑龙江、辽宁、山东、江苏、河南、湖北、湖南、广西和贵州九个省份随机调查而得。该项调查采用了多阶段整群随机抽样方法，分别对城市、城郊、县城和农村的住户进行了调查。此外，CHNS 还对家庭收入数据进行了价格水平的调整，剔除了价格波动的影响，提高了收入数据的准确性。

(五) 工资收入不平等的分解方面的不同

对收入差距研究的另一个活跃领域是对工资收入不平等的分解。纵观对中国收入差距的研究成果，大部分研究采用计量经济学方法，将两个不同群体的收入差距分解为劳动力个体特征（如性别、年龄、受教育程度等）的影响，借此探索不同社会群体在工资收入上存在差别的原因。常采用的方法有：基于线性回归的瓦哈卡—布林德（Oaxaca-Blinder）分解、Juhn 等（1993）的方法，以及 Machado 和 Mata（2005）提出的基于分位数回归的分解方法等。Sicular 等（2007）的研究中使用了瓦哈卡—布林德分解。该方法不能够识别一些特定的政策如户籍制度等对收入差距的贡献，但是它可以给出这种收入差距在多大程度上反映出家庭特点，而不是简单地反映城市和农村地区之间的差异。从政策角度来讲，这些信息是有用的。例如，如果城市和农村地区之间教育特点的差异对收入差距具有显著影响，那么，政策制定者可能希望把注意力集中于教育水平在城乡地区的决定因素和后果。徐舒（2010）采用 Firpo 等（2007）发展出的基于再中心化影响函数回归的收入分解方法，将反映收入不平等的不同统计指标分别刻画出教育的要素结构效应与要素报酬效应对收入分配不平等程度的影响。许庆等（2008）应用近年来才发展起来的夏普里值（Shapley Value）分解法研究了土地细碎化对农民收入不平等的影响。这一基于回归方程的分解法，能够克服简单回归分析和常规指数（基尼系数和泰尔指数）分解的局限，得到一种理论上可能的影响因子对于收入差距的具体贡献大小和位置排序。

二、文献述评

有关中国城乡居民收入差距问题的研究成果已经相当丰富。本部分将近年来国内外相关研究文献，从收入的概念及其核算方法、收入差距的成因、数据来源、工资收入不平等的分解等不同的角度进行了梳理，发现中国城乡收入差距领域的研究取得了丰硕的成果，但该研究领域在以下几个方面还存在一些不足和进一步深入研究的空间：

首先，与经济发达地区城乡收入差距研究的蓬勃发展相比，对少数民族地区城乡收入差距问题的研究显得非常薄弱。造成这一现象的一个关键原因是少数民族地区城乡居民收入差距的数据的可得性。为数不多的几个涉及少数民族收入差距问题的研究成果，如李实和古斯塔夫森（2002）的研究，也只对农村地区少数民族居民和汉族居民的收入差距进行了对比研究，而且其样本地区也并不是针对少数民族聚居地而展开。对于中国这样一个多民族国家，对少数民族聚居地区的城乡收入差距问题的研究也应该引起学术界的重视。

其次，研究中国居民的收入差距问题，应首先厘清收入的概念。收入是一个非常复杂的概念，目前，学术界对这一概念还没有一致的定义。如果能够提出一个被普遍接受的收入概念，将对该领域的研究起到有力的推动作用。

最后，现阶段制约收入差距问题研究的另一个主要的障碍是收入数据的可获得性。对于任何收入差距问题的研究而言，收入数据都是关键，因为收入差距问题的研究是依赖数据的。然而，中国的居民收入方面的很多数据是无法获得的，或者说长期时间序列数据无法获得。虽然现在有些研究机构正在致力于收入数据的收集工作，但是它们的力量还不足以为深入和全面研究中国各地区收入差距提供充足的数据。这些收入数据的提供，具有明显的公共物品的性质，需要政府对全面的、高质量的收入数据和信息进行公共投资，才能确保研究人员在该领域获得更多的研究成果。

总而言之，为了不让研究理论、方法的片面性误导对中国城乡居民之间的收入差距现状的估计，研究者们还需要在该研究方向上继续努力，而本课题正是基于微观、中观、宏观三个方面来研究我国少数民族地区城乡居民收入差距的。

第三节　相关概念及测度

在本研究中，主要涉及经济、制度、政策等方面的相关概念。为更好地进行深入研究，本节对相关概念予以厘清和界定。

一、基本概念

（一）城镇居民和农村居民

在城乡划分的基础上，根据居民户籍所在地，可以把居民划分为城镇居民和农村居民两种类型。城镇居民包括市和镇两级行政区的人口，凡户籍在市和镇的居民统称为城镇居民，否则为农村居民。当然，目前中国人口的流动性比较大，以户籍所在地划分城镇居民和农村居民会存在一定的偏差，尤其在大量农村人口涌入城市的情况下，出现这种偏差的可能性更大。但是，现有的统计资料中缺乏较为权威和连续的对流动人口的统计，我们只能以户籍所在地作为划分城镇居民和农村居民的标准（胡晶晶，2013）。我国的户籍制度把户口硬性地分为农业户口与非农业户口。改革开放以前，在严格的户籍制度下，非农业户口的人（以下简称非农户口）集中在城镇，农业户口的人（以下简称农业户口）集中在农村。农村的非农户口和城镇的农业户口都相对少，非农户口和城镇人口、农业人口和农村人口几乎没有区别。改革开放以后，虽然许多农村人口涌入城镇进行劳作与生活，但是绝大部分仍然是农业户口。在户籍调查的过程中，许多进城的农业人口在调查时仍以农村住户的身份作为调查对象，而不是城镇住户。从国家统计局公布的农村家庭收入来源来看，我国城乡居民收入的调查是依据户籍进行的。因为统计年鉴对常住人口的定义是“全年经常在家或在家居住 6 个月以上，而且经济和生活与本户连成一体的人口”，外出劳作人口在家居住时间虽然不足6个月，但收入主要带回家，经济与本户连为一体，仍可以被视为家庭常住人口。因此，本研究对城乡居民的划分也是以户籍作为主要划分依据，城乡居民收入的划分也以此为依据。

（二）居民收入的口径

一般而言，收入口径有三个层次（李实、罗楚亮，2011）：国家统计局住户调查中的城镇可支配收入和农村纯收入；Khan等（1992）定义的收入，是在国家统计局定义的收入基础上加上公有住房的租金补贴、私有住房的归算租金和各种实物收入（如单位发放的食品、日用品等实物和有价证券）的市场价值；福祉含义的收入，是在Khan等（1992）的基础上再加上能够给城乡居民带来实际福祉的社会保障和社会福利的市场价值。

Khan等（1992）定义了农村家庭可支配收入，由八项构成：所有家庭成员的工资、退休金和其他报酬，包括从工作单位获得的实物收入；除了劳动报酬以外，从乡、村、合作社、国家和其他企业获得的收入；农业或者其他工业、副业所生产的产品的销售净收入；自己消费的农产品的总价值；财产性收入，包括租金和利息收入；房屋的租价；转移性收入；其他收入。城镇家庭收入也由八项构成：所有工作的家庭成员的现金劳动报酬；退休后继续工作的成员的收入；非劳动成员的收入，包括退休金和福利津贴；由家庭成员经营的个体户和私营企业的收入；财产性收入；实物收入和净补贴；自有房屋的租价；其他收入。

一直以来，对中国城乡收入差距的估算存在两种不同的声音。有的学者认为是低估了，因为没有将城镇居民的隐性补贴考虑在内，而这些补贴在城镇居民收入中占据了不小的份额。城镇居民获得的隐性补贴占到可支配收入的53%，而农村居民享受的补贴只占到纯收入的9%，因此如果加上这些隐性补贴，城乡差距会更大。也有学者认为是高估了，因为城乡之间存在生活费用的差异，城镇生活成本往往更高。蔡昉和杨涛（2000）提出，在进行城乡消费和收入比较时应当注意以下三点：第一，对受教育、培训和工作经验等人力资本衡量的劳动力质量作出调整；第二，要以实际水平为依据；第三，城乡生活费用差别也应剔除。关于低估问题，主要的解决方法是将收入调整到城乡可比的口径下。国家统计局农调总队课题组（1994）采用城市非工资性收入的信息来弥补城市生活费用和农村纯收入之间口径、范围的不一致问题。虽然非工资性收入没有统计在城市家庭调查之中，但他们获得了总量数据，从而在城镇居民生活费收入的基础上减去税收、调查补贴、生产费用支出，加上住房补贴、消费品价格补贴、实物收入和部分劳保福利费用，得到了可支配收入。他们发现补贴等隐性收入占可支配收入的近 30%。蔡昉和杨涛（2000）也采用了这种调整方法。李实和罗楚亮（2007）采用了“福祉含义的收入”定义，是较为全面的收入口径。具体而言，就是在国家统计局的可支配收入（或纯收入）的基础上加上公有住房的租金补贴、私有住房的归算租金、各种实物收入、社会保障和社会福利的市场价值，同时扣除城乡生活费用差异。经过这样的调整后，他们发现：考虑各类隐性补贴后，城乡收入差距上升 37%；考虑城乡生活费用差异后，城乡收入差距下降 28%；综合而言比未经任何处理的城乡收入差距略低。其中，自有住房估算租金采用了 Khan 和 Riskin（2005）的估算，城镇居民自有住房租金占总收入的 10%，为 1723 元；农村居民自有住房租金是重置价值与房屋债务差价的 8%，大约为 450 元。在隐性补贴方面，公有住房补贴是实际租金与市场租金之差，若市场租金不可得，采用回归来得到预测值；医疗补贴是报销总额除以城镇人口；教育补贴采用生均教育支出与生均学杂费之差；社会保障补贴是单位缴费与个人缴费之和；实物收入根据住户调查直接计算，城镇为 192 元。生活费用差异的调整方法采用了 Brandt 和 Holz（2006）所计算的地区生活费用指数。Brandt 和 Holz（2006）首先确定了一篮子生活商品及购买数量，这些商品覆盖了农村生活用品的 40%，城镇的 60%；接着搜集篮子中所有商品 1990 年的价格，从而得到城乡的生活费用。按照每年的 CPI 进行调整，就可以得到城乡生活费用的时间序列。由于缺乏房屋租金的数据，他们以建造房屋原材料的成本，而不是住房的市场价格为基础来估算住房成本，因此生活费用差异可能存在低估问题。

(三) 城乡居民收入

收入(Income)是指由于出售商品或劳务而得到的金钱或金钱等价物,或指从资本或劳动或从这两种的结合中得到的收入。① 居民收入分为纯收入和毛收入。纯收入就是指除去成本和费用后的利润。毛收入是指不除去成本和费用的收入。当纯收入高的时候一般居民的收入就高,所以社会的整体消费水平就得到提高。当纯收入低下时,居民的收入就低,消费就减少。

国家统计局对城镇居民可支配收入和农村居民纯收入给出的定义为:城镇居民家庭可支配收入指家庭成员得到可用于最终消费支出和其他非义务性支出以及储蓄的总和,即居民家庭可以用来自由支配的收入。它是家庭总收入扣除交纳的个人所得税、个人交纳的社会保障支出以及记账补贴后的收入。农村居民家庭纯收入指农村住户当年从各个来源得到的总收入相应地扣除所发生的费用后的收入总和。纯收入主要用于再生产投入和当年生活消费支出,也可用于储蓄和各种非义务性支出。农民人均纯收入是按人口平均的纯收入水平,反映的是一个地区农村居民的平均收入水平。一般来讲,城镇居民和农村居民的实际收入主要包含以下四大类:劳动性收入、经营性收入、财产性收入及转移性收入。因此,从统计口径上看二者基本上是一致的,大致可比。不同的是由于城镇居民和农村居民处于不同的经济和体制环境下,同一大类下的具体内容可能会存在差异。例如,农村劳动者的收入主要是农民从事经营性活动的收入,而城镇居民的劳动性收入则更多地来自企业及行政事业单位。又如,长期以来我国一直实行城乡分割的二元经济体制,虽然自改革开放以来,随着市场化改革的深入,这种城乡分割的状况有所改善,但传统二元经济体制的根基依然存在,导致城镇居民转移性收入的项目必然多于农村居民。尽管如此,它不会影响我们将城镇居民与农村居民进行综合,并以此来测算全体居民收入差距的不平等系数,并将城镇与农村的居民收入进行比较分析。我们使用的数据主要来自统计部门公布的数据。毋庸讳言,我

---

① 21世纪英汉经济实用词典[M].北京:中国对外翻译出版公司,2003:593.

国统计部门公布的数据有不十分准确的地方。① 原因一是我国的个体和私营经济、乡镇企业及农户的会计和税收制度不健全，导致相当程度的瞒报和不报；二是统计制度本身不健全导致出现某些漏统或错统现象，如由于多种原因，城镇居民住户收入调查中有些市的调查资料不全，影响了住户数据的搜集。本研究主要采用城镇居民可支配收入和农村居民纯收入两个收入口径，其他收入口径下的收入数据不会影响本研究的结论。

(四) 收入差距

收入差距可以分为绝对差距和相对差距。绝对差距是指以货币或实物表示的不同群体和个人之间的收入差距的绝对数，通过绝对差距可以发现差距的大小，但不能了解它们之间的差别程度。相对差距是指用收入相对份额来表示的不同群体（或个人）之间的收入差别。

相对差距与绝对差距既有区别又有联系。其联系在于当收入水平一定时，二者的变动方向是一致的，即当绝对差距扩大时，相对差距也扩大；其区别在于绝对差距只能反映收入差距的绝对数，不能反映收入差距的相对程度，不利于对收入分配差距进行比较。

为更好地理解收入差距概念，我们有必要认识另一个概念——贫富差距。贫富差距主要是指社会成员实际占有财富的多与少之间的差距，一般可定义为：某一时点不同社会成员之间由于所处的具体社会政治、经济、文化等方面的地位和环境不同，从而形成的占有社会财富的多与少之间的差距，表现为一定数量的物质财富和精神财富，通常用物质财产和精神财产来表示。前者包括现金、存款、有价证券、个人拥有的企业、土地和住房等固定资产以及家庭贵重生活用品、交通和通信工具等；后者包括所接受的文化教育程度、科学技术水平和能力、思想文化修养、知识产品、知识产权、社会知名度。它还能够通过社会地位、生活方式、精神面貌、身体健康水平等多种因素综合反映，是一定时期社会政治、经济、文化等多种关系的反映，主要属于社

---

① 陈宗胜，周云波．再论改革与发展中的收入分配［M］．北京：经济科学出版社，2002：9-11.

会问题。

二、测度方法的分类和使用

城乡收入差距的测算指标要能够充分反映城镇居民、农村居民之间收入水平的差异，就目前的收入差距测度指标来看，主要有收入比、基尼系数、泰尔指数等。每个指标都有优缺点，只有对其优缺点有了全面的了解，才能选择最为合适的指标。“好”的指标能够有助于得到关于城乡收入差距的正确认识，而“差”的指标不仅无助于对现象的认识，有时甚至会给出错误的信息。本部分主要比较城乡收入比、基尼系数、泰尔指数三个指标的优缺点，并重点比较城乡综合基尼系数的测算方法。

（一）城乡居民收入比

朱玲（1991）在探讨中国改革开放以后城乡收入差距的关系时最先采用了“城乡比”这一指标。[①] 城乡居民收入比是度量城乡居民收入差距时最常用的指标，一般而言采用的是城镇居民人均可支配收入与农村居民人均纯收入之比。城乡居民收入比公式为：

$$\text{城乡居民收入比} = \frac{\text{城镇居民人均可支配收入}}{\text{农村居民人均纯收入}} \tag{1.1}$$

上式以农村居民人均纯收入为分子，表明了城镇居民人均可支配收入与农村居民人均纯收入之间的倍数关系。

城乡居民收入比的优点就是计算非常简便，但是也存在两个较大缺陷。一方面，不能识别城乡因素的“纯粹”效应，因为城乡收入差距可能是多种因素共同作用的结果，如禀赋差异、要素回报差异等；另一方面，它忽略了城乡居民收入水平的分布结构及其动态变化（罗楚亮，2006）。

结构相对数是一种从总体的各个组成部分在总体中所占比重的角度来衡量收入差距的相对系数。可以从人均收入的角度考察城乡居民收入的结构相对数（用人均收入就不考虑城镇居民和农村居民的人口比重），用它也可以表

---

① 朱玲．中国经济改革中城乡居民收入差距的变化［J］．社会科学辑刊，1991（1）：48.

示城乡居民的收入差距。具体公式如下：

$$\eta_u = \frac{I_u}{I_u + I_r} \times 100\% \tag{1.2}$$

$$\eta_r = \frac{I_r}{I_u + I_r} \times 100\% \tag{1.3}$$

其中，η_u 和 η_r 分别表示城镇居民收入的相对系数和农村居民收入的相对系数；I_u 和 I_r 分别表示城镇居民人均可支配收入和农村居民人均纯收入。当 $\eta_u = \eta_r =$ 0.5 时，表示城乡之间不存在差距；当 η_u 和 η_r 偏离 0.5 时，表示城乡之间存在差距，偏离越多，表明城乡差距越大。

（二）群间不平等指标

通常用来度量收入差距不平等的指标有基尼系数、泰尔指数、变异系数、阿特金森指数等，但这些指标度量的是总体收入差距，因而也被称为群内不平等指标（intra-income inequality ratios）。而本研究所关注的城乡收入差距，是将城镇居民、农村居民各自作为一个整体，研究两者之间的收入存在多大的差异，这就需要对总体不平等进行分解，得到群内不平等和群间不平等，而群间不平等就可以作为城乡收入差距的表征。经济距离只能反映城镇每一个居民收入比农村居民收入高的概率，而无法反映城镇居民收入到底高了多少。鉴于经济距离和包括阿特金森指数在内的福利测度方法应用较少，因此，基尼系数和泰尔指数这两个指标是最常用的不平等指标。

1. 基尼系数（Gini Cofficient）

基尼系数是 20 世纪初意大利经济学家基尼（C. Gini）根据洛仑兹曲线提出的判断分配平等程度的指标（见图 1-1）。假设实际收入分配曲线和收入分配绝对平等曲线之间的面积为 A，实际收入分配曲线右下方的面积为 B，并以 A 除以（A+B）的商表示不平等程度。这个数值被称为基尼系数或洛伦兹系数。如果 A 为 0，则基尼系数为 0，表示收入分配完全平等；如果 B 为 0，则系数为 1，表示收入分配绝对不平等。该系数可在 0 和 1 之间取任意值。收入分配越是趋向平等，洛仑兹曲线的弧度越小，基尼系数也越小；收入分配越是趋向不平等，洛仑兹曲线的弧度越大，基尼系数也越大。

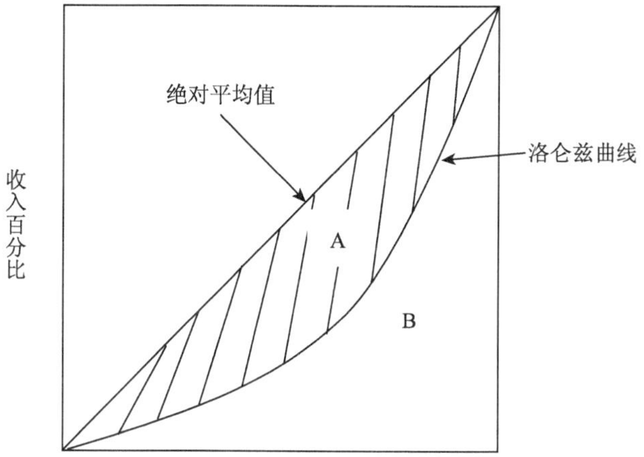

图 1-1　洛仑兹曲线

基尼系数描述的是按人口分布所形成的收入平均差距与收入总体期望值偏离的相对程度，它给出了反映居民之间贫富差异程度的数量界线，较为客观和直观地反映居民之间的贫富差距，预警和防止出现贫富两极分化，因此得到世界各国的广泛认同和普遍采用，是国际公认的衡量贫富差距的权威指标。如果将人口分成 N 个等分组，即每组人口占总体的比重相等，且已知相应等分组收入的均值为 y_i，则基尼系数的计算公式为：

$$G = \frac{1}{2\mu N^2}\sum_{i=1}^{N}\sum_{j}^{N}\left|y_i - y_j\right| \tag{1.4}$$

其中，G 为基尼系数，μ 为各等分组总体收入的期望值，N 表示观察值数，y_i 表示个体 i 的收入。

由于种种原因，数据并非总是按照等分组的形式出现。为此，Thomas、Wang 和 Fan（2000）提出了非等分组的基尼系数计算公式：

$$G = \mu^{-1}\sum_{i=2}^{N}\sum_{j=1}^{i-1}P_i\left|y_i - y_j\right|P_j \tag{1.5}$$

其中，P_i 表示组 i 的人口占总人口的比重。

基尼系数的经济含义是：全部居民收入中用于不平均分配的百分比。基尼系数介于0~1，最小等于0，表示收入分配绝对平均；最大等于1，表示收入分配绝对不平均。一般认为，基尼系数低于0.2表示收入高度平均；0.2~0.3表示比较平均；0.3~0.4表示相对合理；0.4~0.5表示收入差距较大；0.6以上表示收入差距悬殊。

2. 泰尔指数（Theil Index）

泰尔指数是当今国内外学者研究收入差距问题时使用较为广泛的指标。泰尔指数的定义公式为：

$$I = \log N - H(y) = \sum_{i=1}^{N} y_i \log N y_i \quad (1.6)$$

其中，y_i 代表个体 i 的收入占总体的比重，$H(y) = \sum_{i=1}^{N} y_i \log N \frac{1}{y_i}$ 可看作事件 y 的期望信息量为1，其最大值为 $\log N$，上式可看作事前概率为 $\frac{1}{n}$ 、事后概率为 y_i 的期望信息量，即将收入差距的测度解释为人口份额转成收入份额的信息和期望信息量（Theil，1967）。

利用泰尔指数可以将总体的收入差距变动在不同区域之间或不同人群组之间进行分解分析，即分解为组内差距变动和组间差距变动，从而为观察和揭示组间差距和组内差距各自的变动方向和变动幅度，以及各自在总差距中的重要性及其影响提供了方便。在对人口进行群组分解分析时，需要将总体按一定标准分成若干个组，在考虑城乡收入差距时，可以分为城市和农村两组，总体收入差距随之分解为组内差距和组间差距。泰尔指数的分解公式为：

总体差距=组内差距+组间差距

$$I = I_w + I_b = \sum_{i=1}^{n} Y_i \log \frac{Y_i}{P_i} + \sum Y_i \left(\sum_j Y_i \log \frac{Y_{ij}}{P_{ij}} \right) \quad (1.7)$$

其中，i 代表城镇和农村（i=1，2，分别与城镇和农村相对应）；j 表示城镇或农村居民收入中的各个分组。Y_i 是第 i 组的平均收入占全部人口平均收入的比例，P_i 是第 i 组的人口占全部人口的比例，Y_{ij} 表示第 i 大组中 j 组平均收入占 i 组平均收入的比例，P_{ij} 表示第 i 大组中 j 组人口占 i 组人口的比例。

3. 基尼系数与泰尔指数的差别

第一，关于指标的含义。基尼系数含义的明确性是其他指标无法企及的，从原始公式上看，基尼系数代表了两两比较的收入差距；从几何意义上看，它表示了人口份额与收入份额的匹配程度。泰尔指数虽然也反映了将人口份额转换成收入份额的消息所含的期望信息量，这一点与基尼系数所反映的人口份额与收入份额的匹配性类似。但是信息量这种概念在理解上有些困难。而且，由于没有与泰尔指数对应的几何图形，在理解上远没有基尼系数那么直观。

第二，关于指标的分解。泰尔指数满足可加可分解性（Ocks，1980），而基尼系数则不一定满足，它取决于子群收入是否存在重叠。不满足可加可分解性的后果就是子群分解不能分解成群内差异贡献加上群间差异贡献的形式，会出现剩余项。因此，以往，泰尔指数是城乡收入差距分解的首选指标。而且泰尔指数在分解时，群内不平等和群间不平等要么都采用收入份额作为权重，要么都采用人口份额作为权重，权重是一致的，但基尼系数并不如此。

第三，关于指标的敏感性。基尼系数对中等收入的变动敏感，而泰尔指数则对低收入的变动比较敏感（洪兴建，2008）。由于不同指标的敏感性不同，所以在实际测算城乡收入差距时就会得到不同的趋势。

第四节　研究路线和方法

一、研究技术路线图

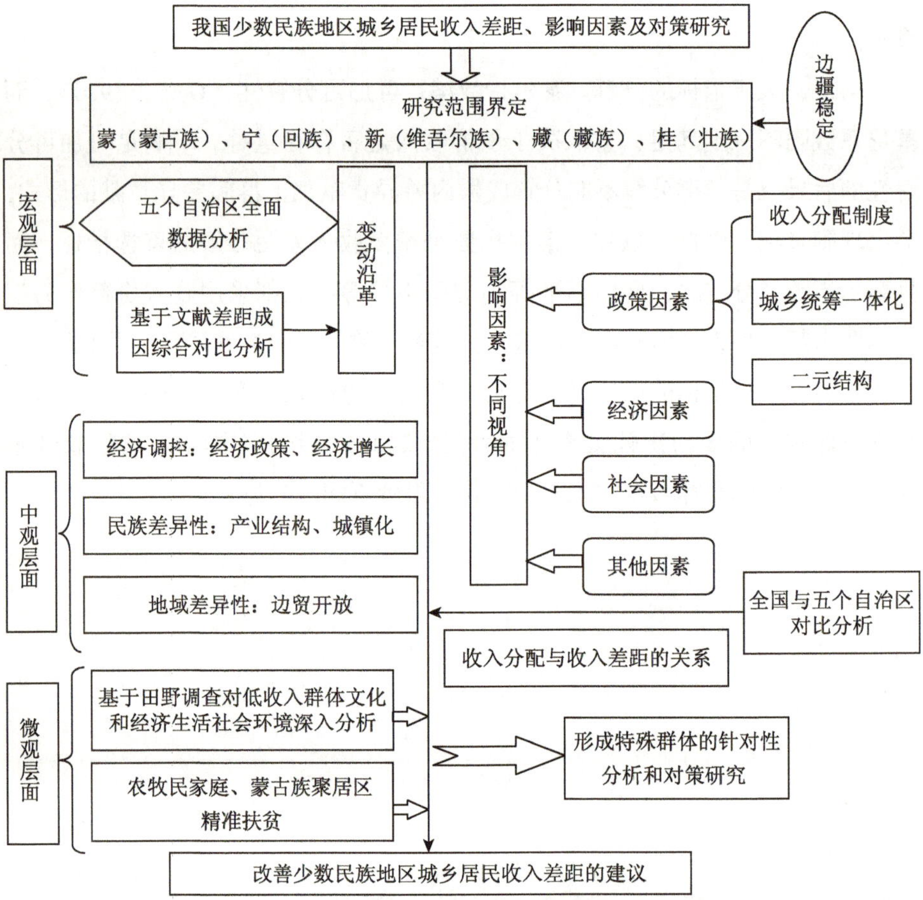

图 1-2　研究技术路线图

二、研究方法

本研究将以系统论为指导思想，系统思考、系统构建、系统分析；遵循理论研究与实际相结合的原则，通过对5个少数民族自治区城乡居民收入差距的系统分析，统一口径，利用大量的文献查阅、问卷及实地田野调查，运用少数民族经济学、宏观经济学、区域经济学、计量经济学、统计学、发展经济学、新结构经济学等理论，采用规范研究与实证分析方法，在深入客观地剖析现状的基础上，揭示共性与个性的影响因素，并提出针对性的建议对策。

三、研究范围界定

本书研究范围为我国5个少数民族自治区，而非所有少数民族地区。其中又重点研究了内蒙古自治区，原因是其极具代表性和共性。研究内容上，主要深入调研剖析了当前收入差距的现状，深度分析了造成的原因，并从多个角度给予了政策建议。当然，本研究最大限度地突出了民族地区独有的因素。

四、相关数据来源说明

数据来源主要是国家统计局、5个自治区统计局和课题组自行调研数据。其中自行调研为集中调研和田野调查，集中调研利用课题组所在学校学生构成结构较广、在5个少数民族地区皆有较大量分布的特点，根据科学抽样法选取1200名学生代表5个自治区进行问卷及座谈式调研；田野调查是由课题负责人带队深入内蒙古、西藏藏南地区及拉萨等地进行田野走访，同时先后分别派出5个调研组，对宁夏全境、内蒙古10个盟市（共12个盟市）进行了问卷调查和田野走访调查。为开展对比研究，课题组还对青海、陕西、甘肃部分地区进行了实地调研。

第二章　我国少数民族地区城乡居民收入差距现状分析

第一节　少数民族地区城乡居民收入差距的历史演进及发展趋势

一、1978—2014 年城乡居民收入差距的演进

改革开放以来，少数民族地区居民人均收入快速增加，生活质量持续得到改善，但城乡居民收入差距却越来越大。30 多年间，中国整体从一个收入差距很小的国家成为一个收入差距较大的国家，少数民族地区也不例外。下面通过对城镇居民人均可支配收入、农村居民人均纯收入的比较，计算出城乡居民相对收入差距及绝对收入差距，细述 1978 年以来 5 个少数民族地区城乡居民收入差距的历史演进过程。限于数据的可得性，我们无法将城镇居民享有的各类隐性收入和福利补贴计算在内，因此计算的城乡差别要小于实际值。

城镇居民人均可支配收入和农村居民人均纯收入数据均来自 1978—2014 年的 5 个少数民族自治区的统计年鉴，城乡相对收入差距和绝对收入差距根据相关数据计算获得。

（一）内蒙古自治区城乡居民收入差距分析

1978 年以来，内蒙古自治区城乡居民绝对收入差距呈现较快增长趋势，

特别自2006年开始绝对差距增长更为明显，而相对收入差距呈现波浪式的发展趋势。表2-1及图2-1中给出了相关结果。以下对内蒙古自治区城乡居民收入差距展开分析讨论。

因内蒙古自治区城乡居民收入绝对差距呈现明显的上升趋势，且与相对差距相关度较高，故仅针对相对差距进行深度讨论分析，这项分析在某种程度上也能够体现绝对差距的变化情况。

1. 1978—1983年，城乡居民收入差距呈缩小趋势

1983年，农村居民人均纯收入从1978年的131元增加到325元，增加了148.09%，年均增长20.03%；同期，城镇居民人均可支配收入从301.01元增加到474.24元，增长了57.55%，年均增长9.66%。这一阶段，农民收入增速快于城镇居民，城乡居民收入差距因而逐年缩小，城乡居民收入比从1978年的2.30缩小到1983年的1.46。1983年成为改革开放以来，内蒙古自治区城乡居民收入差距最小的年份。

2. 1984—1986年，城乡居民收入差距总体上呈扩大趋势

这一阶段，城镇居民收入增长速度超过农村居民，同期农村居民收入增长速度有所下降。从表2-1和图2-1中可以看出，这一阶段城镇居民收入增长了40.95%，年均增长17.74%，农村居民收入增长了3.80%，年均增长5.81%，收入比从1984年的1.49扩大到1986年的2.03。

3. 1987—1994年，城乡居民收入差距呈现“W”形趋势

这一阶段，城乡居民收入差距总体上还是呈现扩大的趋势。因为无论是总增长率还是年均增长率，城镇居民收入都要高于农村居民收入。这一阶段城镇居民收入增长了205.38%，年均增长16.11%；同期，农村居民收入增长了149.30%，年均增长14.06%。收入比从1987年的1.92扩大到1994年的2.36。

4. 1995—1996年，收入差距再度缩小

这一阶段，城镇居民收入增长了20.60%，农村居民收入增长了23.23%，城乡居民收入比从1995年的2.19缩小到1996年的2.14。

5. 1997—2009 年，城乡居民收入差距又呈扩大趋势

这一阶段，城镇居民收入增长了 301. 79%，年均增长 12. 55%，农村居民收入增长了 177. 40%，年均增长 9. 24%，城乡居民收入比从 1997 年的 2. 22 扩大到 2009 年的 3. 21。从 2003 年开始，城乡居民收入比连续 7 年超过 3。可以预见，若不采取有效调控措施，这一差距还有进一步扩大的态势。

6. 2010—2014 年，城乡居民收入差距逐步缩小

这一阶段，城镇居民收入增长了 60. 19%，年均增长 12. 35%，农村居民收入增长了 80. 41%，年均增长 15. 14%，农村居民收入增长速度明显高于城镇居民收入。虽然城乡居民收入绝对差距依然呈现快速增长趋势，但城乡居民收入相对差距逐步缩小。

表 2-1　内蒙古城乡居民收入差距

年份	城镇居民人均可支配收入（元）	农村居民人均纯收入（元）	城乡居民收入绝对差距（元）	城乡居民收入相对差距
1978	301. 01	131. 00	170. 01	2. 30
1979	350. 07	164. 00	186. 07	2. 13
1980	407. 13	192. 00	215. 13	2. 12
1981	418. 31	241. 00	177. 31	1. 74
1982	452. 74	288. 00	164. 74	1. 57
1983	474. 24	325. 00	149. 24	1. 46
1984	548. 84	368. 00	180. 84	1. 49
1985	666. 00	400. 00	266. 00	1. 67
1986	773. 58	382. 00	391. 58	2. 03
1987	819. 65	426. 00	393. 65	1. 92
1988	915. 82	547. 00	368. 82	1. 67
1989	1052. 79	553. 00	499. 79	1. 90
1990	1155. 00	647. 00	508. 00	1. 79
1991	1294. 68	651. 00	643. 68	1. 99
1992	1478. 91	719. 00	759. 91	2. 06
1993	1883. 26	829. 00	1054. 26	2. 27

续表

年份	城镇居民人均可支配收入（元）	农村居民人均纯收入（元）	城乡居民收入绝对差距（元）	城乡居民收入相对差距
1994	2503.01	1062.00	1441.01	2.36
1995	2845.72	1300.00	1545.72	2.19
1996	3431.81	1602.00	1829.81	2.14
1997	3944.67	1780.00	2164.67	2.22
1998	4353.02	1982.00	2371.02	2.20
1999	4770.53	2003.00	2767.53	2.38
2000	5129.05	2038.20	3090.85	2.52
2001	5535.86	1973.40	3562.46	2.81
2002	6051.00	2086.00	3965.00	2.90
2003	7012.90	2267.60	4745.30	3.09
2004	8122.99	2606.40	5516.59	3.12
2005	9136.79	2988.87	6147.92	3.06
2006	10357.99	3341.88	7016.11	3.10
2007	12377.84	3953.10	8424.74	3.13
2008	14432.55	4656.18	9776.37	3.10
2009	15849.19	4937.80	10911.39	3.21
2010	17698.15	5529.59	12168.56	3.20
2011	20407.57	6641.56	13766.01	3.07
2012	23150.26	7611.31	15538.95	3.04
2013	25496.67	8595.73	16900.94	2.97
2014	28350.00	9976.00	18374.00	2.84

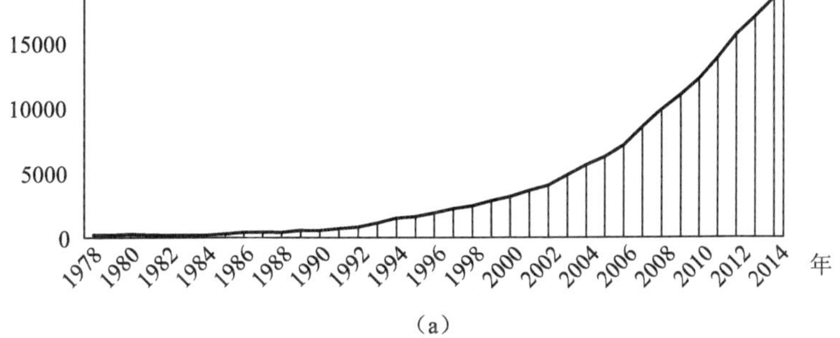

（a）

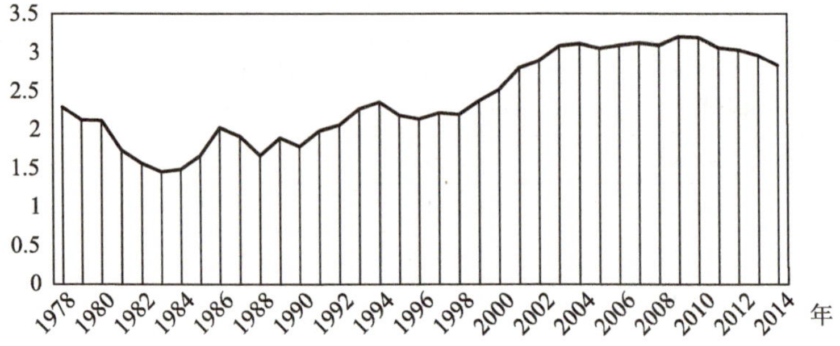

（b）

图 2-1　内蒙古城乡居民收入绝对与相对差距

（二）广西壮族自治区城乡居民收入差距分析

1978 年以来，广西壮族自治区城乡居民绝对收入差距呈现较快增长趋势，特别自 2006 年开始绝对差距增长更为明显，而相对收入差距呈现波浪式的发展趋势。表 2-2 及图 2-2 中给出了相关结果。以下对广西壮族自治区城乡居民收入差距展开相关分析讨论。

广西壮族自治区城乡居民收入绝对差距变化呈现明显的上升趋势，具有一定的阶段性特征，这种特征与相对差距相关度较高，故以下仅对相对差距进行深度的分析讨论。

1. 1978—1983 年，城乡居民收入差距呈较快缩小趋势

1983 年，农村居民人均纯收入从 1978 年的 110. 21 元增加到 261. 69 元，增加了 1. 37 倍，年均增长 18. 88%；同期，城镇居民人均可支配收入从 289. 20 元增加到 444. 00 元，增长了 53. 53%，年均增长 8. 95%。这一阶段，农民收入增速快于城镇居民，城乡居民收入差距因而逐年缩小，城乡居民收入比从 1978 年的 2. 62 缩小到 1983 年的 1. 70。1983 年成为改革开放以来，广西壮族自治区城乡居民收入差距最小的年份。

2. 1984—1988 年，城乡居民收入差距呈明显的逐步扩大趋势

这一阶段，城镇居民收入增长速度超过农村居民，同期农村居民收入增长速度有所下降。从表 2-2 和图 2-2 中可以看出，这一阶段城镇居民收入增长了 105. 85%，年均增长 19. 78%，农村居民收入增长了 58. 78%，年均增长

9.69%，收入比从1984的2.11扩大到1988年的2.73。

3.1989—1990年，城乡居民收入差距再度缩小

这一阶段，城镇居民收入增长了11.04%，而农村居民收入增长了32.38%，增速约是城镇居民收入增速的3倍，城乡居民收入比从1989年的2.70缩小到1990年的2.26。

4.1991—1994年，城乡居民收入差距再次呈现明显的扩大趋势

这一阶段，城镇居民收入增长了146.71%，年均增长35.12%，农村居民收入增长了68.31%，年均增长18.95%。无论是增长的倍数还是年均增长率，都促使了差距的拉大，城乡居民收入比从1991年的2.45扩大到1994年的3.60。

5.1995—1999年，城乡居民收入差距再度呈现缩小趋势

这一阶段，城镇居民收入增长了17.28%，年均增长4.07%，而农村居民收入增长了41.62%，增速是城镇居民收入增速的2倍，年均增长9.09%，城乡居民收入比从1995年的3.31缩小到1999年的2.74。

6.2000—2009年，城乡居民收入差距总体第三次呈现扩大趋势

2009年，农村居民人均纯收入从2000年的1864.50元增加到3980.44元，增加了1.13倍，年均增长8.79%；同期，城镇居民人均可支配收入从5834.43元增加到15451.48元，增长了164.83%，年均增长11.43%。这一阶段，城镇居民收入增速快于农村居民，城乡居民收入差距因而逐年扩大，城乡居民收入比从2000年的3.13扩大到2009年的3.88。在此阶段，2002—2009年，城乡居民收入比连续8年超过3.5。2009年成为改革开放以来，广西壮族自治区城乡居民收入差距最大的年份。

7.2010—2014，城乡居民收入差距又呈现出缓慢的缩小趋势

这一阶段，城镇居民收入增长了44.57%，年均增长9.65%，农村居民收入增长了66.50%，年均增长13.59%。由于农民收入增速快于城镇居民，因此2010—2014年，广西壮族自治区城乡居民收入比从3.76缩小到3.26。

表 2-2　广西城乡居民收入差距

年份	城镇居民人均可支配收入（元）	农村居民人均纯收入（元）	城乡居民收入绝对差距（元）	城乡居民收入相对差距
1978	289. 20	110. 21	178. 99	2. 62
1979	372. 12	130. 52	241. 60	2. 85
1980	455. 04	173. 44	281. 60	2. 62
1981	429. 00	203. 89	225. 11	2. 10
1982	427. 00	235. 38	191. 62	1. 81
1983	444. 00	261. 69	182. 31	1. 70
1984	563. 00	267. 18	295. 82	2. 11
1985	683. 45	302. 96	380. 49	2. 26
1986	783. 88	316. 10	467. 78	2. 48
1987	899. 04	353. 95	545. 09	2. 54
1988	1158. 92	424. 23	734. 69	2. 73
1989	1304. 14	483. 04	821. 10	2. 70
1990	1448. 06	639. 45	808. 61	2. 26
1991	1613. 64	657. 74	955. 90	2. 45
1992	2103. 83	731. 69	1372. 14	2. 88
1993	2895. 23	884. 85	2010. 38	3. 27
1994	3981. 09	1107. 02	2874. 07	3. 60
1995	4791. 87	1446. 14	3345. 73	3. 31
1996	5033. 33	1703. 13	3330. 20	2. 96
1997	5110. 30	1875. 28	3235. 02	2. 73
1998	5412. 24	1971. 90	3440. 34	2. 74
1999	5620. 00	2048. 00	3572. 00	2. 74
2000	5834. 43	1864. 50	3969. 93	3. 13
2001	6666. 00	1944. 30	4721. 70	3. 43
2002	7315. 32	2012. 60	5302. 72	3. 63
2003	7785. 04	2094. 50	5690. 54	3. 72
2004	8689. 99	2305. 20	6384. 79	3. 77
2005	9286. 70	2494. 67	6792. 03	3. 72
2006	9898. 75	2770. 48	7128. 27	3. 57

续表

年份	城镇居民人均可支配收入（元）	农村居民人均纯收入（元）	城乡居民收入绝对差距（元）	城乡居民收入相对差距
2007	12200.44	3224.05	8976.39	3.78
2008	14146.04	3690.34	10455.70	3.83
2009	15451.48	3980.44	11471.04	3.88
2010	17063.89	4543.41	12520.48	3.76
2011	18854.06	5231.33	13622.73	3.60
2012	21242.80	6007.55	15235.25	3.54
2013	23305.38	6790.90	16514.48	3.43
2014	24669.00	7565.00	17104.00	3.26

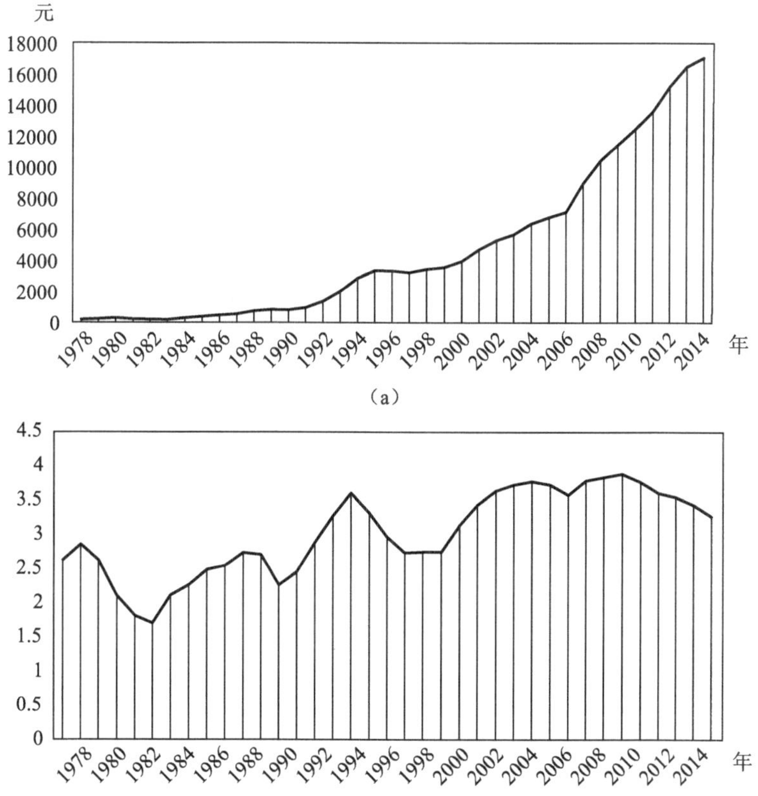

图 2-2　广西城乡居民收入绝对与相对差距

（三）西藏自治区城乡居民收入差距分析

1978年以来，西藏自治区城乡居民绝对收入差距除2006年明显下降外，在其他年份均呈现出了较快的增长趋势，特别自2006年开始绝对差距增长更为明显，而相对收入差距呈现波浪式的发展趋势。表2-3及图2-3中给出了相关结果。以下对西藏自治区城乡居民收入差距展开相关分析讨论。

西藏自治区城乡居民收入绝对差距变化呈现明显的上升趋势，具有一定的阶段性特征，这种特征与相对差距相关度较高，故以下仅对相对差距进行深度的分析讨论。

1. 1978—1985年，城乡居民收入差距呈缩小趋势

这一阶段，西藏自治区城镇居民人均可支配收入从565.00元增加到984.00元，增长了74.16%，年均增长8.25%；农村居民人均纯收入从1978年的175.00元增加到1985年的535.00元，增加了2.06倍，是城镇居民的2.77倍，年均增长17.31%。这一阶段，农民收入增速快于城镇居民，城乡居民收入差距因而逐年缩小，城乡居民收入比从1978年的3.23缩小到1985年的1.84。1985年成为改革开放以来，西藏自治区城乡居民收入差距最小的年份。

2. 1986—1996年，城乡居民收入差距呈明显扩大趋势

这一阶段，城镇居民收入增长速度远超农村居民，同期农村居民收入增长速度大幅下降。从表2-3和图2-3中可以看出，这一阶段城镇居民收入增长了390.25%，年均增长17.23%，农村居民收入增长了98.17%，年均增长7.08%，收入比从1986年的2.09扩大到1996年5.16，城乡居民收入差距明显扩大。

3. 1997—1998年，城乡居民收入差距略有缩小

这一阶段，城镇居民收入增长了5.92%，农村居民收入增长了6.73%，农村居民收入增长稍快，导致差距略微缩小。城乡居民收入比从1997年的4.73缩小到1998年的4.70。

4. 1999—2002 年，城乡居民收入差距又呈扩大趋势

这一阶段，城镇居民收入增长了 34.70%，年均增长 10.44%，农村居民收入增长了 16.24%，年均增长 5.14%，城乡居民收入比从 4.77 扩大到 5.52。在此期间，城乡居民收入比在 2001 年和 2002 年连续 2 年超过 5。可以预见，若不采取有效调控措施，收入差距会给西藏自治区带来更加严重的消极影响。

5. 2003—2014 年，城乡居民收入差距呈明显的持续缩小趋势

这一阶段，城镇居民收入增长了 151.28%，农村居民收入增长了 341.86%，是城镇居民的 2 倍多；城镇居民收入年均增长 8.74%，农村居民收入年均增长 14.46%，是城镇居民的 1.67 倍。由于农民收入增速快于城镇居民，因此 2003—2014 年，西藏自治区城乡居民收入比从 5.18 缩小到 2.95。

表 2-3　西藏城乡居民收入差距

年份	城镇居民人均可支配收入（元）	农村居民人均纯收入（元）	城乡居民收入绝对差距（元）	城乡居民收入相对差距
1978	565.00	175.00	390.00	3.23
1979	625.00	233.00	392.00	2.68
1980	683.00	274.00	409.00	2.49
1981	715.00	296.00	419.00	2.42
1982	768.00	324.00	444.00	2.37
1983	840.00	318.00	522.00	2.64
1984	915.00	446.00	469.00	2.05
1985	984.00	535.00	449.00	1.84
1986	1026.00	492.00	534.00	2.09
1987	1229.00	519.00	710.00	2.37
1988	1376.00	573.00	803.00	2.40
1989	1477.00	555.00	922.00	2.66
1990	1613.00	582.00	1031.00	2.77
1991	1995.00	617.00	1378.00	3.23
1992	2083.00	653.00	1430.00	3.19

续表

年份	城镇居民人均可支配收入（元）	农村居民人均纯收入（元）	城乡居民收入绝对差距（元）	城乡居民收入相对差距
1993	2348.00	706.00	1642.00	3.33
1994	3330.00	817.00	2513.00	4.08
1995	4000.00	878.00	3122.00	4.56
1996	5030.00	975.00	4055.00	5.16
1997	5135.00	1085.00	4050.00	4.73
1998	5439.00	1158.00	4281.00	4.70
1999	5998.00	1258.00	4740.00	4.77
2000	6448.00	1331.00	5117.00	4.84
2001	7119.00	1404.00	5715.00	5.07
2002	8079.12	1462.30	6616.82	5.52
2003	8765.45	1690.80	7074.65	5.18
2004	9106.07	1861.30	7244.77	4.89
2005	9431.18	2077.90	7353.28	4.54
2006	8941.08	2434.96	6506.12	3.67
2007	11130.93	2788.20	8342.73	3.99
2008	12481.51	3175.82	9305.69	3.93
2009	13544.41	3531.72	10012.69	3.84
2010	14980.47	4138.71	10841.76	3.62
2011	16195.56	4904.28	11291.28	3.30
2012	18028.32	5719.38	12308.94	3.15
2013	20023.00	6578.24	13444.76	3.04
2014	22026.00	7471.00	14555.00	2.95

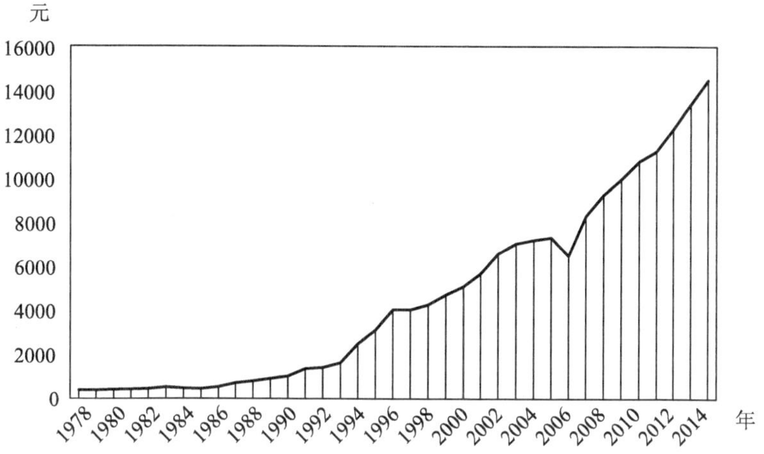

（a）

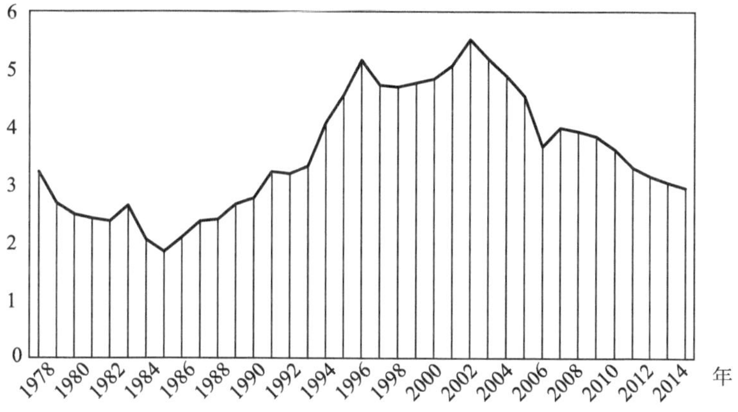

（b）

图 2-3　西藏城乡居民收入绝对与相对差距

（四）宁夏回族自治区城乡居民收入差距分析

1978 年以来，宁夏回族自治区城乡居民绝对收入差距除少数年份呈微弱下降趋势外总体呈现较快增长趋势，特别自 2006 年开始绝对差距增长更为明显，但在 2014 年出现了负增长，而相对收入差距呈现波浪式的发展趋势。表 2-4 及图 2-4 中给出了相关结果。以下对宁夏回族自治区城乡居民收入差距展开相关分析讨论。

宁夏回族自治区城乡居民收入绝对差距变化总体呈现上升趋势，具有一定的阶段性特征，这种特征与相对差距相关度较高，故以下仅对相对差距进行深度的分析讨论。

1. 1978—1983 年，城乡居民收入差距呈较快缩小趋势

1983 年，农村居民人均纯收入从 1978 年的 115. 90 元增加到 273. 80 元，增加了 1. 36 倍，年均增长 18. 76%；城镇居民人均可支配收入从 1978 年的 346. 08 元增加到 529. 80 元，增长了 53. 09%，年均增长 8. 89%。这一阶段，农民收入增速快于城镇居民，城乡居民收入差距因而逐年缩小，城乡居民收入比从 1978 年的 2. 99 缩小到 1983 年的 1. 93。1983 年成为改革开放以来，宁夏回族自治区城乡居民收入差距最小的年份。

2. 1984—1995 年，城乡居民收入差距总体呈明显扩大趋势

这一阶段，城镇居民收入增长速度远超农村居民。从表 2-4 和图 2-4 中可以看出，这一阶段城镇居民收入增长了 438. 08%，年均增长 16. 53%，农村居民收入增长了 247. 17%，年均增长 11. 98%，收入比从 1984 年的 2. 10 逐步扩大到 1995 年的 3. 26，城乡居民收入差距明显扩大。

3. 1996—1998 年，城乡居民收入有略微缩小的趋势

这一阶段，城镇居民收入增长了 13. 85%，年均增长 6. 70%，农村居民收入增长了 24. 04%，年均增长 11. 37%。无论是总增速还是年均增速，农村居民收入都要快于城镇居民收入，促成了收入差距的略微缩小。因此，城乡居民收入比从 1996 年的 2. 55 缩小到 1998 年的 2. 34。

4. 1999—2008 年，城乡居民收入差距又呈扩大趋势

这一阶段，城镇居民收入增长了 189. 11%，年均增长 12. 52%，农村居民收入增长了 105. 59%，年均增长 8. 34%，城乡居民收入比从 2. 50 扩大到 3. 51。2001—2008 年，城乡居民收入比连续 8 年超过 3。可以预见，若不采取有效调控措施，收入差距会持续扩大。

5. 2009—2014 年，城乡居民收入差距呈逐步缩小趋势

这一阶段，城镇居民收入增长了 66. 03%，农村居民收入增长了 107. 74%，是城镇居民的 1. 6 倍之多；城镇居民收入年均增长 10. 67%，农村居民收入年

均增长15.75%。由于农民收入增速快于城镇居民，因此2009—2014年，宁夏回族自治区城乡居民收入比从3.46缩小到2.77。

表2-4 宁夏城乡居民收入差距

年份	城镇居民人均可支配收入（元）	农村居民人均纯收入（元）	城乡居民收入绝对差距（元）	城乡居民收入相对差距
1978	346.08	115.90	230.18	2.99
1979	358.00	138.80	219.20	2.58
1980	464.16	175.10	289.06	2.65
1981	473.51	200.30	273.21	2.36
1982	521.04	228.60	292.44	2.28
1983	529.80	273.80	256.00	1.93
1984	628.68	298.70	329.98	2.10
1985	734.88	325.88	409.00	2.26
1986	884.40	362.70	521.70	2.44
1987	951.36	387.01	564.35	2.46
1988	1084.32	480.22	604.10	2.26
1989	1235.64	538.30	697.34	2.30
1990	1421.20	569.78	851.42	2.49
1991	1565.11	608.13	956.98	2.57
1992	1820.76	618.72	1202.04	2.94
1993	2170.56	667.06	1503.50	3.25
1994	2985.86	910.45	2075.41	3.28
1995	3382.81	1036.99	2345.82	3.26
1996	3612.12	1415.78	2196.34	2.55
1997	3836.56	1545.08	2291.48	2.48
1998	4112.41	1756.14	2356.27	2.34
1999	4472.90	1790.70	2682.20	2.50
2000	4912.40	1724.30	3188.10	2.85
2001	5544.20	1823.10	3721.10	3.04

续表

年份	城镇居民人均可支配收入（元）	农村居民人均纯收入（元）	城乡居民收入绝对差距（元）	城乡居民收入相对差距
2002	6067.44	1917.40	4150.04	3.16
2003	6530.48	2043.30	4487.18	3.20
2004	7217.87	2320.00	4897.87	3.11
2005	8093.64	2508.89	5584.75	3.23
2006	9177.26	2760.14	6417.12	3.32
2007	10859.33	3180.84	7678.49	3.41
2008	12931.53	3681.42	9250.11	3.51
2009	14024.70	4048.33	9976.37	3.46
2010	15344.49	4674.89	10669.60	3.28
2011	17578.92	5409.95	12168.97	3.25
2012	19831.41	6180.32	13651.09	3.21
2013	21833.33	6930.97	14902.36	3.15
2014	23285.00	8410.00	14875.00	2.77

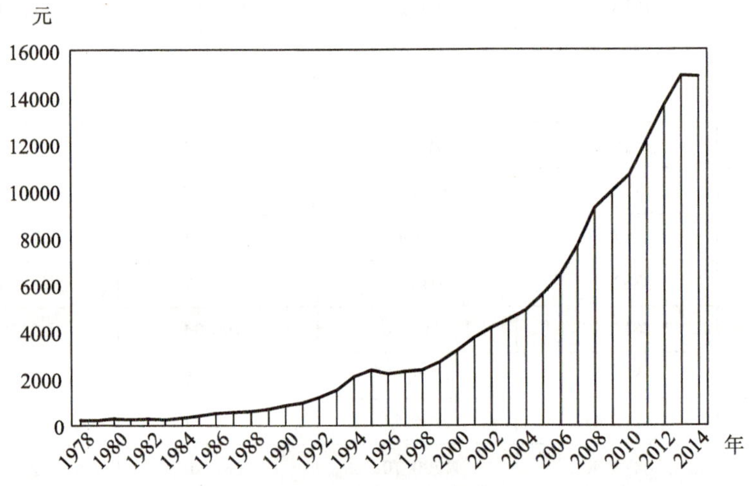

（a）

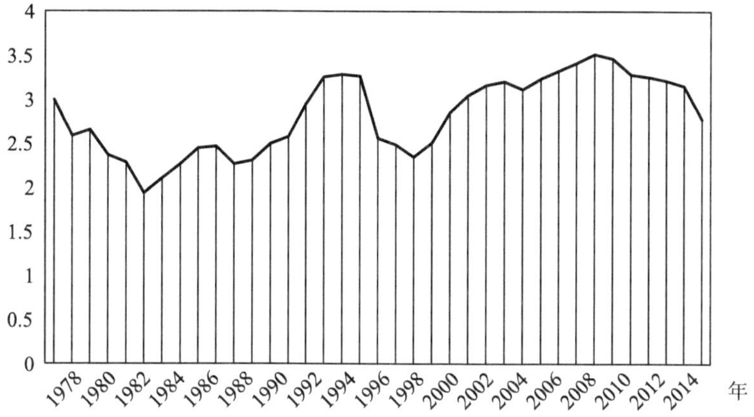

（b）

图 2-4 宁夏城乡居民收入绝对与相对差距

（五）新疆维吾尔自治区城乡居民收入差距分析

1978 年以来，新疆维吾尔自治区城乡居民绝对收入差距总体呈现较快增长趋势，特别自 2006 年开始绝对差距增长更为明显，而相对收入差距呈现波浪式的发展趋势。表 2-5 及图 2-5 中给出了相关结果。以下对新疆维吾尔自治区城乡居民收入差距展开相关分析讨论。

新疆维吾尔自治区城乡居民收入绝对差距变化总体呈现上升趋势，具有一定的阶段性特征，这种特征与相对差距相关度较高，故以下仅对相对差距进行深度的分析讨论。

1. 1978—1984 年，城乡居民收入差距呈明显缩小趋势

1984 年，农村居民人均纯收入从 1978 年的 119.00 元增加到 363.00 元，增加了 2.05 倍，年均增长 20.43%；城镇居民人均可支配收入从 1978 年的 319.00 元增加到 649.00 元，增长了 103.45%，年均增长 12.57%。这一阶段，农民收入增速快于城镇居民，城乡居民收入差距因而逐年缩小，城乡居民收入比从 1978 年的 2.68 缩小到 1984 年的 1.79。1984 年成为改革开放以来，新疆维吾尔自治区城乡居民收入差距最小的年份。

2. 1985—1989年，城乡居民收入差距有略微扩大趋势

这一阶段，城镇居民收入增长速度超过农村居民。从表2-5和图2-5中可以看出，这一阶段城镇居民收入增长了61.56%，年均增长12.74%，农村居民收入增长了38.58%，年均增长8.50%，收入比从1985年的1.92逐步扩大到1989年的2.24，城乡居民收入差距略微扩大。

3. 1990—1995年，城乡居民收入差距总体上呈迅速扩大趋势

这一阶段，城镇居民收入增长速度远远超过农村居民。农村居民收入增长了66.23%，城镇居民收入增长了206.15%，是农村居民的3倍之多；农村居民收入年均增长10.70%，城镇居民收入年均增长25.08%，是农村居民的2倍之多。增长速度相差如此悬殊，造成了收入比从1990年的1.98迅速扩大到1995年的3.65，城乡居民收入差距明显扩大。

4. 1996—1998年，城乡居民收入差距再度缩小

这一阶段，城镇居民收入增长了9.88%，年均增长4.82%，农村居民收入增长了24.03%，年均增长11.37%，城乡居民收入比从3.62缩小到3.21。

5. 1999—2002年，城乡居民收入差距稍有扩大

这一阶段，城镇居民收入增长了27.09%，年均增长8.32%，农村居民收入增长了26.48%，年均增长8.15%。由于城镇居民收入增长速度略快于农村居民，因此城乡居民收入比从3.69扩大到3.70。2002年成为改革开放以来，新疆维吾尔自治区城乡居民收入差距最大的一年。

6. 2003—2014年，城乡居民收入差距整体呈逐年缩小趋势

2014年，农村居民人均纯收入从2003年的2106.20元增加到8742.00元，增加了3.15倍，年均增长13.81%；城镇居民人均可支配收入从2003年的7173.54元增加到23214.00元，增长了223.61%，年均增长11.27%。这一阶段，农民收入增速快于城镇居民，城乡居民收入差距因而逐年缩小。

表 2-5　新疆城乡居民收入差距

年份	城镇居民人均可支配收入（元）	农村居民人均纯收入（元）	城乡居民收入绝对差距（元）	城乡居民收入相对差距
1978	319.00	119.00	200.00	2.68
1979	362.00	143.00	219.00	2.53
1980	427.00	201.00	226.00	2.12
1981	482.00	236.00	246.00	2.04
1982	509.00	277.00	232.00	1.84
1983	548.00	307.00	241.00	1.79
1984	649.00	363.00	286.00	1.79
1985	757.00	394.00	363.00	1.92
1986	899.00	420.00	479.00	2.14
1987	977.00	453.00	524.00	2.16
1988	1099.00	497.00	602.00	2.21
1989	1223.00	546.00	677.00	2.24
1990	1356.00	684.00	672.00	1.98
1991	1495.00	703.00	792.00	2.13
1992	1790.00	740.00	1050.00	2.42
1993	2391.20	778.00	1613.20	3.07
1994	3141.20	936.00	2205.20	3.36
1995	4151.40	1137.00	3014.40	3.65
1996	4669.90	1290.00	3379.90	3.62
1997	4859.20	1500.00	3359.20	3.24
1998	5131.40	1600.00	3531.40	3.21
1999	5428.90	1473.17	3955.73	3.69
2000	5817.20	1618.00	4199.20	3.60
2001	6215.00	1710.40	4504.60	3.63
2002	6899.64	1863.30	5036.34	3.70
2003	7173.54	2106.20	5067.34	3.41
2004	7503.42	2244.90	5258.52	3.34
2005	7990.15	2482.15	5508.00	3.22

续表

年份	城镇居民人均可支配收入（元）	农村居民人均纯收入（元）	城乡居民收入绝对差距（元）	城乡居民收入相对差距
2006	8871.27	2737.28	6133.99	3.24
2007	10313.44	3182.97	7130.47	3.24
2008	11432.10	3502.90	7929.20	3.26
2009	12257.52	3883.10	8374.42	3.16
2010	13643.77	4642.67	9001.10	2.94
2011	15513.62	5442.15	10071.47	2.85
2012	17920.68	6393.68	11527.00	2.80
2013	19874.00	7296.46	12577.54	2.72
2014	23214.00	8742.00	14472.00	2.66

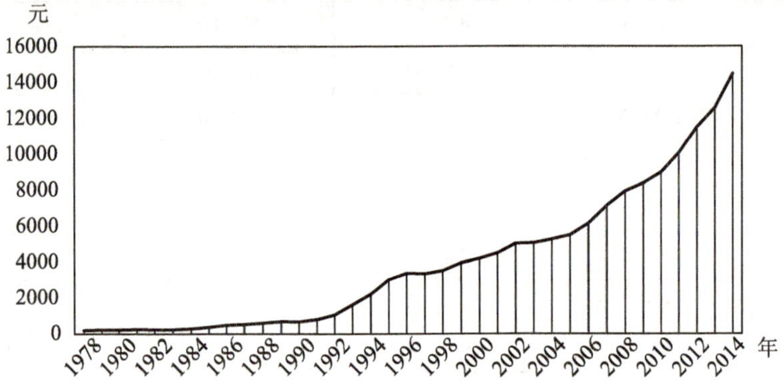

（a）

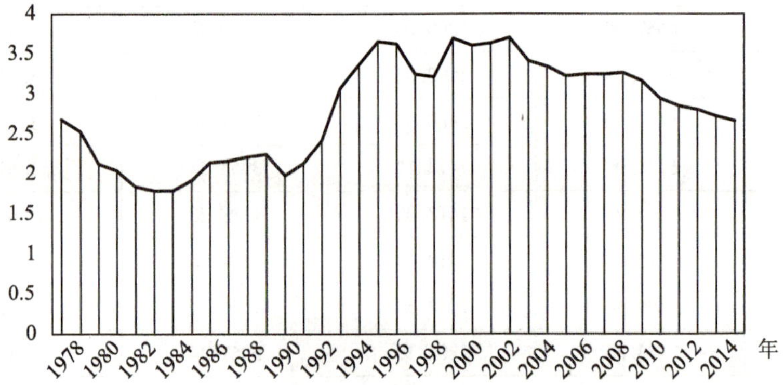

（b）

图 2–5　新疆城乡居民收入绝对与相对差距

二、城乡居民收入来源的结构性分析

按照中国统计年鉴的划分，城镇居民人均可支配收入包括劳动性收入、经营性收入、财产性收入和转移性收入四项。农村居民人均纯收入包括工资收入、家庭经营纯收入、财产性收入和转移性收入四项。要有效治理城乡收入差距，就需要分析城乡居民收入结构，以帮助政府制定相关的经济政策。虽然城镇居民总收入中未剔除交纳的所得税费，但就目前中国统计年鉴的数据来说，从收入来源角度分析城乡收入差距仍然是对应程度最高的一组指标。由于五个少数民族自治区统计年鉴未统计2002年以前城镇居民的四项收入、2000年以前农村居民的四项收入，为了数据统计的一致和计算的方便，这里我们仅提供了2002年以来四项收入相关数据。

（一）内蒙古自治区

表2-6中给出了内蒙古自治区城镇居民四大收入相关数据。图2-6及图2-7为四大收入绝对及相对变化图。

从图2-6中可以看出，2002—2013年内蒙古自治区城镇居民四大收入呈现稳定的上升趋势，值得关注的是，经营性收入增长势头较为明显，财产性收入较少。

从图2-7中可以看出，内蒙古自治区城镇居民收入依然以工资性收入为主，存在两个发展阶段，2002—2007年其占比在70%左右徘徊，2008—2013年占比略低于前一阶段，但依然保持稳定。经营性收入占比与工资性收入占比同样有两个发展阶段。不同的是，经营性收入前一阶段的占比低，后一阶段占比略高；转移性收入占比在2002—2013年相对稳定，近年来呈现微弱下降趋势。财产性收入占比相对较少。

表2-7中给出了内蒙古自治区农牧民四大收入相关数据。图2-8及图2-9为四大收入绝对及相对变化图。

从图2-8中可以看出，2002—2013年内蒙古自治区农牧民四大收入呈现稳定的上升趋势，绝对收入差距正在逐步拉大，财产性收入依然较少。

从图 2-9 中可以看出，2002—2013 年内蒙古自治区农民收入依然以经营性收入为主，但其占比呈现快速下降趋势，其他三项收入占比均呈现上升趋势，近两年各大收入占比较为稳定。

表 2-6　2002—2013 年内蒙古城镇居民四大收入数据　（单位：元）

年份	工资性收入	经营性收入	财产性收入	转移性收入	总计
2002	4552. 34	525. 84	51. 00	1212. 12	6341. 30
2003	5235. 97	614. 22	83. 73	1417. 66	7351. 58
2004	5893. 82	757. 82	98. 59	1737. 93	8488. 16
2005	6669. 48	857. 63	161. 25	1876. 78	9565. 14
2006	7552. 68	955. 60	209. 77	2093. 82	10811. 87
2007	9300. 62	1036. 97	303. 92	2335. 56	12977. 07
2008	10284. 43	1555. 31	324. 64	3031. 05	15195. 43
2009	11267. 40	1737. 04	363. 81	3583. 10	16951. 35
2010	12614. 46	2013. 77	432. 82	3953. 19	19014. 24
2011	14779. 08	2320. 36	513. 36	4277. 38	21890. 18
2012	16872. 58	2698. 67	564. 02	4655. 51	24790. 78
2013	18377. 94	3612. 75	508. 64	4478. 72	26978. 05

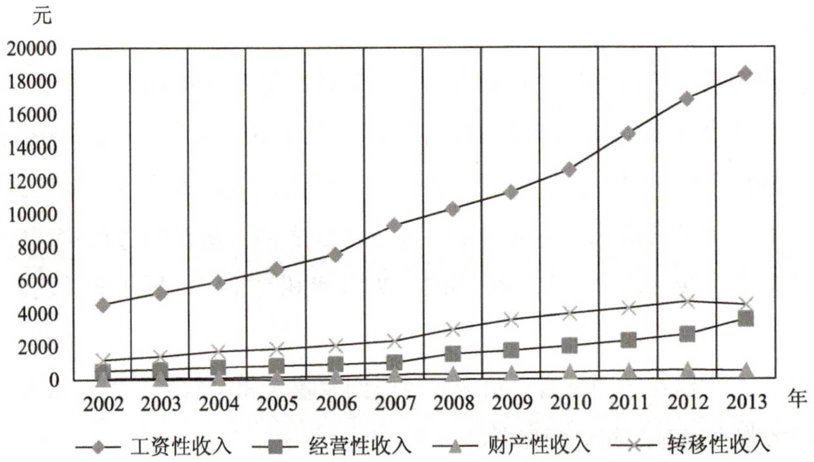

图 2-6　2002—2013 年内蒙古城镇居民四大收入数据变化

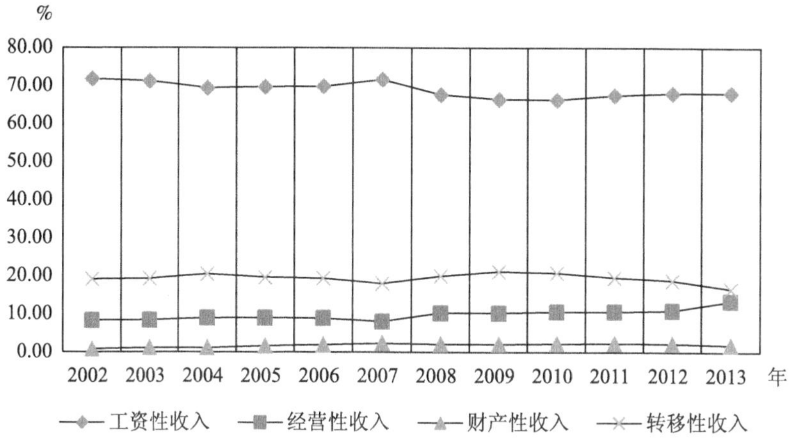

图 2-7　2002—2013 年内蒙古城镇居民四大收入占比变化

表 2-7　2002—2013 年内蒙古农牧民四大收入数据　（单位：元）

年份	工资性收入	经营性收入	财产性收入	转移性收入	总计
2002	320	1694. 4	20. 6	51	2086
2003	344. 6	1818. 8	51. 7	52. 6	2267. 7
2004	394. 8	2037. 7	56. 1	117. 8	2606. 4
2005	504. 46	2223. 26	73. 05	188. 1	2988. 87
2006	590. 7	2406. 21	84. 81	260. 16	3341. 88
2007	716. 86	2786. 08	117. 06	333. 1	3953. 1
2008	806. 48	3218. 01	114. 9	516. 79	4656. 18
2009	900. 42	3277. 5	137. 34	622. 55	4937. 81
2010	1036. 78	3669. 93	164. 26	658. 61	5529. 58
2011	1310. 86	4217. 5	337. 59	775. 62	6641. 57
2012	1459. 05	4689. 11	322. 98	1140. 17	7611. 31
2013	1694. 61	5348. 4	370. 99	1181. 73	8595. 73

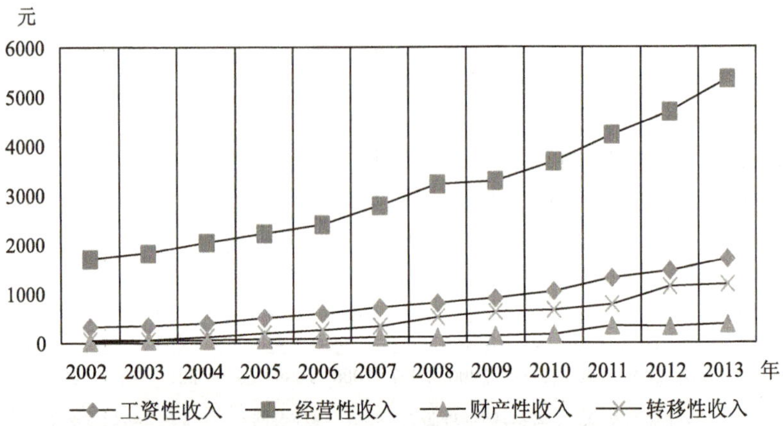

图 2-8　2002—2013 年内蒙古农牧民四大收入数据

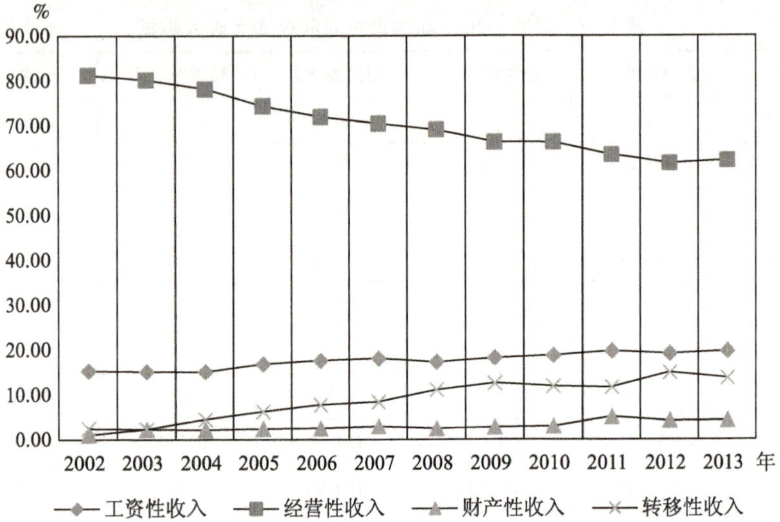

图 2-9　2002—2013 年内蒙古农牧民四大收入占比

（二）广西壮族自治区

表 2-8 中给出了广西壮族自治区城镇居民四大收入相关数据。图 2-10 及图 2-11 为四大收入绝对及相对变化图。

从图 2-10 中可以看出，2002—2013 年广西壮族自治区城镇居民四大收入呈现稳定的上升趋势，值得关注的是，转移性收入增长势头较为明显，财产性收入较少。

从图 2-11 中可以看出，广西壮族自治区城镇居民收入虽然以工资性收入为主，但其占比却存在明显的下降趋势。由 2002 年的 75%左右一路下降到 2013 年的 60%左右。经营性收入占比与转移性收入占比呈波浪式前进，但占比增长幅度不大。财产性收入占比相对较低，近年来只维持在 4%左右。

表 2-9 中给出了广西壮族自治区农牧民四大收入相关数据。图 2-12 及图 2-13 为四大收入绝对及相对变化图。

从图 2-12 中可以看出，2002—2013 年广西壮族自治区农牧民四大收入除财产性收入外均呈现稳定的上升趋势，绝对数上的差距正在逐步拉大，财产性收入非常低。

从图 2-13 中可以看出，2002—2013 年广西壮族自治区农牧民收入依然以经营性收入为主，近年来其占比呈现快速下降趋势，工资性收入和转移性收入占比均呈现上升趋势，财产性收入占比增长趋势不明显。

表 2-8　2002—2013 年广西城镇居民四大收入数据　（单位：元）

年份	工资性收入	经营性收入	财产性收入	转移性收入	总计
2002	5835.87	354.6	142.08	1424.4	7756.95
2003	6149.79	402.44	169.18	1572.5	8293.91
2004	6737.9	341.9	174.2	2070.21	9324.21
2005	6975.39	519.87	176.13	2351	10022.39
2006	7419.4	890.81	189.81	2124.28	10624.3
2007	9075.18	890.76	449.41	2767.22	13182.57
2008	10321.2	1314.4	441.15	3316.44	15393.19
2009	11193.64	1385.85	493.36	3960.05	17032.9
2010	12061.82	1474.9	576.87	4628.62	18742.21
2011	13550.16	1699.84	844.91	4751.2	20846.11
2012	14693.47	2131.79	883.71	5500.43	23209.4
2013	15647.77	2326.75	997.91	6056.30	25028.72

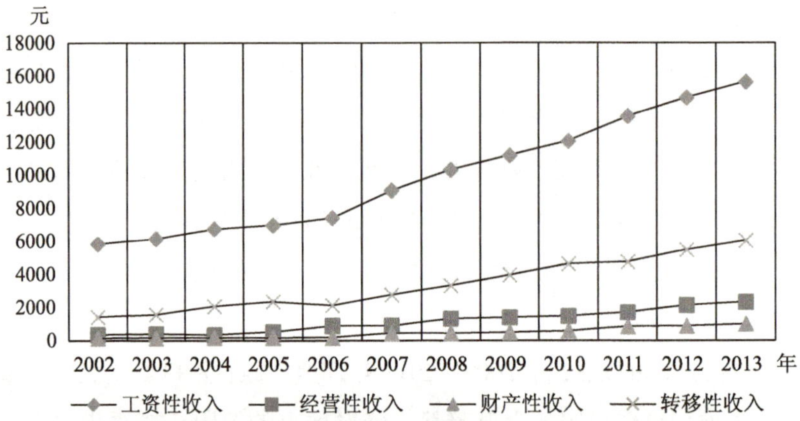

图 2-10　2002—2013 年广西城镇居民四大收入数据

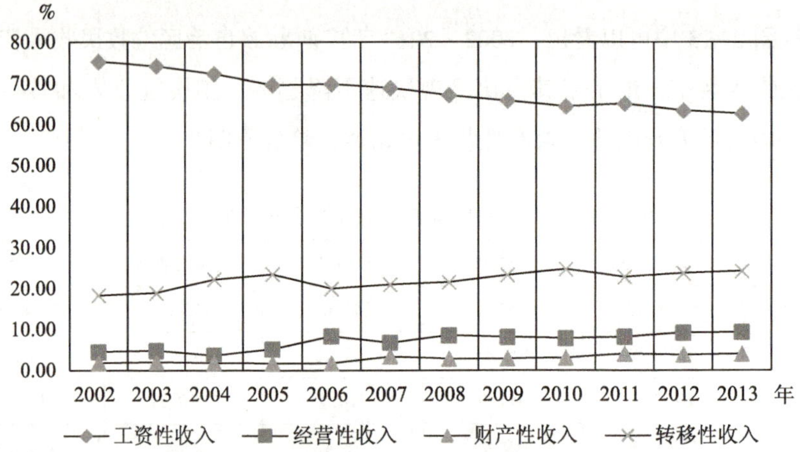

图 2-11　2002—2013 年广西城镇居民四大收入占比

表 2-9　2002—2013 年广西农牧民四大收入数据　（单位：元）

年份	工资性收入	经营性收入	财产性收入	转移性收入	总计
2002	686.6	1236.3	9.1	80.8	2012.8
2003	784.6	1230	16.8	63.4	2094.8
2004	857.6	1365.3	17.5	64.8	2305.2
2005	907.36	1516.36	18.3	52.66	2494.68
2006	974.32	1705.75	22.45	69.96	2772.48

续表

年份	工资性收入	经营性收入	财产性收入	转移性收入	总计
2007	1128.75	1973.4	29.13	92.77	3224.05
2008	1283.39	2190.62	41.76	174.58	3690.35
2009	1465.22	2228.23	41.49	245.5	3980.44
2010	1707.18	2510.15	33.78	292.3	4543.41
2011	1820.37	3007.93	41.22	361.8	5231.32
2012	2245.95	3234.55	53.87	473.17	6007.54
2013	2712.27	3420.36	70.44	587.83	6790.9

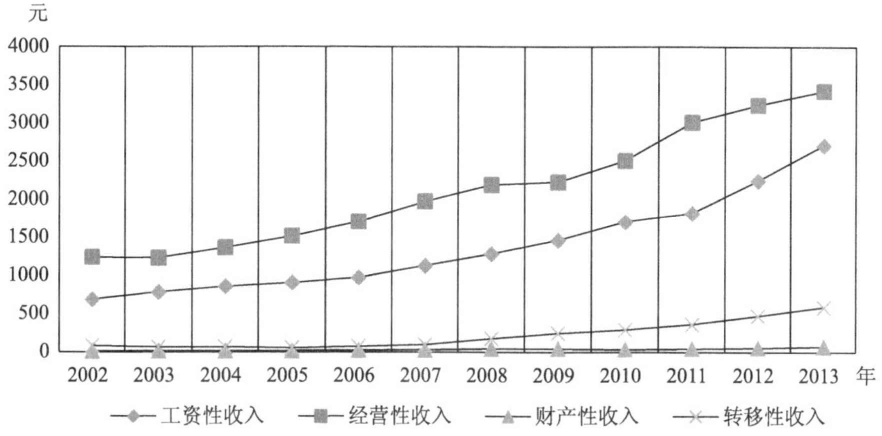

图 2-12　2002—2013 年广西农牧民四大收入数据

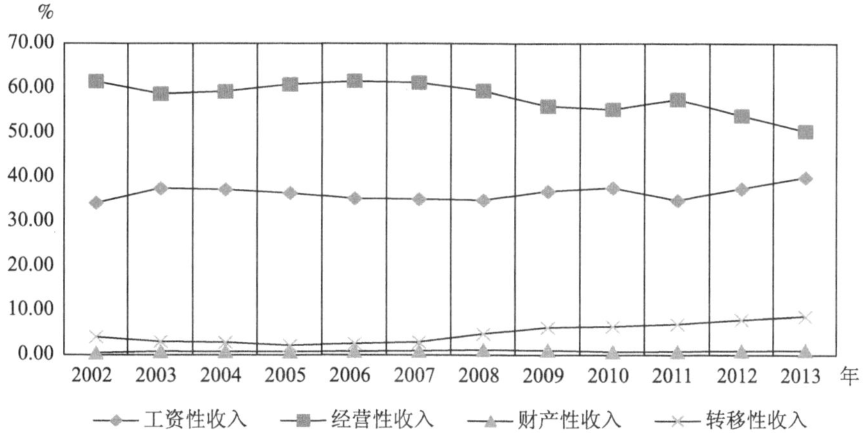

图 2-13　2002—2013 年广西农牧民四大收入占比

（三）西藏自治区

表2-10中给出了西藏自治区城镇居民四大收入相关数据。图2-14及图2-15为四大收入绝对及相对变化图。

从图2-14中可以看出，西藏自治区城镇居民工资性收入在2002—2005年呈现稳定的增长趋势，但在2006年突然下降，之后又呈现出快速增长趋势。其他三项收入的增长趋势并不明显。

从图2-15中可以看出，西藏自治区城镇居民的收入主要来源为工资性收入，2002—2005年几乎占到了100%。之后，除2006年外，维持在86%左右。其他三项收入占比总和仅为13%左右，其中转移性收入的占比相对较高；经营性收入和财产性收入的占比微乎其微。

表2-11中给出了西藏自治区农牧民四大收入相关数据。图2-16及图2-17为四大收入绝对及相对变化图。

从图2-16中可以看出，2002—2013年西藏自治区农牧民四大收入除财产性收入外均呈现稳定的上升趋势，经营性收入的增长势头较猛。转移性收入的增长势头比较平稳，而财产性收入却呈现下降趋势。

从图2-17中可以看出，2002—2013年西藏自治区农牧民收入依然以经营性收入为主，2011年以前占比呈“W”形发展，2011年以后呈现出下降趋势。工资性收入占比2011年前呈倒“W”形发展，2011年以后有上升趋势。转移性收入占比近年来比较稳定，而财产性收入占比却呈下降趋势。

表2-10　2002—2013年西藏城镇居民四大收入数据　（单位：元）

年份	工资性收入	经营性收入	财产性收入	转移性收入	总计
2002	8300. 04	10. 56	35. 76	280. 56	8626. 92
2003	9466. 39	0	7. 15	223. 25	9696. 79
2004	10204. 52	42. 59	1. 18	147. 58	10395. 87
2005	10401. 71	43. 2	10. 41	204	10659. 32
2006	7512. 25	389. 88	217. 95	1420. 78	9540. 86
2007	10370. 42	280. 68	254. 44	1046. 13	11951. 67

续表

年份	工资性收入	经营性收入	财产性收入	转移性收入	总计
2008	12314.69	303.34	138.08	891.42	13647.53
2009	13326.4	378.07	218.3	1056.18	14978.95
2010	14707.14	395.66	233.04	1203.14	16538.98
2011	15854.97	486.92	358.07	1415.8	18115.76
2012	17672.12	570.88	417.86	1563.31	20224.17
2013	19604	713.1	423.87	1819.7	22560.67

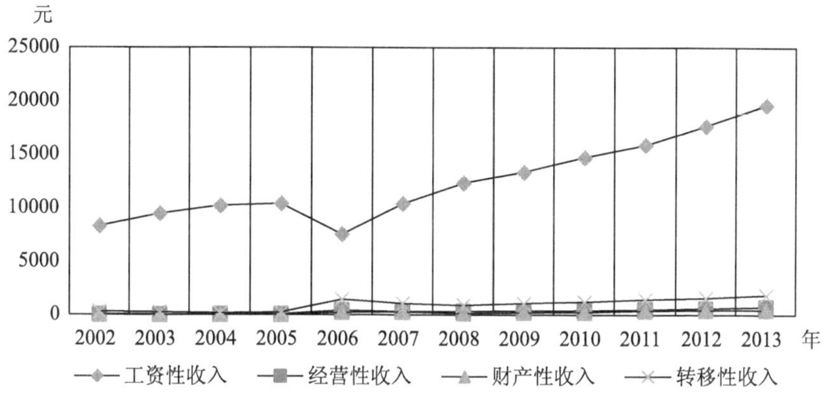

图 2-14　2002—2013 年西藏城镇居民四大收入数据

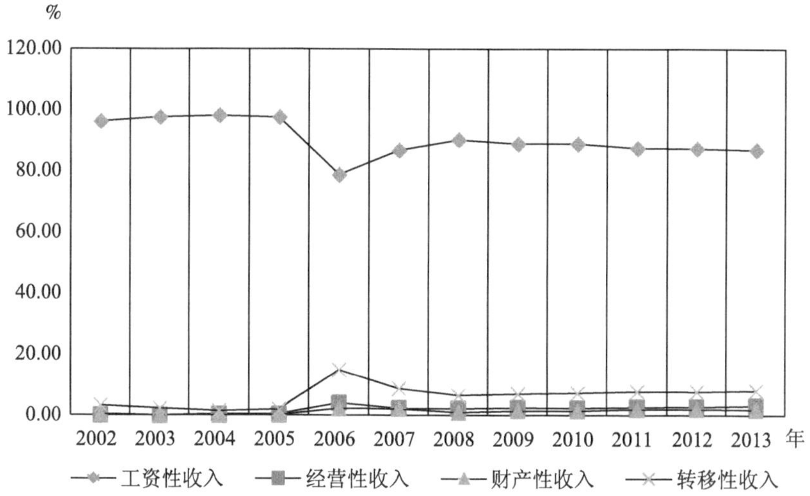

图 2-15　2002—2013 年西藏城镇居民四大收入占比

表 2-11　2002—2013 年西藏农牧民四大收入数据　　（单位：元）

年份	工资性收入	经营性收入	财产性收入	转移性收入	总计
2002	205.6	1062.5	61	133.3	1462.4
2003	479.1	1050.6	71.8	89.6	1691.1
2004	530.3	1103.4	115	112.5	1861.2
2005	565.18	1187.13	217.22	108.37	2077.9
2006	568.39	1410.51	156	300.06	2434.96
2007	635.11	1673.08	173.54	306.47	2788.2
2008	759.72	1845.04	185.46	385.6	3175.82
2009	914.08	1956.5	148.25	512.9	3531.73
2010	1108.84	2308.78	169.12	551.97	4138.71
2011	1008.03	3142.62	113.6	640.03	4904.28
2012	1201.93	3678.66	127.71	711.08	5719.38
2013	1475.32	4156.97	88.89	857.05	6578.23

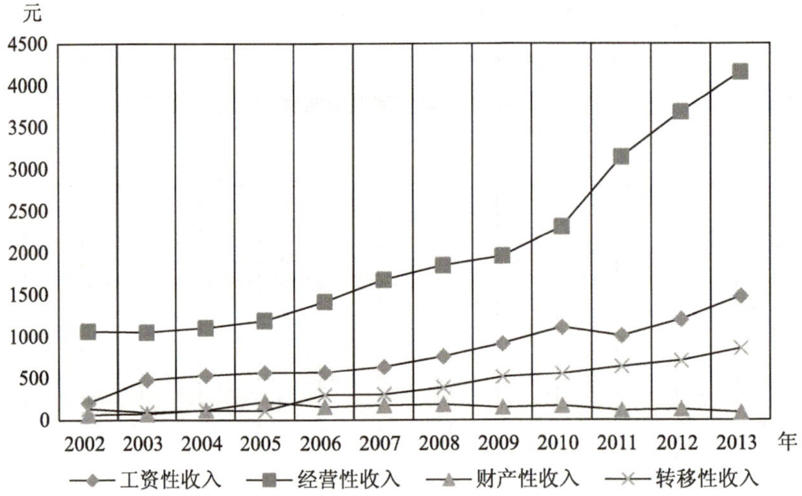

图 2-16　2002—2013 年西藏农牧民四大收入数据

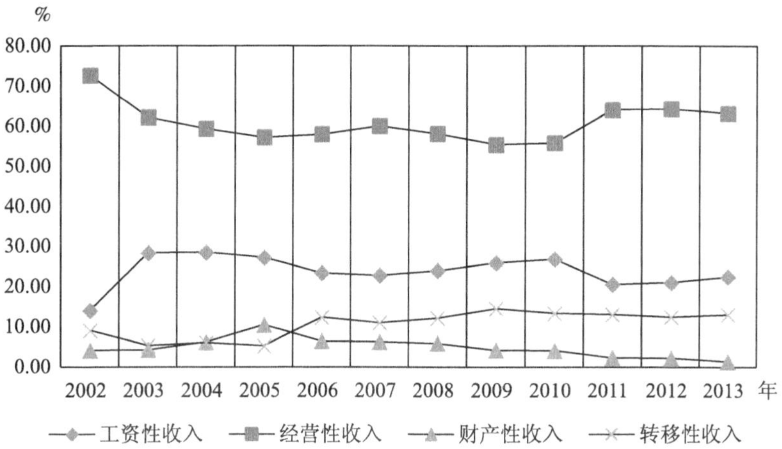

图 2-17　2002—2013 年西藏农牧民四大收入占比

（四）宁夏回族自治区

表 2-12 中给出了宁夏回族自治区城镇居民四大收入相关数据。图 2-18 及图 2-19 为四大收入绝对及相对变化图。

从图 2-18 中可以看出，2002—2013 年宁夏回族自治区城镇居民工资性收入一直呈现迅猛的增长趋势，转移性收入的增长趋势较为明显，经营性收入呈现出平稳的增长趋势，而财产性收入的增长趋势不明显。

从图 2-19 中可以看出，宁夏回族自治区城镇居民的收入以工资性收入为主，一直维持在 60%～70%。转移性收入占比比较平稳，一直维持在 23%左右。经营性收入占比近年来有下降趋势，财产性收入的占比最少。

表 2-13 中给出了宁夏回族自治区农牧民四大收入相关数据。图 2-20 及图 2-21 为四大收入绝对及相对变化图。

从图 2-20 中可以看出，2002—2013 年宁夏回族自治区农牧民的工资性收入和经营性收入呈现迅猛的增长势头，而经营性收入的增速有回落趋势，工资性收入有赶超趋势。转移性收入平稳增长，财产性收入的增长趋势不明显。

从图 2-21 中可以看出，2002—2013 年宁夏回族自治区农牧民的经营性收入和工资性收入占比呈剪刀形趋势，经营性收入占比逐渐减少，而工资性收入占比在逐渐增大，差距越来越小。转移性收入的占比呈微弱的增长趋势，徘徊在10%左右；财产性收入的占比最少。

表2-12　2002—2013年宁夏城镇居民四大收入数据　（单位：元）

年份	工资性收入	经营性收入	财产性收入	转移性收入	总计
2002	4367. 1	404. 9	41. 04	1596. 72	6409. 76
2003	4670. 78	441. 48	82. 48	1796. 54	6991. 28
2004	5166. 46	495. 14	60. 03	2026. 93	7748. 56
2005	5771. 58	956. 65	64. 44	1952. 2	8744. 87
2006	6450. 79	978. 99	89. 19	2483. 06	10002. 03
2007	7667. 77	1182. 9	147. 42	2794. 99	11793. 08
2008	8793. 54	1856. 94	182. 67	3285. 49	14118. 64
2009	9597. 11	2036. 14	281. 15	3636. 36	15550. 76
2010	10821. 22	2238. 13	189. 52	4287. 91	17536. 78
2011	12396. 71	2367. 47	198. 48	4691. 94	19654. 6
2012	13965. 62	2522. 84	160. 88	5252. 9	21902. 24
2013	15363. 92	2626. 08	196. 43	5580. 31	23766. 74

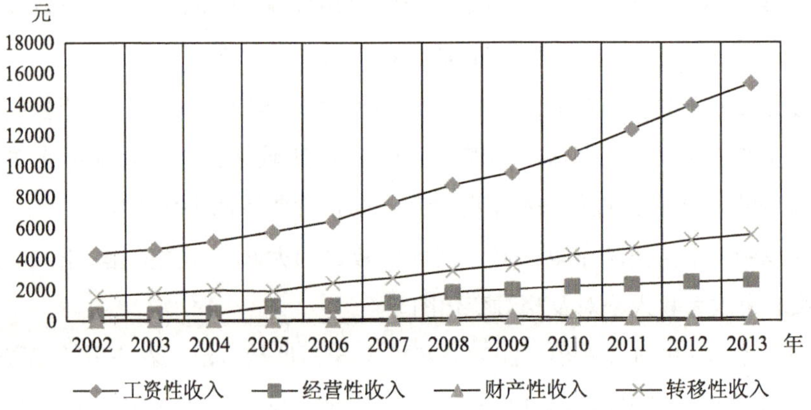

图2-18　2002—2013年宁夏城镇居民四大收入数据

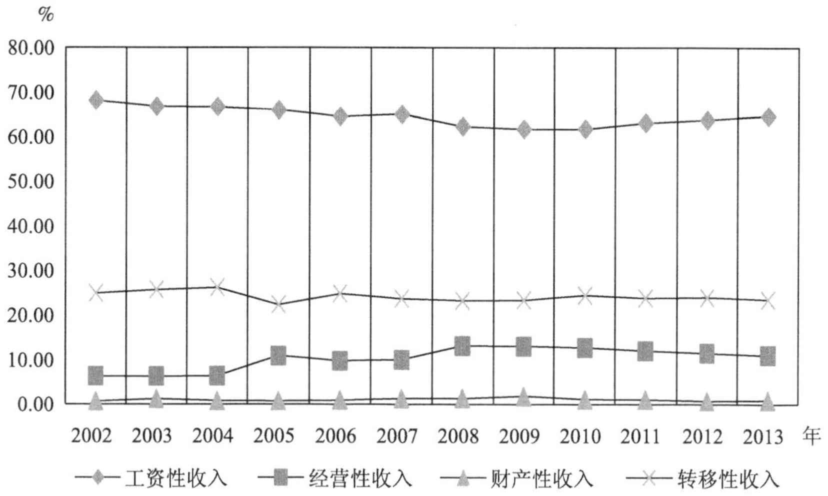

图 2-19　2002—2013 年宁夏城镇居民四大收入占比

表 2-13　2002—2013 年宁夏农牧民四大收入数据　　（单位：元）

年份	工资性收入	经营性收入	财产性收入	转移性收入	总计
2002	526.7	1265.3	57.3	72	1921.3
2003	592.3	1255.4	68.8	126.9	2043.4
2004	618.4	1506.1	52.2	143.4	2320.1
2005	702.1	1561.94	48.62	196.24	2508.9
2006	823.09	1662.07	53.35	221.63	2760.14
2007	1021.37	1862.11	58.09	239.27	3180.84
2008	1260.04	2032.01	65.73	323.64	3681.42
2009	1518.94	2111.6	63.08	354.71	4048.33
2010	1788.28	2421.5	98.66	366.45	4674.89
2011	2164.24	2730.43	116.43	398.85	5409.95
2012	2510.53	3071.52	101.55	496.73	6180.33
2013	2878.36	3250.01	133.34	669.26	6930.97

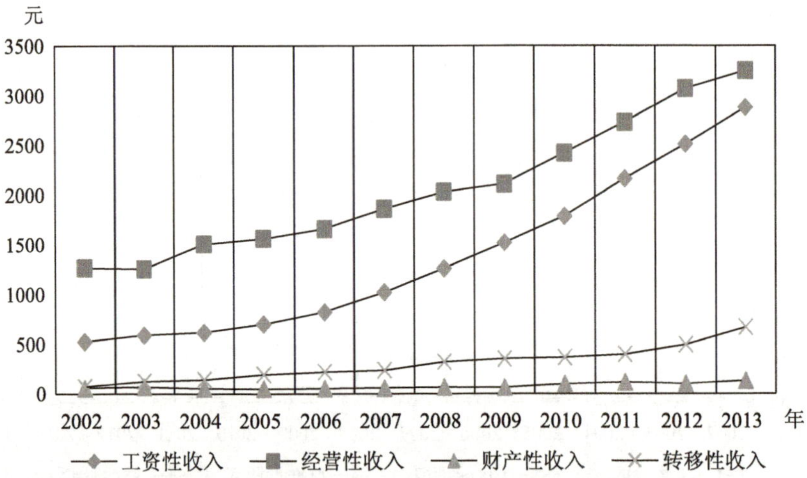

图 2-20　2002—2013 年宁夏农牧民四大收入数据

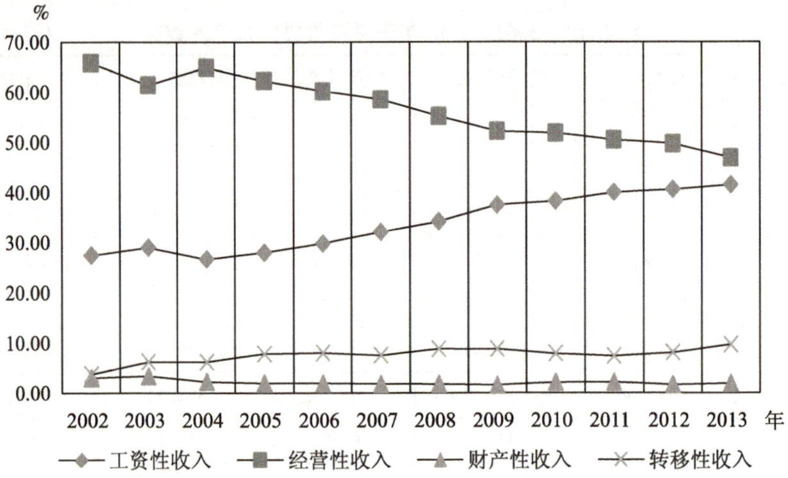

图 2-21　2002—2013 年宁夏农牧民四大收入占比

(五) 新疆维吾尔自治区

表 2-14 中给出了新疆维吾尔自治区城镇居民四大收入相关数据。图 2-22 及图 2-23 为四大收入绝对及相对变化图。

从图 2-22 中可以看出，2002—2013 年新疆维吾尔自治区城镇居民工资性收入一直呈现迅猛的增长趋势，转移性收入的增长趋势也较为平稳，经营性收入近年来呈现出比较明显的增长趋势，而财产性收入表现出微弱的下降趋势。

从图 2-23 中可以看出，新疆维吾尔自治区城镇居民的收入以工资性收入为主，存在两个发展阶段：2002—2007 年占比在 75%左右徘徊，2008—2013 年占比低于前一阶段，且呈现出了明显的下降趋势。转移性收入占比呈现出了先下降后上升的趋势，但下降和上升趋势均不是很明显。经营性收入占比呈微弱的上升趋势，在 10%左右；财产性收入占比最少。

表 2-15 中给出了新疆维吾尔自治区农牧民四大收入相关数据。图 2-24 及图 2-25 为四大收入绝对及相对变化图。

从图 2-24 中可以看出，2002—2013 年新疆维吾尔自治区农牧民的经营性收入呈现迅猛的增长势头，转移性收入也呈现出较为明显的增长趋势，在 2012 年几乎接近工资性收入，财产性收入的增长趋势不明显。

从图 2-25 中可以看出，2002—2013 年新疆维吾尔自治区农牧民收入依然以经营性收入为主，但近年来其占比却呈明显的下降趋势，由 2002 年的 90%下降到 2013 年的 60%左右。转移性收入和工资性收入的占比呈现上升趋势，都在 15%左右。财产性收入的占比最少，仅为 3%左右。

表 2-14　2002—2013 年新疆城镇居民四大收入数据　（单位：元）

年份	工资性收入	经营性收入	财产性收入	转移性收入	总计
2002	5665.44	242.4	53.5	1491.39	7452.73
2003	6219.72	291.63	76.02	1279.51	7866.88
2004	6394.5	371.74	62.96	1372.65	8201.85
2005	6553.47	522.14	54.51	1563.54	8693.66
2006	7490.69	594.81	58.39	1545.18	9689.07
2007	9012.19	606.33	67.97	1616.49	11302.98
2008	9422.22	938.15	141.75	1976.49	12478.61
2009	10232.91	974.62	115.77	2278.88	13602.18
2010	11327.91	1131.78	151.94	2809.96	15421.59

续表

年份	工资性收入	经营性收入	财产性收入	转移性收入	总计
2011	12653.43	1412.32	149.06	3416.35	17631.16
2012	14432.12	1633.22	145.5	3983.71	20194.55
2013	15585.27	2626.08	152.66	4846.44	23210.45

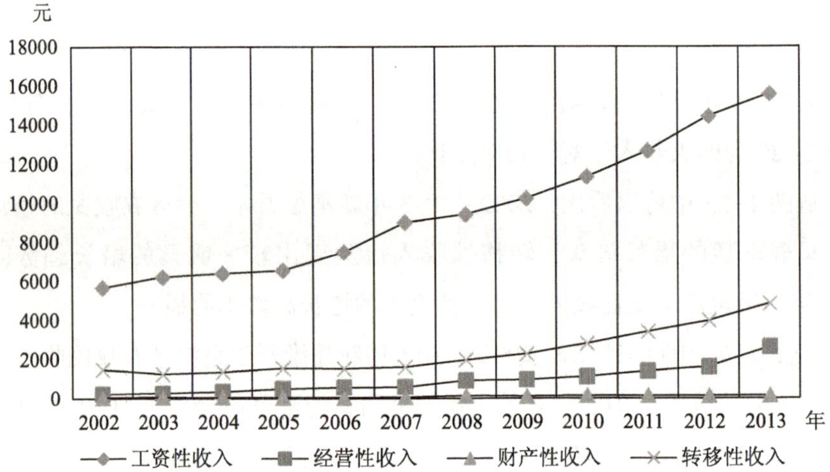

图 2-22　2002—2013 年新疆城镇居民四大收入数据

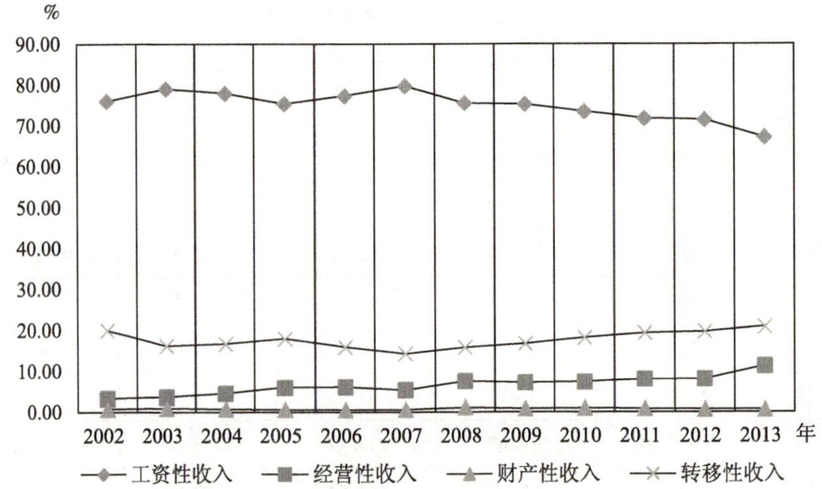

图 2-23　2002—2013 年新疆城镇居民四大收入占比

表 2-15　2002—2013 年新疆农牧民四大收入数据　　（单位：元）

年份	工资性收入	经营性收入	财产性收入	转移性收入	总计
2002	142. 4	1666	31. 7	25. 5	1865. 6
2003	140. 4	1880	59. 2	37	2116. 6
2004	138. 2	1970. 4	81. 1	55. 3	2245
2005	195. 51	2140. 76	33. 87	112. 01	2482. 15
2006	254. 07	2323. 01	58. 69	101. 51	2737. 28
2007	330. 75	2625. 66	116. 54	110. 02	3182. 97
2008	422. 82	2779. 71	121. 15	179. 23	3502. 91
2009	461. 49	3069. 57	121. 26	230. 77	3883. 09
2010	556. 26	3649. 98	126. 53	309. 91	4642. 68
2011	804. 73	3887. 15	147. 14	603. 13	5442. 15
2012	1008. 02	4238. 98	170. 73	975. 95	6393. 68
2013	1311. 84	4654. 48	230. 09	1100. 05	7296. 46

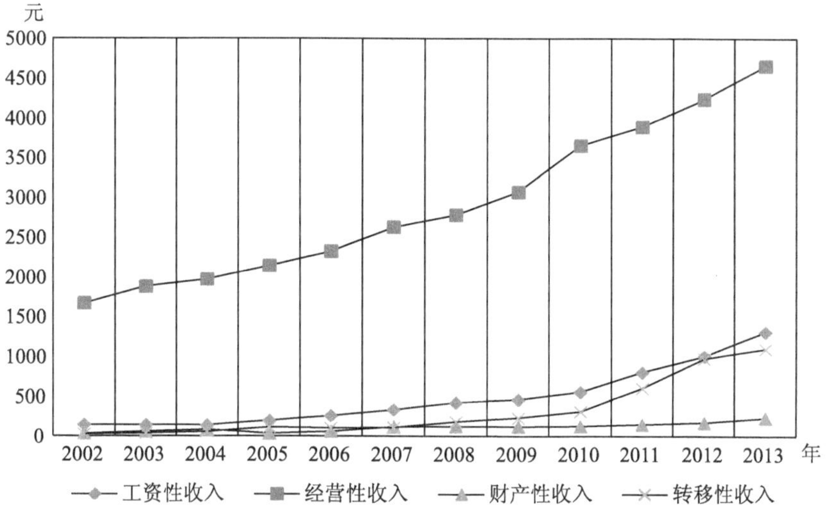

图 2-24　2002—2013 年新疆农牧民四大收入数据

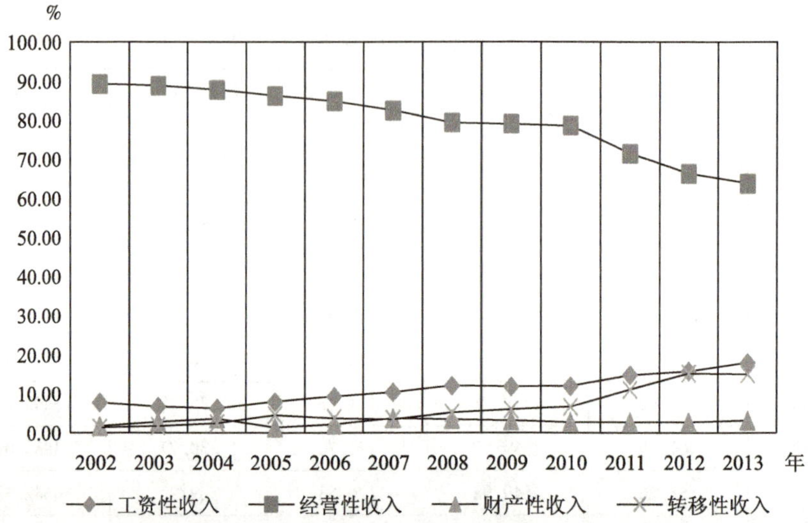

图 2-25　2002—2013 年新疆农牧民四大收入占比

三、城乡居民消费支出的结构性分析

学者们在研究城乡居民收入差距时，大都是围绕城乡居民收入展开的，而从城乡居民消费的角度对收入差距进行研究的学者相对较少。

（一）消费结构与收入差距的文献回顾

消费、投资和出口一直以来都是拉动我国经济增长的“三驾马车”。后金融危机时代，全球经济持续疲软，多个欧洲国家主权债务危机频频爆发，世界性贸易保护主义愈演愈烈，再加上成本优势、人口红利以及制度红利等经济增长优势逐渐不明显，预示着今后我国经济增长模式必然由外向型向内向型转变，国内消费势必主导我国未来经济的增长。在这种特殊的时代背景下，消费理论成为近期理论界关注的热点。消费理论的核心问题是消费结构问题，消费结构的改善能促进产业结构的优化升级，进而影响经济增长及居民收入。

2008 年世界金融危机爆发，全球经济遭受重创，中国出口受阻，国内过度投资导致的结构问题也开始显现。中国长期以来高投资、高出口的发展模式受到挑战。在这种情况下，决策者把目光转向国内市场，拉动内需成为国家保增长的动力。消费的重要性受到决策者的重视，关于中国消费低迷原因的研究成为学术关注的焦点。

消费是一个常青的话题，中国特有的社会结构和经济制度衍生出了中国特有的高储蓄、低消费的现象，引发了一些中国学者的兴趣。一些学者引入西方消费理论，在经验研究的基础上，试图解释中国的消费问题；一些学者结合具体国情，对创立中国特有的消费理论进行探索。以下具体阐述有关研究的近期成果。

一些学者在西方消费理论的基础上，试图从某个视角出发来解释中国的消费问题，一般遵循理论分析—实证检验—结论建议的思路。由于中国二元经济结构问题，许多学者从城镇和农村居民的消费行为差异入手展开讨论。刘建国（1999，2002）认为由于农业市场因素和气候因素的不确定性，农民收入具有更高易变性，因此农村居民面临较高的流动性约束，进而消费倾向低于城镇居民，我国内需不足的一个原因是城市化的滞后。

王检贵（2000）对刘建国的观点提出质疑。他认为农民收入较低，且生活圈子狭小，容易相互模仿消费；农民的收入波动不一定比城市居民大，农村居民的消费倾向不一定比城镇居民低；传统的相互借贷和赊账行为使得农民面临的流动性约束反而低于城镇居民。因此他认为，农村居民消费不足应归因于收入过低，而不是消费倾向过低。

裴春霞和臧旭恒（2009）从预防性储蓄和流动性约束的视角来研究居民的消费。他们对预防性储蓄和流动性约束的概念进行重新界定，认为现实生活中的不确定性和效用函数的谨慎动机导致了预防性储蓄，而流动性约束能够加强消费者的谨慎动机，从而引起预防性储蓄的增加。他们认为，处于经济转型期的中国，居民收入增长波动性大，教育、医疗、住房支出增长过快，社会保障还处于较低水平，信贷市场有待发展，我国居民面临着更大的不确定性和流动性约束。他们应用面板数据对我国城乡居民的消费行为进行实证检验，得出农村居民对不确定性的反应更为敏感的结论，而由于农村居民亲朋之间的借贷行为更为普遍，使得农村居民面临的流动性约束比城市居民要低。

闫新华（2012）从习惯形成的视角来研究中国居民的消费行为。她将习惯形成、不确定性纳入居民消费跨期最优化分析框架。她认为，一方面消费者效用来自于“有效消费”，而不是当期消费，为了保持效用水平长期稳步提高，居民会进行更多储蓄，因此习惯形成，大幅降低了消费对收入的弹性；另一方面，习惯形成的储蓄增加了居民抵御风险的能力，因此收入水平与习惯形成参数负相关。她运用 1992—2007 年的各省城镇居民总量面板数据、城镇居民收支等级分组面板数据、农村居民总量面板数据、城乡居民食品支出面板数据进行实证分析检验了自己的结论。

李庆海等（2012）研究发现，受到信贷配给的农户其消费支出减少，农村信贷市场的信息不对称和缺乏抵押使得正规金融机构的消费信贷服务供给不足，而农村非正规金融通过发挥其抵押、信息和交易成本优势满足了农村地区大部分金融需求。对于农村地区，地区金融发展的落后也会影响消费结构的变化，进一步影响经济发展及地区间的收入差距。

胡日东等（2014）分别对中国城市居民和农村居民的消费结构的影响因素进行了分析，实证结果表明中国城乡收入差距对中国城乡居民的消费结构具有显著的影响。进一步通过弹性分析，揭示了中国城乡收入差距对中国城乡居民消费差距的内在作用机理，并结合空间分析方法，找出了未来应加强控制中国城乡收入差距以有效降低中国城乡居民消费差距的地区，并据此为政府扩大消费需求和优化城乡居民消费结构给出了相应的政策建议。

综上，从居民的消费结构及变化情况不难看出，消费结构往往可以体现一个地区甚至整个国家的收入差距、消费倾向转移、潜在的经济增长点和更优的政策导向。因此从居民消费结构出发对居民收入差距展开研究具有较强意义。

（二）居民人均消费支出构成现状

1. 全国人均消费支出构成情况

表 2-16 给出了 2002—2015 年全国城镇居民人均消费支出构成情况。可以看出，就全国的平均水平来说，居民在食品方面的消费支出占比较高，但

有逐渐降低的趋势，这说明人民生活水平在逐渐提高。居住方面消费支出占比在2013年后有较大幅度的提升。除了交通和通信占比有小幅度提升外，其他方面占比均呈现小幅度降低的变化趋势。图2-26中为2002—2015年全国城镇居民人均消费支出构成的情况变化图。

表2-17给出了2000—2014年全国农村居民人均消费支出构成情况。农村居民相对于城镇居民，在食品方面的消费支出占比更大，但也呈现出下降的趋势。农村居民的消费支出大部分还是在食品、居住方面。居住、医疗保健、交通和通信及家庭设备及服务四方面的消费支出占比增长趋势明显，文教娱乐用品以及服务及其他商品及服务方向的支出占比具有一定下降趋势。不难看出2000—2014年农村居民消费支出结构的明显变化。图2-27为2000—2014年全国农村居民人均消费支出构成的情况变化图。

表2-16 2002—2015年全国城镇居民人均消费支出占比情况 (%)

年份	消费性支出	食品	衣着	居住	家庭设备用品及服务	医疗保健	交通和通信	教育文化娱乐服务	杂项商品和服务
2002	100	37.68	9.80	10.35	6.45	7.13	10.38	14.96	3.25
2003	100	37.12	9.79	10.74	6.30	7.31	11.08	14.35	3.30
2004	100	37.73	9.56	10.21	5.67	7.35	11.75	14.38	3.34
2005	100	36.69	10.08	10.18	5.62	7.56	12.55	13.82	3.50
2006	100	35.78	10.37	10.40	5.73	7.14	13.19	13.83	3.56
2007	100	36.29	10.42	9.83	6.02	6.99	13.58	13.29	3.58
2008	100	37.89	10.37	10.19	6.15	6.99	12.60	12.08	3.72
2009	100	36.52	10.47	10.02	6.42	6.98	13.72	12.01	3.87
2010	100	35.67	10.72	9.89	6.74	6.47	14.73	12.08	3.71
2011	100	36.32	11.05	9.27	6.75	6.39	14.18	12.21	3.83
2012	100	36.23	10.94	8.90	6.69	6.38	14.73	12.20	3.94
2013	100	30.13	8.40	23.27	6.11	6.15	12.54	10.75	2.65
2014	100	30.05	8.15	22.48	6.18	6.54	13.21	10.73	2.67
2015	100	29.73	7.95	22.09	6.11	6.75	13.53	11.14	2.70

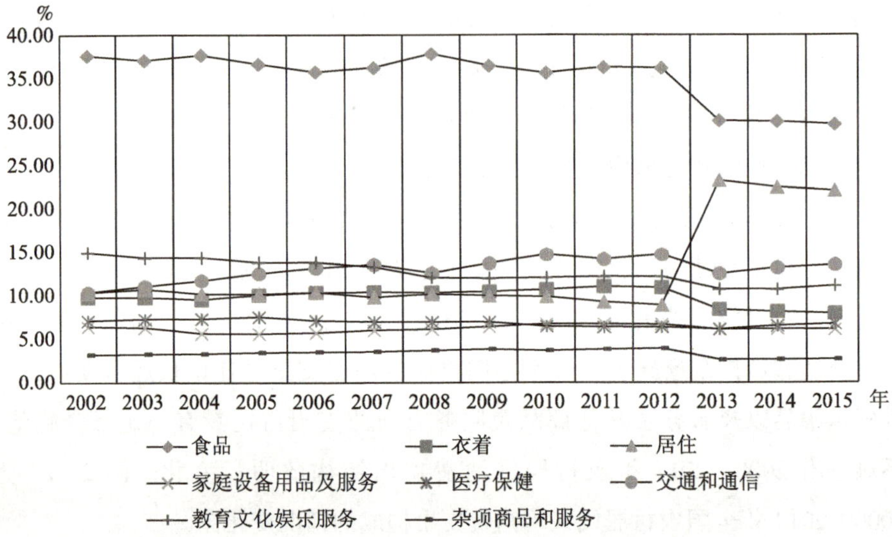

图 2-26　2002—2015 年全国城镇居民人均消费支出占比情况变化

表 2-17　2000—2014 年全国农村居民人均消费支出占比情况　（%）

年份	消费性支出	食品	衣着	居住	家庭设备及服务	医疗保健	交通和通信	文教娱乐用品及服务	其他商品及服务
2000	100	49.13	5.75	15.47	4.52	5.24	5.58	11.18	3.14
2001	100	47.71	5.67	16.03	4.42	5.55	6.32	11.06	3.24
2002	100	46.25	5.72	16.36	4.38	5.67	7.01	11.47	3.14
2003	100	45.59	5.67	15.87	4.20	5.96	8.36	12.13	2.21
2004	100	47.23	5.50	14.84	4.08	5.98	8.82	11.33	2.21
2005	100	45.48	5.81	14.49	4.36	6.58	9.59	11.56	2.13
2006	100	43.02	5.94	16.58	4.47	6.77	10.21	10.79	2.23
2007	100	43.08	6.00	17.80	4.63	6.52	10.19	9.48	2.30
2008	100	43.67	5.79	18.54	4.75	6.72	9.84	8.59	2.09
2009	100	40.97	5.82	20.16	5.13	7.20	10.09	8.53	2.11
2010	100	41.09	6.03	19.06	5.34	7.44	10.52	8.37	2.15
2011	100	40.36	6.54	18.41	5.92	8.37	10.48	7.59	2.34
2012	100	34.41	7.32	19.47	6.31	9.49	12.06	8.23	2.72
2013	100	34.13	6.06	21.11	6.08	8.93	11.69	10.08	1.93
2014	100	33.57	6.09	21.03	6.04	8.99	12.08	10.25	1.94

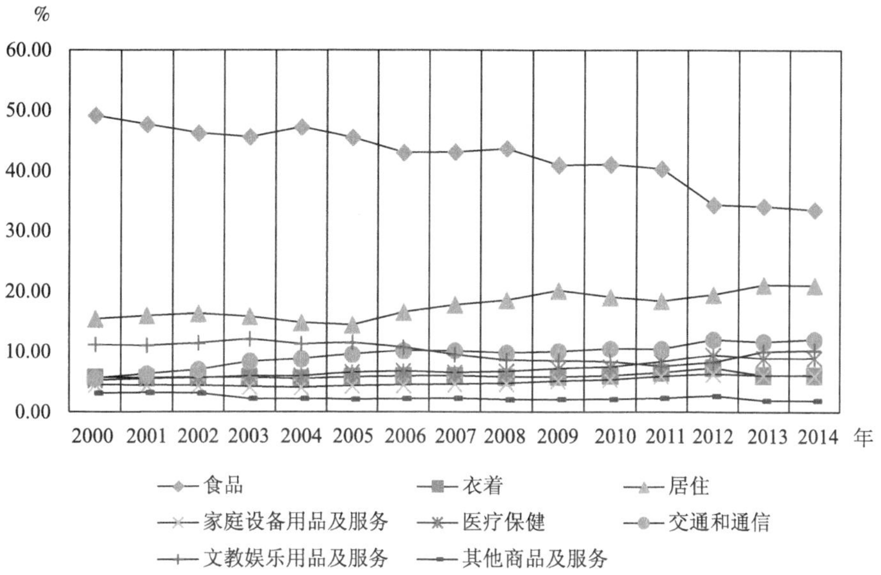

图 2-27　2000—2014 年全国农村居民人均消费支出占比情况变化

2. 少数民族地区消费支出构成情况

(1) 内蒙古自治区

表 2-18 给出了 2002—2014 年内蒙古自治区城镇居民人均消费支出构成情况。可以看出，在内蒙古自治区城镇居民人均消费支出中，食品占比相对较高，与全国平均水平相近；居住占比相对较低，而交通和通信占比较高，这与内蒙古自治区偏远的地理位置有一定的相关性。图 2-28 为相关情况变化图。

表 2-19 给出了 2000—2014 年内蒙古自治区农村居民人均消费支出构成情况。类似于全国平均水平，内蒙古自治区农村居民人均消费支出中食品占比较高，同样呈现下降趋势。居住方面消费支出占比次高，呈现波动变化趋势。医疗保健以及交通和通信方面的支出占比呈现明显增长趋势，其他方面的支出占比并无显著变化。图 2-29 为相关情况变化图。

表 2-18　2002—2014 年内蒙古城镇居民人均消费支出占比情况　（%）

年份	消费性支出	食品	衣着	居住	家庭设备用品及服务	医疗保健	交通和通信	教育文化娱乐服务	杂项商品和服务
2002	100	31.53	13.88	13.74	5.88	7.07	10.35	13.97	3.58
2003	100	31.47	14.64	11.41	5.49	7.86	11.00	14.22	3.93
2004	100	32.56	14.44	10.08	5.79	7.62	11.25	13.80	4.46
2005	100	31.43	15.12	10.43	5.69	7.70	10.90	13.98	4.74
2006	100	30.31	15.25	10.46	6.06	7.24	12.11	13.73	4.84
2007	100	30.44	15.05	10.15	6.05	7.75	12.11	13.41	5.04
2008	100	32.82	14.93	9.50	6.21	8.03	11.01	12.78	4.74
2009	100	30.50	15.01	10.07	6.45	8.03	12.59	12.16	5.19
2010	100	30.09	15.75	9.89	6.78	8.05	12.64	11.73	5.08
2011	100	31.25	15.83	8.93	7.32	7.81	12.62	11.41	4.82
2012	100	30.84	15.41	8.94	7.01	7.64	14.52	11.13	4.51
2013	100	31.79	14.43	10.14	6.41	7.25	14.13	10.97	4.90
2014	100	28.74	11.47	17.33	6.88	7.04	14.82	10.43	3.29

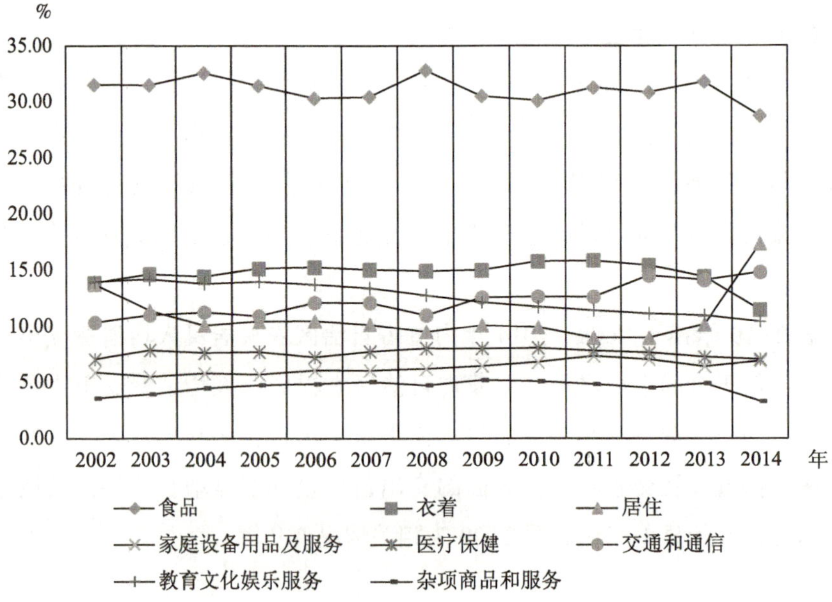

图 2-28　2002—2014 年内蒙古城镇居民人均消费支出占比情况变化

表 2-19　2000—2014 年内蒙古农村居民人均消费支出占比情况　（%）

年份	消费性支出	食品	衣着	居住	家庭设备及服务	医疗保健	交通和通信	文教娱乐用品及服务	其他商品及服务
2000	100	44. 80	6. 87	15. 45	3. 78	6. 47	5. 78	14. 40	2. 49
2001	100	43. 67	7. 03	15. 31	3. 89	7. 28	6. 41	13. 75	2. 70
2002	100	43. 41	7. 01	14. 92	3. 93	7. 09	7. 13	13. 94	2. 57
2003	100	41. 29	6. 88	13. 94	3. 71	7. 03	10. 84	14. 47	1. 84
2004	100	42. 69	6. 41	12. 79	3. 36	7. 42	11. 62	14. 02	1. 69
2005	100	43. 10	6. 13	13. 68	3. 45	7. 21	11. 99	12. 65	1. 78
2006	100	39. 04	6. 66	12. 73	3. 54	8. 40	13. 05	14. 37	2. 21
2007	100	39. 31	7. 01	14. 56	3. 61	8. 64	11. 53	13. 01	2. 31
2008	100	41. 01	6. 63	15. 74	3. 56	8. 86	11. 24	11. 04	1. 92
2009	100	39. 78	6. 85	15. 35	3. 73	10. 50	11. 75	9. 85	2. 18
2010	100	37. 55	7. 12	16. 86	3. 99	10. 49	13. 42	8. 39	2. 18
2011	100	37. 53	7. 18	15. 98	4. 42	9. 70	13. 23	9. 55	2. 41
2012	100	37. 29	7. 55	16. 91	4. 21	9. 23	14. 29	8. 05	2. 47
2013	100	28. 45	6. 22	12. 24	3. 33	9. 15	12. 19	6. 12	2. 35
2014	100	30. 47	7. 30	16. 80	4. 29	11. 17	14. 72	13. 22	2. 02

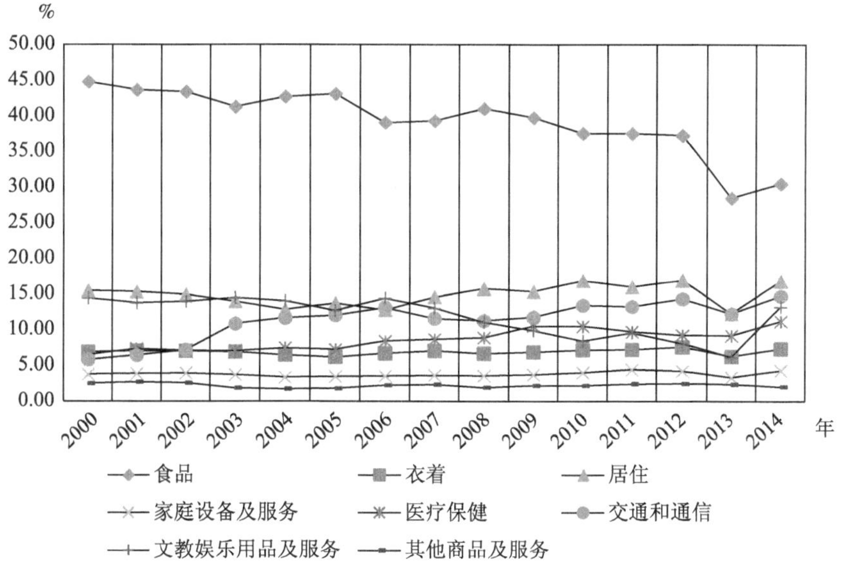

图 2-29　2000—2014 年内蒙古农村居民人均消费支出占比情况变化

（2）广西壮族自治区

表2-20给出了2002—2014年广西壮族自治区城镇居民人均消费支出构成情况。不难看出，在广西壮族自治区城镇居民人均消费支出占比中，食品占比相对较高，占比情况与全国农村居民平均水平相近，可见其经济发展相对落后。其他方面的消费占比并无特别，基本维持不变，教育文化娱乐服务方面的消费支出占比呈现下降的趋势，杂项商品和服务方面的消费支出占比较低。相关情况见图2-30。

表2-21给出了2000—2014年广西壮族自治区农村居民人均消费支出构成情况。不难看出，在广西壮族自治区农村居民人均消费支出占比中，食品占比相对较高，但呈现出一定下降趋势。不同的是，占比次高的居住消费支出占比却呈现出上升趋势。医疗保健、交通和通信支出占比也呈现上升趋势。值得关注的是，2014年部分数据变化幅度较大。相关情况见图2-31。

表2-20　2002—2014年广西城镇居民人均消费支出占比情况　（%）

年份	消费性支出	食品	衣着	居住	家庭设备用品及服务	医疗保健	交通和通信	教育文化娱乐服务	杂项商品和服务
2002	100	40.67	7.55	10.27	6.70	4.46	11.21	16.06	3.15
2003	100	40.01	6.48	13.90	6.54	5.60	10.55	13.84	3.07
2004	100	42.31	6.57	10.24	6.16	7.16	9.06	14.91	3.59
2005	100	41.33	7.39	10.95	5.98	6.63	10.00	14.20	3.52
2006	100	42.07	7.03	12.17	5.31	5.90	11.56	12.53	3.42
2007	100	41.69	8.06	9.85	6.02	6.65	11.44	12.88	3.40
2008	100	42.41	8.02	9.26	6.27	5.50	14.29	11.23	3.01
2009	100	39.89	8.26	9.86	7.29	5.20	15.44	10.73	3.32
2010	100	38.06	8.06	10.16	7.43	5.44	17.17	10.82	2.86
2011	100	39.50	7.93	9.63	6.89	6.06	15.57	11.70	2.72
2012	100	38.98	8.05	9.67	7.90	6.20	14.66	11.42	3.12
2013	100	40.37	7.02	11.49	7.51	5.36	17.73	14.40	2.67
2014	100	35.19	5.28	22.53	6.01	5.62	12.27	11.23	1.87

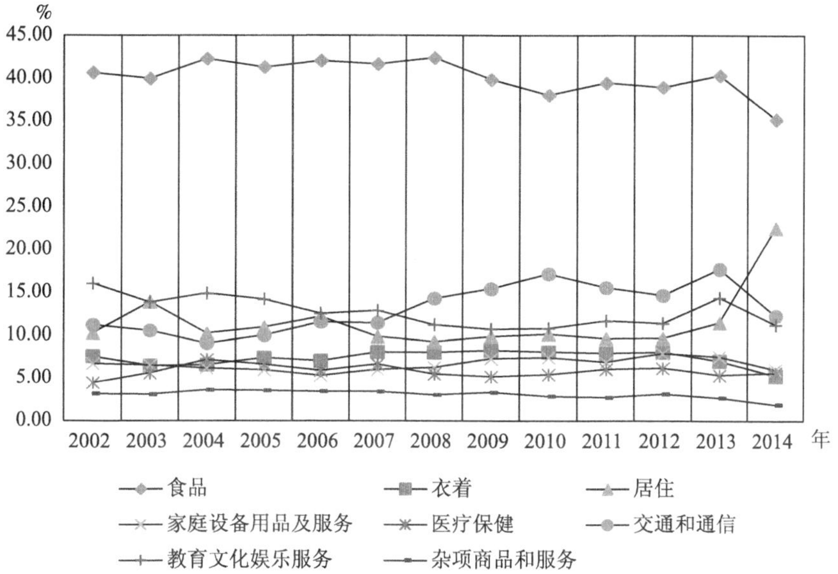

图 2-30　2002—2014 年广西城镇居民人均消费支出占比情况变化

表 2-21　2000—2014 年广西农村居民人均消费支出占比情况　(%)

年份	消费性支出	食品	衣着	居住	家庭设备及服务	医疗保健	交通和通信	文教娱乐用品及服务	其他商品及服务
2000	100	55.58	3.49	13.51	4.23	3.54	4.35	12.55	2.92
2001	100	52.30	3.46	17.32	4.04	3.93	5.27	11.23	2.48
2002	100	51.90	3.78	17.10	4.15	3.94	6.78	10.27	2.38
2003	100	51.34	3.49	18.46	3.64	4.27	6.94	10.02	1.84
2004	100	54.32	3.34	16.15	3.36	4.34	7.27	9.27	1.95
2005	100	50.51	3.38	16.16	4.06	5.25	9.11	9.63	1.89
2006	100	49.55	3.31	17.60	4.56	5.13	9.92	8.21	1.72
2007	100	50.18	3.16	20.17	4.09	5.42	8.95	6.28	1.75
2008	100	53.42	3.05	17.94	4.15	5.17	8.77	5.79	1.70
2009	100	48.68	2.84	20.98	4.89	6.35	8.53	5.96	1.78
2010	100	48.49	3.20	20.04	5.58	6.63	8.98	5.28	1.80
2011	100	43.81	2.94	24.19	5.74	7.15	9.14	5.19	1.83
2012	100	42.27	3.17	24.34	5.57	7.78	9.18	5.48	2.21

续表

年份	消费性支出	食品	衣着	居住	家庭设备及服务	医疗保健	交通和通信	文教娱乐用品及服务	其他商品及服务
2013	100	34.54	2.83	22.54	4.66	6.85	8.55	4.58	1.70
2014	100	36.90	3.12	23.23	5.91	8.29	10.63	10.22	1.68

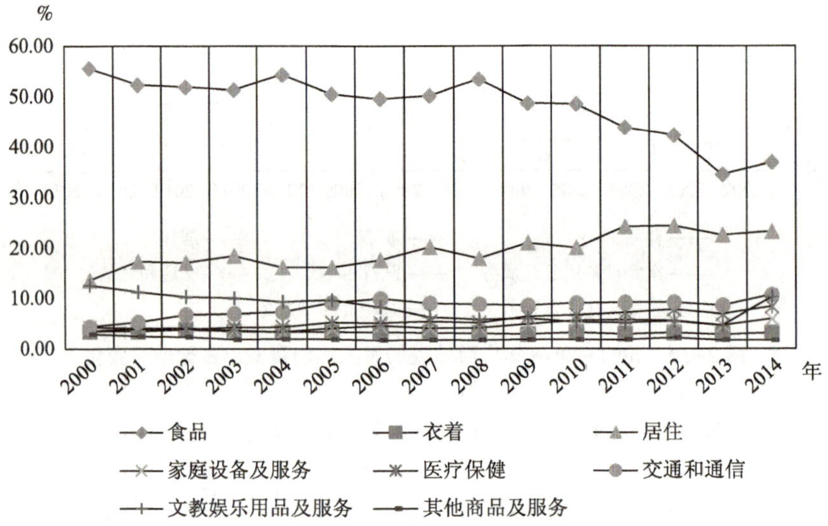

图 2-31　2000—2014 年广西农村居民人均消费支出占比情况变化

（3）西藏自治区

表 2-22 给出了 2002—2014 年西藏自治区城镇居民人均消费支出构成情况。不难看出，在西藏自治区城镇居民人均消费支出占比中，食品占比相对较高，占比情况与全国农村居民平均水平相近，表明其经济发展相对落后。可以看出，除 2014 年居住占比波动较大外，西藏自治区城镇居民各方面消费支出的占比变化幅度并不大。值得关注的是，医疗保健方面的消费支出占比相对较低，衣着、交通和通信方面的占比呈现微弱下降趋势。图 2-32 为相关情况变化图。

表 2-23 给出了 2000—2014 年西藏自治区农村居民人均消费支出构成情况。西藏自治区农村居民在食品方面的消费支出占比较高，虽呈现下降的趋势，但始终在 50%左右，凸显其落后的经济现状。居住方面的支出占比波动

幅度较大，交通和通信方面的支出占比呈现明显增长趋势，而医疗保健方面的支出占比较低。图 2-33 为相关情况变化图。

表 2-22　2002—2014 年西藏城镇居民人均消费支出占比情况　　（%）

年份	消费性支出	食品	衣着	居住	家庭设备用品及服务	医疗保健	交通和通信	教育文化娱乐服务	杂项商品和服务
2002	100	40.81	16.25	7.86	5.18	3.59	14.99	6.40	4.93
2003	100	44.04	14.04	5.82	5.52	3.86	14.71	7.42	4.59
2004	100	45.56	12.95	5.80	5.63	3.85	14.21	7.40	4.60
2005	100	44.45	12.21	6.01	5.53	3.93	15.20	7.87	4.81
2006	100	50.19	11.87	9.89	3.41	3.58	11.21	5.80	4.05
2007	100	50.94	11.68	8.34	3.60	3.62	11.50	5.86	4.46
2008	100	51.21	12.16	7.63	3.73	3.81	11.61	5.04	4.81
2009	100	50.71	12.03	7.63	3.95	3.90	11.76	5.16	4.86
2010	100	50.05	11.96	7.50	3.89	3.98	12.71	4.93	4.97
2011	100	49.85	12.13	7.51	4.12	4.08	12.29	4.95	5.07
2012	100	49.33	12.17	7.56	4.24	4.18	12.41	4.92	5.19
2013	100	43.06	11.17	7.05	3.96	4.52	11.34	3.66	4.67
2014	100	39.35	10.57	21.68	5.69	3.53	11.04	4.64	3.50

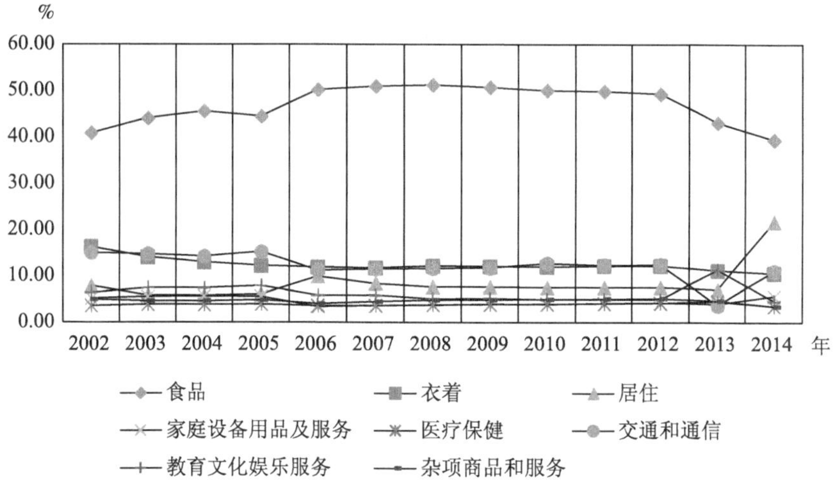

图 2-32　2002—2014 年西藏城镇居民人均消费支出占比情况变化

表 2-23 2000—2014 年西藏农村居民人均消费支出占比情况 (%)

年份	消费性支出	食品	衣着	居住	家庭设备及服务	医疗保健	交通和通信	文教娱乐用品及服务	其他商品及服务
2000	100	79.31	7.80	4.23	3.56	1.44	1.38	0.99	1.30
2001	100	66.75	10.32	9.99	5.93	3.68	1.22	1.00	1.15
2002	100	63.76	10.47	9.26	6.56	3.30	2.12	2.85	1.80
2003	100	65.03	11.13	8.35	5.18	2.06	3.60	3.13	1.52
2004	100	63.99	10.73	8.06	5.14	1.97	6.06	2.57	1.48
2005	100	68.76	10.58	4.89	4.71	2.58	4.60	1.64	2.25
2006	100	48.24	9.23	23.36	6.25	2.72	5.21	3.21	1.78
2007	100	48.69	11.05	18.89	6.01	2.25	7.06	2.95	3.10
2008	100	52.44	11.31	14.73	6.37	2.45	6.69	2.83	3.19
2009	100	49.59	11.12	15.97	6.19	2.98	9.37	2.55	2.23
2010	100	49.71	12.25	13.23	6.80	2.67	10.59	1.91	2.84
2011	100	50.51	12.08	11.96	6.78	2.40	12.72	1.49	2.05
2012	100	53.65	12.56	8.48	5.84	2.79	12.26	1.38	3.05
2013	100	47.27	9.04	4.63	6.66	1.74	12.75	1.55	3.51
2014	100	52.57	9.50	14.28	5.25	1.90	10.72	2.68	3.11

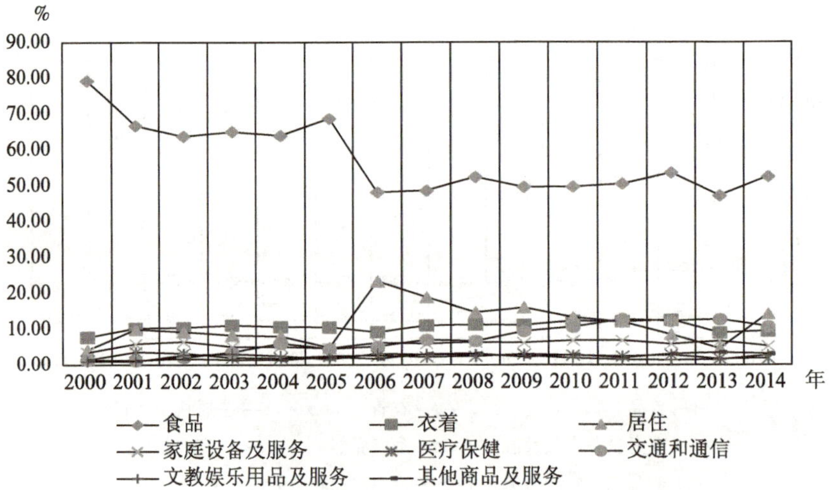

图 2-33 2000—2014 年西藏农村居民人均消费支出占比情况变化

（4）宁夏回族自治区

表 2-24 给出了 2002—2014 年宁夏回族自治区城镇居民人均消费支出构成情况。食品方面消费支出的占比与全国平均水平类似，呈下降趋势。交通和通信方面消费支出占比有小幅度的提升，居住方面消费支出占比在 2014 年突然升高。总体而言，宁夏回族自治区城镇居民人均消费支出结构及其变化与全国平均水平较相似。图 2-34 为相关情况变化图。

表 2-25 给出了 2000—2014 年宁夏回族自治区农村居民人均消费支出构成情况。与其他少数民族地区略有不同的是，宁夏回族自治区农村居民在食品方面的人均消费支出占比下降趋势较明显，与全国平均水平类似。而医疗保健、家庭设备及服务以及交通和通信方面的支出占比呈现一定的上升趋势。图 2-35 为相关情况变化图。

表 2-24　2002—2014 年宁夏城镇居民人均消费支出占比情况　（%）

年份	消费性支出	食品	衣着	居住	家庭设备用品及服务	医疗保健	交通和通信	教育文化娱乐服务	杂项商品和服务
2002	100	34.76	11.33	9.46	6.72	8.97	10.90	14.01	4.03
2003	100	36.01	10.98	10.52	6.81	8.46	10.98	12.10	4.15
2004	100	37.04	10.94	11.34	6.25	7.57	11.11	11.19	4.55
2005	100	34.80	12.12	11.11	6.52	8.37	11.02	12.02	4.04
2006	100	33.93	12.13	12.37	6.67	8.03	10.75	11.75	4.36
2007	100	35.32	12.72	11.65	6.15	8.26	10.99	11.04	3.87
2008	100	35.08	12.33	11.19	6.24	8.55	11.47	10.92	4.22
2009	100	33.39	12.26	10.97	6.20	8.97	13.26	10.47	4.48
2010	100	33.24	12.51	10.43	6.32	7.85	13.89	11.35	4.41
2011	100	34.77	13.20	9.67	6.87	7.58	12.70	11.18	4.04
2012	100	33.90	13.33	8.48	6.60	7.56	15.00	10.78	4.34
2013	100	30.97	10.99	9.48	6.34	7.33	15.84	11.82	4.16
2014	100	27.85	10.04	17.59	6.36	9.39	14.83	11.37	2.57

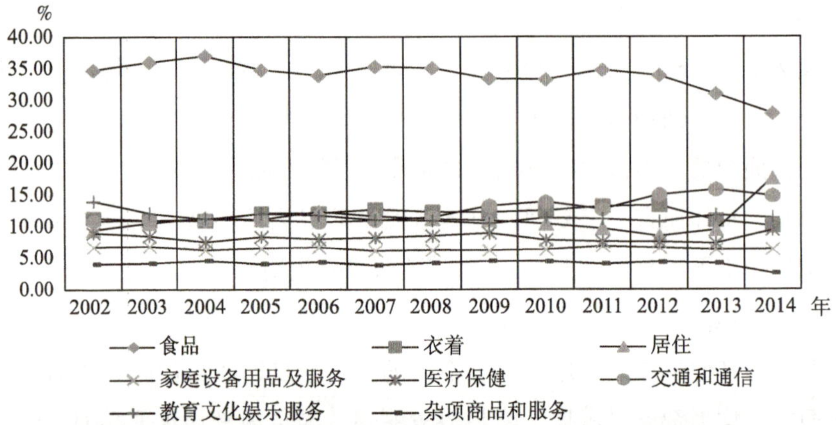

图 2-34　2002—2014 年宁夏城镇居民人均消费支出占比情况变化

表 2-25　2000—2014 年宁夏农村居民人均消费支出占比情况　（%）

年份	消费性支出	食品	衣着	居住	家庭设备及服务	医疗保健	交通和通信	文教娱乐用品及服务	其他商品及服务
2000	100	48.78	6.82	16.05	4.38	6.25	5.63	10.23	1.88
2001	100	46.93	7.02	16.02	4.37	7.09	6.91	9.53	2.14
2002	100	44.65	6.88	14.37	4.92	8.72	7.83	10.45	2.24
2003	100	41.55	6.67	17.48	3.43	7.11	10.42	10.89	2.47
2004	100	41.96	6.36	16.88	3.39	9.70	8.06	11.27	2.39
2005	100	44.05	6.83	16.52	3.68	9.49	8.52	8.49	2.41
2006	100	41.35	7.08	18.45	4.64	8.35	10.08	7.51	2.53
2007	100	40.31	7.29	17.82	4.32	9.47	10.51	7.59	2.70
2008	100	41.63	7.02	18.82	4.00	10.30	9.67	6.22	2.33
2009	100	41.68	7.65	14.99	5.05	10.65	10.92	6.49	2.58
2010	100	38.42	7.54	19.35	4.69	10.41	11.06	6.01	2.52
2011	100	37.29	8.04	19.79	5.60	9.41	10.23	6.86	2.79
2012	100	35.34	8.66	19.31	5.70	9.20	11.60	6.98	3.22
2013	100	30.00	6.73	20.91	5.68	10.42	12.27	6.52	3.76
2014	100	29.91	7.84	18.08	6.46	11.16	12.52	11.29	2.73

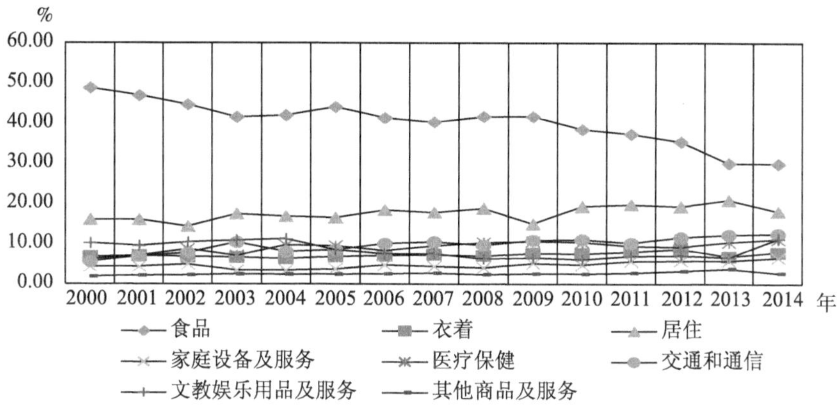

图 2-35 2000—2014 年宁夏农村居民人均消费支出占比情况变化

（5）新疆维吾尔自治区

表 2-26 给出了 2002—2014 年新疆维吾尔自治区城镇居民人均消费支出构成情况。从图 2-36 中不难看出，新疆维吾尔自治区城镇居民各项消费支出占比变化趋势并不明显，食品及衣着方面的消费支出占比有小幅度下降趋势，居住方面的占比在 2014 年出现了快速增长。

表 2-27 给出了 2000—2014 年新疆维吾尔自治区农村居民人均消费支出构成情况。从图 2-37 中不难看出，食品方面消费支出占比下降幅度较明显。居住、医疗保健、交通和通信、文教娱乐用品及服务方面的消费支出占比有一定的提升。

表 2-26 2002—2014 年新疆城镇居民人均消费支出占比情况 （%）

年份	消费性支出	食品	衣着	居住	家庭设备用品及服务	医疗保健	交通和通信	教育文化娱乐服务	杂项商品和服务
2002	100	33.93	13.85	9.15	6.41	6.05	11.41	15.63	3.56
2003	100	35.87	14.14	9.02	4.89	6.45	10.85	14.56	4.21
2004	100	36.08	13.28	9.82	5.06	6.50	10.66	14.56	4.05
2005	100	36.37	13.31	9.21	4.99	8.04	12.20	11.94	3.94
2006	100	35.47	14.16	10.38	5.41	7.02	11.38	12.18	4.00
2007	100	35.06	15.03	9.36	6.04	7.60	11.31	11.39	4.21
2008	100	37.32	14.36	9.02	6.17	7.42	11.58	9.37	4.75

续表

年份	消费性支出	食品	衣着	居住	家庭设备用品及服务	医疗保健	交通和通信	教育文化娱乐服务	杂项商品和服务
2009	100	36.30	14.55	9.19	5.92	7.33	12.85	9.17	4.68
2010	100	36.23	14.84	8.81	6.57	6.94	12.32	9.93	4.36
2011	100	38.33	14.49	7.50	6.68	7.71	11.64	9.48	4.17
2012	100	37.71	14.62	8.40	6.84	7.40	11.95	9.22	3.86
2013	100	31.58	12.08	7.57	5.80	7.00	13.11	9.48	3.59
2014	100	31.27	10.81	18.45	6.15	7.41	13.61	9.84	2.45

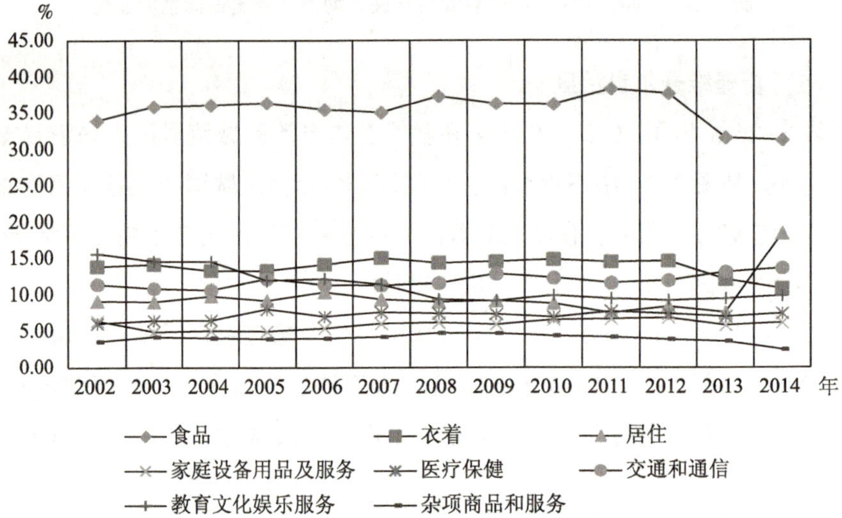

图 2-36　2002—2014 年新疆城镇居民人均消费支出占比情况变化

表 2-27　2000—2014 年新疆农村居民人均消费支出占比情况　（%）

年份	消费性支出	食品	衣着	居住	家庭设备及服务	医疗保健	交通和通讯	文教娱乐用品及服务	其他商品及服务
2000	100	50.00	9.24	13.82	3.70	5.96	4.93	8.57	3.78
2001	100	50.35	8.91	13.92	3.53	6.41	4.82	7.57	4.48
2002	100	48.97	9.03	15.61	3.41	7.07	5.18	7.50	3.24
2003	100	45.53	9.26	17.38	3.47	7.95	6.76	7.71	1.95
2004	100	45.18	8.22	18.04	3.32	8.40	7.79	7.51	1.55

续表

年份	消费性支出	食品	衣着	居住	家庭设备及服务	医疗保健	交通和通讯	文教娱乐用品及服务	其他商品及服务
2005	100	41.77	8.91	17.31	3.54	8.80	9.51	8.28	1.89
2006	100	39.89	9.20	18.28	3.59	9.33	10.31	7.73	1.67
2007	100	39.95	9.28	18.93	3.89	8.96	9.98	7.07	1.93
2008	100	42.60	8.12	18.31	3.63	9.09	10.26	6.28	1.72
2009	100	41.55	8.85	17.44	3.64	10.73	10.82	5.36	1.61
2010	100	40.32	8.78	20.10	3.98	9.10	11.05	4.92	1.73
2011	100	36.14	8.46	23.31	4.52	8.57	12.06	5.22	1.71
2012	100	35.67	8.11	24.49	4.13	8.38	12.19	4.94	2.08
2013	100	29.17	6.82	22.86	3.61	8.35	9.77	4.04	1.52
2014	100	34.49	8.83	19.18	4.63	9.74	13.72	8.16	1.25

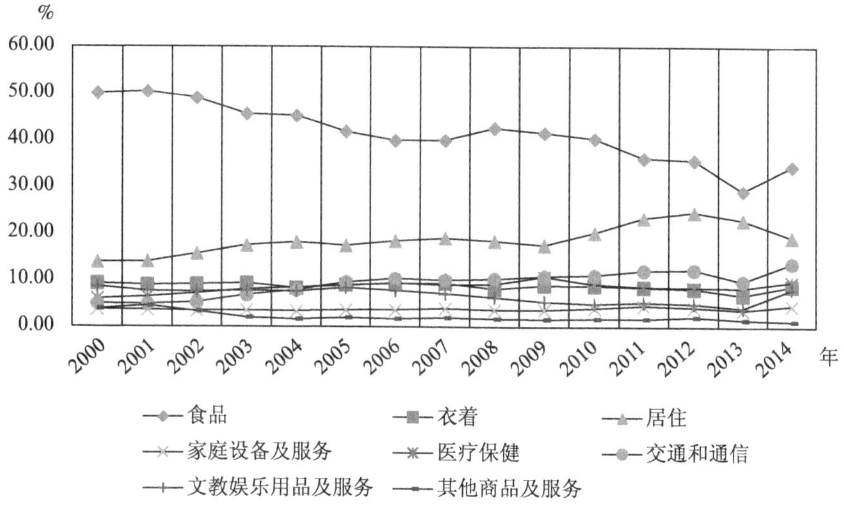

图 2-37　2000—2014 年新疆农村居民人均消费支出占比情况变化

（三）我国少数民族地区消费构成聚类分析

图 2-38 给出了 2013 年城镇居民人均消费构成聚类结果。不难看出，2013 年城镇居民消费构成中，全国城镇居民的消费结构比较特殊，被分为第一类；内蒙古、广西、宁夏和新疆具有一定的相似性，被分为第二类；西藏

城镇居民的消费构成与其他地区存在较大差别，被分为第三类。相关结果见表 2-28。

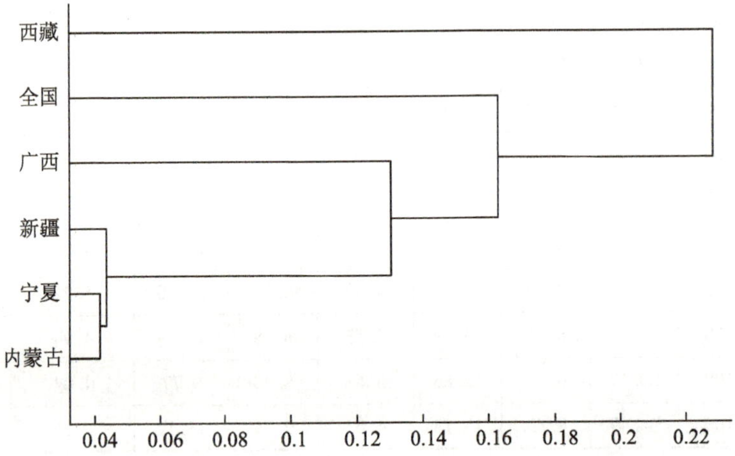

图 2-38 2013 年城镇居民人均消费构成聚类图

表 2-28 2013 年城镇居民人均消费构成聚类结果

第一类	全国			
第二类	内蒙古	广西	宁夏	新疆
第三类	西藏			

图 2-39 给出了 2013 年农村居民人均消费构成聚类结果。不难看出，就 2013 年农村居民人均消费结构来说，广西、宁夏、新疆和全国平均构成状况类似，被分为一类，内蒙古和西藏农村居民人均消费构成具有一定的独特性，被分为两类。相关结果见表 2-29。

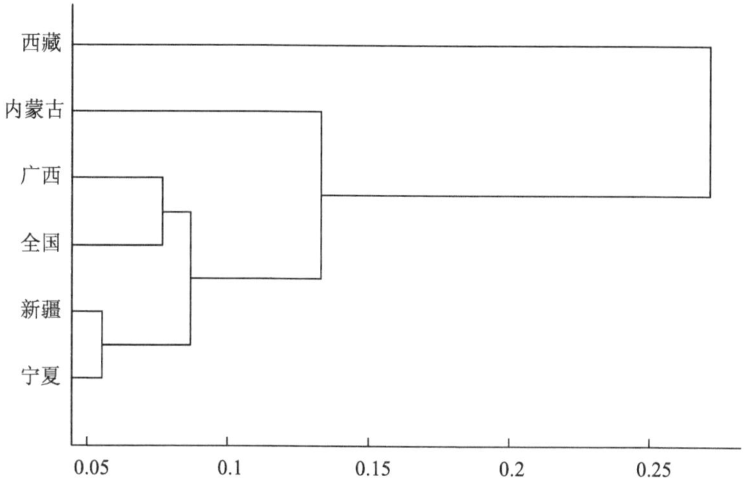

图 2-39　2013 年农村居民人均消费构成聚类图

表 2-29　2013 年农村居民人均消费构成聚类结果

第一类	全国	广西	宁夏	新疆
第二类	内蒙古			
第三类	西藏			

因 2014 年各项数据变化较大，故进一步对 2014 年的数据进行了相关聚类分析。图 2-40 中给出了 2014 年城镇居民人均消费构成聚类结果。不难看出，相较于 2013 年城镇居民人均消费构成聚类结果，广西城镇居民的消费构成水平有较大改变，被分为一类；内蒙古、宁夏和新疆城镇居民的消费构成聚类结果与全国具有一定的相似性，被分为一类；西藏城镇居民的消费构成与其他地区存在较大差别，被单独分为一类。相关结果见表 2-30。

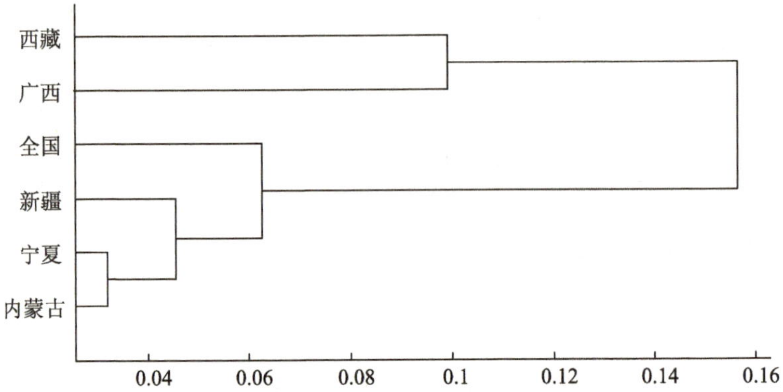

图 2-40　2014 年城镇居民人均消费构成聚类图

表 2-30　2014 年城镇居民人均消费构成聚类结果

第一类	全国	内蒙古	宁夏	新疆
第二类	广西			
第三类	西藏			

图 2-41 给出了 2014 年农村居民人均消费构成聚类结果。不难看出，相较于 2013 年农村居民人均消费构成聚类结果，内蒙古和广西农村居民的消费构成有一定的变化，广西与全国、宁夏和新疆有了差异，被单独分为一类，而内蒙古农村居民人均消费构成在 2014 年与全国、宁夏和新疆有了一定的共性，被分为一类。相关结果见表 2-31。

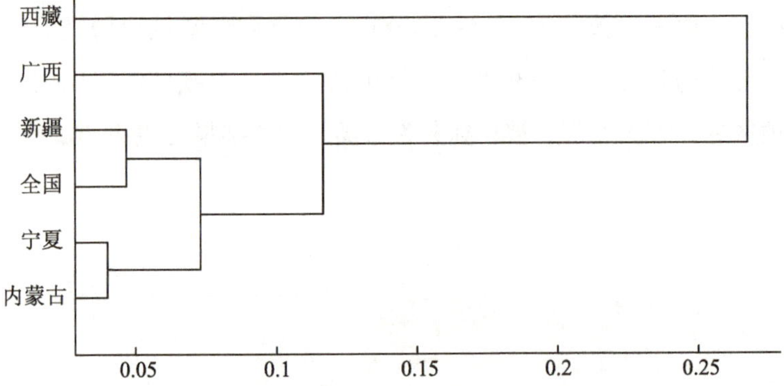

图 2-41　2014 年农村居民人均消费构成聚类图

表 2-31　2014 年农村居民人均消费构成聚类结果

第一类	全国	内蒙古	宁夏	新疆
第二类	广西			
第三类	西藏			

（四）我国少数民族地区消费构成变化特点

1. 从消费水平来看，我国少数民族地区居民生活水平正在逐步提高

居民生活水平很大程度上取决于居民消费中食品消费的占比。近十几年来，我国居民、少数民族地区城镇居民及农牧民的食品消费支出占比均有一定的下降，其中城镇居民食品消费占比总体呈现微弱下降趋势，农牧民食品消费占比基本呈现快速下降趋势。这充分体现了少数民族地区居民生活水平的整体提升，特别体现了农牧民生活水平提高得较快。

2. 五个少数民族地区城乡富裕程度均存在一定的差距

从全国平均水平以及五个少数民族地区消费构成来看，虽然各项支出的总体发展趋势较为接近，但各项消费占比却存在着一定的差距，这不仅体现了不同少数民族地区居民收入之间的差距，也体现了少数民族地区同类居民内部及城乡之间的差异。总体而言，内蒙古在五个少数民族地区中最为富裕，西藏在五个少数民族地区中最为贫穷，且消费特征较为独特。

3. 少数民族地区居民居住消费占比总体呈现上升趋势

在五个少数民族地区中，无论是城镇居民还是农牧民，居住方面的支出占比总体都呈现上升趋势，特别农牧民居住消费占比增长趋势明显。2014 年城镇居民居住消费占比增长较为迅猛。

4. 医疗保健及交通和通信支出总体呈现上升趋势

少数民族地区一般都是地广人稀，其医疗保健及交通和通信支出相对较高，而随着居民收入水平的快速提高，少数民族地区居民的医疗保健及交通和通信支出总体呈现上升趋势。

5. 城镇居民各项消费支出占比变化较小，农牧民各项消费支出占比变化较大

从消费支出占比数据结构来看，各少数民族地区城镇居民各项消费支出构成的总体变化并不大，而农牧民的变化较大，在一定程度上体现了农牧民收入水平的变化较大。

6. 西藏医疗保健消费支出占比较低，且无明显上升趋势

西藏作为收入水平较低的少数民族地区，无论是城镇居民还是农牧民，其在医疗保健上的消费支出占比均较少。

第二节　少数民族地区城乡居民收入差距的比较分析

一、全国城乡居民收入差距变动分析

中国改革开放30多年来，人民生活水平发生了翻天覆地的变化。无论是从收入水平还是从消费支出水平而言，相较过去都有很大程度的提升，城乡收入差距也不可避免地出现。

（一）全国城乡居民收入差距历史变迁

表2-32给出了我国1978—2014年全国城乡居民收入的变化情况。通过城镇居民人均可支配收入、农村居民人均纯收入的时间序列数据可计算出城乡居民收入相对差距及绝对差距，从而可以对全国城乡收入差距进行简单分析。考虑到数据的可得性，本研究采用1978—2014年我国城镇居民人均可支配收入及农村居民人均纯收入数据进行了分析。

1. 绝对差距

城乡居民收入绝对差距是指城镇居民人均可支配收入与农村居民人均纯收入之差。图2-42给出了全国城乡居民收入绝对差距变化。可以看出，绝对

差距数值总体呈现出快速增长的趋势。1992—1995年，绝对差距增长相对缓慢，基本维持在每年200元。但2002年之后，收入绝对差距迅速扩大，之后的几年中，增长速度不断加快。在改革开放初期，城乡居民收入绝对差距仅为209.8元，而到2014年，城乡收入绝对差距已经达到18952元，增加了近90倍。然而，收入绝对差距并不能作为衡量城乡收入差距的唯一指标，因为随着经济的发展，收入的不断增加，绝对差距也会随之增大。因此，同时分析城乡收入相对差距指标，即城乡居民收入比，可以较为清楚地了解差距的相对变动情况。

2. 相对差距

城乡居民收入相对差距是指城镇居民人均可支配收入与农村居民人均纯收入之比，是城镇居民收入与农村居民收入之间的比例关系。图2-43给出了全国城乡收入相对差距变化。可以看出，1995年之前，城乡居民收入比并不稳定，存在较大的波动。在改革开放初期，受我国"共同富裕"的国策的影响，城乡居民收入比在1983年达到了最低水平，只有1.82。"十二五"期间全国城乡居民收入相对差距达到历史最高点。

（二）全国城乡居民收入差距变化趋势

从图2-42中可以看出，城乡居民收入绝对差距不断增加，未来也会保持增加态势，近年来呈现出了一定的增速递减趋势。从图2-43中可以看出，城乡居民收入比在早期并不稳定，但近年来呈现出了相对稳定态势，最近几年呈现微弱的下降趋势。

表2-32　全国城乡居民收入差距

年份	城镇居民人均可支配收入（元）	农村居民人均纯收入（元）	城乡居民收入绝对差距（元）	城乡居民收入相对差距
1978	343.40	133.60	209.80	2.57
1979	405.00	160.20	244.80	2.53
1980	477.60	191.30	286.30	2.50
1981	500.40	223.40	277.00	2.24

续表

年份	城镇居民人均可支配收入（元）	农村居民人均纯收入（元）	城乡居民收入绝对差距（元）	城乡居民收入相对差距
1982	535.30	270.10	265.20	1.98
1983	564.60	309.80	254.80	1.82
1984	652.10	355.30	296.80	1.84
1985	739.10	397.60	341.50	1.86
1986	900.90	423.80	477.10	2.13
1987	1002.10	462.60	539.50	2.17
1988	1180.20	544.90	635.30	2.17
1989	1373.90	601.50	772.40	2.28
1990	1510.20	686.30	823.90	2.20
1991	1700.60	708.60	992.00	2.40
1992	2026.60	784.00	1242.60	2.58
1993	2577.40	921.60	1655.80	2.80
1994	3496.20	1221.00	2275.20	2.86
1995	4283.00	1577.70	2705.30	2.71
1996	4838.90	1926.10	2912.80	2.51
1997	5160.30	2090.10	3070.20	2.47
1998	5425.10	2162.00	3263.10	2.51
1999	5854.00	2210.30	3643.70	2.65
2000	6280.00	2253.40	4026.60	2.79
2001	6859.60	2366.40	4493.20	2.90
2002	7702.80	2475.60	5227.20	3.11
2003	8472.20	2622.20	5850.00	3.23
2004	9421.60	2936.40	6485.20	3.21
2005	10493.00	3254.90	7238.10	3.22
2006	11759.50	3587.00	8172.50	3.28
2007	13785.80	4140.40	9645.40	3.33
2008	15780.80	4760.60	11020.20	3.31

续表

年份	城镇居民人均可支配收入（元）	农村居民人均纯收入（元）	城乡居民收入绝对差距（元）	城乡居民收入相对差距
2009	17174.70	5153.20	12021.50	3.33
2010	19109.40	5919.00	13190.40	3.23
2011	21809.80	6977.30	14832.50	3.13
2012	24564.72	7916.58	16648.14	3.10
2013	26955.10	8895.90	18059.20	3.03
2014	28844.00	9892.00	18952.00	2.92

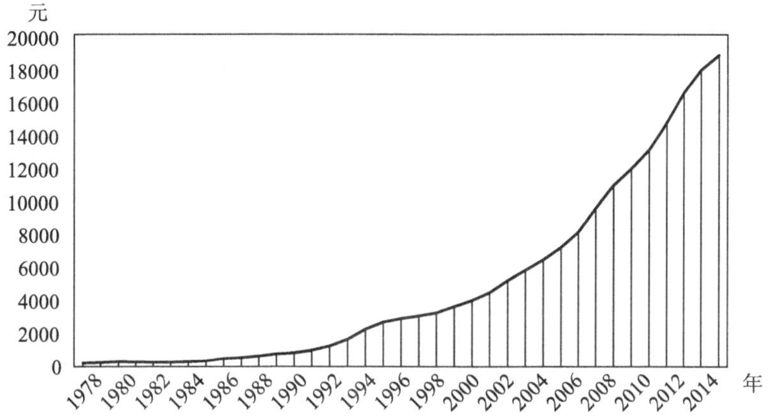

图 2-42　全国城乡居民收入绝对差距

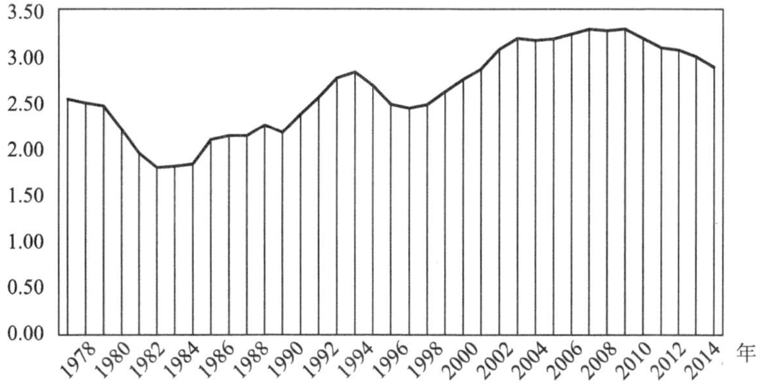

图 2-43　全国城乡居民收入相对差距

二、少数民族地区与全国城乡居民收入对比分析

少数民族地区因历史、地理及自然环境的不同，经济发展及人口状况不尽相同，收入差距情况也有所不同。此处依旧采取度量其绝对差距及相对差距的方法，将少数民族地区与全国水平进行对比分析。

（一）内蒙古自治区与全国的比较

表2-33为内蒙古与全国城乡居民收入对比情况表，从中可以看出内蒙古与全国平均收入水平之间的差距。

1. 内蒙古与全国城乡居民收入水平对比分析

图2-44给出了内蒙古城乡居民人均收入与全国城乡居民人均收入对比情况。可以看出，就人均收入水平来说，内蒙古的城乡居民人均收入与全国平均水平相差并不是很大。1998年至今，内蒙古城镇居民人均可支配收入与全国水平略有差距，但差距并不大；就农村居民人均纯收入来说，内蒙古与全国水平基本一致。

2. 内蒙古与全国城乡居民收入差距对比分析

（1）城乡居民收入绝对差距对比分析

表2-34给出了全国与内蒙古城乡居民收入绝对差距与相对差距数据。就绝对差距来说，内蒙古与全国水平类似，内蒙古的城乡居民收入绝对差距也是逐年扩大，增速也是持续增加（见图2-45）。绝对差距由1978年的170.01元增加到2014年的18374元，增加了约90倍。

（2）城乡居民收入相对差距对比分析

图2-46中给出了内蒙古与全国城乡居民收入相对差距，即城乡居民收入比的变化情况。从图中可以看出，无论是内蒙古还是全国，城乡居民收入相对差距均呈现“W”形变化趋势，总体呈上升趋势，但近几年有下降趋势。一直以来，内蒙古城乡居民收入相对差距均低于全国水平，近几年与全国水平非常接近。

表 2-33　内蒙古与全国城乡居民收入对比情况　（单位：元）

年份	全国城镇居民人均可支配收入	内蒙古城镇居民人均可支配收入	全国农村居民人均纯收入	内蒙古农村居民人均纯收入
1978	343.4	301	133.6	131
1979	405	350.1	160.2	164
1980	477.6	407.1	191.3	192
1981	500.4	418.3	223.4	241
1982	535.3	452.7	270.1	288
1983	564.6	474.2	309.8	325
1984	652.1	548.8	355.3	368
1985	739.1	666	397.6	400
1986	900.9	773.6	423.8	382
1987	1002.1	819.7	462.6	426
1988	1180.2	915.8	544.9	547
1989	1373.9	1052.8	601.5	553
1990	1510.2	1155	686.3	647
1991	1700.6	1294.7	708.6	651
1992	2026.6	1478.9	784	719
1993	2577.4	1883.3	921.6	829
1994	3496.2	2503	1221	1062
1995	4283	2845.7	1577.7	1300
1996	4838.9	3431.8	1926.1	1602
1997	5160.3	3944.7	2090.1	1780
1998	5425.1	4353	2162	1982
1999	5854	4770.5	2210.3	2003
2000	6280	5129.1	2253.4	2038
2001	6859.6	5535.86	2366.4	1973.4
2002	7702.8	6051	2475.6	2086
2003	8472.2	7012.9	2622.2	2267.6

续表

年份	全国城镇居民人均可支配收入	内蒙古城镇居民人均可支配收入	全国农村居民人均纯收入	内蒙古农村居民人均纯收入
2004	9421.6	8122.99	2936.4	2606.4
2005	10493	9136.79	3254.9	2988.87
2006	11759.5	10357.99	3587	3341.88
2007	13785.8	12377.84	4140.4	3953.1
2008	15780.8	14432.55	4760.6	4656.18
2009	17174.7	15849.19	5153.2	4937.8
2010	19109.4	17698.15	5919	5529.59
2011	21809.8	20407.57	6977.3	6641.56
2012	24564.7	23150.26	7916.6	7611.31
2013	26955.1	25497	8895.9	8595.73
2014	28844	28350	9892	9976

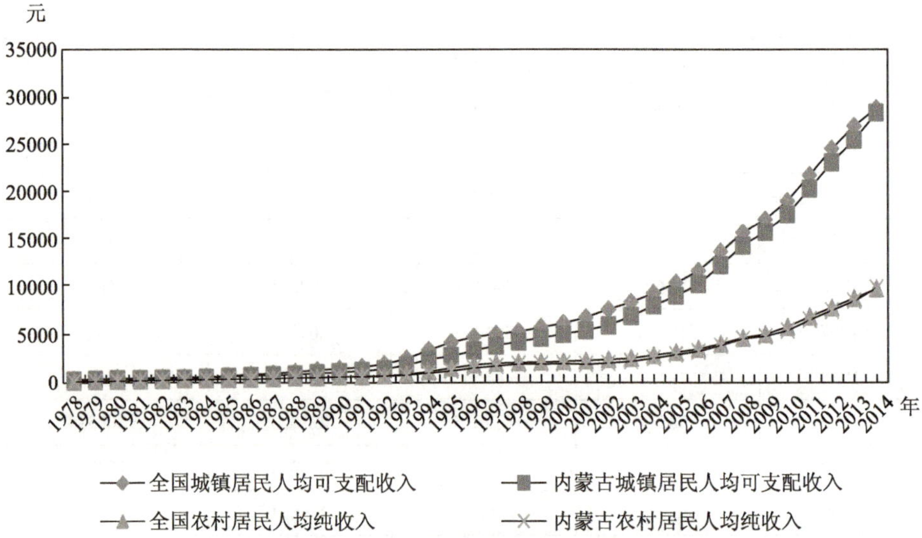

图 2-44　内蒙古与全国城乡居民收入水平对比

表 2-34 内蒙古与全国城乡居民收入绝对与相对差距

年份	全国绝对差距（元）	内蒙古绝对差距（元）	全国相对差距	内蒙古相对差距
1978	209.8	170.01	2.57	2.3
1979	244.8	186.07	2.53	2.13
1980	286.3	215.13	2.50	2.12
1981	277	177.31	2.24	1.74
1982	265.2	164.74	1.98	1.57
1983	254.8	149.24	1.82	1.46
1984	296.8	180.84	1.84	1.49
1985	341.5	266	1.86	1.67
1986	477.1	391.58	2.13	2.03
1987	539.5	393.65	2.17	1.92
1988	635.3	368.82	2.17	1.67
1989	772.4	499.79	2.28	1.9
1990	823.9	508	2.20	1.79
1991	992	643.68	2.40	1.99
1992	1242.6	759.91	2.58	2.06
1993	1655.8	1054.26	2.80	2.27
1994	2275.2	1441.01	2.86	2.36
1995	2705.3	1545.72	2.71	2.19
1996	2912.8	1829.81	2.51	2.14
1997	3070.2	2164.67	2.47	2.22
1998	3263.1	2371.02	2.51	2.2
1999	3643.7	2767.53	2.65	2.38
2000	4026.6	3090.85	2.79	2.52
2001	4493.2	3562.46	2.90	2.81
2002	5227.2	3965	3.11	2.9
2003	5850	4745.3	3.23	3.09
2004	6485.2	5516.59	3.21	3.12
2005	7238.1	6147.92	3.22	3.06
2006	8172.5	7016.11	3.28	3.1

续表

年份	全国绝对差距（元）	内蒙古绝对差距（元）	全国相对差距	内蒙古相对差距
2007	9645. 4	8424. 74	3. 33	3. 13
2008	11020. 2	9776. 37	3. 31	3. 1
2009	12021. 5	10911. 39	3. 33	3. 21
2010	13190. 4	12168. 56	3. 23	3. 2
2011	14832. 5	13766. 01	3. 13	3. 07
2012	16648. 14	15538. 95	3. 10	3. 04
2013	18059. 2	16900. 94	3. 03	2. 97
2014	18952	18374	2. 92	2. 84

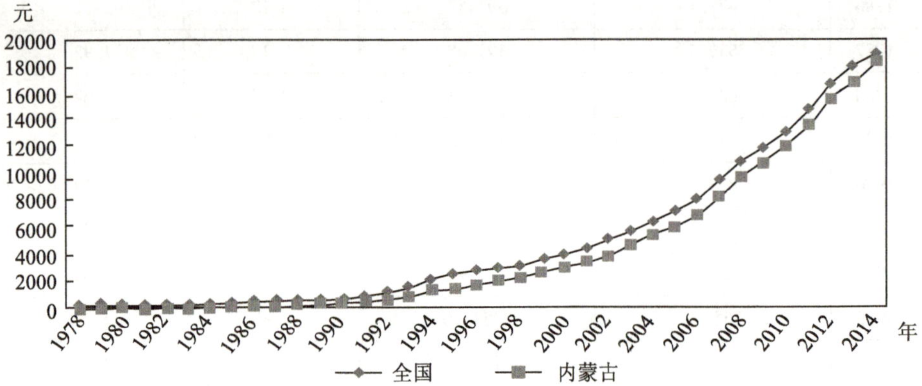

图 2-45　内蒙古与全国城乡居民收入绝对差距

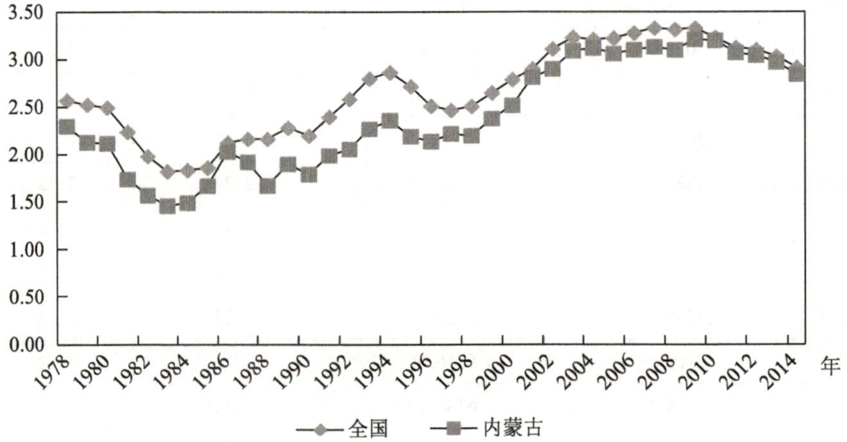

图 2-46　内蒙古与全国城乡居民收入相对差距

（二）广西壮族自治区与全国的比较

表 2-35 为广西与全国城乡居民收入水平对比情况表，从中可以看出广西与全国平均收入水平之间的差距。

1. 广西与全国城乡居民收入水平对比分析

图 2-47 为广西与全国城乡居民收入水平对比图，可以看出，近年来无论是农村还是城镇，无论是广西还是全国，居民收入都是不断增加的，然而相较于全国平均水平来说，广西人均收入偏低，且近几年城乡差距有逐渐扩大的趋势。

2. 广西与全国城乡居民收入差距对比分析

（1）城乡居民收入绝对差距对比分析

表 2-35 给出了广西与全国城乡居民收入水平数据，并通过进一步计算获得了广西与全国城乡居民收入绝对与相对差距，相关数据如表 2-36 所示。就绝对差距来说，广西与全国水平类似，广西的城乡居民收入绝对差距也是逐年扩大，增速也是持续增加。绝对差距由 1978 年的 178.79 元增加到 2014 年的 17104.00 元，增加了约 96 倍。图 2-48 为广西与全国城乡居民收入绝对差距图。从图中可以看出，1995 年之前，就绝对差距来讲，广西与全国水平基本一致；1995 年之后，广西与全国水平拉开差距，并且差距有持续增加的趋势。

（2）城乡居民收入相对差距对比分析

就相对差距来讲，广西城乡居民收入的相对差距并不稳定，总体上比全国水平要高，特别是近年来广西城乡居民收入相对差距明显高于全国平均水平。

表 2-35　广西与全国城乡居民收入对比情况　（单位：元）

年份	全国城镇居民人均可支配收入	广西城镇居民人均可支配收入	全国农村居民人均纯收入	广西农村居民人均纯收入
1978	343.40	289.00	133.60	110.21
1979	405.00	372.12	160.20	130.52
1980	477.60	455.00	191.30	173.00

续表

年份	全国城镇居民人均可支配收入	广西城镇居民人均可支配收入	全国农村居民人均纯收入	广西农村居民人均纯收入
1981	500.40	429.00	223.40	204.00
1982	535.30	427.00	270.10	235.00
1983	564.60	444.00	309.80	262.00
1984	652.10	563.00	355.30	267.00
1985	739.10	683.45	397.60	302.96
1986	900.90	784.00	423.80	316.00
1987	1002.10	899.00	462.60	354.00
1988	1180.20	1159.00	544.90	424.00
1989	1373.90	1304.00	601.50	483.00
1990	1510.20	1448.00	686.30	639.45
1991	1700.60	1614.00	708.60	658.00
1992	2026.60	2104.00	784.00	732.00
1993	2577.40	2895.00	921.60	885.00
1994	3496.20	3981.00	1221.00	1107.00
1995	4283.00	4791.87	1577.70	1446.14
1996	4838.90	5033.00	1926.10	1703.00
1997	5160.30	5110.29	2090.10	1875.28
1998	5425.10	5412.24	2162.00	1971.90
1999	5854.00	5619.54	2210.30	2048.33
2000	6280.00	5834.43	2253.40	1864.50
2001	6859.60	6666.00	2366.40	1944.30
2002	7702.80	7315.32	2475.60	2012.60
2003	8472.20	7785.04	2622.20	2094.50
2004	9421.60	8689.99	2936.40	2305.20
2005	10493.00	9286.70	3254.90	2494.67
2006	11759.50	9898.75	3587.00	2770.48
2007	13785.80	12200.44	4140.40	3224.05
2008	15780.80	14146.04	4760.60	3690.34
2009	17174.70	15451.48	5153.20	3980.44

续表

年份	全国城镇居民人均可支配收入	广西城镇居民人均可支配收入	全国农村居民人均纯收入	广西农村居民人均纯收入
2010	19109.40	17063.89	5919.00	4543.41
2011	21809.80	18854.06	6977.30	5231.33
2012	24564.70	21242.80	7916.60	6007.55
2013	26955.10	23305.00	8895.90	6790.90
2014	28844.00	24669.00	9892.00	7565.00

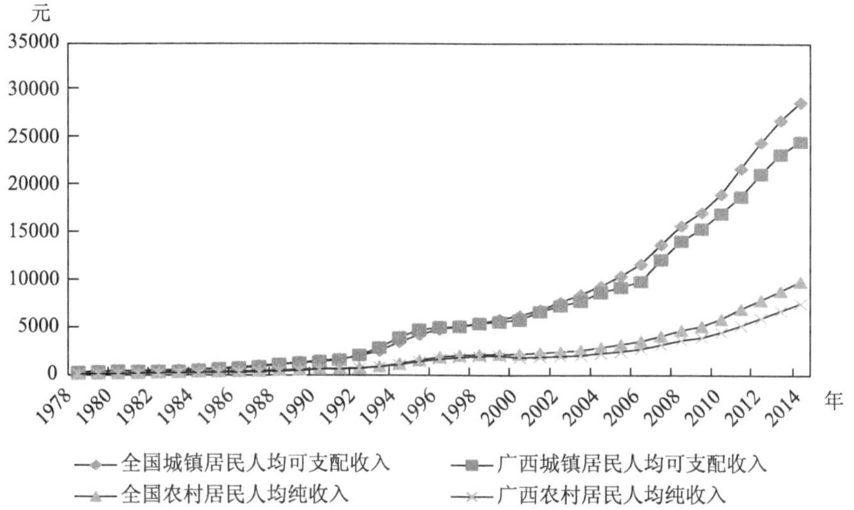

图 2-47　广西与全国城乡居民收入水平对比

表 2-36　广西与全国城乡居民收入绝对与相对差距

年份	全国绝对差距（元）	广西绝对差距（元）	全国相对差距	广西相对差距
1978	209.80	178.79	2.57	2.62
1979	244.80	241.60	2.53	2.85
1980	286.30	282.00	2.50	2.63
1981	277.00	225.00	2.24	2.10
1982	265.20	192.00	1.98	1.82
1983	254.80	182.00	1.82	1.69
1984	296.80	296.00	1.84	2.11

续表

年份	全国绝对差距（元）	广西绝对差距（元）	全国相对差距	广西相对差距
1985	341.50	380.49	1.86	2.26
1986	477.10	468.00	2.13	2.48
1987	539.50	545.00	2.17	2.54
1988	635.30	735.00	2.17	2.73
1989	772.40	821.00	2.28	2.70
1990	823.90	808.55	2.20	2.26
1991	992.00	956.00	2.40	2.45
1992	1242.60	1372.00	2.58	2.87
1993	1655.80	2010.00	2.80	3.27
1994	2275.20	2874.00	2.86	3.60
1995	2705.30	3345.73	2.71	3.31
1996	2912.80	3330.00	2.51	2.96
1997	3070.20	3235.01	2.47	2.73
1998	3263.10	3440.34	2.51	2.74
1999	3643.70	3571.21	2.65	2.74
2000	4026.60	3969.93	2.79	3.13
2001	4493.20	4721.70	2.90	3.43
2002	5227.20	5302.72	3.11	3.63
2003	5850.00	5690.54	3.23	3.72
2004	6485.20	6384.79	3.21	3.77
2005	7238.10	6792.03	3.22	3.72
2006	8172.50	7128.27	3.28	3.57
2007	9645.40	8976.39	3.33	3.78
2008	11020.20	10455.70	3.31	3.83
2009	12021.50	11471.04	3.33	3.88
2010	13190.40	12520.48	3.23	3.76
2011	14832.50	13622.73	3.13	3.60
2012	16648.14	15235.25	3.10	3.54
2013	18059.20	16514.10	3.03	3.43
2014	18952.00	17104.00	2.92	3.26

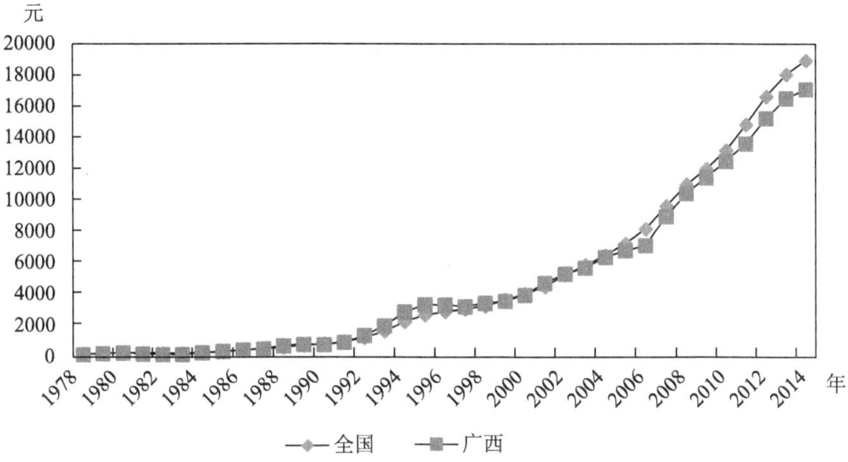

图 2-48　广西与全国城乡居民收入绝对差距

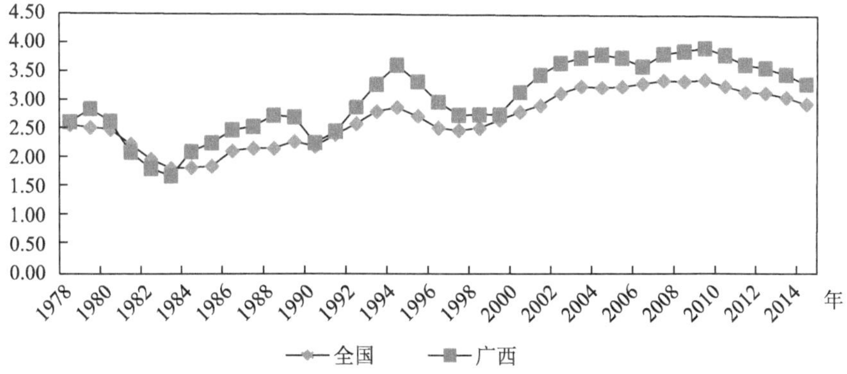

图 2-49　广西与全国城乡居民收入相对差距

（三）西藏自治区与全国的比较

表 2-37 为西藏与全国城乡居民收入水平对比情况表，从中可以看出西藏与全国平均收入水平之间的差距。

1. 西藏与全国城乡居民收入水平对比分析

图 2-50 为西藏与全国城乡居民收入水平对比图。从图中可以看出，近年来无论是农村还是城镇，居民收入都是不断增加的，相对于全国平均水平，

西藏城乡居民收入偏低，2004 年之后城乡居民收入有逐渐增加的趋势。

2. 西藏与全国城乡居民收入差距对比分析

（1）城乡居民收入绝对差距对比分析

表 2-38 给出了西藏与全国城乡居民收入绝对差距与相对差距数据。就绝对差距来说，西藏与全国水平类似，城乡居民收入绝对差距逐年扩大，增速较快。绝对差距由 1978 年的 390. 00 元增加到 2014 年的 14555. 00 元，增加了近 37 倍，相对于内蒙古与广西，西藏城乡居民收入的绝对差距增长较少。图 2-51 给出了西藏与全国城乡居民收入绝对差距比较情况。从图中可以看出，1995 年之前，就绝对差距而言，西藏与全国水平基本一致；2006 年之后，西藏与全国水平的差距逐渐增加，且西藏的城乡居民收入绝对差距相对于全国水平来说增速较低，且增速有持续减少的趋势。

（2）城乡居民收入相对差距对比分析

就相对差距而言，通过图 2-52 可以看出，西藏城乡居民收入的相对差距并不稳定，比全国的平均水平高，特别在 1995—2004 年明显高于全国平均水平，近几年与全国平均水平之间的差距逐渐缩小。

表 2-37　西藏与全国城乡居民收入对比情况　　（单位：元）

年份	全国城镇居民人均可支配收入	西藏城镇居民人均可支配收入	全国农村居民人均纯收入	西藏农村居民人均纯收入
1978	343. 40	565. 00	133. 60	175. 00
1979	405. 00	625. 00	160. 20	233. 00
1980	477. 60	683. 00	191. 30	274. 00
1981	500. 40	715. 00	223. 40	296. 00
1982	535. 30	768. 00	270. 10	324. 00
1983	564. 60	840. 00	309. 80	318. 00
1984	652. 10	915. 00	355. 30	446. 00
1985	739. 10	984. 00	397. 60	535. 00
1986	900. 90	1026. 00	423. 80	492. 00
1987	1002. 10	1229. 00	462. 60	519. 00

续表

年份	全国城镇居民人均可支配收入	西藏城镇居民人均可支配收入	全国农村居民人均纯收入	西藏农村居民人均纯收入
1988	1180.20	1376.00	544.90	573.00
1989	1373.90	1477.00	601.50	555.00
1990	1510.20	1613.00	686.30	582.00
1991	1700.60	1995.00	708.60	617.00
1992	2026.60	2083.00	784.00	653.00
1993	2577.40	2348.00	921.60	706.00
1994	3496.20	3330.00	1221.00	817.00
1995	4283.00	4000.00	1577.70	878.00
1996	4838.90	5030.00	1926.10	975.00
1997	5160.30	5135.00	2090.10	1085.00
1998	5425.10	5439.00	2162.00	1158.00
1999	5854.00	5998.00	2210.30	1258.00
2000	6280.00	6448.00	2253.40	1331.00
2001	6859.60	7119.00	2366.40	1404.00
2002	7702.80	8079.12	2475.60	1462.30
2003	8472.20	8765.45	2622.20	1690.80
2004	9421.60	9106.07	2936.40	1861.30
2005	10493.00	9431.18	3254.90	2077.90
2006	11759.50	8941.08	3587.00	2434.96
2007	13785.80	11130.93	4140.40	2788.20
2008	15780.80	12481.51	4760.60	3175.82
2009	17174.70	13544.41	5153.20	3531.72
2010	19109.40	14980.47	5919.00	4138.71
2011	21809.80	16195.56	6977.30	4904.28
2012	24564.70	18028.32	7916.60	5719.38
2013	26955.10	20023.00	8895.90	6578.24
2014	28844.00	22026.00	9892.00	7471.00

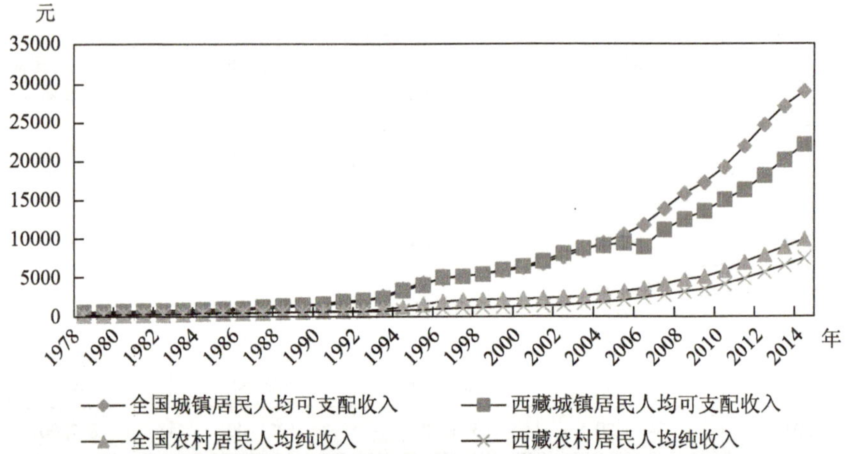

图 2-50　西藏与全国城乡居民收入水平对比

表 2-38　西藏与全国城乡居民收入绝对与相对差距

年份	全国绝对差距（元）	西藏绝对差距（元）	全国相对差距	西藏相对差距
1978	209. 80	390. 00	2. 57	3. 23
1979	244. 80	392. 00	2. 53	2. 68
1980	286. 30	409. 00	2. 50	2. 49
1981	277. 00	419. 00	2. 24	2. 42
1982	265. 20	444. 00	1. 98	2. 37
1983	254. 80	522. 00	1. 82	2. 64
1984	296. 80	469. 00	1. 84	2. 05
1985	341. 50	449. 00	1. 86	1. 84
1986	477. 10	534. 00	2. 13	2. 09
1987	539. 50	710. 00	2. 17	2. 37
1988	635. 30	803. 00	2. 17	2. 40
1989	772. 40	922. 00	2. 28	2. 66
1990	823. 90	1031. 00	2. 20	2. 77
1991	992. 00	1378. 00	2. 40	3. 23
1992	1242. 60	1430. 00	2. 58	3. 19
1993	1655. 80	1642. 00	2. 8	3. 33
1994	2275. 20	2513. 00	2. 86	4. 08
1995	2705. 30	3122. 00	2. 71	4. 56

续表

年份	全国绝对差距（元）	西藏绝对差距（元）	全国相对差距	西藏相对差距
1996	2912. 80	4055. 00	2. 51	5. 16
1997	3070. 20	4050. 00	2. 47	4. 73
1998	3263. 10	4281. 00	2. 51	4. 70
1999	3643. 70	4740. 00	2. 65	4. 77
2000	4026. 60	5117. 00	2. 79	4. 84
2001	4493. 20	5715. 00	2. 90	5. 07
2002	5227. 20	6616. 82	3. 11	5. 52
2003	5850. 00	7074. 65	3. 23	5. 18
2004	6485. 20	7244. 77	3. 21	4. 89
2005	7238. 10	7353. 28	3. 22	4. 54
2006	8172. 50	6506. 12	3. 28	3. 67
2007	9645. 40	8342. 73	3. 33	3. 99
2008	11020. 20	9305. 69	3. 31	3. 93
2009	12021. 50	10012. 69	3. 33	3. 84
2010	13190. 40	10841. 76	3. 23	3. 62
2011	14832. 50	11291. 28	3. 13	3. 30
2012	16648. 14	12308. 94	3. 10	3. 15
2013	18059. 20	13444. 76	3. 03	3. 04
2014	18952. 00	14555. 00	2. 92	2. 95

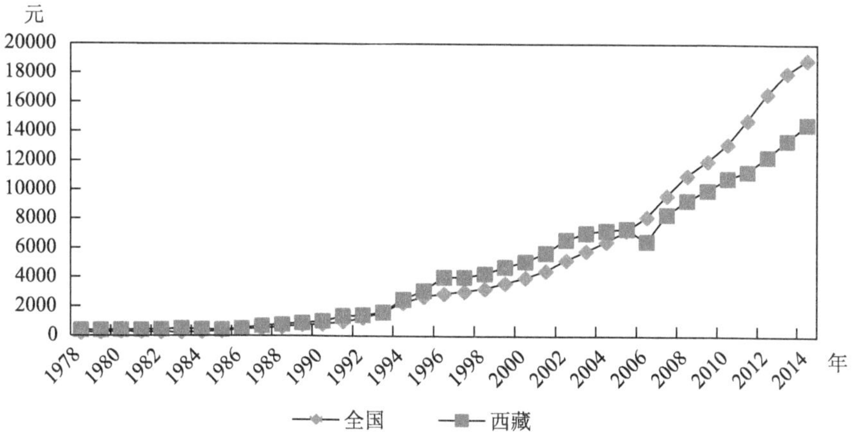

图 2-51　西藏与全国城乡居民收入绝对差距

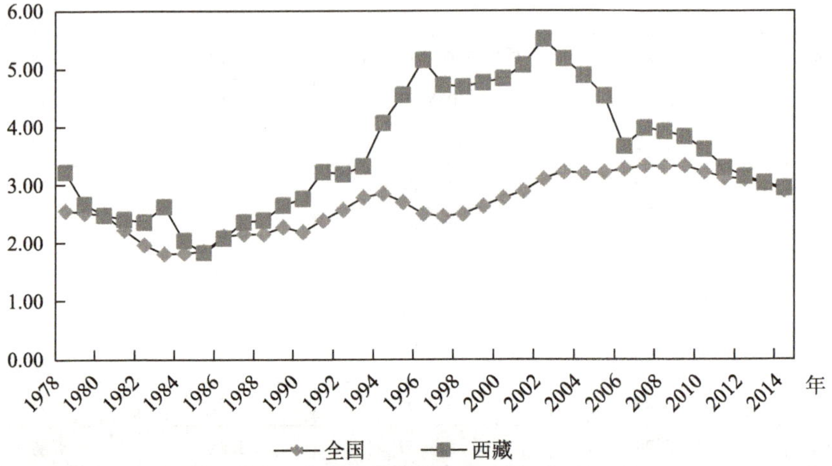

图 2-52　西藏与全国城乡居民收入相对差距

(四) 宁夏回族自治区与全国的比较

表 2-39 为宁夏与全国城乡居民收入对比情况表。

1. 宁夏与全国城乡居民收入水平对比分析

图 2-53 给出了宁夏与全国城乡居民收入水平对比情况。从图中可以看出，近年来无论是农村还是城镇，居民收入都不断增加，相对于全国平均水平，宁夏城乡居民收入偏低，但与其差距并不大，增速比较缓慢。

2. 宁夏与全国城乡居民收入差距对比分析

(1) 城乡居民收入绝对差距对比分析

表 2-40 给出了宁夏与全国城乡居民收入绝对差距与相对差距数据。就绝对差距而言，宁夏与全国水平类似，城乡居民收入绝对差距逐年扩大，增速较快。绝对差距由 1978 年的 230. 18 元增加到 2014 年的 14875. 00 元，增加了约 65 倍。图 2-54 为宁夏与全国城乡居民收入绝对差距图。从图中可以看出，1995 年之前，就绝对差距而言，宁夏与全国水平基本一致；1995 年之后，宁夏城乡居民收入绝对差距增速减缓，与全国水平差距逐渐拉大，2014 年之后出现明显下降。

（2）城乡居民收入相对差距对比分析

图 2-55 给出了宁夏与全国城乡居民收入相对差距对比。可以看出，宁夏城乡居民收入的相对差距并不稳定，早期高于全国平均水平，但后期高低不定。

表 2-39　宁夏与全国城乡居民收入对比情况　　（单位：元）

年份	全国城镇居民人均可支配收入	宁夏城镇居民人均可支配收入	全国农村居民人均纯收入	宁夏农村居民人均纯收入
1978	343.40	346.08	133.60	115.90
1979	405.00	358.00	160.20	138.80
1980	477.60	464.16	191.30	175.10
1981	500.40	473.51	223.40	200.30
1982	535.30	521.04	270.10	228.60
1983	564.60	529.80	309.80	273.80
1984	652.10	628.68	355.30	298.70
1985	739.10	734.88	397.60	325.88
1986	900.90	884.40	423.80	362.70
1987	1002.10	951.36	462.60	387.01
1988	1180.20	1084.32	544.90	480.22
1989	1373.90	1235.64	601.50	538.30
1990	1510.20	1421.20	686.30	569.78
1991	1700.60	1565.11	708.60	608.13
1992	2026.60	1820.76	784.00	618.72
1993	2577.40	2170.56	921.60	667.06
1994	3496.20	2985.86	1221.00	910.45
1995	4283.00	3382.81	1577.70	1036.99
1996	4838.90	3612.12	1926.10	1415.78
1997	5160.30	3836.56	2090.10	1545.08
1998	5425.10	4112.41	2162.00	1756.14
1999	5854.00	4472.90	2210.30	1790.70
2000	6280.00	4912.40	2253.40	1724.30

续表

年份	全国城镇居民人均可支配收入	宁夏城镇居民人均可支配收入	全国农村居民人均纯收入	宁夏农村居民人均纯收入
2001	6859. 60	5544. 20	2366. 40	1823. 10
2002	7702. 80	6067. 44	2475. 60	1917. 40
2003	8472. 20	6530. 48	2622. 20	2043. 30
2004	9421. 60	7217. 87	2936. 40	2320. 00
2005	10493. 00	8093. 64	3254. 90	2508. 89
2006	11759. 50	9177. 26	3587. 00	2760. 14
2007	13785. 80	10859. 33	4140. 40	3180. 84
2008	15780. 80	12931. 53	4760. 60	3681. 42
2009	17174. 70	14024. 70	5153. 20	4048. 33
2010	19109. 40	15344. 49	5919. 00	4674. 89
2011	21809. 80	17578. 92	6977. 30	5409. 95
2012	24564. 70	19831. 41	7916. 60	6180. 32
2013	26955. 10	21833. 33	8895. 90	6930. 97
2014	28844. 00	23285. 00	9892. 00	8410. 00

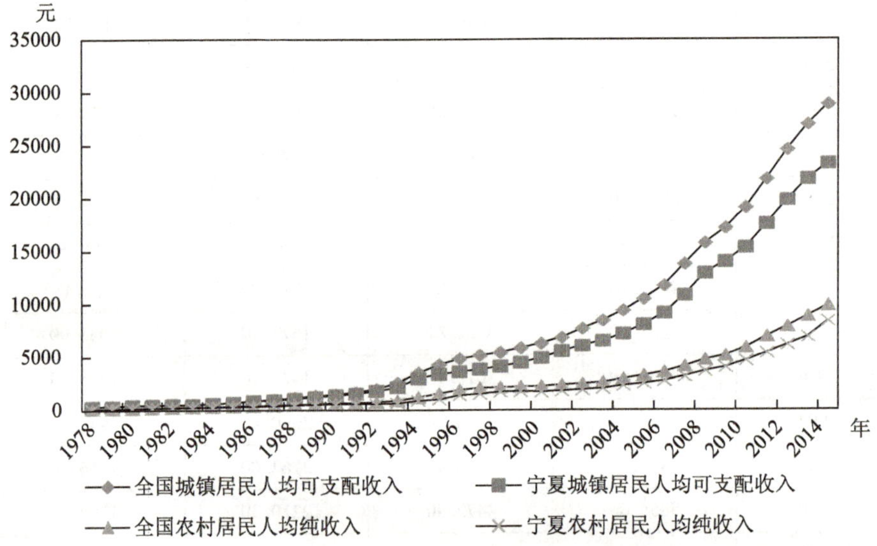

图 2-53　宁夏与全国城乡居民收入水平对比

表 2-40　宁夏与全国城乡居民收入绝对与相对差距

年份	全国绝对差距（元）	宁夏绝对差距（元）	全国相对差距	宁夏相对差距
1978	209.80	230.18	2.57	2.99
1979	244.80	219.20	2.53	2.58
1980	286.30	289.06	2.50	2.65
1981	277.00	273.21	2.24	2.36
1982	265.20	292.44	1.98	2.28
1983	254.80	256.00	1.82	1.93
1984	296.80	329.98	1.84	2.10
1985	341.50	409.00	1.86	2.26
1986	477.10	521.70	2.13	2.44
1987	539.50	564.35	2.17	2.46
1988	635.30	604.10	2.17	2.26
1989	772.40	697.34	2.28	2.30
1990	823.90	851.42	2.20	2.49
1991	992.00	956.98	2.40	2.57
1992	1242.60	1202.04	2.58	2.94
1993	1655.80	1503.50	2.80	3.25
1994	2275.20	2075.41	2.86	3.28
1995	2705.30	2345.82	2.71	3.26
1996	2912.80	2196.34	2.51	2.55
1997	3070.20	2291.48	2.47	2.48
1998	3263.10	2356.27	2.51	2.34
1999	3643.70	2682.20	2.65	2.50
2000	4026.60	3188.10	2.79	2.85
2001	4493.20	3721.10	2.90	3.04
2002	5227.20	4150.04	3.11	3.16
2003	5850.00	4487.18	3.23	3.20
2004	6485.20	4897.87	3.21	3.11
2005	7238.10	5584.75	3.22	3.23

续表

年份	全国绝对差距（元）	宁夏绝对差距（元）	全国相对差距	宁夏相对差距
2006	8172. 50	6417. 12	3. 28	3. 32
2007	9645. 40	7678. 49	3. 33	3. 41
2008	11020. 20	9250. 11	3. 31	3. 51
2009	12021. 50	9976. 37	3. 33	3. 46
2010	13190. 40	10669. 60	3. 23	3. 28
2011	14832. 50	12168. 97	3. 13	3. 25
2012	16648. 14	13651. 09	3. 10	3. 21
2013	18059. 20	14902. 36	3. 03	3. 15
2014	18952. 00	14875. 00	2. 92	2. 77

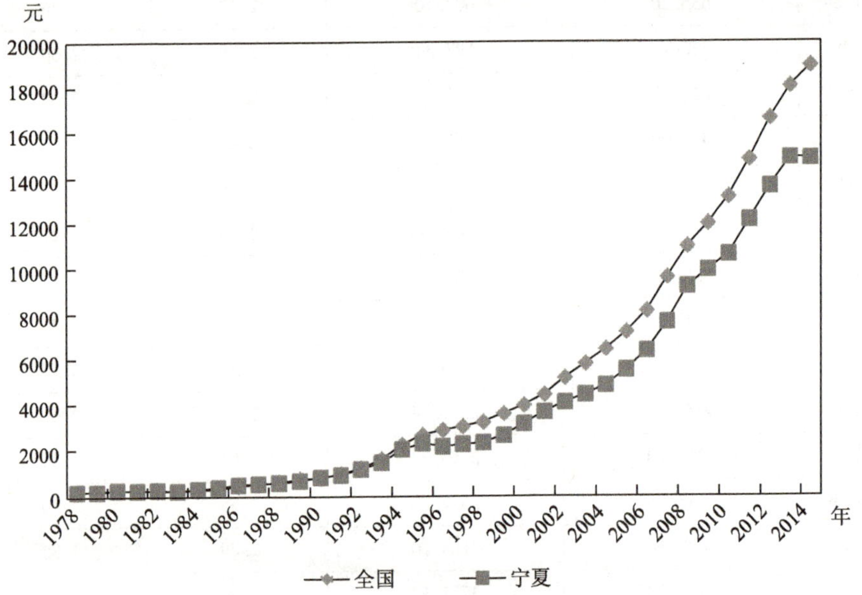

图 2-54　宁夏与全国城乡居民收入绝对差距

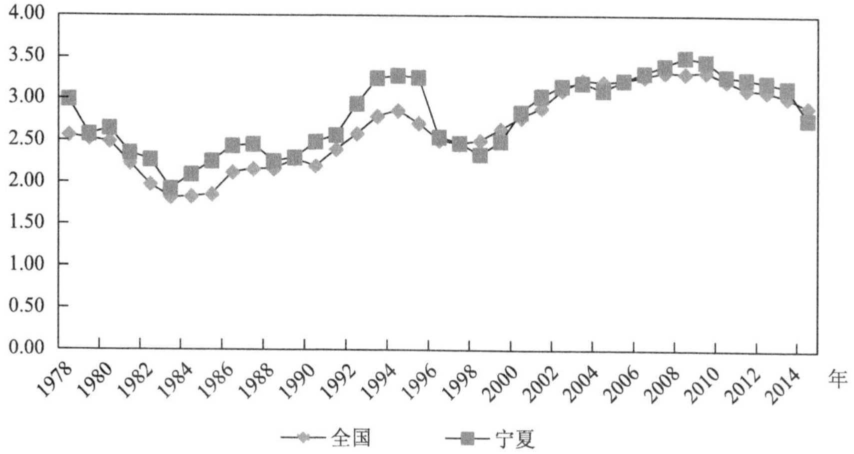

图 2-55　宁夏与全国城乡居民收入相对差距

（五）新疆维吾尔自治区与全国的比较

表 2-41 为新疆与全国城乡居民收入对比情况表。

1. 新疆与全国城乡居民收入水平对比分析

图 2-56 给出了新疆与全国城乡居民收入水平对比情况。从图中可以看出，近年来无论是农村还是城镇，居民收入都不断增加，相对于全国平均水平，新疆城镇居民人均可支配收入偏低，2004 年之后有逐渐增加的趋势，而农村居民人均纯收入与全国水平基本保持一致。

2. 新疆与全国城乡居民收入差距对比分析

（1）城乡居民收入绝对差距对比分析

表 2-42 给出了新疆与全国城乡居民收入绝对差距与相对差距数据。就绝对差距而言，新疆与全国水平类似，城乡居民收入绝对差距逐年扩大，增速较快。绝对差距由 1978 年的 200.00 元增加到 2014 年的 14472.00 元，增加了约 72 倍。图 2-57 为新疆与全国城乡居民收入绝对差距图。从图中可以看出，2003 年之前，就绝对差距而言，新疆与全国水平基本一致；2003 年之后，新疆的城乡居民收入绝对差距增速相对于全国水平来说有所减缓，与全国的平均水平拉开了差距。

(2) 城乡居民收入相对差距对比分析

图 2-58 为新疆与全国城乡居民收入相对差距图。从图中不难看出，新疆城乡居民收入相对差距并不稳定，早期围绕全国平均水平波动，中期明显高于全国平均水平，而到后期相对差距逐渐落后，且呈现出了明显的减少趋势。

表 2-41 新疆与全国城乡居民收入对比情况 （单位：元）

年份	全国城镇居民人均可支配收入	新疆城镇居民人均可支配收入	全国农村居民人均纯收入	新疆农村居民人均纯收入
1978	343.40	319.00	133.60	119.00
1979	405.00	362.00	160.20	143.00
1980	477.60	427.00	191.30	201.00
1981	500.40	482.00	223.40	236.00
1982	535.30	509.00	270.10	277.00
1983	564.60	548.00	309.80	307.00
1984	652.10	649.00	355.30	363.00
1985	739.10	757.00	397.60	394.00
1986	900.90	899.00	423.80	420.00
1987	1002.10	977.00	462.60	453.00
1988	1180.20	1099.00	544.90	497.00
1989	1373.90	1223.00	601.50	546.00
1990	1510.20	1356.00	686.30	684.00
1991	1700.60	1495.00	708.60	703.00
1992	2026.60	1790.00	784.00	740.00
1993	2577.40	2391.20	921.60	778.00
1994	3496.20	3141.20	1221.00	936.00
1995	4283.00	4151.40	1577.70	1137.00
1996	4838.90	4669.90	1926.10	1290.00
1997	5160.30	4859.20	2090.10	1500.00
1998	5425.10	5131.40	2162.00	1600.00
1999	5854.00	5428.90	2210.30	1473.17

续表

年份	全国城镇居民人均可支配收入	新疆城镇居民人均可支配收入	全国农村居民人均纯收入	新疆农村居民人均纯收入
2000	6280.00	5817.20	2253.40	1618.00
2001	6859.60	6215.00	2366.40	1710.40
2002	7702.80	6899.64	2475.60	1863.30
2003	8472.20	7173.54	2622.20	2106.20
2004	9421.60	7503.42	2936.40	2244.90
2005	10493.00	7990.15	3254.90	2482.15
2006	11759.50	8871.27	3587.00	2737.28
2007	13785.80	10313.44	4140.40	3182.97
2008	15780.80	11432.10	4760.60	3502.90
2009	17174.70	12257.52	5153.20	3883.10
2010	19109.40	13643.77	5919.00	4642.67
2011	21809.80	15513.62	6977.30	5442.15
2012	24564.70	17920.68	7916.60	6393.68
2013	26955.10	19874.00	8895.90	7296.46
2014	28844.00	23214.00	9892.00	8742.00

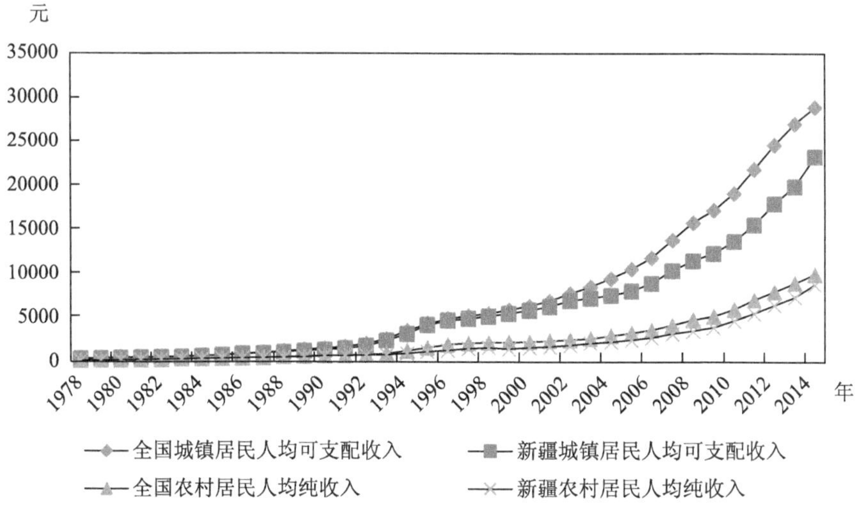

图 2-56　新疆与全国城乡居民收入水平对比

表 2-42　新疆与全国城乡居民收入绝对与相对差距

年份	全国绝对差距（元）	新疆绝对差距（元）	全国相对差距	新疆相对差距
1978	209.80	200.00	2.57	2.68
1979	244.80	219.00	2.53	2.53
1980	286.30	226.00	2.50	2.12
1981	277.00	246.00	2.24	2.04
1982	265.20	232.00	1.98	1.84
1983	254.80	241.00	1.82	1.79
1984	296.80	286.00	1.84	1.79
1985	341.50	363.00	1.86	1.92
1986	477.10	479.00	2.13	2.14
1987	539.50	524.00	2.17	2.16
1988	635.30	602.00	2.17	2.21
1989	772.40	677.00	2.28	2.24
1990	823.90	672.00	2.20	1.98
1991	992.00	792.00	2.40	2.13
1992	1242.60	1050.00	2.58	2.42
1993	1655.80	1613.20	2.80	3.07
1994	2275.20	2205.20	2.86	3.36
1995	2705.30	3014.40	2.71	3.65
1996	2912.80	3379.90	2.51	3.62
1997	3070.20	3359.20	2.47	3.24
1998	3263.10	3531.40	2.51	3.21
1999	3643.70	3955.73	2.65	3.69
2000	4026.60	4199.20	2.79	3.60
2001	4493.20	4504.60	2.90	3.63
2002	5227.20	5036.34	3.11	3.70
2003	5850.00	5067.34	3.23	3.41
2004	6485.20	5258.52	3.21	3.34
2005	7238.10	5508.00	3.22	3.22
2006	8172.50	6133.99	3.28	3.24

续表

年份	全国绝对差距（元）	新疆绝对差距（元）	全国相对差距	新疆相对差距
2007	9645.40	7130.47	3.33	3.24
2008	11020.20	7929.20	3.31	3.26
2009	12021.50	8374.42	3.33	3.16
2010	13190.40	9001.10	3.23	2.94
2011	14832.50	10071.47	3.13	2.85
2012	16648.14	11527.00	3.10	2.80
2013	18059.20	12577.54	3.03	2.72
2014	18952.00	14472.00	2.92	2.66

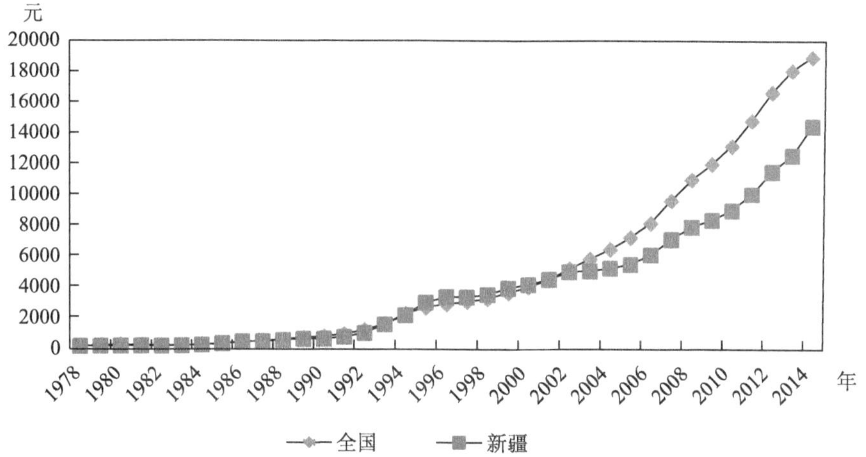

图 2-57　新疆与全国城乡居民收入绝对差距

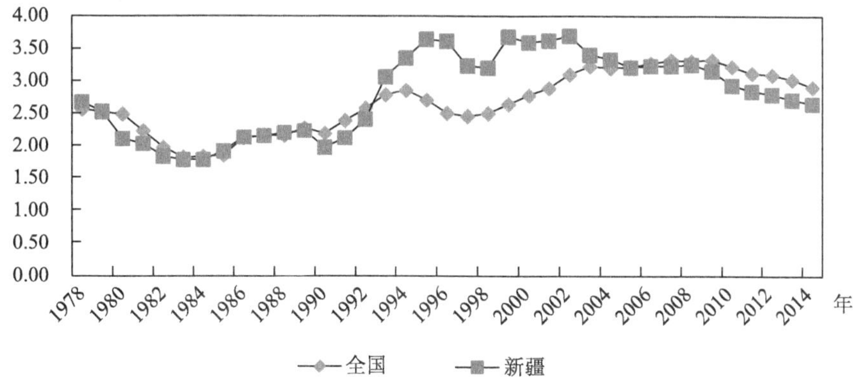

图 2-58　新疆与全国城乡居民收入相对差距

三、少数民族地区内部城乡居民收入差距对比分析

少数民族地区收入差距不仅要与全国的平均水平比较，还要通过内部比较研究差距的个性与共性。下面通过比较五个少数民族地区城乡居民收入的绝对差距、相对差距，研究五个少数民族地区城乡居民收入差距层面上的共性及特性。

（一）少数民族地区城乡居民收入绝对差距

1. 1978—1990 年，五个少数民族地区城乡居民收入绝对差距差别不大

表 2-43 列举了 1978—2014 年五个少数民族地区城乡居民收入绝对差距，图 2-59 为相关差距图。可以看出，1978—1990 年，五个少数民族地区的城乡居民收入绝对差距差别不大，基本都维持在 100~1000 元。

2. 1991—2007 年，五个少数民族地区城乡居民收入绝对差距有较大幅度的变化

如图 2-59 所示，1991—2007 年，西藏的城乡居民收入绝对差距较其他少数民族地区较高，增速也较快。新疆、广西的城乡居民收入绝对差距也较大，数值也突破了 1000 元。

3. 2008—2014 年，五个少数民族地区城乡居民收入绝对差距不断拉大

2008—2014 年，五个少数民族地区的城乡居民收入绝对差距基本都保持了较快的增长速度，内蒙古的城乡居民收入绝对差距超越其他少数民族地区，城乡居民收入绝对差距达到 18374. 00 元。

（二）少数民族地区城乡居民收入相对差距

1. 五个少数民族地区城乡居民收入相对差距变化均不稳定

如图 2-60 所示，五个少数民族地区的城乡居民收入相对差距变化并不稳定，基本都呈现波浪式变化。相对于其他少数民族地区，西藏在 1995—2005 年城乡居民收入相对差距较大，明显高于其他少数民族地区水平。

2. 五个少数民族地区城乡居民收入相对差距普遍偏高

就全国平均水平来说，2000 年以后，城乡居民收入比基本维持在 1.5 左右，即城镇居民人均可支配收入是农村居民人均纯收入的 1.5 倍左右。从表 2-44中可以看出，五个少数民族地区城乡居民收入比普遍介于 2~3，城乡居民收入比大于全国平均水平，城乡居民收入相对差距明显。

表 2-43　少数民族地区城乡居民收入绝对差距　（单位：元）

年份	内蒙古	广西	西藏	宁夏	新疆
1978	170.00	178.79	390.00	230.18	200.00
1979	186.10	241.60	392.00	219.20	219.00
1980	215.10	282.00	409.00	289.06	226.00
1981	177.30	225.00	419.00	273.21	246.00
1982	164.70	192.00	444.00	292.44	232.00
1983	149.20	182.00	522.00	256.00	241.00
1984	180.80	296.00	469.00	329.98	286.00
1985	266.00	380.49	449.00	409.00	363.00
1986	391.60	468.00	534.00	521.70	479.00
1987	393.70	545.00	710.00	564.35	524.00
1988	368.80	735.00	803.00	604.10	602.00
1989	499.80	821.00	922.00	697.34	677.00
1990	508.00	808.55	1031.00	851.42	672.00
1991	643.70	956.00	1378.00	956.98	792.00
1992	759.90	1372.00	1430.00	1202.04	1050.00
1993	1054.30	2010.00	1642.00	1503.50	1613.20
1994	1441.00	2874.00	2513.00	2075.41	2205.20
1995	1545.70	3345.73	3122.00	2345.82	3014.40
1996	1829.80	3330.00	4055.00	2196.34	3379.90
1997	2164.70	3235.01	4050.00	2291.48	3359.20
1998	2371.00	3440.34	4281.00	2356.27	3531.40
1999	2767.50	3571.21	4740.00	2682.20	3955.73

续表

年份	内蒙古	广西	西藏	宁夏	新疆
2000	3091.10	3969.93	5117.00	3188.10	4199.20
2001	3562.46	4721.70	5715.00	3721.10	4504.60
2002	3965.00	5302.72	6616.82	4150.04	5036.34
2003	4745.30	5690.54	7074.65	4487.18	5067.34
2004	5516.59	6384.79	7244.77	4897.87	5258.52
2005	6147.92	6792.03	7353.28	5584.75	5508.00
2006	7016.11	7128.27	6506.12	6417.12	6133.99
2007	8424.74	8976.39	8342.73	7678.49	7130.47
2008	9776.37	10455.70	9305.69	9250.11	7929.20
2009	10911.39	11471.04	10012.69	9976.37	8374.42
2010	12168.56	12520.48	10841.76	10669.60	9001.10
2011	13766.01	13622.73	11291.28	12168.97	10071.47
2012	15538.95	15235.25	12308.94	13651.09	11527.00
2013	16901.27	16514.10	13444.76	14902.36	12577.54
2014	18374.00	17104.00	14555.00	14875.00	14472.00

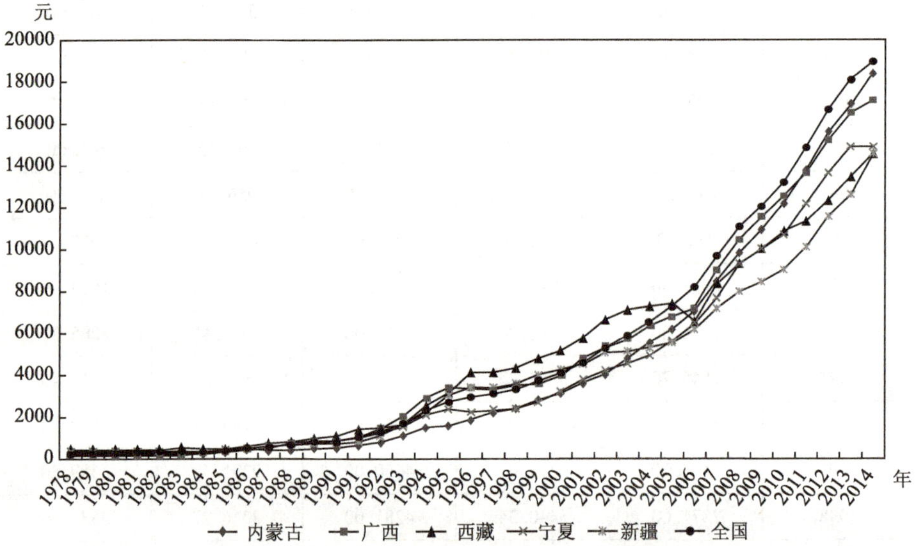

图 2-59　少数民族地区城乡居民收入绝对差距

表 2-44　少数民族地区城乡居民收入相对差距

年份	内蒙古	广西	西藏	宁夏	新疆
1978	2.30	2.62	3.23	2.99	2.68
1979	2.13	2.85	2.68	2.58	2.53
1980	2.12	2.63	2.49	2.65	2.12
1981	1.74	2.10	2.42	2.36	2.04
1982	1.57	1.82	2.37	2.28	1.84
1983	1.46	1.69	2.64	1.93	1.79
1984	1.49	2.11	2.05	2.10	1.79
1985	1.67	2.26	1.84	2.26	1.92
1986	2.03	2.48	2.09	2.44	2.14
1987	1.92	2.54	2.37	2.46	2.16
1988	1.67	2.73	2.40	2.26	2.21
1989	1.90	2.70	2.66	2.30	2.24
1990	1.79	2.26	2.77	2.49	1.98
1991	1.99	2.45	3.23	2.57	2.13
1992	2.06	2.87	3.19	2.94	2.42
1993	2.27	3.27	3.33	3.25	3.07
1994	2.36	3.60	4.08	3.28	3.36
1995	2.19	3.31	4.56	3.26	3.65
1996	2.14	2.96	5.16	2.55	3.62
1997	2.22	2.73	4.73	2.48	3.24
1998	2.20	2.74	4.70	2.34	3.21
1999	2.38	2.74	4.77	2.50	3.69
2000	2.52	3.13	4.84	2.85	3.60
2001	2.81	3.43	5.07	3.04	3.63
2002	2.90	3.63	5.52	3.16	3.70
2003	3.09	3.72	5.18	3.20	3.41
2004	3.12	3.77	4.89	3.11	3.34
2005	3.06	3.72	4.54	3.23	3.22

续表

年份	内蒙古	广西	西藏	宁夏	新疆
2006	3.10	3.57	3.67	3.32	3.24
2007	3.13	3.78	3.99	3.41	3.24
2008	3.10	3.83	3.93	3.51	3.26
2009	3.21	3.88	3.84	3.46	3.16
2010	3.20	3.76	3.62	3.28	2.94
2011	3.07	3.60	3.30	3.25	2.85
2012	3.04	3.54	3.15	3.21	2.80
2013	2.97	3.43	3.04	3.15	2.72
2014	2.84	3.26	2.95	2.77	2.66

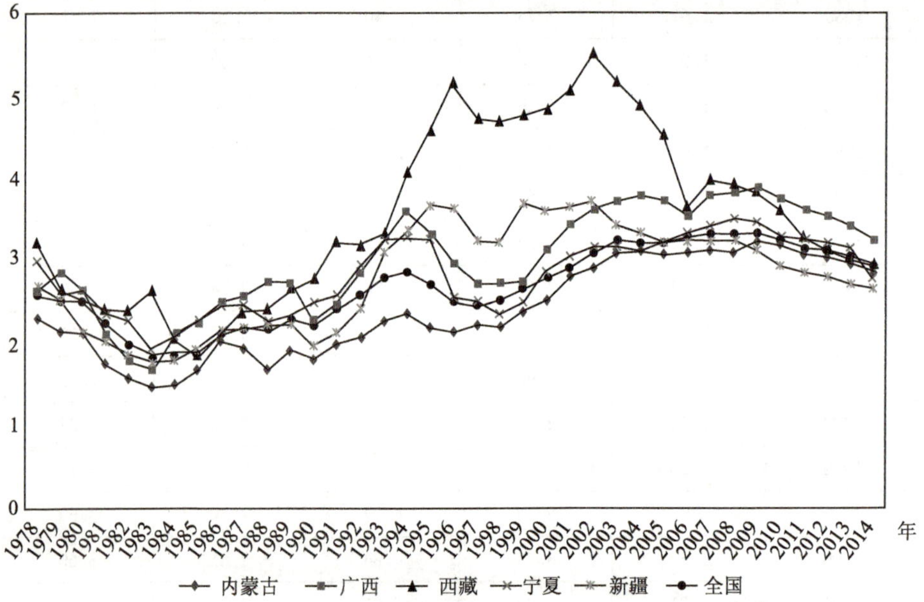

图 2-60　少数民族地区城乡居民收入相对差距

第三节　少数民族地区城乡居民收入差距的特点分析

一、内蒙古自治区城乡居民收入差距的特点

（一）城乡居民收入水平明显提高

改革开放以来，随着内蒙古经济的快速发展，城乡居民收入不断增加。1978 年城镇居民人均可支配收入仅为 301 元，1989 年突破 1000 元，2000 年突破 5000 元，2006 年跨过 1 万元大关，2011 年突破 2 万元，2012 年再上新台阶，达到 23150 元。1978 年农民人均纯收入 131 元，1994 年突破 1000 元，1999 年超过 2000 元，2006 年跨入 3000 元，2008 年跨入 4000 元，2010 年超过 5000 元，2014 年达到 9976 元。2014 年内蒙古城镇居民人均可支配收入是 1978 年的 94 倍，农牧民人均纯收入是 1978 年的 76 倍。

（二）城乡居民收入增长速度呈现明显的阶段性

内蒙古城镇居民收入增速形成了一条“高—低—高—低”的“N”形曲线，城镇居民收入年均增长率由 1978—1980 年的 16.3%，下降到“六五”时期的 10.56%，再回升到“八五”时期的 20.05%。进入 21 世纪后，年均增速保持在两位数，“十五”期间年均增长 12.29%，“十一五”以来年均增长 14.19%，已逐步接近改革开放之初的增长水平。

内蒙古农牧民人均纯收入增长较快，增速波动较大，形成一条高低起伏的“W”形曲线。其中，第一个高点出现在 1978—1980 年，农牧民人均纯收入年均增长 21.13%；随后增速降低，在“七五”期间降到第一个低点，年均增长 10.7%；随后增速再次提高，“八五”期间年均增长 15.38%；然后增速再次降低，“十五”时期达到第二个低点，年均增长 8.17%；“十二五”以来增速再次提高，目前处于第三个高点，年均增长 15.93%，但与改革开放初期

相比还略有差距。

（三）城乡居民收入水平在全国的位次前移

内蒙古城镇居民人均可支配收入在20世纪90年代前半期基本处在全国各省份末位，2000年上升到第22位，2002年下滑到第29位，2008年上升到第9位，2009年稳定在第9位，2010—2014年维持在第10位。农牧民人均纯收入在2000年以前一直处在中后位，2002年下滑到第22位，2007年上升到第15位，并连续3年保持稳定。

（四）城乡居民收入绝对差距逐步拉大

1978年内蒙古城乡居民收入绝对差距为170.01元，而2014年城乡居民收入差距为18374.00元，是1978年的108倍。这一数值高出内蒙古城镇居民和农牧民同期的收入增加倍数。更为严峻的是，2006年以来内蒙古城乡居民收入绝对差距的增速越来越大。

（五）城乡居民收入相对差距依然较大

改革开放初期，内蒙古自治区城乡居民收入相对差距较小，而随着经济社会的快速发展，城乡居民收入相对差距迅速拉大，“十一五”期间达到历史最高点。“十二五”期间有一定的下降趋势，但相对差距依然达到2.84倍。

（六）城乡居民收入来源单一

2002年以来，内蒙古城镇居民收入依然以工资性收入为主，占比最低时也超过67%；农牧民收入则以经营性收入为主，占比最低时也超过62%。收入来源单一，其他收入的占比相对较低，充分体现出居民收入存在的风险。

（七）居民消费支出中食品、居住及交通和通信占比较高

2002年以来，无论是城镇居民还是农牧民，食品、居住及交通和通信的消费支出占比都较高，这3项支出每年都占据居民消费支出的60%以上，充分体现出内蒙古居民生活水平的落后，同时消费支出的绝对数值也充分体现出内蒙古城乡居民之间收入的较大差异。

（八）内蒙古城乡居民收入与全国水平比较接近

1978年以来内蒙古城镇居民与农牧民的收入水平都与全国平均水平较为接近。在中期略低于全国平均水平，近年来与全国平均水平的差距有所缩小。

二、广西壮族自治区城乡居民收入差距的特点

（一）城乡居民收入水平逐渐提高，而收入差距明显拉大

广西城乡居民收入近年来有较大幅度的提升，特别是城镇居民人均可支配收入。相对而言，农牧民人均纯收入增长缓慢，不可避免地，城乡居民收入差距也在不断拉大。

（二）城乡居民收入增速趋于稳定

广西城镇居民人均可支配收入增长率基本呈“M”形变化趋势。1978—2000年，增长率变化幅度较大，而2000年之后增长率趋于稳定，广西城镇居民人均可支配收入趋于稳步增长。广西农牧民人均纯收入在2000年之前增长率变化幅度同样较大，2000年之后增长率较为稳定。

（三）城乡居民收入绝对差距逐步拉大

1978年广西城乡居民收入绝对差距为178.99元，而2014年这一差距为17104.00元，是1978年的96倍。这一数值高出城镇居民和农牧民同期的收入增加倍数。更为严峻的是，2006年以来绝对差距的增长越来越快，2014年出现下降趋势。

（四）城乡居民收入相对差距依然较大

广西城乡居民收入相对差距呈现波动变化趋势，总体来看高于其他少数民族地区，特别是2009年之后，广西城乡居民收入相对差距在所有少数民族地区中是最高的，也高于全国平均水平。

（五）城乡居民收入来源相对单一

从收入构成分析，广西城乡居民各项收入基本保持增势。广西城镇居民

收入以工资性收入为主，各年占比均超过60%，近年来基本保持增长态势。工资性收入增长最快，转移性收入其次，经营性收入与财产性收入总量较低而且增速偏低，但相较于其他少数民族地区，广西城镇居民的经营性收入和财产性收入较高。与城镇居民不同的是，广西农牧民收入以经营性收入为主，各年占比均超过50%。与其他少数民族地区不同的是，广西农牧民的工资性收入占比较高，各年均在30%以上。

（六）居民消费支出中食品、居住及交通和通信占比较高

2002年以来，无论是城镇居民还是农牧民，食品、居住及交通和通信的消费支出占比均较高，这3项支出每年都占据居民消费支出的70%以上，充分体现出广西城乡居民生活水平的落后，同时相关消费支出的绝对数值也充分体现出城乡居民之间收入的较大差异。

（七）城乡居民收入与全国水平相对接近，但近几年呈现落后趋势

1978年以来，广西城镇居民与农牧民收入都与全国平均水平较为接近，在早期曾高于全国平均水平，近年来呈现出较为明显的落后态势。

（八）城镇居民转移性收入较高

2014年广西城镇居民转移性收入高达6056.3元，同年广西农牧民人均纯收入为6790.9元，这意味着广西的农牧民如果能够转化为城镇居民，则无须劳动即可得到与在农村相仿的收入。

三、西藏自治区城乡居民收入差距的特点

（一）城乡居民收入不断提高，但收入水平较低

西藏虽然人口相对稀少，但人均收入水平依然不高。2006年以来，西藏城乡居民收入虽有大幅度的提升，但截至2014年无论是城镇居民还是农牧民，收入均排在少数民族地区最后一位。

（二）城乡居民收入增长率较为稳定

1978—2014年，西藏城镇居民人均收入增长率相对来说比较稳定，基本

维持在10%左右，这说明虽然西藏城镇居民收入较低，但能够保持稳定增长，也预示着在未来较长一段时间内仍能保持稳定的增长。而西藏农牧民人均纯收入增长率在1990年之前呈现出较大幅度的波动，1990年之后基本趋于稳定。

（三）城乡居民收入绝对差距逐步拉大

1978年西藏城乡居民收入绝对差距为390.00元，而2014年为14555.00元，是1978年的37倍。这一数值低于城镇居民和农牧民同期的收入增加倍数。城乡居民收入绝对差距呈现阶段性变化态势，自2006年起绝对差距迅速拉大。

（四）城乡居民收入相对差距依然较大

西藏城乡居民收入相对差距呈现波动变化趋势，由早期的略微缩小到中期的快速扩大再到近期的迅速下降，其变化幅度在所有少数民族地区中是最大的。近年来，西藏城乡居民收入相对差距逐渐缩小，与全国平均水平基本相仿。

（五）城乡居民收入来源相对单一

与其他少数民族地区不同的是，西藏城镇居民人均可支配收入来源更为单一且收入水平较低。工资性收入占比较大，除2006年外，工资性收入占比均超过了80%，其他3项收入总和占比不到20%。西藏农牧民人均纯收入构成相对理想，经营性收入占比在60%上下，工资性收入占比在20%上下，但财产性收入占比呈现下降态势。

（六）居民消费支出中食品、居住及交通和通信占比较高

2002年以来，无论是城镇居民还是农牧民，食品、居住及交通和通信的消费支出占比依然较高，这3项支出每年都占据居民消费支出的70%以上，农牧民这3项消费支出的占比甚至超过75%，这充分体现出居民生活水平的落后。同时，相关消费支出的绝对数值也充分体现出城乡居民之间收入的较大差异。

（七）城乡居民收入变化较大，近几年明显落后于全国平均水平

1978 年，西藏城镇居民与农牧民收入均高于全国平均水平，但 2004 年以来，无论是城镇居民还是农牧民，收入均已明显低于全国平均水平，且近几年与全国平均水平的绝对差距迅速拉大。

四、宁夏回族自治区城乡居民收入差距的特点

（一）城乡居民收入水平明显提高

改革开放以来，宁夏经济逐渐走上持续快速健康发展的轨道，城镇居民收入呈现持续增长态势，收入结构发生显著变化，2000 年城市居民生活实现了从温饱到小康的重要跨越。2014 年，城镇居民人均可支配收入达到了 23285 元，比 1978 年增加了 22938.92 元，增长了 67.28 倍，平均每年增加 637 元，年平均增长 12.6%。同时，随着农村经营体制的重大调整，农业发展方式和农民就业方式发生了明显变化，农民收入前所未有地增加。2014 年，宁夏农民人均纯收入跨上新的台阶，达到 9976 元，比 1978 年增加了 9845 元，增长了 75.15 倍，平均每年增加 273.47 元，年均增长 12.4%。

（二）城乡居民收入与全国平均水平的差距逐步拉大，且处于下游水平

宁夏城镇居民人均可支配收入与全国平均水平的差距由 1978 年的-2.68 元扩大到 2014 年的 6094 元。农村居民人均纯收入与全国平均水平的差距由 1978 年的 17.67 元扩大到 2013 年的 1964.94 元，2014 年虽缩小到 1482 元，但整体来看仍呈扩大趋势。2014 年，宁夏城镇居民人均可支配收入为 23285 元，相当于全国平均水平的 80%。宁夏城镇居民收入与全国乃至西部地区平均水平的差距都较大，在全国 31 个省（区、市）中，2013 年排全国第 25 位、西部地区第 7 位、西北 5 省（区）第 2 位。2013 年，宁夏农民人均纯收入 6931 元，相当于全国平均水平的 77.9%，在 31 个省（区、市）中居第 24 位，在西部 12 个省（区、市）中居第 5 位，在西北 5 省（区）中排第 2 位，低于新疆。

（三）农村居民收入偏低，收入增长速度缓慢

在城乡居民整体收入水平偏低的基础上，宁夏城乡居民收入差距有扩大的趋势。宁夏城乡居民收入差距逐步增大，并不是因为城镇居民收入过高，而是因为农村经济发展滞后，农村居民收入增长缓慢。宁夏城镇居民人均可支配收入从 1978 年的 346.08 元增长到 2014 年的 23285 元，年均增长 637 元，其总体增加速度较为合理。农村居民人均纯收入从 1978 年的 115.9 元增长到 2014 年的 8410 元，年均增长 230 元。1985—2000 年，宁夏农民收入增速持续下降。2001 年以来，宁夏农民收入虽然有所增加，但只是一种恢复性的增长，农业基础仍不稳固，农村各项基础设施严重滞后，制约农民收入增长的根本症结并没有得到解决。

（四）区域间经济发展极不平衡

宁夏经济发展水平差距在空间上呈现出由北向南逐渐落后的特点，并形成了南北两大经济区。这种空间分布的特点与宁夏自然、资源、环境的空间分布差异密切相关，经济发展水平较好的县市区（青铜峡市、利通区、中卫市、灵武市、平罗县、盐池县等）中，除盐池县外几乎全部位于引黄灌区，而经济发展水平较差的县市区（同心县、径源县、隆德县、原州区、西吉县、彭阳县、海原县等）均分布在南部山区。黄河水利灌溉成为造成宁夏南北经济发展水平空间分布差异的首要因素。宁夏长期以来受自给自足的小农经济的影响较为严重，思想封闭、保守，尤其是农民，普遍缺乏接受新事物的愿望和能力，创新意识淡薄，思想观念特别是市场经济观念比东部地区落后。宁夏地区的商品市场和要素市场发育缓慢，市场不够活跃，专业生产规模小、带动作用弱，这些都严重地束缚了区域经济的发展。

（五）城乡居民收入绝对差距逐步拉大

1978 年，宁夏城乡居民收入绝对差距为 230.18 元，而 2014 年为 14875.00 元，是 1978 年的 65 倍。自 2000 年起，城乡居民收入绝对差距呈现快速增加趋势，2014 年出现了一定的下降趋势。

（六）城乡居民收入相对差距依然较大

宁夏城乡居民收入相对差距呈现波动变化趋势，经历了多次的下降与上升，相对差距依然较大，近年来城乡居民收入相对差距有缩小的趋势。

（七）城乡居民收入来源相对单一

宁夏城镇居民人均可支配收入来源较为单一，工资性收入占比较大，2002 年以来均超过 60%，其他 3 项收入占比呈现出明显的阶梯性，排在第二的转移性收入占比超过 20%。宁夏农牧民人均纯收入构成相对理想，经营性收入占比自 2004 年逐年下降，而工资性收入占比逐年上升，有赶超经营性收入的态势。

（八）居民消费支出中食品、居住及交通和通信占比较高

2002 年以来，无论是城镇居民还是农牧民，食品、居住及交通和通信的消费支出占比依然较高，这 3 项支出每年都占据居民消费支出的 60%以上，这在一定程度上体现出居民生活水平的落后。

五、新疆维吾尔自治区城乡居民收入差距的特点

（一）城乡居民收入水平明显提高

1978—2014 年，随着经济的发展，新疆城镇居民和农村居民收入水平都大幅度增长。1978 年，新疆城镇居民人均可支配收入为 319 元，2014 年增长到 23214 元，是 1978 年的 72. 77 倍；1978 年，新疆农村居民人均纯收入为 119 元，2014 年增长到 8742 元，是 1978 年的 73. 46 倍。在这 36 年里，新疆城乡居民收入水平实现了跨越式增长。

（二）城乡居民收入与全国平均水平的差距拉大，处于下游水平

新疆城镇居民人均可支配收入与全国平均水平的差距由 1978 年的-24. 40 元扩大到 2014 年的 6167 元。农村居民人均纯收入与全国平均水平的差距由 1978 年的 14. 57 元扩大到 2014 年的 1150 元。整体呈扩大趋势。从全国范围

来看，2001年以前，新疆城镇居民人均可支配收入整体上处于全国中上游的水平，但2001年以后，基本处于全国下游水平，新疆城镇居民人均可支配收入与全国其他省份的差距较大。而农村居民人均纯收入在1994年之前，基本处于全国中上游水平，1994年之后，处于全国下游水平，与全国大多数省份相比，差距依然很大。

（三）城乡居民收入绝对差距逐步拉大

1978年，新疆城乡居民收入绝对差距为200.00元，而2014年为14472.00元，是1978年的72倍。城乡居民收入绝对差距呈现明显增长趋势，特别是2006年以来绝对差距迅速拉大。

（四）城乡居民收入相对差距依然较大

新疆城乡居民收入相对差距呈现波动变化趋势，由早期的下降转变为中期的波动增长，2002年为历史最高点，2002年以后呈现出了明显的收窄趋势。

（五）城乡居民收入来源相对单一

新疆城镇居民人均可支配收入来源较为单一，工资性收入占比较大，除2013年外占比均超过了70%，其他3项收入总和占比不到30%。新疆农牧民人均纯收入构成也较为单一，经营性收入占比历年均超过了60%，但总体呈现下降趋势。

（六）居民消费支出中食品、居住及交通和通信占比较高

2002年以来，无论是城镇居民还是农牧民，食品、居住及交通和通信的消费支出占比依然较高，这3项支出占据了居民消费支出的60%以上，这在一定程度上体现出居民生活水平的落后。

六、少数民族地区城乡居民收入差距的特点总结

（一）城乡居民收入水平明显提高

自1978年以来，少数民族地区城乡居民人均收入水平明显提高。前期收

入的绝对数量增加相对缓慢，1994—1996 年迎来了收入的快速增长期，经历了 1997—2000 年的缓慢发展期后，2007—2008 年又迎来了新一轮快速增长期，2010 年之后又迎来了绝对数量的迅速增长期。

1. 西藏城镇居民收入水平

在城镇居民人均可支配收入方面，1978 年西藏城镇居民人均可支配收入明显高于其他少数民族地区，同时也明显高于全国平均水平。但 30 多年后，西藏城镇居民人均可支配收入排在了少数民族地区中的最后一位，与其他少数民族地区存在一定差距。

2. 内蒙古和广西城镇居民收入水平

1978 年，内蒙古城镇居民收入水平在少数民族地区中位居倒数第二，历经 30 多年的发展，该地区城镇居民的收入水平迅速攀升到了第一位，且其收入优势比较明显，基本接近全国的平均水平。同样，广西城镇居民收入水平由 1978 年在少数民族地区排名倒数第一攀升到了 2014 年的第二位，增长速度较快，属于少数民族地区中的第二梯队，但与全国平均水平相比依然存在一定差距。

3. 新疆和宁夏城镇居民收入水平

相对而言，新疆与宁夏城镇居民收入的增长较为平稳，属于收入水平的第三梯队。在 1994—1996 年、2007—2008 年及 2011—2013 年这三个阶段，全国及各少数民族地区的城镇居民收入增量较大。

4. 西藏和广西农村居民收入水平

在农村居民人均纯收入方面，1978 年西藏农村居民的收入明显高于其他少数民族地区，也明显高于全国平均水平。但 30 多年后，西藏农村居民人均纯收入排在了所有少数民族地区中的最后一位。广西则由前期的最后一位，变为倒数第二位，但与西藏农村居民人均纯收入之间的差距并不大。

5. 新疆和宁夏农村居民收入水平

新疆和宁夏的农村居民人均纯收入增长速度与全国差不多，但因基数较低，截至 2014 年，新疆和宁夏的农村居民收入水平仍然与全国存在一定差距，但明显高于西藏和广西，属于第二梯队。

6. 内蒙古农村居民收入水平

相对而言，内蒙古农村居民人均纯收入增加较快，截至 2014 年，内蒙古农村居民人均纯收入已经超过了全国平均水平，且明显高于其他少数民族地区。1978—2014 年，少数民族地区农村居民人均纯收入除 1999—2001 年增长缓慢外，总体增速较好，特别是 1994—1996 年、2007—2008 年及 2012 年以来增速较为明显，其中 2014 年的总体增量最为明显。

（二）城乡居民收入绝对差距较大

随着少数民族地区城乡居民收入的迅速提高，城乡居民收入绝对差距也随之扩大，2006 年以来绝对差距更大，且并未呈现出明显下滑趋势。总体而言，少数民族地区的城乡居民收入绝对差距低于全国平均水平。

1. 西藏、宁夏及新疆

1978 年，少数民族地区城乡居民收入绝对差距最大的省份是西藏，比其他少数民族地区高出 2 倍甚至更多。但历经 30 多年的发展，西藏的城乡居民收入绝对差距相对较小，与宁夏和新疆同属少数民族地区城乡居民收入绝对差距较小的省份。

2. 广西

广西由 1978 年少数民族地区的城乡居民收入绝对差距第二小的省份变成了第二大的省份。

3. 内蒙古

内蒙古的城乡居民收入在少数民族地区中增长最快，但由 1978 年少数民族地区中城乡居民收入绝对差距最小的省份，变成 2014 年少数民族地区中城乡居民收入绝对差距最大的省份。

（三）城乡居民收入相对差距较大

1978 年以来，各少数民族地区城乡居民收入的相对差距均出现了一定的波动，部分地区波动幅度较大，但近年来均呈现出稳定下滑的趋势，与全国平均水平逐渐接近，既有略高的省份也有略低的省份。

1. 内蒙古

1978—2014年，内蒙古是少数民族地区中城乡居民收入相对差距控制得最好的省份，在大部分年份里相对差距都是5个少数民族地区中最小的。

2. 西藏

西藏对城乡居民收入相对差距的控制则并不理想，1993—2008年的城乡居民收入相对差距均为少数民族地区中最大的，近几年控制得较好。

3. 广西

值得关注的是，广西自2009年以来，城乡居民收入相对差距一直为少数民族地区中最大的，且明显高于全国平均水平，其他少数民族地区的城乡居民收入相对差距接近或低于全国平均水平。

（四）城乡居民收入来源单一

2002年以来，各少数民族地区城镇居民依然以工资性收入为主要收入来源，农牧民以经营性收入为主要收入来源，且主要收入来源的占比较大，特别是城镇居民工资性收入及转移性收入占比总和接近或超过了90%。值得关注的是，部分地区农牧民工资性收入占比较高且有增长趋势。虽然各少数民族地区城乡居民收入来源均较为单一，但仍存在一定的差异。

1. 西藏城镇居民

西藏城镇居民人均可支配收入不仅较低，且80%甚至更多都为工资性收入，前期几乎95%的收入均为工资性收入。

2. 内蒙古和宁夏城镇居民

内蒙古和宁夏城镇居民收入的70%左右为工资性收入，20%左右为转移性收入，内蒙古城镇居民的工资性收入占比相对较高，宁夏城镇居民的转移性收入占比较高。两个自治区的城镇居民的工资性收入占比由前期的微弱下降逐渐走向平稳，转移性收入占比相对稳定。

3. 广西城镇居民

广西城镇居民工资性收入占比稳步下降的同时，转移性收入占比稳步提升。工资性收入占比逐渐低于70%，而转移性收入占比逐渐高于20%。

4. 新疆城镇居民

新疆城镇居民工资性收入占比相对较高，除2013年外均超过了70%，转移性收入占比次之。总体而言，其工资性收入占比由前期的波动增长走向了后期的逐步下降，而转移性收入占比则由前期的波动下降走向了稳步提高。

5. 内蒙古和新疆农村居民

内蒙古和新疆农村居民经营性收入占比呈现出了持续的下降态势，2013年占比均下降到了60%左右，而工资性收入和转移性收入占比则呈现出稳步增长的态势。相对而言，内蒙古农村居民的各项收入占比变化趋势更为协调。

6. 广西和宁夏农村居民

广西和宁夏农村居民收入结构与其他少数民族地区存在明显差异，虽然仍以经营性收入为主，但近几年工资性收入占比增长势头较为明显，与经营性收入之间的差距正在逐渐缩小。其中广西变动速度相对缓慢，而宁夏占比变化曲线的斜率较大。截至2013年，广西和宁夏农村居民工资性收入占比已经超过了35%，宁夏农村居民的工资性收入甚至有赶超经营性收入的态势。相对其他少数民族地区而言，广西和宁夏农村居民转移性收入占比虽然也在逐渐提高，但明显低于其他少数民族地区。

7. 西藏农村居民

与其他少数民族地区不同的是，虽然西藏农村居民经营性收入占比最高，但其占比由前期的逐渐减少走向了迅速提高后趋于稳定的趋势；工资性收入由波动性的提高走向了迅速减少后趋于稳定的趋势；转移性收入占比由波动性增长走向了稳步增长；财产性收入占比则由快速增长走向了逐步减少。

（五）城乡居民消费支出中食品、居住及交通和通信占比较高

2000年以来，少数民族地区城乡居民消费支出中，食品、居住及交通和

通信占比较高，3 项支出的占比总和超过了 60%，部分地区甚至超过了 70%。值得关注的是，2014 年城乡居民消费支出结构有了明显的变化。

少数民族地区居住消费支出额度及其占比均呈现出一定的增长趋势，而食品消费占比呈现出稳步下降的趋势，也表明少数民族地区居民的生活水平正在提高。另外，交通与通信消费的稳步提高进一步说明了少数民族地区交通网络的不便，影响着少数民族地区居民的生活质量。而除西藏外农村居民医疗保健支出占比的稳步提高进一步说明了农村居民在医疗方面的困境。

从消费结构上看，西藏城镇居民和农村居民的消费支出中，食品占比依然较高，说明了其收入水平落后的特征。值得关注的是，西藏城乡居民在医疗与保健方面的支出占比明显低于其他少数民族地区。

（六）城乡居民收入依然落后于全国平均水平

少数民族地区有着独特的地理位置及人口分布，经济发展水平相对落后，交通网络并不发达，人口稀少而且收入来源不稳定，因此少数民族地区的城乡居民收入水平落后于全国平均水平，特别是近年来落后趋势更为明显。总体而言，除内蒙古城乡居民收入与全国平均水平较为接近外，其他少数民族地区城乡居民收入均显著落后于全国平均水平。

第三章 我国少数民族地区城乡居民收入差距影响因素分析

第一节 基于文献综述的影响因素分析

一、国外学者对中国城乡居民收入差距成因的主要观点

Lewis（1954）在其二元经济模型中指出，城镇化过程中的城乡收入差距呈现先扩大后缩小的趋势。而后 Todaro（1970）认为在城镇化过程中，劳动力的流动会使得城乡收入差距缩小。Kevin 和 Zhang（2003）的实证分析认为城市化对中国城乡收入差距的作用是积极与否仍有待讨论。Adkin 和 Kevin（2006）认为班加罗尔过快的城市化虽然带来了超一般经济成功，但是也带来了环境的退化和社会不平等（包括城乡收入上的不平等）。

鉴于城乡二元经济体制结构是我国所特有的情况，所以近年来众多国外研究人员对该体制结构进行了深入而广泛的研究。Lin（2011）通过建立理论模型发现，虽然重工业优先发展战略带来了中国经济的快速发展，但是这种战略导致了较低的城市化水平和长久的城乡收入差距。Hertel（2006）研究发现，城乡户籍制度对城乡收入差距有着重大的影响，因此户籍制度改革能在很大程度上缩小城乡收入差距。Wang（2009）运用 Lorenz 模型进行数据分析，结果显示城乡收入差距的拉大不利于改善农村贫困。

美国经济学家 Kuznets（1955）在分析了英、美、德等国家的相关数据后，提出经济增长与收入分配差距之间存在倒“U”形的关系。Fei 和 Ranis

(1979) 认为在以农业为主要活动的国家里，经济的增长和城乡收入的差距不一定是相悖的，倒“U”现象也不是必然的。

国外研究人员对产业结构、收入分配和经济发展之间的关系作了大量的研究。Sherman (1976) 认为在经济发展的早期阶段，发展中国家会出现收入分配不均的情形，但随着发展中国家传统产业部门生产率水平的提高，收入差距会逐步缩小。凯兹 (1988) 认为，社会需求的变化将会导致生产部门结构的变化，进而对劳动力需求的变化产生影响。基于此，Murphy、Shleifer、Vishny 等 (1989) 提出了新的收入分配理论——“大推动”理论。他们发现，收入分配的平等是社会对商品产生更大需求的前提条件，这样才能加快工业化进程。著名经济学家德布拉吉·瑞 (2002) 指出，收入分配与产业结构之间形成了如下相互作用的机制：收入分配—产品需求结构—产业结构—新的收入分配。这一机制认为，收入分配的不均程度要么加强，要么好转。

Chen 和 Fleisher (1996) 运用扩展的 Solow 增长模型对相关数据进行分析研究，研究结果表明，长期来看，中国各省区的收入不均会得到改善。Kanbur 和 Zhang (2005) 发现地区开放程度会影响我国东部省份居民收入，这也是短期内中国东部地区与中西部地区居民收入差距加大的原因。Krugman 和 Elizondo (2002) 构建了空间集聚模型，指出改革开放后中国沿海地区凭借天然的地理优势，吸引了众多产业聚集在该地区，继而使得居民收入有了较大增长。

二、国内学者对中国城乡居民收入差距成因的主要观点

(一) 政策制度因素分析

国内的学者主要是对城市偏向政策，财政金融政策，户籍制度、收入分配、社会保险制度等因素对城乡居民收入差距的影响进行研究。

蔡昉和杨涛 (2000) 通过介绍中国城乡改革前后不平等的程度，分析了造成不平等的制度和政策，认为城市的偏向政策造成了城乡之间巨大的差距，因此政府的长期目标应该改变偏向的政策和制度，从而缩小城乡之间的差距。

迟诚（2015）依据对城乡居民收入的统计分解并通过灰色关联度检验分析，得出，政府的偏向城市型经济政策增大了城乡居民收入的初次分配差距，政府的偏向城市型再分配政策则进一步拉大了城乡居民收入的再分配差距。武小龙和刘祖云（2014）用固定效应模型分析了江苏市级相关数据发现，城市偏向政策越明显，城乡收入差距越大。位志宇、廖士光等（2007）研究发现农业贷款和乡镇企业贷款率的提高对减小城乡收入差距有帮助。因此，应积极地加大对农村、乡镇企业的信贷支持，逐步健全多元化的农业和乡镇企业融资渠道。王艺明和蔡翔（2010）通过分析中国东、中、西三大地区的省级相关数据，发现政府财政支出结构对城乡收入差距有巨大影响，而且不同的财政支出项目影响的方向不同。王小华（2013）认为财政金融政策对城乡收入差距的影响呈现出阶段特征。丁志国等（2011）选取了1985—2009年各省的数据，在对发展农村金融的政策效果进行实证检验的过程中，发现并不是所有的发展农村金融的政策手段都能够显著改善城乡收入差距。因此，要想通过发展农村的金融政策来改善城乡收入差距，必须在政策选择上审时度势、因地制宜。谷成和李俊毅（2004）通过分析国内外的经验，认为社会保障制度的构建是城乡收入分配差距的缩小或缓解的有效途径。但我国城乡差别的社会保障体系，进一步扩大了城乡收入分配差距。宫晓霞（2006）、陶纪坤（2008）认为农村社会保障制度的缺失是城乡居民收入差距过大的重要原因之一。

（二）城乡二元结构因素分析

一些学者分析了城乡二元结构对城乡居民人均收入的影响，结果显示，中国二元经济结构仍然是城乡发展不均衡和城乡居民收入分配差距较大的重要原因。国家统计局农调总队课题组（1991）发现影响城乡居民收入差距变化的最根本原因是城乡二元经济结构。而国家的投资政策、分配政策和一系列方针政策对城乡收入差距的影响，通过经济交换也被容纳在二元结构的影响之中，因此二元经济结构的变动是应关注的重大问题之一。陶群山（2009）认为在发展中国家经济发展过程中城乡收入差距的扩大是一个普遍现象。而二元经济结构是城乡收入差距拉大的重要原因，并且经济的二元性越强，城乡收入差别程度也就越大。蔡海龙（2010）通过实证分析表明，二元经济结构导致了城乡相对劳动生产率的巨大差距，是城乡收入差距扩大的根本原因。高帆（2012）从理论上拓展了“费—拉模型”，拓展结果表明二元经济结构集中表现在城乡两部门人均收入差距上。同时他强调，只有不断提高农村的市场化程度并加快农村的技术进步，促使农村经济产出更有效地转化为农民收入，才能成功实现二元经济结构的持续转化。

（三）城镇化因素分析

一些学者的研究结果表明，城镇化对缩小城乡收入差距起着积极的作用。陆铭和陈钊（2004）发现城市化能有效地缩小城乡收入差距。马琳和贾保文（2015）通过计量经济模型方法，定量研究发现，天津市的城镇化和工业化发展有效地提高了农民的收入，在缩小城乡收入差距上起到了积极的作用，并且这种作用日渐凸显。

而另一些学者认为城镇化和工业化程度的不断提高，不仅不会缩小城乡收入差距，反而会扩大收入差距。蒿建华（2012）发现陕西城乡居民收入比与城市化、工业化率同方向变动，且富有弹性，其中城市化的弹性大于工业化的弹性。李峰峰、刘辉煌和吴伟（2015）发现城市化对城乡收入差距的影响表现出区间效应。值得一提的是，城市化对城乡绝对收入差距为正影响，但是随着经济的发展、居民收入水平的提高，城市化的正影响强度相应下降。

还有一些学者认为，我国城镇化发展对城乡居民收入差距的影响存在阶段性和差异性。符想花（2011）认为，从纵向上看，我国城市化水平的提高会提高城乡居民收入，但当城市化水平达到一定程度后，城乡居民收入比会逐渐下降；从横向上看，城市化水平的提高会降低各地区城乡居民收入比，各个地区的经济发展水平与城市化程度的高低直接相关；从长远的角度来看，我国城乡居民收入差距依然会扩大，但是速度会逐渐减慢。杨森平、唐芬芬和吴栩（2015）在假定我国整个社会体系由城镇与农村两部门构成的条件下，以泰尔指数作为我国城乡收入差距的测度指标，结合我国 1995—2012 年的时间序列数据与各省面板数据，计算得出我国城乡收入差距与城镇化率的倒“U”形关系。常文涛（2016）将我国的30个省、区、市划分为三大地带，构建面板数据模型进行了实证分析，得出：在城镇化水平较高的地区，城镇化与城乡居民收入差距呈现出正相关关系，反之则呈现负相关关系，并且城镇化程度越高，作用越强。

（四）产业结构因素分析

一些学者深入研究了产业结构和城乡收入差距之间的关系，他们相信产业结构与城乡收入差距之间有着重要联系。刘军等（2015）研究表明，产业聚集可以有效地缩小城乡居民收入差距；城市化水平的提高能有效地缩小城乡居民收入差距。马正兵（2008）研究了产业结构与城乡居民收入差距之间的关系，发现影响居民收入的主要原因是产业结构的变迁。高霞（2011）根据1952—2008年的数据分析了中国产业结构变动与城乡收入差距的关系，结果表明，二者之间在所研究期间内存在长期稳定的正向均衡关系，并且短期动态校正作用明显。同时，格兰杰因果关系检验结果说明二者存在双向因果关系。

一些学者具体分析了三大产业对城乡收入差距的影响。刘树申和吕凯波（2011）对产业结构对城乡居民收入差距的影响进行了深入的研究。分析发现，第一、第二产业的发展能有效缩小城乡居民收入差距。因此，各层次产业合理地协同发展就显得尤为重要，还要逐步提高第三产业在经济中的比重。然而李小玉等（2011）在研究了中国中部地区产业结构与城乡居民收入差距之间的关系后，发现第二、第三产业在经济中占有量的增加会缩小城乡居民收入差距。卢冲等（2014）发现，三次产业结构、农村居民收入结构和区域经济增长有助于缩小城乡收入差距，以第三产业和第一产业的作用最为显著。从分项研究的结果来看，林业、渔业、建筑业会拉大成都市城乡居民收入差距。

（五）经济增长因素分析

一些学者认为经济增长与城乡居民收入差距两者之间存在着重要的联系，

他们认为经济增长有助于缩小城乡居民收入差距。汪同三和蔡跃洲（2006）发现经济增长会缩小城乡居民收入差距。王小鲁和樊纲（2005）研究表明中国城乡居民收入差距有继续上升的趋势，经济增长会缩小城乡居民收入差距。张嫘和方天堃（2007）的研究结果表明，无论在长期还是在短期，城乡收入差距变化的重要原因之一就是经济增长。然而吕炜和储德银（2011）通过分析中部、东部和西部地区这三个地区城乡居民收入差距与经济增长的关系发现：我国城乡居民收入差距与经济增长之间存在明显的非线性关系。中西部地区缩小城乡居民收入差距可以促进经济增长，然而在东部地区反而阻滞经济增长。因此，政府在制定相关政策时应充分考虑地区差异性。

（六）教育因素分析

关于教育对个人就业与收入的影响的研究已经有很久的历史，古典经济学家威廉·配第、亚当·斯密以及新古典经济学家马歇尔等都认为教育培训可以提高劳动生产率、增加劳动报酬。舒尔茨（1975）发现教育可以提高人们在动态经济条件下的“配置能力”，进而帮助人们顺利就业并提高就业收益。Maurer Fazio（1999）研究了在我国劳动力市场中，教育对下岗、再就业以及劳动报酬的作用。

从研究分析中总结了如下几个具体影响因素：

1. 人力资本较快增长产生的影响

人力资本的快速增长，进一步加深了知识、技能等因素对国民收入的影响程度，弥补了由财产、政策、歧视等因素带来的不平等影响，而原来拥有的财产对国民收入的影响程度逐渐减小，从而使社会每个阶层的收入水平差距逐渐减小。生产能力和配置能力是教育的两大能力，这两大能力有助于缓解和克服贫困，使收入朝着公平化的方向发展。其中，生产能力指的是受教育程度较高的劳动者结合一定数量的其他生产要素生产出更多产品的能力；配置能力是指发现机会、抓住机会，有效配置既定的资源，从而增加产出的能力。

2. 劳动力市场变化的影响

结合我国实际情况，对中等技能劳动力市场变化的分析研究具有经济意义。当前背景下，农村土地制度产生了“土地细碎化”现象，导致农村资本积累和技术进步程度远远低于城市的水平，进而使农业部门和非农部门的效率有了很大的差别，最终扩大了城乡收入差距。因此，农村及牧区剩余劳动力越来越多地转移到城市。但户籍制度、福利制度和就业政策却阻碍了劳动力在城乡之间的自由流动及跨区域劳动力配置，引发了我国劳动力市场的扭曲现象。在教育资源（尤其是优质教育资源）城乡及地区分布不均，以及收入分配差距扩大引起的教育不公现象的共同影响下，形成了我国劳动力市场供大于求和结构不合理的局面。

3. 政府教育决策的影响

我国的初级义务教育主要由国家及地方政府来承担，但是，我国地区资源分布不均衡，各地经济发展水平、教育水平存在巨大差异，地区间有着明显的差别，一个地区的整体人力资本水平对居民收入有着较大影响。西部民族地区经济发展水平较低、交通网络不发达且环境较为恶劣，很难获取到优质的教育资源，甚至会导致本地区优秀人才的外流。

（七）社会保障因素分析

社会保障制度是国家或政府在法律规定的指导下，进行国民收入再分配，对暂时乃至永久失去劳动能力以及在各种原因下生活存在困难的公民给予物质帮助，保障公民的基本生活的一种制度。社会保障的概念可以概括为以下三个内容：①该制度的责任主体是国家或政府，只有这二者才有担当社会保障主体的能力。②该制度的目标在于保障及满足公民的基本生活需求。给由于各种原因出现生活困难和面临生存危机的公民物质保障，以满足其基本的生活需求。该制度的最低标准是应该能保障每个社会成员达到维持生存的生活标准。③该制度实施的保证和依据是相关的社会立法。现代社会保障制度得以实现的支点是健全和完备的法律体系，通过相关法律体系规范政府、企业、个人以及各社会保障主体之间的权利与义务，规范社会保障制度。

通过对国内研究情况的梳理，可以总结归纳出以下几个要点：

1. 社会保障支出与居民收入差距的关系要具体分析

社会保障制度是以国家或政府为主体，依据法律规定，通过国民收入再分配，对公民在暂时或永久失去劳动能力以及由于各种原因生活发生困难时给予物质帮助，保障其基本生活的制度。少数民族地区因其地理位置、自然状况、人口情况、产业结构的不同而具有各自的特殊性，对少数民族地区收入差距的影响分析，要针对不同少数民族地区的具体情况，具体分析其影响相关性。

2. 改善带有偏好的社会保障制度

带有偏好的社会保障支出，不仅会造成城乡收入差距的拉大，而且在城镇或农村内部也会形成一定的收入差距。就社会保障制度设立的初衷来说，对国民收入进行再分配的目的是减少收入差距，而不合理的或实施情况不善的社会保障制度只会造成负面的影响。

（八）地理区位因素分析

改革开放以前，我国的经济存在东、中、西三级区域差距，东部沿海地区经济水平与人均收入整体上高于西部民族地区。为了缩小地区经济差距，我国在 20 世纪 60 年代对西部民族地区采取了财政支付、平衡收入差距的政策，并对西部地区进行了大量财政投资，虽然整体上提高了西部地区经济水平，但是仍与东部地区存在较大差距。

20 世纪 80 年代，中央政府通过地方政府财政分权、经济自主的措施，最大限度地减轻了地区税收负担，在一定程度上改变了原有的东西部财政转移支付比例。这促进了西部民族地区经济快速发展，缩小了东西部经济差距。

就绝对收入差距来说，1985 年以后，三大区域与全国的城乡居民收入差距绝对额都显示出不断扩大的趋势。1996 年后，三大区域的城乡居民收入差距绝对额由西部最高变为东部最高、西部次之、中部最低的格局。但就其绝对差额的年均增长率来说，东部最高，为 9.65%，中部较低，为 9.04%，西部最低，为 7.84%。就相对收入差距来说，三大区域与全国平均值均表现为波动扩大的态势，同时地区间存在明显的差异。1985 年以后，西部地区的城乡居民相对收入差距始终高于全国平均值和其他两大区域，而东部地区最低，中部地区较全国平均值稍低。

我国少数民族聚集区主要集中在西北部和西南部两个经济欠发达地区，全国贫困人口大都分布于此。西北部民族地区包括内蒙古、宁夏、新疆三个省区；西南部民族地区包括西藏、广西两个省区。通常少数民族地区具有自然地理特色鲜明、远离海洋、深居内陆、自然条件纷繁复杂的特点，交通不便，信息不畅，使得民族地区长期处于自给经济的时代，部分地区至今仍处于封闭的自然经济状态，难以发展产业化、集约化的现代农业。此外，交通条件的滞后也制约着生产资料和生活资料的运输成本，这样不仅无法吸引外地投资者前来投资建厂，当地企业的发展也深受约束，缺乏竞争力，难以形成经济优势。无论是较差的自然条件还是恶劣的生态环境均给少数民族地区的工农业生产带来了困扰，并且进一步加重了我国少数民族地区经济社会的落后状态。同时，这也在很大程度上制约着民族地区人民的生活方式及其观念的转变。

（九）劳动力流动因素分析

从理论上分析，劳动力流动获得收入有助于缩小城乡收入差距，但是，在城乡二元结构及户籍制度的限制，间接地增加了劳动力的流动成本，难以缩小城乡收入差距。在其他影响流动的因素保持不变的条件下，流动距离每增加 1%，流动率降低 1.08%（Wang，2003）。也就是说，户籍制度的制约导致劳动力流动一旦跨越地区界限，就会大幅度提高流动成本，降低流动的积极性。结合上述分析，总结为以下几点：

1. 少数民族地区地理区位及自然环境是重要的影响因素

地理位置不同，道路交通情况也会有所不同。就中国多年的发展形势来看，地理位置对经济发展具有很大的影响力，交通便利的东南沿海地区的发展速度与质量就明显高于中西部地区。地域原因造成收入差距的历史由来已久，差距的形成是逐渐的而不是一蹴而就的。地理因素也是造成城乡收入差距比较重要的因素。地理位置及自然条件因素对少数民族地区来说尤为重要，对三大产业均有重要影响。

2. 劳动力流动对城乡收入差距的影响

从理论上说，劳动力流动有利于缩小城乡收入差距，但实际上并不总是如此。劳动力流动对城乡收入差距的影响要综合其他现实情况来具体分析。必要时，要结合城镇化率的变化一起分析。

（十）历史文化积淀因素分析

我国少数民族地区居住着全国大部分少数民族同胞，民族成分十分复杂，各个民族有着独有的文化积淀、宗教信仰。由来已久的宗教文化，使得民族地区同胞存有独特的人生观与价值观。一方面，对宗教有着虔诚的信仰，重视来世和理想，生活理念方式不同于汉族同胞；另一方面，缺乏竞争意识，缺乏积极奋斗精神。

在历史文化积淀方面，通过文献梳理，可以总结出如下几点：

1. 底子薄、基础差、生产力发展水平低

中华人民共和国成立后，社会主义制度逐步完善，少数民族地区生产关系有了巨大改变，但是，民族地区生产力并没有随着生产关系的转变而得到提升。与其他地区相比，民族地区经济基础十分薄弱，较多地区人民温饱无法解决，商品率较低，难以进行生产与再生产活动。

2. 思想保守、观念落后、改革力度不足

少数民族地区传统观念沉积深厚，外来的新思想、新观念对它的冲击和影响相对东部沿海地区或汉族地区要小得多。尽管 30 多年来改革开放的实践对它的影响是明显的，但少数民族地区从干部到群众仍未打破某些传统观念，一些陈旧落后的思想观念根深蒂固并左右着人们的行为。

3. 传统的旧风陋习

少数民族的许多传统习俗对当地的经济发展产生了消极的影响，如有的民族的消费习俗是“吃在酒上，穿在银上，用在鬼上”。许多民间迷信仍很有市场，如有的地区举办丧事往往要进行数日，在祭灵和哀悼期间，杀猪、宰羊、喝酒，既耽误生产，又浪费财物。有些民族还有许多生产生活禁忌，落后、神秘的心理和行为方式，往往使他们的生活陷入更大的困境之中。

三、对少数民族地区城乡居民收入差距成因的主要观点

（一）政策制度分析

在研究少数民族地区的政策制度时，学者们主要从城市偏向政策、财政金融政策、户籍制度、收入分配、社会保险制度等角度进行研究。

付桂军（2006）认为政府行为是导致内蒙古城乡居民收入差距拉大的重要原因。杨明洪等（2009）得出中央财政的补助对西藏生产总值、人均生产总值以及农牧民纯收入的提升有显著的促进作用。

张传庆等（2016）在分析西藏城乡居民收入差距的影响因素的过程中发现，公共支出规模和城乡社保比的扩大是加剧城乡居民收入差距的重要原因。因此应该优化公共支出结构、提高公共支出效率等，多管齐下保障西藏农牧民收入水平的提高，从而使城乡居民收入差距逐渐缩小。刘玉祥和赵锡平（2013）在研究新疆城乡居民收入差距的影响因素时发现，公共支出能够缩小城乡居民收入差距，而新疆不同公共支出的影响不尽相同：文科教卫和行政管理的支出拉大了城乡居民收入差距；基本建设、支农和企业挖潜改造这些方面的支出有利于缩小城乡居民收入差距。谌森（2013）通过分析得出内蒙古自治区城乡居民收入差距扩大的原因主要有：二元户籍制度制约了人力资本的合理流动；政府提供的公共产品“短缺”；再分配过程中对公平的忽略；农业产业劳动生产率水平低且增收缓慢。

（二）城乡二元结构分析

研究人员发现，民族地区由于其特殊性，出现了有别于全国其他地区的双重二元经济结构，这导致了城乡居民收入差距不断扩大。陈爱雪和乌日丽歌（2007）指出内蒙古城乡二元经济结构导致城乡收入差距及农民增收困难。虽然这种体制在特定时期加速了经济的增长，但是城乡分割的户籍制度阻碍

了劳动力的自由流动，使占人口最多的农民长期处于贫困状态，干扰了市场机制对收入的自动调节。张永军（2014）认为影响城乡居民收入差距变化的因素比较多，但最根本的原因还是城乡二元经济结构。从财政支出结构的角度看，国家政策仍然偏向城市和国有企业，对农村牧区的投入力度依然很弱。因此，国家应通过制定一系列相应的政策，来改善二元经济结构，从而缩小城乡居民收入差距。

彭泽军和绒巴扎西（2008）指出西藏城乡经济二元性十分明显。现阶段，西藏二元经济结构不仅体现在城乡差别层面上，还出现了双重二元经济结构特征。城乡居民收入差距日益增大的二元经济结构，成为西藏经济发展的巨大障碍。陈闻君和胡序勇（2012）指出新疆具有典型意义的双重二元经济结构，阻碍了新疆经济和社会的和谐发展。新疆存在突出的南北疆经济发展差异，表现出典型的双重二元经济结构特征，使人均收入差距不断扩大。因此，政府应及时采取措施来激励不发达地区加快区域发展，缩小地区间贫富差距的两极分化。

（三）城镇化分析

一些学者认为城镇化对缩小城乡居民收入差距有积极的作用。刘志雄（2012）通过对影响广西农民增收的因素进行实证研究，表明城镇化、农业发展水平、财政支农以及教育都有助于促进农民增收。杨国安和徐勇（2010）在对青海省城乡收入差距与城镇化的关系进行研究后发现，城镇化和城乡一体化的策略有利于缓解青海省城乡收入差距的进一步扩大。高晓霞等（2014）运用灰色关联分析，以 1998—2011 年内蒙古自治区城镇化水平与农牧民收入的时间序列数据为基础，分析了内蒙古城镇化进程对农牧民收入的影响。结果表明，城镇化水平与农牧民收入之间存在显著的相关性，城镇化的加速推进有利于农牧民收入的提高，所以必须发挥城镇化对农牧民收入的积极作用。

还有一些学者认为提高城镇化水平有利于缓解城乡居民收入差距的扩大，但存在阶段性的差异。潘明明和后华（2016）利用 2001—2014 年新疆城镇化和城乡收入差距相关评价数据进行研究，发现在城镇化建设初期，城镇化会在一定程度上拉大新疆城乡收入差距，但是从长期来看，城镇化有利于新疆城乡收入差距的缩减。张永军（2014）指出内蒙古地区受偏低和“虚高”城镇化水平的影响，再加上统计城镇化发展水平计算上的缺陷，导致无法准确判定城镇化对城乡居民收入差距的影响。

（四）产业结构分析

学者们普遍认为产业结构的优化对缩小民族地区城乡居民收入差距的作用日益凸显。

吴咏和杨丽（2013）通过研究表明，农牧民收入不稳定且偏低是农牧区经济结构单一、城乡产业分布差异和人口出生率等原因造成的，这些最终导致了城乡收入差距的扩大。龚庆秀（2012）分析了广西产业结构对城乡居民收入的影响。结果表明，广西产业结构变动是城乡收入差距扩大的重要因素。其中第二、第三产业的产出水平对城镇居民收入有较大的影响，而第一产业的产出水平则在一定程度上对农村居民收入有较大的影响。张传庆和田旭（2016）利用西藏的相关数据，定量分析了影响西藏居民收入差距的因素及其影响程度。结果发现，城乡居民收入差距加大的主要因素是产业结构的变动。在此基础上建议调整西藏产业布局，实现产业之间均衡发展，进而缩小城乡居民收入差距。阿不都热西提等（2014）通过分析得出新疆城乡居民人均收入差距呈现出波动性变化。并且发现，在较长时期内，影响城乡收入差距的主要因素仍然是城乡比较劳动生产率。因此政府应优化农业产业结构，加速发展第二产业、第三产业，促进农民增收。

在研究西藏地区时，学者们发现西藏地区的旅游产业极大地增加了农牧民收入。这对调整西藏地区产业结构有着重要的意义。柳应华等（2014）通过运用协整分析和格兰杰因果关系检验方法，对西藏旅游总收入对农牧民人均纯收入以及城镇居民人均可支配收入的影响进行了分析，结果表明，旅游业的发展促进了农牧民收入的增加。因此应积极发展旅游业，进而带动其他产业发展，促进城镇居民收入的提高。安平（2010）认为旅游业的发展将对农牧区产业结构调整和农牧民增收产生巨大的带动作用，提出要依托西藏旅游资源优势，大力扶持、推广和发展农村牧区旅游产业，拓宽农牧民增收的途径，这样才能快速地提高广大农牧民收入。

（五）经济增长分析

一些学者认为经济增长和城乡收入差距是存在倒“U”形关系的。张雪瑞和王彦东（2009）为了研究经济增长与城乡居民收入增长的关系，通过对内蒙古 1990 年以来的相关数据进行分析，发现内蒙古经济增长与城乡居民收入增长并不统一，并且随着经济增长，居民收入差距有进一步扩大的趋势。李国璋和赵桂婷（2012）利用 1990—2010 年相关数据，运用泰尔指数对由宁夏回族自治区等三省区组成的经济区的城乡居民收入差距进行分析，结果显示该经济区的城乡收入差距与其人均地区生产总值之间存在倒“U”形关系，并且两者出现阶段性变化。在开始阶段，经济增长导致了城乡收入差距的迅速扩大，而后该地区的经济增长依然伴随着城乡收入差距的扩大，但差距相对稳定，甚至有所下降。甄江红和杜淑芳（2005）从城乡居民收入的绝对差距、收入比、基尼系数及地区分配等方面分析了内蒙古城乡居民收入的变化趋势，认为经济发展水平低下严重地制约了内蒙古居民收入水平的提高，并且这是城乡收入差距加大的根本原因。

而一些学者发现经济的增长不能直接影响城乡居民收入的增长。范念龙和徐红（2011）利用 VAR 模型对新疆 1980—2009 年的相关数据资料进行分析，发现新疆的经济增长不能直接促进农村居民收入的增长，而新疆农村居民收入增加也不能有效促进经济增长。

第二节　少数民族地区城乡居民收入差距影响因素分析①

一、指标选取

通过对城乡居民收入差距的文献回顾发现，城乡居民收入差距的产生主要由城镇化水平、经济发展程度、产业结构情况、教育水平、金融发展程度等原因引起的。

本节在探讨少数民族地区城乡居民收入差距影响因素时，选取的指标也由上述五个因素组成。在选取相关指标时，既要考虑所选择指标在因素下的影响程度，又要考虑选取指标数据的科学性、合理性以及数据可得性。从这两方面出发，选取的指标名称及定义如表 3-1 所示。

表 3-1　选取指标名称及定义

相关因素	对应指标	指标名称	指标定义
城镇化水平	城乡人口比的增长率	CSH	城镇人口与农村人口的比值的增长率
经济发展水平	经济增长率	GDP	地区生产总值的增长率
产业结构情况	第二、第三产业产值占比的增长率	CY	非农产业产值占总产值比重的增长率
教育水平	在校学生数的增长率	JY	每万人中在校学生总数的增长率
金融发展水平	金融对经济支持率的增长率	JR	存贷款总额占经济总量比值的增长率

① 本节内容转引自课题组成员丁洪峰的硕士学位论文《我国少数民族地区城乡居民收入差距区域差异性影响因素研究》（内蒙古工业大学，导师：峻峰，2016 年 4 月）。

(一) 影响因素的现状分析

本部分将根据所选取的这五个指标，对相关因素进行现状描述与分析。

1. 城镇化水平现状

本节选取的代表城镇化水平的指标是城乡人口比的增长率，即城镇人口与农村人口的比值的增长率。城乡人口比能够从一定程度上反映城镇化水平，五个自治区的城乡人口比增长率情况如图 3-1 所示。

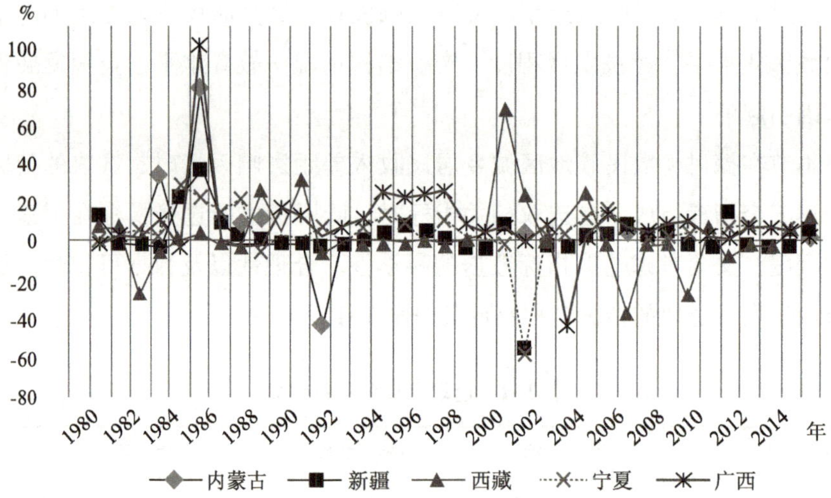

图 3-1 五个自治区城乡人口比增长率现状

从图 3-1 中可以看出，五个少数民族地区的城镇化水平都基本呈现一定的增长趋势。从城乡人口比增长率来看，五个自治区在 2010 年前存在很大差异，但在 2010 年以后城乡人口比趋于稳定，增速平稳。

2. 经济发展水平现状

本节选取的代表经济发展水平的指标是经济增长率，即经济产值与上一年相比的增长率。经济增长率能够很好地反映地区经济发展程度，五个少数民族自治区的经济增长率如图 3-2 所示。

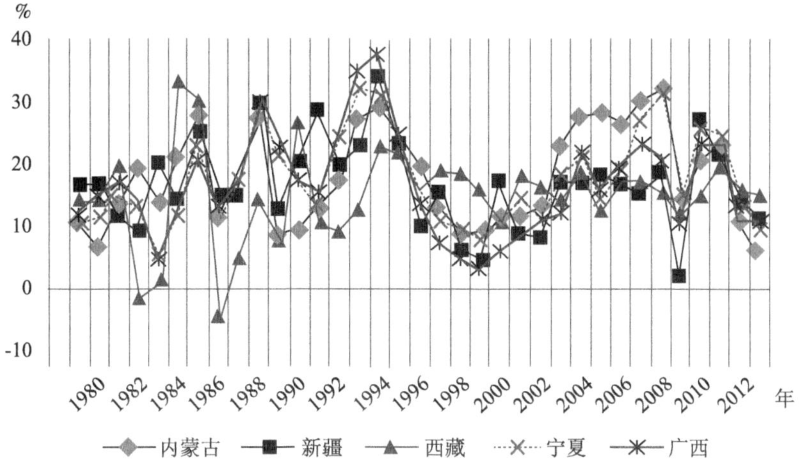

图 3-2　五个自治区经济增长率现状

从图 3-2 可以看出，五个少数民族自治区经济增长的整体趋势相关度较高。从五个自治区整体的经济发展水平来看，1990—1994 年和 2000—2008 年增长速度很快，2012 年之后增速降低，增长率趋于稳定。

3. 产业结构现状

本节选取的代表产业结构情况的指标是非农产业产值在经济总产值中所占比重的增长率，即第二、第三产业产值的总和占区域生产总值的比重的增长率。非农产业发展情况能够很好地反映产业结构情况。五个少数民族自治区的非农产业产值占比的增长率情况如图 3-3 所示。

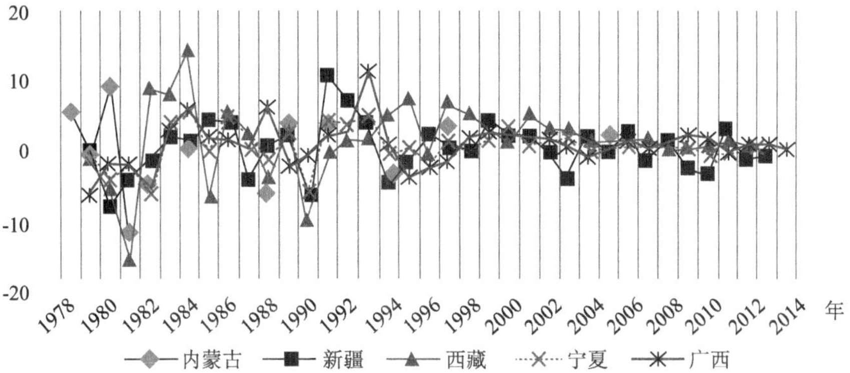

图 3-3　五个自治区非农产业产值占比增长率现状

通过图 3-3 可以看出，整体来说，少数民族地区产业结构不断优化，第二、第三产业占比上升。但在几个少数年份中，非农产业产值占比出现下滑。初期，内蒙古的非农产业产值占比增长率较高，西藏的非农产业产值占比增长率较低，但 2005 年之后，五个少数民族自治区的非农产业产值占比的增长率是比较接近的，且都比较稳定。

4. 教育水平现状

本节选取的代表教育水平的指标是每万人中在校学生总数量的增长率，能够很好地反映出教育水平。五个少数民族自治区的教育水平发展情况如图 3-4 所示。

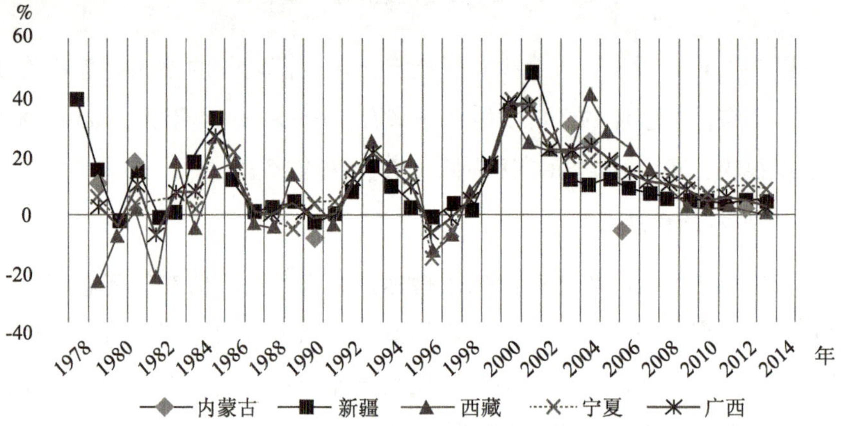

图 3-4　五个自治区普通高等学校在校学生数增长率现状

通过图 3-4 可以得知，五个少数民族自治区教育水平的发展整体趋势是基本相似的。1998 年开始，在校学生数量快速增长，2006 年以后增长速度逐渐放缓。2000 年之后五个自治区教育水平的差距在逐渐缩小。

5. 金融发展水平现状

本节选取的代表金融发展水平的指标是区域存贷款总和占地区生产总值的比重的增长率，能够很好地反映金融对区域经济发展的支持程度。五个少数民族自治区的金融对经济的支持程度的增长率情况如图 3-5 所示。

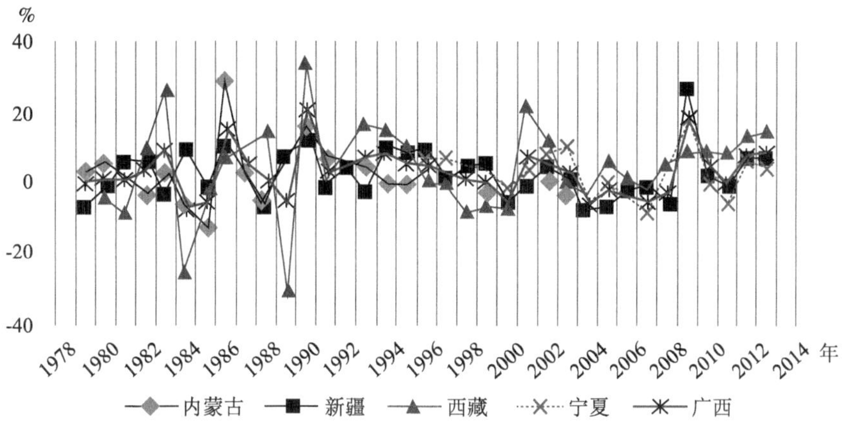

图 3-5　五个自治区金融对经济支持程度增长率现状

从图 3-5 中可以得知，五个少数民族自治区的金融发展在 2004 年以前主要表现为正增长；2004—2009 年，主要表现为负增长；2010 年以后，又出现了正增长的趋势。

（二）所选指标数据检验

单位根检验是通过检验是否存在单位根来检验数据是否平稳的检验方法。存在单位根的序列是非平稳序列，不存在单位根的序列就是平稳序列。

本节选取 ADF 检验来对指标数据序列进行平稳性检验。为了能够使用动态因子模型，需要对时间序列进行平稳性检验。

分别用 CSH_{zt}、CSH_{nm}、CSH_{xj}、CSH_{xz}、CSH_{nx}、CSH_{gx} 表示自治区整体、内蒙古、新疆、西藏、宁夏、广西的城镇化水平。对城镇化指标进行平稳性检验的结果如表 3-2 所示。

表 3-2　城镇化水平 ADF 检验结果

总变量	分变量	ADF 值	检验类型（c，t）	显著水平（临界值）	是否平稳	置信度
城镇化水平 CSH	CSH_{zt}	-2.51	(0，0)	-1.95	是	5%
	CSH_{nm}	-2.37	(0，0)	-1.95	是	5%
	CSH_{xj}	-4.88	(0，0)	-2.63	是	1%

续表

总变量	分变量	ADF 值	检验类型（c，t）	显著水平（临界值）	是否平稳	置信度
城市化水平 CSH	CSH_{xz}	-4.79	（0，0）	-2.63	是	1%
	CSH_{nx}	-4.07	（0，0）	-2.63	是	1%
	CSH_{gx}	-4.72	（0，0）	-2.63	是	1%

分别用 GDP_{zt}、GDP_{nm}、GDP_{xj}、GDP_{xz}、GDP_{nx}、GDP_{gx} 表示自治区整体、内蒙古、新疆、西藏、宁夏、广西的经济发展水平。对经济发展水平指标进行平稳性检验的结果如表 3-3 所示。

表 3-3　经济发展水平 ADF 检验结果

总变量	分变量	ADF 值	检验类型（c，t）	显著水平（临界值）	是否平稳	置信度
经济发展水平 GDP	GDP_{zt}	-6.92	（1，1）	-3.64	是	1%
	GDP_{nm}	-3.46	（1，0）	-2.96	是	5%
	GDP_{xj}	-4.9	（1，0）	-3.64	是	1%
	GDP_{xz}	-5.56	（1，0）	-3.64	是	1%
	GDP_{nx}	-3.38	（1，0）	-3.64	是	5%
	GDP_{gx}	-5.36	（0，1）	-2.63	是	1%

分别用 CY_{zt}、CY_{nm}、CY_{xj}、CY_{xz}、CY_{nx}、CY_{gx}表示自治区整体、内蒙古、新疆、西藏、宁夏、广西的产业结构情况。对产业结构的指标进行平稳性检验的结果如表 3-4 所示。

表 3-4　产业结构情况 ADF 检验结果

总变量	分变量	ADF 值	检验类型（c，t）	显著水平（临界值）	是否平稳	置信度
产业结构情况 CY	CY_{zt}	-4.75	（1，0）	-3.64	是	1%
	CY_{nm}	-7.27	（0，0）	-2.63	是	1%
	CY_{xj}	-5.02	（0，0）	-2.63	是	1%
	CY_{xz}	-2.17	（0，0）	-1.95	是	5%
	CY_{nx}	-5.25	（1，0）	-3.64	是	1%
	CY_{gx}	-4.35	（0，0）	-2.63	是	1%

分别用JY_{zt}、JY_{nm}、JY_{xj}、JY_{xz}、JY_{nx}、JY_{gx}表示自治区整体、内蒙古、新疆、西藏、宁夏、广西的教育水平。对教育水平的指标进行平稳性检验的结果如表 3-5 所示。

表 3-5 教育水平 ADF 检验结果

总变量	分变量	ADF 值	检验类型（c，t）	显著水平（临界值）	是否平稳	置信度
教育水平 JY	JY_{zt}	-5.89	(1，1)	-3.64	是	1%
	JY_{nm}	-2.06	(0，0)	-1.95	是	5%
	JY_{xj}	-2.25	(0，0)	-1.95	是	5%
	JY_{xz}	-8.28	(0，1)	-2.63	是	1%
	JY_{nx}	-3.53	(1，0)	-2.95	是	5%
	JY_{gx}	-5.88	(1，1)	-3.64	是	1%

分别用JR_{zt}、JR_{nm}、JR_{xj}、JR_{xz}、JR_{nx}、JR_{gx}表示自治区整体、内蒙古、新疆、西藏、宁夏、广西的金融发展水平。对金融发展水平的指标进行平稳性检验的结果如表 3-6 所示。

表 3-6 金融发展水平 ADF 检验结果

总变量	分变量	ADF 值	检验类型（c，t）	显著水平（临界值）	是否平稳	置信度
金融发展水平 JR	JR_{zt}	-4.85	(0，0)	-2.63	是	1%
	JR_{nm}	-2.52	(0，0)	-1.95	是	5%
	JR_{xj}	-5.21	(0，0)	-2.63	是	1%
	JR_{xz}	-6.2	(0，0)	-2.63	是	1%
	JR_{nx}	-5.27	(0，0)	-2.63	是	1%
	JR_{gx}	-4.84	(0，0)	-2.63	是	1%

通过检验结果可以看出，五个因素的相关变量都是平稳的，适用动态因子模型及状态空间模型。

二、少数民族地区城乡居民收入差距区域共同因子和区域特征因子

（一）基本模型

根据文献综述的动态因子模型的状态空间形式，确定了实现城乡收入差距泰尔指数共同因子与特征因子的分解模型①如下：

量测方程为公式（3.1）至公式（3.5）：

$$T_{nm} = sv_1 + sv_2 + u_{1t} \tag{3.1}$$

$$T_{xj} = sv_1 + sv_3 + u_{2t} \tag{3.2}$$

$$T_{xz} = sv_1 + sv_4 + u_{3t} \tag{3.3}$$

$$T_{nx} = sv_1 + sv_5 + u_{4t} \tag{3.4}$$

$$T_{gx} = sv_1 + sv_6 + u_{5t} \tag{3.5}$$

其中，T_{nm} 代表内蒙古城乡间收入差距泰尔指数，同理，T_{xj}、T_{xz}、T_{nx}、T_{gx} 分别代表新疆、西藏、宁夏及广西城乡收入差距泰尔指数；定义 sv_1 代表少数民族地区城乡收入泰尔指数的共同波动因子，表示对区域内城乡收入差距都具有冲击作用，是根据五个自治区 1978—2014 年的城乡泰尔指数提取出来的；sv_2 代表的是内蒙古城乡收入差距的区域特征因子，即除去区域共同波动因子的区域内特征因子序列，同理，sv_3、sv_4、sv_5 及 sv_6 分别代表新疆、西藏、宁夏及广西城乡收入差距的区域特征因子序列；方程中的 u_{1t}、u_{2t}、u_{3t}、u_{4t}、u_{5t} 表示各方程的残差项。

建立状态方程如公式（3.6）至公式（3.11）所示：

$$sv_1 = sv_1(-1) + u_{6t} \tag{3.6}$$

$$sv_2 = sv_2(-1) + u_{7t} \tag{3.7}$$

$$sv_3 = sv_3(-1) + u_{8t} \tag{3.8}$$

$$sv_4 = sv_4(-1) + u_{9t} \tag{3.9}$$

---

① 动态因子模型的建模方法和 kalman 滤波的描述参考高铁梅主编的书籍《计量经济分析方法与建模：Ewiews 实用及实例》第 375 页到第 380 页。

$$sv_5 = sv_5(-1) + u_{10t} \quad (3.10)$$

$$sv_6 = sv_6(-1) + u_{11t} \quad (3.11)$$

利用 Eviews 8.0 软件进行动态因子模型的状态空间形式转化，将少数民族地区城乡收入差距泰尔指数分解结果估计出来。在上面的模型中，对数似然值为-401.84，Akaike 信息准则为-21.6243，Schwarz 信息准则为-21.1563。

（二）模型的相关说明

为了更准确地理解建立的模型，下面对模型进行如下几点说明：sv_1 是五个自治区的共同波动因子，它对五个自治区均会产生影响，是少数民族地区城乡收入差距的共性因子，定义其为少数民族地区城乡收入差距的共同波动因子（以下简称共同因子）。由于每个自治区资源禀赋、经济发展情况、发展特色等的不同，每个自治区城乡收入差距存在区域差异性，即扣除区域共同因子，每个自治区存在城乡收入差距的特殊因子，而这种由区域特殊性产生的因子不会影响到其他区域的城乡收入差距，因此可以将 sv_2、sv_3、sv_4、sv_5、sv_6 看作内蒙古、新疆、西藏、宁夏及广西的城乡收入差距的特征因子序列（以下简称特征因子）。

（三）共同因子和特征因子分解结果

根据以上确定的模型，可以得到少数民族地区城乡收入差距的共同因子序列以及各自治区的特征因子序列。

1. 共同因子

将少数民族地区城乡收入差距的区域共同因子序列利用 Excel 进行绘制，结果如图 3-6 所示。从图中可以清晰地看出，1978—1998 年共同因子序列数值较小，在 0.1 左右。1999 年以后，共同因子的数值开始增大，超过了 0.1，而 2010 年之后，共同因子的数值又出现逐步下降趋势。说明在 1978—1999 年，少数民族各区域的城乡收入差距的共性很小，原因可能包括政策力度小、没有协调均衡地考虑各区域等。但 2000 年以后，少数民族地区整体对各区域城乡收入差距的影响开始增大。原因可能包括民族政策力度增大、区域协调发展等。

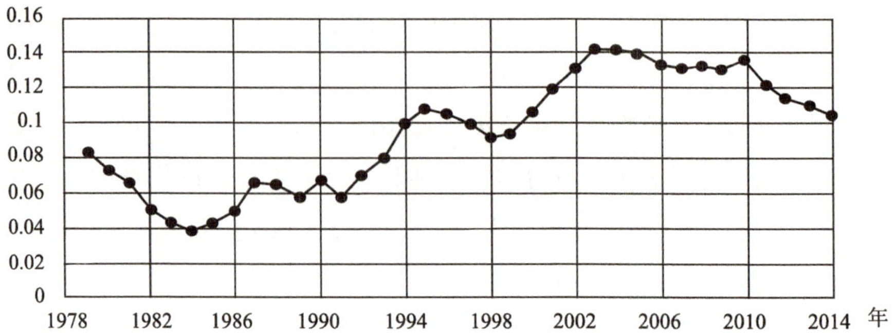

图 3-6　少数民族地区城乡收入差距共同因子

2. 内蒙古特征因子

内蒙古的区域特征因子如图 3-7 所示。从图中可以看出，前几年区域特征因子很小，1978—1980 年数值都在 0.01 左右；1987 年开始逐步上升，但是 1997 年开始又逐渐下降。从图中可以看出，内蒙古的特征因子波动幅度很大，但是与区域共同因子相比，特征因子数值都很小，说明内蒙古的泰尔指数值一定程度上还是由共同因子决定的。

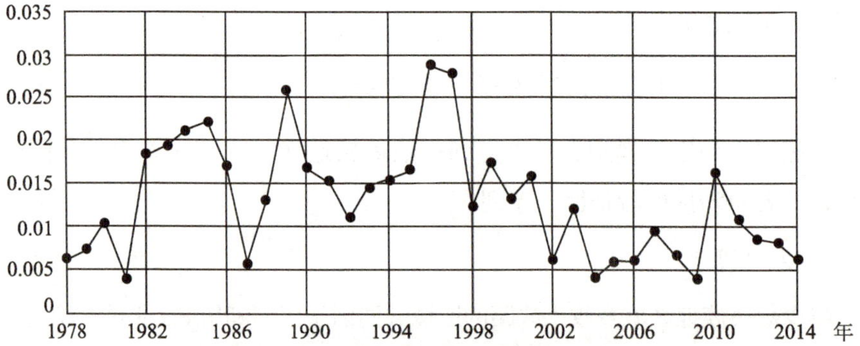

图 3-7　内蒙古城乡收入差距特征因子

3. 新疆特征因子

通过分解得到新疆城乡收入差距特征因子序列，如图 3-8 所示。新疆特征因子在初期都很小，自 1993 年开始升高，到 1996 年逐渐下降，2000 年左右逐渐回升，2002 年又开始下降，近几年趋于稳定。说明近几年新疆自身的发展，在一定程度上缓解了城乡收入差距的扩大。

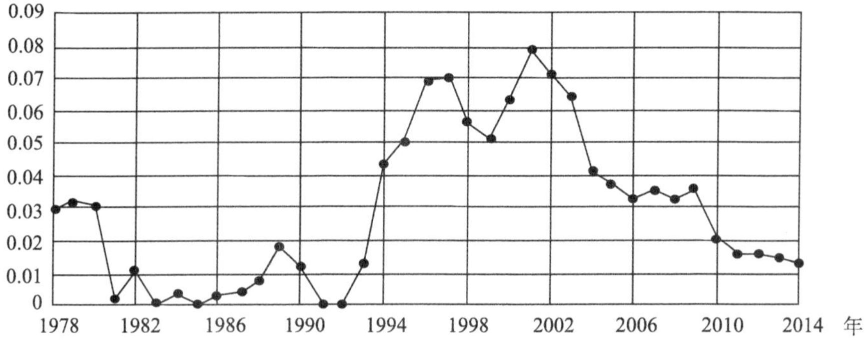

图 3-8　新疆城乡收入差距特征因子

4. 西藏特征因子

通过分解得到西藏特征因子，如图 3-9 所示。1978—1994 年西藏特征因子都很小，数值在 0.03 左右，而且也很平缓，说明这段时间西藏的特征因子对其自身城乡收入差距的影响一直很稳定。1994 年以后，西藏特征因子数值不断上升，而且上升的速度较快。1996—2004 年特征因子值一直稳定在 0.2 左右，2004 年之后开始下降。说明 2004 年之后区域协调发展政策在西藏施行效果较好，城乡收入差距的特殊性正逐渐减小。而从数值上看，与共同因子相比，西藏的特征因子值较大，说明西藏的总体泰尔指数值一定程度上还是由特征因子决定的。

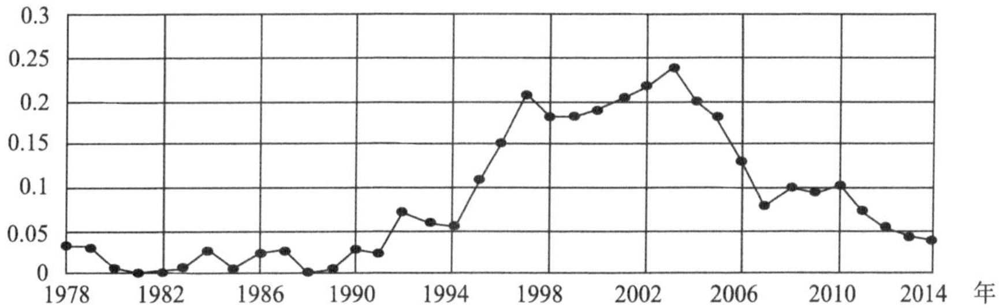

图 3-9　西藏城乡收入差距特征因子

5. 宁夏特征因子

通过分解得到宁夏特征因子，如图 3-10 所示。1978—1996 年特征因子数值稳定在 0.04 上下，说明这段时间宁夏特征因子对其自身城乡收入差距的影响是很稳定的。1994—1998 年开始下降，这与这段时间宁夏的泰尔指数很小有关。2000 年以后有上升的趋势，说明区域协调发展政策在宁夏的效果还有待进一步加强。

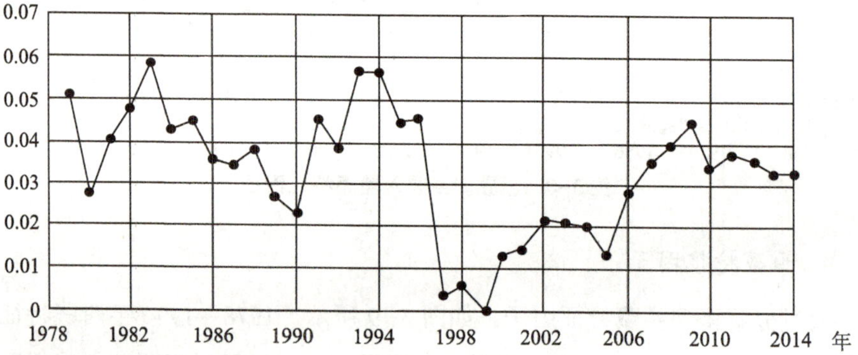

图 3-10　宁夏城乡收入差距特征因子

6. 广西特征因子

通过分解得到广西特征因子，如图 3-11 所示。1978—1988 年，广西特征因子值是增长的，说明这段时间广西特征因子对广西自身的城乡收入差距的影响较大。1989 年特征因子值开始下降，到 1998 年出现上升趋势，而且上升较快，到 2006 年又开始下降并趋于平稳，说明近几年协调发展政策在广西的效果不错，广西特征因子有下降的趋势。

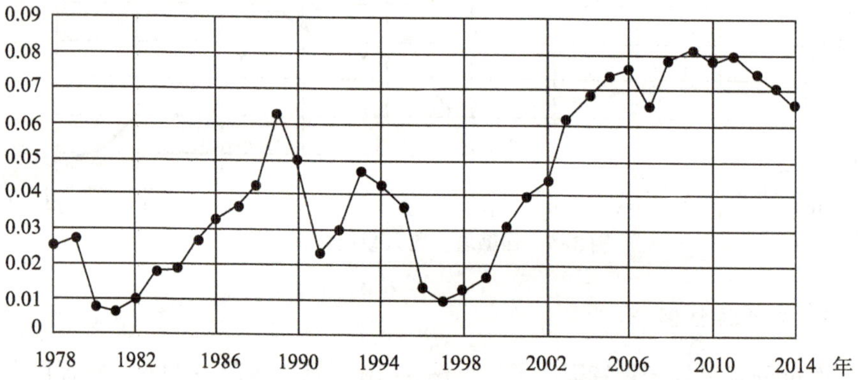

图 3-11　广西城乡收入差距特征因子

三、少数民族地区城乡居民收入差距区域差异性的影响因素分析

(一) 共同因子影响因素的实证分析

本节将通过选取的五个指标对共同因子的影响因素进行实证分析。通过建立可变参数的状态空间模型，得到共同因子的影响系数，并对实证结果进行解释和分析。根据状态方程的一般形式，可以建立如下共同因子的状态空间模型：

量测方程：

$$CX_{zt} = C(1) + sv_1 \times CSH_{zt} + sv_2 \times GDP_{zt} + sv_3 \times CY_{zt} + sv_4 \times JY_{zt} + sv_5 \times JR_{zt} + \mu_t$$

状态方程：

$$\begin{cases} sv_{1t} = sv_{1t-1} + \mu_{1t} \\ sv_{2t} = sv_{2t-1} + \mu_{2t} \\ sv_{3t} = sv_{3t-1} + \mu_{3t} \\ sv_{4t} = sv_{4t-1} + \mu_{4t} \\ sv_{5t} = sv_{5t-1} + \mu_{5t} \end{cases} \tag{3.12}$$

其中，CX_{zt}表示城乡收入差距共同因子，通过上一节内容计算得出；CSH_{zt}表示少数民族地区整体的城镇化水平，用城乡人口比的增长率代表；GDP_{zt}表示少数民族地区整体的经济发展程度，用地区生产总值增长率代表；CY_{zt}表示少数民族地区的产业结构情况，用非农产业产值占总产值的比重的增长率代表；JY_{zt}表示少数民族地区整体的教育水平，用每万人中在校学生总数的增长率代表；JR_{zt}表示少数民族地区整体的金融发展水平，用存贷款总额占年度地区生产总值比重的增长率代表。

通过分解出的共同因子和自治区整体的关系，可以建立如下回归模型：

$$y_t = \alpha + \beta_1 x_1 + \beta_2 x_2 + \beta_3 x_3 + \beta_4 x_4 + \beta_5 x_5 + \mu_t \tag{3.13}$$

其中，$t=1, 2, \cdots, T$，y、x 为可观测数序列，y_t 代表区域共同因子，x_1、x_2、x_3、x_4、x_5 分别表示选取的五个影响因素——城镇化水平、经济发展程

度、产业结构情况、教育水平、金融发展水平，α 和 β 是模型的参数，残差 $\mu_t \sim N(0,\ \delta^2)$ 。参数向量 $\boldsymbol{\psi}=(\alpha,\ \beta,\ \sigma^2)'$ ，观测值 T 为 1978—2014 年共 36 年的数据，则对数似然值①可以写成：

$$\begin{aligned}\ln L(\boldsymbol{\psi}) &= \ln L(\alpha,\ \beta,\ \sigma^2)\\ &= -\frac{36}{2}[\ln(2\pi+\ln\sigma_u)^2]+\sum_{t=1}^{36}\frac{(y_t-\alpha-\beta_1x_1-\beta_2x_2-\beta_3x_3-\beta_4x_4-\beta_5x_5)^2}{2\sigma^2}\\ &= \sum_{t=1}^{36}\{\ln[\Phi(z_t)]-\ln\sigma_u{}^2/2\}\end{aligned} \tag{3.14}$$

其中，$z_t=(y_t-\alpha-\beta_1x_1-\beta_2x_2-\beta_3x_3-\beta_4x_4-\beta_5x_5)/\sigma$ 。运用 Eviews 8.0 求解后，分别得出 α 和 β_i 的估计值，方程的形式如下：

$$\begin{aligned}y_t &= 0.08-0.107x_1+0.067x_2-0.0074x_3+0.07848x_4-0.026x_5\\ S_e &= (0.022)(0.087)\quad(0.112)\quad(0.220)\quad(0.055)\quad(0.088)\\ z &= (3.544)(-1.22)\quad(0.603)\quad(-0.033)\quad(1.40)\quad(-0.30)\end{aligned} \tag{3.15}$$

对数似然值=73.99，AIC 值=-3.88，SC 值=-3.61

根据以上对超参数 $\boldsymbol{\Psi}$ 的估计，将超参数向量代入系统矩阵中，从而求出各影响因素的变动系数，结果如图 3-12 所示。

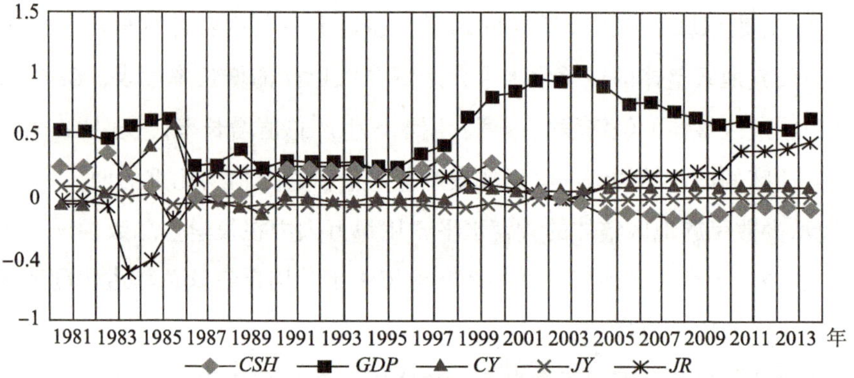

图 3-12 共同因子影响系数实证结果

① 对数似然值的算法参考高铁梅主编的书籍《计量经济分析方法与建模：Ewiews 实用及实例》第 228 页到第 246 页。

通过实证结果可以看出，经济发展水平对共同因子的影响最大，呈现类似倒“U”形的曲线，即刚开始影响较小，中间年份影响增大，近几年影响又开始减小；城镇化水平对共同因子的影响在2000年以前基本为正，2000年以后影响系数不断降低，近几年的影响系数为负；金融发展水平对共同因子呈现正负交叉的影响，近年来影响系数有不断增大的趋势；产业结构情况的影响初期很大，近几年又缩小的趋势；教育水平对共同因子的影响系数一直都较小。可以看出，1978—2014年，影响少数民族地区城乡收入差距共同因子变动的主要因素为经济发展水平和金融发展水平。

（二）内蒙古特征因子影响因素的实证分析

根据状态空间模型一般形式，可以建立内蒙古自治区特征因子的状态空间模型：

$$CX_{nm} = C(1) + sv_1 \times CSH_{nm} + sv_2 \times GDP_{nm} + sv_3 \times CY_{nm} + sv_4 \times JY_{nm} + sv_5 \times JR_{nm} + \mu_t \tag{3.16}$$

模型方法与共同因子的实证分析过程一致，通过对数极大似然法得出的内蒙古特征因子的超参数 $\boldsymbol{\Psi}$ 估计值为：

$$\begin{aligned} y_t &= -0.015 - 0.006x_1 + 0.041x_2 - 0.014x_3 - 0.003x_4 - 0.005x_5 \\ S_e &= \quad (0.007)\ (0.016)\quad (0.038)\quad (0.093)\quad (0.031)\quad (0.043) \\ z &= \quad (-1.98)(-0.37)\ (1.06)\quad (-0.15)\ (-0.105)(-0.013) \end{aligned} \tag{3.17}$$

对数似然值：106.29，AIC 值=-5.73，SC 值=-5.46

将超参数向量代入到系统矩阵中，并通过模型结果，得出内蒙古特征因子各影响因素的波动系数，如图3-13所示。

通过图3-13可以看出，经济发展水平对内蒙古特征因子的影响系数初期为负，2002年之后一直为正；城镇化水平对内蒙古特征因子的影响系数一直为正，而且近年来影响系数不断增大；产业结构情况对内蒙古特征因子影响系数一直为负，且近年来影响较大，说明产业结构的发展能够缩小内蒙古地区的城乡收入差距；教育水平和金融发展水平对内蒙古特征因子的影响一直很小。

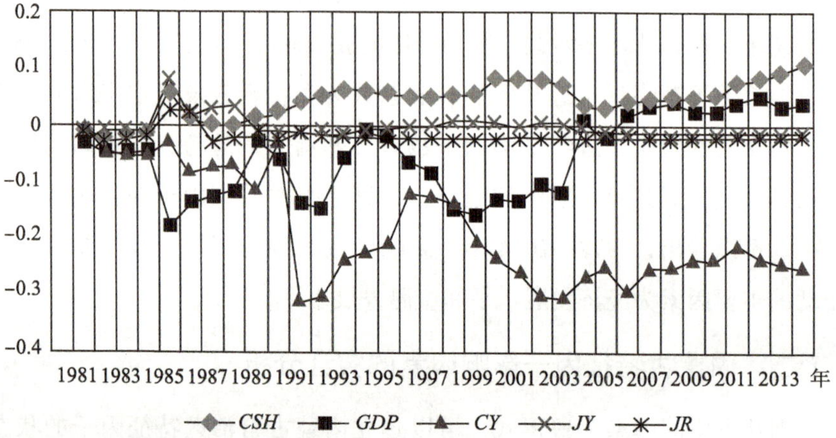

图 3-13 内蒙古自治区特征因子各因素影响实证结果

（三）新疆特征因子影响因素的实证分析

根据状态方程的一般形式，可以建立新疆维吾尔自治区特征因子的状态空间模型：

$$CX_{xj} = C(1) + sv_1 \times CSH_{xj} + sv_2 \times GDP_{xj} + sv_3 \times CY_{xj} + sv_4 \times JY_{xj} + sv_5 \times JR_{xj} + \mu_t \quad (3.18)$$

模型方法与共同因子的实证分析过程一致，通过对数极大似然法得出的新疆特征因子的超参数 $\boldsymbol{\Psi}$ 估计值为：

$$y_t = 0.047 - 0.051x_1 - 0.115x_2 - 0.147x_3 + 0.005x_4 - 0.047x_5$$
$$S_e = (0.011)\ (0.046)\quad (0.005)\quad (0.123)\quad (0.003)\quad (0.107)$$
$$z = (4.16)\quad (-1.11)\ (-2.22)\ (-1.19)\ (1.51)\quad (-0.44) \quad (3.19)$$

对数似然值=86.63，AIC 值=-4.6，SC 值=-4.34

将超参数向量代入到系统矩阵中，并通过状态空间模型，得出新疆特征因子各影响因素的波动系数，如图 3-14 所示。

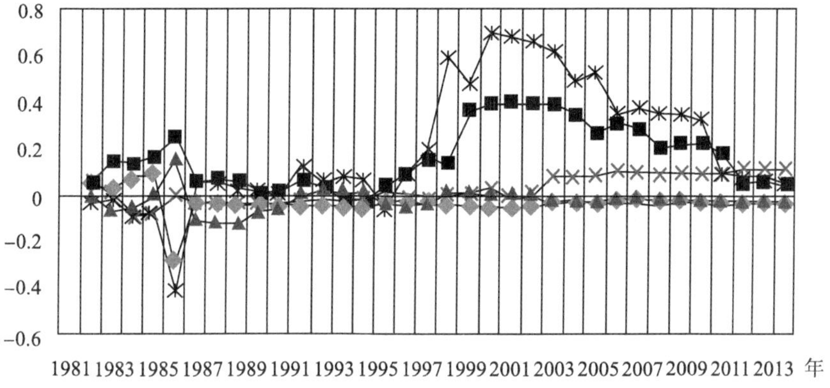

图 3-14 新疆特征因子影响因素实证结果

通过图 3-14 可以看出，金融发展水平对新疆特征因子的影响最大，初期影响系数很小，中期逐渐加大，近几年又逐渐减小；经济发展水平与其相似，影响呈现倒“U”形趋势；教育水平对新疆特征因子的影响初期很小，近几年不断增大；产业结构情况、城镇化水平对新疆特征因子的影响一直很小。

(四) 西藏特征因子影响因素的实证分析

根据状态方程的一般形式，可以建立西藏自治区特征因子的状态空间模型：

$$CX_{xz} = C(1) + sv_1 \times CSH_{xz} + sv_2 \times GDP_{xz} + sv_3 \times CY_{xz} + sv_4 \times JY_{xz} + sv_5 \times JR_{xz} + \mu_t \tag{3.20}$$

模型方法与共同因子的实证分析过程一致，通过对数极大似然法得出的西藏特征因子的超参数 $\boldsymbol{\Psi}$ 估计值为：

$$y_t = 0.075 - 0.0321x_1 - 0.465x_2 + 0.115x_3 - 0.0423x_4 + 0.044x_5$$

$$S_e = (0.009)\ (0.539)\quad (0.534)\quad (0.240)\quad (0.408)\quad (0.569)$$

$$z = (0.826)\ (-0.59)\quad (0.870)\quad (0.470)\quad (-1.03)\quad (0.77) \tag{3.21}$$

对数似然值=14.89，AIC 值=-0.50，SC 值=-0.24

将超参数向量代入到系统矩阵中，并通过状态空间模型，得出西藏特征因子各影响因素的波动系数，如图 3-15 所示。

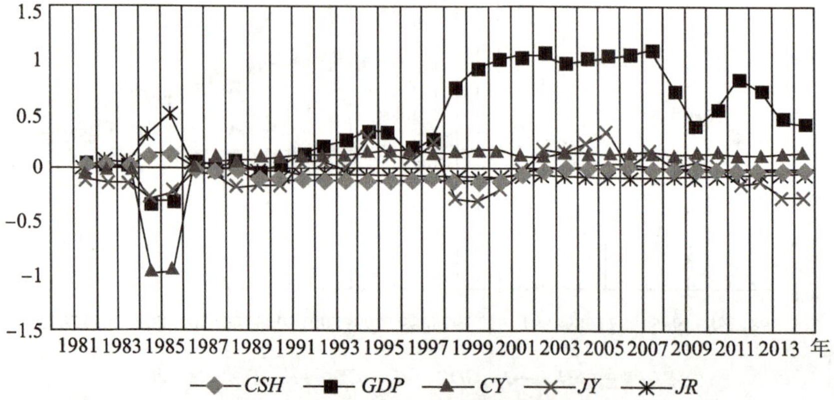

图 3-15 西藏特征因子影响因素实证结果

通过图 3-15 可以看出，西藏特征因子的影响因素中影响系数最大的是经济发展水平，初期该系数较小，中期逐渐变大，近几年有下降的趋势；产业结构情况的影响系数早期很小，近年来有上升的趋势；教育水平的影响系数在 2000 年之后主要为负；城镇化水平和金融发展水平的对西藏特征因子的影响都很小。

(五) 宁夏特征因子影响因素的实证分析

根据状态方程的一般形式，可以建立宁夏回族自治区特征因子的状态空间模型，如公式 (3.22) 所示：

$$CX_{nx} = C(1) + sv_1 \times CSH_{nx} + sv_2 \times GDP_{nx} + sv_3 \times CY_{nx} + sv_4 \times JY_{nx} + sv_5 \times JR_{nx} + \mu_t \tag{3.22}$$

模型方法与共同因子的实证分析过程一致，通过对数极大似然法得出的宁夏特征因子的超参数 $\boldsymbol{\Psi}$ 估计值为：

$$\begin{aligned} y_t &= 0.002 + 0.065x_1 + 0.139x_2 + 0.051x_3 - 0.028x_4 + 0.041x_5 \\ S_e &= (0.014)\ (0.049)\quad (0.133)\quad (0.233)\quad (0.077)\quad (0.107) \\ z &= (0.205)\ (1.34)\quad (1.04)\quad (0.219)\quad (-0.36)\ (0.386) \end{aligned} \tag{3.23}$$

对数似然值=83.98，AIC 值=-4.45，SC 值=-4.18

将超参数向量代入到系统矩阵中，并通过状态空间模型，得出宁夏特征因子各影响因素的波动系数，如图 3-16 所示。

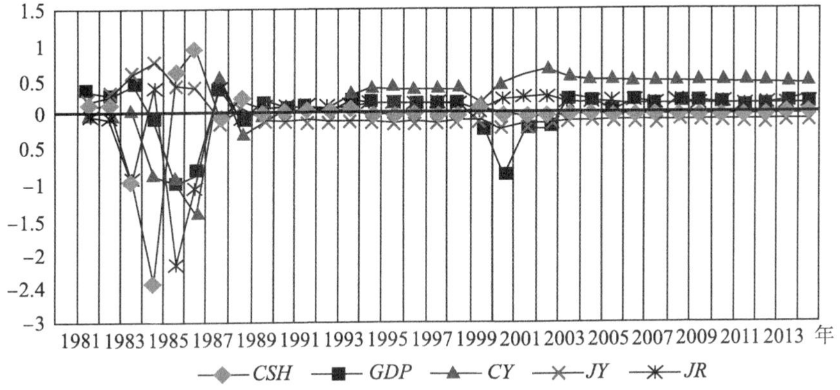

图 3-16　宁夏特征因子影响因素实证结果

通过图 3-16 可以看出，整体来说，产业结构情况对宁夏特征因子的影响最大，影响系数在前期波动很大，2000 年后保持稳定；金融发展水平对宁夏特征因子的影响正负交替，2000 年之后有下降的趋势；城镇化水平、教育水平对宁夏特征因子的影响较小；经济发展水平对宁夏特征因子的影响主要为正，近几年的影响系数不断升高。

（六）广西特征因子影响因素的实证分析

根据状态方程的一般形式，可以建立广西壮族自治区特征因子的状态空间模型：

$$CX_{gx} = C(1) + sv_1 \times CSH_{gx} + sv_2 \times GDP_{gx} + sv_3 \times CY_{gx} + sv_4 \times JY_{gx} + sv_5 \times JR_{gx} + \mu_t \quad (3.24)$$

模型方法与共同因子的实证分析过程一致，通过对数极大似然法得出的广西特征因子的超参数 $\boldsymbol{\Psi}$ 估计值为：

$$\begin{aligned} y_t &= -0.010 - 0.013x_1 + 0.026x_2 + 0.011x_3 - 0.0039x_4 + 0.041x_5 \\ S_e &= (0.018) \quad (0.035) \quad (0.088) \quad (0.26) \quad (0.06) \quad (0.109) \\ z &= (-0.54) \quad (-0.38) \quad (2.98) \quad (0.43) \quad (-0.57) \quad (0.383) \end{aligned} \quad (3.25)$$

对数似然值=69.53，AIC 值=-3.63，SC 值=-3.36

将超参数向量代入到系统矩阵中，并通过状态空间模型，得出广西特征因子各影响因素的波动系数，如图 3-17 所示。

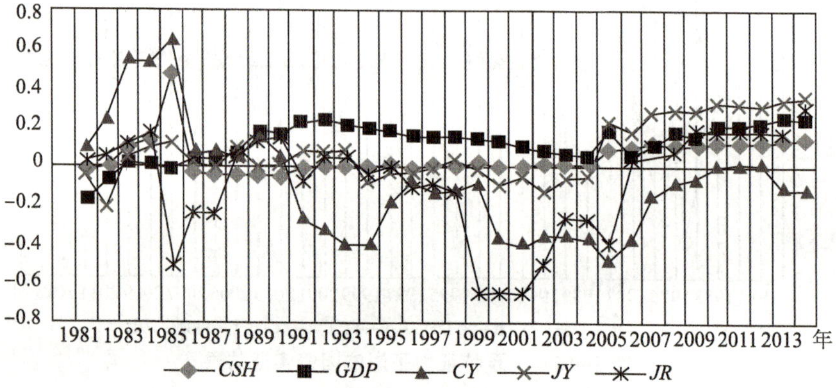

图 3-17　广西特征因子影响因素实证结果

通过图 3-17 可以看出，城镇化水平对广西特征因子的影响初期为正，中期为负，近几年都为正，且有不断上升的趋势；金融发展水平的影响呈现正负交叉的状态，近几年的影响系数为负，且有下降的趋势；经济发展水平对广西特征因子的影响在 1980 年前为负，1980 年之后为正，近几年影响系数不断上升；产业结构情况对广西特征因子的影响在 2000 年前主要是负的，在 2000 年后一直为正，且有上升的趋势；教育水平的影响初期很小，近几年里不断加大。

四、少数民族地区城乡居民收入差距区域差异性影响因素的方差分解

为了能够测算五个影响因素对共同因子以及各区域特征因子的贡献率，评价不同影响因素冲击的重要性，本节运用向量自回归模型（VAR 模型）中的方差分解求出各影响因素的贡献率。①

VAR 模型的方差分解用来衡量影响内在变量的结构冲击程度，因此通过

① 方差分解的方法参考高铁梅主编的《计量经济分析方法与建模：Ewiews 实用及实例》第 269 页到第 271 页。

方差分解可以给出对 VAR 模型中变量产生影响的随机扰动的相对重要信息。其基本思想如下：

$$y_{it} = \sum_{j=1}^{k} [c_{ij}{}^{(0)}\varepsilon_{jt} + c_{ij}{}^{(1)}\varepsilon_{jt-1} + ci_{ij}{}^{(2)}\varepsilon_{jt-2} + c_{ij}{}^{(3)}\varepsilon_{jt-3} + \cdots] \quad (3.26)$$

公式（3.26）中中括号内的内容是第 j 个扰动项 ε_j 从过去到现在对 y_j 影响的总和。求其方差，假定 ε_j 无序列相关，则：

$$\mathrm{E}[c_{ij}{}^{(0)}\varepsilon_{jt} + c_{ij}{}^{(1)}\varepsilon_{jt-1} + ci_{ij}{}^{(2)}\varepsilon_{jt-2} + c_{ij}{}^{(3)}\varepsilon_{jt-3} + \cdots]^2 = \sum_{q=0}^{\infty} [c_{ij}{}^{(q)}]^2\sigma_{jj} \quad (3.27)$$

这是第 j 个扰动项对第 i 个变量从过去到现在的影响，此处假定扰动项的协方差矩阵是对角矩阵，则 y_j 的方差是上述方差的 k 项简单和。

$$\mathrm{var}(y_{it}) = \sum_{j=1}^{k}\left\{\sum_{q=0}^{\infty} [c_{jj}{}^{(q)}]^2\sigma_{jj}\right\} \quad (3.28)$$

其中，y_j 的方差可以分解成 k 种不相关的影响。为了测算出各扰动项对 y_j 的方差有多大程度的贡献，定义如下式尺度：

$$RAV_{j\to i}(\infty) = \frac{\sum_{q=0}^{\infty} c[{}_{ij}{}^{(q)}]^2\sigma_{jj}}{\mathrm{var}(y_{it})} = \frac{\sum_{q=0}^{\infty} c[{}_{ij}{}^{(q)}]^2\sigma_{jj}}{\sum_{j=1}^{k}\left\{\sum_{q=0}^{\infty} c[{}_{ij}{}^{(q)}]^2\sigma_{jj}\right\}} \quad (3.29)$$

将上述的几个表达式结合，得出的结果就是相对方差贡献率（Relative Variance Contribution，RVC），可以根据第 j 个变量基于冲击的方差对 y_j 的方差的相对贡献度来观测第 j 个变量对第 i 个变量的影响。

实际应用中，不可能用 $s=\infty$ 的项来评价，如果模型满足平稳性条件，则随着 q 的增大呈几何级数性衰减。所以取有限的 s 项，可得近似相对方差贡献率：

$$RAV_{j\to i}(s) \approx \frac{\sum_{q=0}^{s-1} c[{}_{ij}{}^{(q)}]^2\sigma_{jj}}{\mathrm{var}(y_{it})} = \frac{\sum_{q=0}^{s-1} c[{}_{ij}{}^{(q)}]^2\sigma_{jj}}{\sum_{j=1}^{k}\left\{\sum_{q=0}^{s-1} c[{}_{ij}{}^{(q)}]^2\sigma_{jj}\right\}} \quad (3.30)$$

根据上述相对方差贡献率理论，结合上文计算的数据，可以估算出影响因素对区域共同因子和区域特征因子的贡献率。本节使用 Eviews 8.0，选取滞后阶数 $P_i=2$，变量数量 $j=5$，$s=36$，分别求出五个影响因素对区域共同因子和各区域特征因子的贡献率，结果如表 3-7 所示。

表 3-7 影响因素对共同因子和各区域特征因子的影响贡献率 (%)

	城镇化水平	经济发展水平	产业结构情况	教育水平	金融发展水平	五个影响因素贡献率总值
区域共同因子	10.37	28.16	14.32	7.03	11.37	71.25
内蒙古特征因子	8.64	17.84	43.34	6.77	2.01	78.60
新疆特征因子	7.84	17.71	6.53	4.28	37.64	74.00
西藏特征因子	0.89	24.43	9.45	7.42	6.96	49.15
宁夏特征因子	6.78	9.79	27.24	6.89	17.87	68.57
广西特征因子	11.13	13.24	23.46	14.64	11.01	73.48

通过表 3-7 可以看出，选取的五个指标贡献率总值都很高，说明选取的五个指标代表性很好。五个影响因素贡献率总值越大，说明五个指标的解释程度越高；反之，贡献率总值越小，说明五个指标的解释程度越小，影响机理越复杂。对于某一自治区来说，某一影响因素的贡献率越大，说明该影响因素对城乡收入差距区域差异性的解释程度就越高。下面将结合得到的结果分不同的区域进行解释。

(一) 共同因子影响系数贡献率分析

根据影响因素的影响系数方差分解过程，得出各影响因素对少数民族地区共同因子的贡献率。通过表 3-7 的结果可以看出，对共同因子贡献最高的是经济发展水平，贡献率为 28.16%；其次是产业结构情况，其贡献率水平为 14.32%；金融发展水平对城乡收入差距区域共同因子的贡献率也达到了 11.37%；城镇化水平的贡献率为 10.37%；教育水平的贡献率仅为 7.03%。

影响因素的贡献率与其发展情况对引起城乡收入差距共同波动的因素的影响程度有关，结合前面的实证结果和对影响因素贡献率的计算可以看出：

第一，目前我国民族地区城乡收入差距的共同波动很大程度是由经济发展水平引起的。说明经济的发展并没有给城乡带来同样的效果，反而拉大了城乡收入差距。从一定程度上说明了我国正处于社会主义初级阶段的国情，以及经济发展过程中倒“U”形曲线的成立。

第二，产业结构情况对城乡收入差距共同波动的影响程度也很大，说明目前的产业结构情况对城市、农村两大部门的影响不均衡，产业结构的发展不但没能缩小反而拉大了城乡收入差距，急需优化产业结构。

第三，教育水平对城乡收入差距共同波动的影响程度很小，说明教育的发展没有大幅度提高城乡收入差距的共同波动，因此要继续不断提高教育水平，提高居民的整体素质。

（二）内蒙古特征因子影响系数贡献率分析

根据影响因素的影响系数方差分解过程，得出各影响因素对内蒙古自治区特征因子的贡献率。通过贡献率结果可以看出，对内蒙古特征因子贡献最大的是产业结构情况，贡献率达到了43.34%；经济发展水平的贡献率其次，为17.84%；城镇化水平的贡献率为8.64%；教育水平和金融发展水平对内蒙古城乡收入差距特征因子的贡献率很小，分别为4.68%及2.01%。

分析各影响因素对内蒙古自治区特征因子的贡献率结果，可以得知，1978—2014年内蒙古特征因子主要受经济发展水平和产业结构情况影响，尤其是产业结构情况，亟须优化产业结构情况。内蒙古城市化水平增速较高，通过城镇化的发展进程，城镇获得了农村的土地、劳动力等资源。这种城镇化发展虽然提高了城镇居民的生活情况，但对乡村居民的生活改善不大，反而使内蒙古自治区的城乡收入差距拉大了。

（三）新疆特征因子影响系数贡献率分析

根据影响因素的影响系数方差分解过程，得出各影响因素对新疆维吾尔自治区特征因子的贡献率。通过贡献率结果可以看出，对新疆特征因子贡献最大的为金融发展水平，贡献率达到了37.64%；经济发展水平的贡献率也很高，达到了17.71%；城镇化水平、产业结构情况的贡献率分别为7.84%和

6.53%；教育水平对新疆特征因子的贡献率最小，为4.28%。

分析各影响因素对新疆维吾尔自治区特征因子的贡献率结果，可以得知，1978—2014年城乡收入差距新疆特征因子主要受金融发展水平与经济发展水平影响，这就说明新疆的金融、经济发展对城乡两种居民起到的效果不对等，拉大了城乡收入差距。产业结构情况、城镇化水平、教育水平对新疆城乡收入差距扩大的影响都很小，这同样也是缩小新疆城乡收入差距需要加强的因素。

(四) 西藏特征因子影响系数贡献率分析

根据影响因素的影响系数方差分解过程，得出各影响因素对西藏自治区特征因子的贡献率。通过贡献率结果可以看出，对西藏特征因子贡献最大的为经济发展水平，贡献率达到了24.43%；其次为产业结构情况，其贡献率为9.4%；教育水平的贡献率有7.42%；金融发展水平的贡献率也有6.96%；城镇化水平对西藏特征因子的贡献最小，仅为0.89%。

分析各影响因素对西藏自治区特征因子的贡献率结果，可以得知，1978—2014年西藏城乡收入差距特征因子主要受经济发展水平与产业结构情况影响。金融发展水平对西藏特征因子影响很小，说明西藏金融发展水平不高，需要提升自治区的金融发展水平。城镇化水平对西藏特征因子贡献率最低，这跟与其他四个自治区相比西藏自治区的城镇化水平最低有关，西藏自治区的城镇化还有很大的发展空间。

(五) 宁夏特征因子影响系数贡献率分析

根据影响因素的影响系数方差分解过程，得出各影响因素对宁夏回族自治区特征因子的贡献率。通过贡献率结果可以看出，产业结构情况对宁夏城乡收入差距特征因子贡献最大，贡献率达到了27.24%；金融发展水平的贡献率为17.87%，仅次于产业结构情况贡献率；经济发展水平的贡献率为9.79%；城镇化水平的贡献率有6.78%；教育水平的贡献率是6.89%。

分析各影响因素对宁夏回族自治区特征因子的贡献率结果，可以得知，1978—2014年宁夏城乡收入差距特征因子主要受产业结构情况影响，说明宁夏的城乡收入差距主要是第二、第三产业的发展导致的。经济发展水平对宁夏特征因子的贡献率不高，说明经济增长不仅提高了宁夏城镇居民的收入水平，同时也提高了宁夏农村居民的收入，并没有大幅拉大宁夏城乡收入差距。

（六）广西特征因子影响系数贡献率分析

根据影响因素的影响系数方差分解过程，得出各影响因素对广西壮族自治区特征因子的贡献率。通过贡献率结果可以看出，产业结构情况对广西城乡收入差距特征因子贡献最大，贡献率达到了23.46%；教育水平的贡献率为14.64%；经济发展水平贡献率为13.24%，城镇化水平的贡献率有11.13%。

分析各影响因素对广西壮族自治区特征因子的贡献率结果，可以得知，与宁夏相似，广西特征因子也是主要受产业结构情况影响，第二、第三产业的发展拉大了城乡收入差距。教育水平对特征因子的贡献率较高，说明广西更应发展教育以缩小城乡收入差距。金融发展水平同样对特征因子贡献率较高。经济发展水平对广西特征因子的贡献率不高，说明经济增长没有拉大广西的城乡收入差距。

五、小结

首先，本节选取了能够对城乡收入差距的产生影响的五个影响指标，并对指标进行了解释，通过检验，证实所选取的指标平稳，适用于状态空间模型。再用城乡泰尔指数代表城乡收入差距，通过状态空间模型分解出城乡收入差距的共同因子和区域特征因子，其中共同因子是对少数民族地区城乡收入差距都存在影响的共同因子，区域特征因子代表对不同少数民族地区城乡收入差距影响的差异程度。

其次，将状态空间模型与kalman滤波结合，分别得出把自治区看作整体的五个影响因素对共同因子的影响系数以及各自治区的影响因素对区域特征因子的影响系数，并分区域进行分析。

最后，根据结果，通过向量自回归模型的方差分解过程，求出各影响因素对共同因子和各区域的特征因子的贡献率。总体得出以下结论：

第一，通过对共同因子的分析，产业结构情况和经济发展水平是导致城乡收入差距的最主要的两个原因；而对区域特征因子来说，在各个自治区的横向对比中，这两个指标的贡献程度都是很大的。因此要缩小城乡、区域间的收入差距，可以主要从优化这两个指标的角度出发。

第二，各个自治区城乡收入差距影响因素的贡献率不同。根据实证结果，城乡收入差距的影响因素的贡献率与各自治区的资源禀赋、经济发展水平、教育水平等相关。因此要针对少数民族地区城乡收入差距影响因素的地区差异性进行特色治理，既要从共同影响因素出发，又要考虑各自治区的发展特色与自然资源特色。两个层面共同发挥作用，才能达到缩小城乡居民收入差距与区域间差距的目的。

第三节　少数民族地区城乡居民收入差距影响因素总结

通过文献综述与定量分析发现，城乡居民收入差距的影响因素众多，但是主要的影响因素包括经济发展水平、产业结构情况、城镇化水平、金融发展水平、国家政策制度及教育水平等几个方面。

一、经济发展水平对少数民族地区城乡居民收入差距的影响

通过第二章与第三章的数据分析和文献综述可以看出，少数民族地区城乡居民收入差距与经济发展水平之间存在较强的联系。经济发展水平最高的内蒙古自治区恰好也是城乡居民绝对差距最大的省份，而经济发展水平最为落后的西藏自治区，其城乡居民收入差距的特点也与其他少数民族地区存在明显区别。因此，对经济增长对少数民族地区城乡居民收入差距的影响进行深度分析是十分必要的。

二、产业结构情况对少数民族地区城乡居民收入差距的影响

经济发展的总体水平仅能够体现城乡居民收入的总体特征。为了进一步了解城镇居民与农牧民收入的相关影响因素，必须对产业结构进行深度的挖掘。根据以往经验与数据分析结果可以看出，第一产业的发展水平在很大程度上影响着农牧民的收入水平，而第二和第三产业的发展程度进一步决定了城镇居民的收入水平。与此同时，农村居民和城镇居民存在一定交叉性与转换性，因此从某一个或某两个产业的发展水平来推断城镇居民或农村居民的收入也是不科学的，从而有必要对产业结构对城乡居民收入与收入差距产生的影响进行深度分析。

少数民族地区因其经济发展水平的落后性与地理位置及环境的特殊性，其产业结构特征与大部分城市存在较大的差距。以内蒙古自治区为例，目前第二产业产值的占比依然较高，仍然接近 50%。少数民族地区地广人稀，自然条件恶劣，居民思想意识与技术水平的提高相对缓慢，各产业的发展水平也参差不齐，故对少数民族地区的产业结构进行深度研究十分必要。

三、城镇化水平对少数民族地区城乡居民收入差距的影响

近年来，不断加速的城镇化进程逐渐打破了城市和农村的固有界限，大量农村及牧区劳动力转移到城市，在促进城市经济快速发展的同时也增加了农村居民的绝对收入。但与人们最初的期望相反的是，城镇化不仅没有解决我国二元经济结构问题，反而使城乡收入差距逐年扩大，并且已经远远超出了经济发展过程中差距的合理存在范围。

目前，我国农民收入的主要来源包括农业经营收入和乡镇企业的工资收入。虽然农业经营收入在农民总收入中的比重逐渐下降，但依然是农民收入的主要来源。众所周知，农业经营收入取决于农业的生产效率，而农业的生

产效率又与农村劳动人数成反比，城镇化的滞后会阻碍劳动力向城市流动，进而影响农村生产效率的提高，最终影响农民收入。

此外，虽然改革开放以来乡镇企业有了长足的发展，并带动了农民工资的增长，但由于在发展的过程中，工业化和城镇化脱节，乡镇企业的效率难以进一步提高，竞争力普遍不强，也使得农民的工资增长缓慢。可见城镇化缓慢会阻碍农民收入的增加，进而拉大我国城乡居民之间的收入差距。

少数民族地区因其经济发展水平与教育水平的落后性，其城镇化特征与众多省份存在较大的差异，在少数民族地区内部其城镇化水平也存在明显的差距。例如内蒙古地区的城镇化率虽然很早就超过了50%，但仍然存在众多统计与理解上的分歧。因此，从城市化角度对少数民族地区城乡居民的收入与收入差距进行深度分析也十分有必要。

四、金融发展与教育水平对少数民族地区城乡居民收入差距的影响

目前，我国金融机构普遍存在重吸储、轻放贷的现象，这种现象在农村尤为严重。与城市相比，农村与牧区普遍存在融资困难的问题，其中一个重要原因是农业高风险、低收益，另一个重要原因是城乡差别的金融体制和国家对农业融资支持的力度不够。一般来说，农民的单笔贷款数量较小，金融部门对农民的信用状况很难把握，商业银行对农业的贷款运营成本高、风险大，因而不愿意对农民贷款。现实就是，除农业银行外，其他三大国有商业银行在农村及牧区几乎没有网点。

以上的数据分析与文献梳理表明少数民族地区金融发展与教育水平与众多省份存在较大的差距。近年来，少数民族地区自然环境进一步恶化，农牧民的收入很难得到稳定的保障，再加上教育水平的落后性，少数民族地区农村居民很难适应快速发展的国家经济社会多样化需求。这也表明只有进一步发展并完善少数民族地区金融才能够保障少数民族地区农牧民的抗风险能力，才能够带动少数民族地区城镇居民的进一步发展。因此，发展与完善少数民族地区的金融与教育是保障少数民族地区城乡居民收入的重要因素，也是全

国正在重点关注的影响因素。

五、政策制度对少数民族地区城乡居民收入差距的影响

因少数民族地区的教育水平相对落后，众多农牧民甚至城镇居民的思想意识依然相对落后。因而，国家政策制度能够发挥的引导作用更加巨大。然而，各少数民族地区资源禀赋特征不同，文化及城乡结构上的差异导致很难找到适合所有少数民族地区的高效政策。因此，对过去国家出台的相关政策制度对少数民族地区城乡居民收入所产生的影响进行统计梳理与未来规划是非常有必要的。

第四章　我国少数民族地区城乡居民收入差距与经济政策

第一节　我国少数民族地区经济政策变迁

我国作为一个多民族国家，少数民族地区一直是不可忽视的一部分。现阶段，我国经济运行中众多问题凸显，在少数民族地区尤为突出。对此，国家出台了众多少数民族政策以促进其发展。政府和学术界一直以来都非常重视党的民族政策的研究与发展。中华人民共和国成立以来，民族政策虽然在推动少数民族地区经济建设方面取得了巨大的成就，但是随之而来的新问题比比皆是，少数民族地区城乡居民收入差距扩大就是其中之一。

早期的学者主要是从历史发展进程的角度来对我国的民族政策进行分析和评价，近年来开始关注政策制定对社会的综合影响。关于民族政策对民族地区经济发展的作用还未有明确结论，并且通过梳理历史政策事实，对改革开放后的地方发展数据进行综合分析比较的研究也是目前所欠缺的。从我国第一个五年计划到如今的第十三个五年规划，经济政策越来越偏向少数民族地区的发展，足见其重要程度。相关统计整理资料如表 4-1 所示。

表 4-1　第一个五年计划到第十三个五年计划中的社会经济政策的回顾

时间跨度		主要任务	重点开发区域
改革开放以前（“一五”至“五五”计划）	1953—1980 年	对农业、手工业和资本主义工商业进行社会主义改造；重点发展工业，增强国防力量；发展经济	东北地区、沿海工业城市、内陆地区

续表

时间跨度		主要任务	重点开发区域
改革开放至 20 世纪末（“六五”至“九五”计划）	1981—2000 年	推进改革开放政策；振兴农业经济；发展对外贸易；国有企业经济体制改革；发展能源、交通、运输部门；强化科学教育事业；健全社会主义市场经济制度	沿海地区
“十五”规划	2001—2005 年	推进结构优化升级；发展以服务业为主的第三产业；加强基础设施建设；西部大开发战略；科教兴国战略；农村四项改革；可持续发展战略	内陆地区（特别是西部地区）
“十一五”规划	2006—2010 年	和谐社会建设；新农村建设；调整产业结构，发展高技术产业和装备制造业；发展循环经济，建立生态补偿机制；发展生产性服务业，丰富消费性服务业；深化改革，扩大对外开放	中西部、东北农村地区、东部大城市
“十二五”规划	2011—2015 年	扩大内需；实施创新 2020 工程；推进城镇化和加快新农村建设；进一步改革收入分配制度；发展绿色经济和低碳经济；深化经济体制改革；扩大对外开放	全国范围
“十三五”规划	2016—2020 年	创新驱动发展，推进大众创业，万众创新；协调区域与城乡发展，发展新型城镇化；加快改善生态，建设美丽中国；发展高层次开放型经济，推进“一带一路”建设；加强公共事业发展，共享成果	全国范围

我国经济政策具有如下特点：“一五”到“五五”期间，全国以工农业的社会主义改造为重任，对少数民族地区除民族区域自治制度外主要就是采取帮扶政策，而由于“文化大革命”这一历史特殊事件的破坏，众多政策都受到严重阻碍，实际效果并不明显；从“六五”开始，我国经济政策的落实才恢复正常，对外开放等社会主义市场经济政策逐步发展，这一时期沿边开放等针对少数民族地区经济发展的特有政策才真正得到落实；直到“十五”规划，我国的经济政策才真正将注意力转向少数民族地区，逐步制定了一大

批专项扶持少数民族地区的战略政策。

“十五”时期，为加快中西部地区发展，我国开始了西部大开发战略，这是我国迈向现代化建设第三步战略目标的重要部署。战略主要目标任务是把东部沿海地区的剩余经济发展能力用以提高西部地区的经济和社会发展水平、巩固国防。西气东输、西电东送和青藏公路是西部大开发的三大系列重点工程。2007 年，国务院先后印发了《兴边富民行动“十一五”规划》和《少数民族事业“十一五”规划》，针对民族地区的重大问题和特殊问题，提出一系列有效措施，对西部少数民族地区的繁荣、发展和稳定起到了极大的促进作用。2008 年国际金融危机以来，中国经济受到不小的冲击，外部环境变化很大，依靠外需拉动中国经济增长愈加困难。“十二五”规划提出扩大内需，把扩大消费需求作为扩大内需的战略重点，促进消费结构升级，逐步使我国国内市场总体规模位居世界前列。2016 年作为“十三五”的开局之年，大力推进供给侧结构性改革，在经济发展中去产能、去库存、去杠杆、降成本、补短板，以推动生产力的发展。改革开放以来的一系列民族政策为民族地区的经济发展和人民生活质量的提高作出了不可磨灭的贡献。少数民族地区的城乡居民收入快速提高，但差距也在这一时期逐渐产生。

一、民族政策恢复期

我国从 1979 年开始，在少数民族地区恢复并新制定了一系列有利于发展民族地区经济的政策，把民族工作的重心转移到少数民族经济发展上，较好地推进了民族地区社会经济的恢复。采取“城市支援农村、沿海支援内地”的帮扶措施，通过全国性的资源调配来解决区域资源分布和经济发展不平衡的问题。同时，中央财政设立专项资金对少数民族人口比较集中的地区实行专门定额补助，对偏远的边疆民族地区实行边境贸易开放政策促进民族地区经济社会发展。在这种宏观经济政策的调控下，少数民族地区的生产方式和产业结构发生了巨大的变化。

生产方式和产业结构在很大程度上标志着该地区的社会经济的发展状况和工业化程度，而这也对少数民族地区自身发展产生了不可忽视的影响。外界资金支持是生产方式变革的重要动力，但也是导致该地区可持续经济基础衰退的根本原因。

二、新旧体制交替期

从 1984 年到 1992 年，我国全面推进民族经济政策与新的经济体制接轨工作。通过设立优惠政策、金融政策、税收政策以及边境开放政策充分促进了民族地区经济社会的发展。除此之外，国家开始重视扶贫工作，少数民族贫困地区在享受一般贫困地区政策优惠外，还享受特殊的税收减免、物资分配、低息贷款、价格补贴等多项优惠政策。实施民族贸易“三项照顾”政策，对民族地区经营困难的乡镇企业减免所得税。20 世纪 90 年代中后期国家税收制度改革后，取消了前期实施的大部分税收优惠政策。“九五”期间我国还建立了法人对支付个人收入的申报制、个人收入申报制和储蓄存款实名制并改进和加强了对个人所得税的征管，规范和完善初次分配与再分配机制。

在这一时期，边疆少数民族地区与东部地区同样实施了土地利用权的承包责任制。该制度的实施实质上推动了少数民族地区的生产生活方式向生产经营方式转变。土地的有效利用率和对土地的经济利益诉求随之上升，导致了土地有偿流转、过度利用的负面现象。作为民族地区产业基础的土地的质量与效能的衰退成为影响该地区经济社会可持续发展的重要原因之一。

三、改革开放时期

1992 年召开的第一次民族工作会议首次把发展民族地区经济纳入会议的重要议题之中。会议明确表明，要把民族地区的改革开放放在首要位置。加大对民族地区的支持力度，在政策导向上作出相应的调整，从“逐步适应全国发展”改为“缩小地区发展差距”，更加突出把民族地区经济发展摆在首位，加大投资力度。特别是把民族地区的发展作为西部大开发战略的重点，在很大程度上促进了民族地区经济社会的发展。

从20世纪开始，我国实施工业反哺农牧业、对农牧业进行补贴的政策。“十一五”期间，我国优先发展能源工业，主要包括煤炭、电力、石油、天然气以及风能等行业。然后大力发展服务业，加强交通基础设施建设，发展物流业、金融服务业、信息服务业、旅游业、房地产业等。针对服务业发展，为打破垄断，采取放宽准入领域的标准，利用积极的财税、价格、土地等政策支持服务业的发展。第三产业的发展程度是衡量一个国家或地区发达水平的标志。2002年，党的十六大提出，加快现代服务业发展，提高第三产业在国民经济中的地位。2012年起，第三产业在国民经济中的地位迅速上升，2013年，我国第三产业产值的比重首次超过第二产业。

在地区开放与产业结构调整的前提下，少数民族地区社会经济发生了翻天覆地的变化。但一个地区的经济社会发展无法全面有效地使其区域内部民族群体之间收入差距缩小，反而持续不断地扩大了城乡居民收入差距，这是源于政策调整与市场机制的内在规律错位。

第二节　经济政策背景下少数民族地区城乡居民收入差距现状

我国经济社会的发展正处于转型时期，城乡发展不平衡的问题已经引起了我国政府和社会各界的高度重视。特别是21世纪以来，党和政府陆续出台了《关于推进社会主义新农村建设的若干意见》《关于推进农村改革发展若干重大问题的决定》《关于加大统筹城乡发展力度、进一步夯实农业农村发展基础的若干意见》等一系列重要文件，为促进农民增收和农村社会经济发展起到了指导性作用。通过图2-42全国城乡居民收入绝对差距、图2-43全国城乡居民收入相对差距、图2-59少数民族地区城乡居民收入绝对差距、图2-60少数民族地区城乡居民收入绝对差距不难看出，在这些政策措施的作用下，包括少数民族地区在内的全国城乡居民收入差距扩大的趋势得到了一定程度的控制。令人欣慰的是，2010—2014 年，少数民族地区城乡居民收入相对差距呈现下降趋势。

一、财政政策与少数民族地区城乡居民收入差距

为扶持少数民族贫困地区经济社会发展和实现各民族共同繁荣，中央政府先后设立“民族地区补助费”“民族地区机动金”“定额补助制度”，实行贴息贷款、以工代赈等措施支援民族地区的建设，并通过财政转移支付等措施逐步扩大对少数民族地区的扶持规模和力度。详见表 4-2。

表 4-2　少数民族地区财政优惠政策

时间	财政政策优惠措施	背景
20 世纪 50 年代	国家财政设立“民族地区补助费”以及各项补助专款	“划分收支、分级管理、分类分成”的财政体制
20 世纪 60 年代	国家财政设立“民族地区机动金”，并提高了少数民族地区财政预备费的设置比例	“适当照顾、必要补助”
20 世纪 70 年代	“支援不发达地区发展资金”“边境事业补助费”“边境建设专项补助投资”等专项补助资金	-
20 世纪 80 年代	支持不发达地区发展资金、以 1979 年为基数每年递增 10%的定额补助的制度	“划分税种、核定收支、分级包干”的财政管理体制
20 世纪 90 年代	保留对少数民族地区各项专项拨款与补助，加大了政策性转移支付力度、实行政策性倾斜	分税制的财政管理体制
21 世纪	继续加大转移支付力度，推进转移支付结构优化和方式变革	-

从第一个五年计划开始，我国实行“划分收支、分级管理、分类分成”的财政体制。1955 年，为扶持少数民族地区经济发展，国家财政设立“民族地区补助费”，用于少数民族地区的生产、卫生、教育、社会救济等特殊补助。1964 年，国家财政设立“民族地区机动金”，并提高了少数民族地区财政预备费的设置比例。这时我国在财政上对民族地区实行的优惠政策是“适

当照顾、必要补助”。

从1977年开始，我国政府又设立了“支援不发达地区发展资金”“边境事业补助费”“边境建设专项补助投资”等专项补助资金，对民族地区进行财政支援。可见，我国政府对贫困的民族地区延续了“多发少收”的财政措施。

1980—1988年，为了适应经济发展和改革开放的需要，我国的财政体制由统一计划管理向“划分税种、核定收支、分级包干”的财政管理体制转变。对民族地区仍实行“适当照顾”的财政政策，在一定时期内对五个民族自治区和三个多民族聚居的省份实行以1979年为基数每年递增10%的定额补助的制度。

1990年起，随着扶贫工作的进行，我国又设立“少数民族地区温饱基金”，用于贫困民族地区的扶贫开发。此外，政府为乡镇企业的发展提供1亿元贴息贷款，对民族贸易的信贷、投资和税收等方面均予以优惠政策。

1993年，国务院颁布了《关于实行分税制财政管理体制的决定》，我国从1994年起实行分税制的财政管理体制。该决定明确划分了中央与地方的事权、支出和收入，确定了中央财政对地方税收的返还数额。在共享税分成、税种和税率的确定上，中央政府一改对民族地区作单独规定的作风，采取了“一刀切”的做法，但在财政上仍保留了对少数民族地区的各项专项拨款与补助。而在1995年针对少数民族地区实行的过渡期转移支付办法中，对五个民族自治区和三个多民族聚居省份等地加大了政策性转移支付力度，实行政策性倾斜。国务院从2000年起实行地区转移支付，将每年的增值税收入按前一年增长收入的80%转移支付给民族地区。财政部数据显示，2000年到2007年，中央财政累计安排民族地区转移支付717.3亿元，这些资金有效缓解了少数民族地区发展的资金短缺难题（刘芳，2009）。

党的十六大以后，我国进入了新阶段，经济持续增长，结构调整不断加快，财政收入较快增长。这时的少数民族经济工作重点变成继续调整和深化民族经济政策。伴随分税制的实施，国家主要利用转移支付对民族地区进行财政支持。2003年后，中央对转移支付工作进行了统一化处理，对少数民族地区的特殊性作模糊化处理。直到2006年，中央政府实施转移支付结构优化和方式变革等措施，不断调整民族地区财政体制机制。

财政政策是政府调控经济的重要方式和手段，在缩小城乡居民收入差距、促进农牧民增收过程中担负着重要使命。学者们普遍认为，城市偏向的财政政策是导致城乡居民收入差距扩大的主要因素之一，但无论是全国还是少数民族地区，这一政策从 2001 年起均得到了调整。随着“三农”问题的逐步显露，中央政府通过财政渠道不断向农业、农村引进资源，增加财政投入，为农民减轻税负，财政上对城市的偏向逐渐改善。这些措施都有助于缩小民族地区城乡居民收入差距。所以，少数民族地区城市偏向的财政政策的调整对缩小城乡居民收入差距产生了显著的积极影响。以内蒙古自治区为例，2001—2014 年，城镇居民收入增长了 301.79%，年均增长 12.29%，农村居民收入增长了 177.40%，年均增长 8.87%，城乡居民收入比从 2.22 扩大到 3.21。从 2003 年开始，城乡居民收入比连续 7 年超过 3。可以预见，若未采取有效调控措施，这一差距会进一步扩大。

表 4-3　少数民族地区财政政策实施后的内蒙古自治区城乡居民收入变化

年份	城镇居民人均可支配收入（元）	农村居民人均纯收入（元）	城乡居民收入绝对差距（元）	城乡居民收入相对差距
2001	5535.86	1973.40	3562.46	2.81
2002	6051.00	2086.00	3965.00	2.90
2003	7012.90	2267.60	4745.30	3.09
2004	8122.99	2606.40	5516.59	3.12
2005	9136.79	2988.87	6147.92	3.06
2006	10357.99	3341.88	7016.11	3.10
2007	12377.84	3953.10	8424.74	3.13
2008	14432.55	4656.18	9776.37	3.10
2009	15849.19	4937.80	10911.39	3.21
2010	17698.15	5529.59	12168.56	3.20
2011	20407.57	6641.56	13766.01	3.07
2012	23150.26	7611.31	15538.95	3.04
2013	25496.67	8595.73	16900.94	2.97
2014	28350.00	9976.00	18374.00	2.84

我国的分税制财政管理体制对民族地区影响深远。对于民族地区来说，分税制改革有利于建立地方财政体系，明确中央与民族地区的财权关系，但“一刀切”的做法对民族地区财政经济的消极影响不能忽视。首先，分税制的实施在事实上拉大了民族地区的财政收支差额，使得民族自治地方愈加依赖中央政府的转移支付来填补差额的缺口。其次，“一刀切”的做法在很大程度上限制了民族地区财政收入的扩大，致使各地方政府间的财力差距持续拉大，在很大程度上体现出财政政策的城镇倾斜现象。

二、税收政策与少数民族地区城乡居民收入差距

为加快民族地区基础设施建设、农牧业发展和其他各项建设事业的发展，我国政府从“一五”时期开始，对农业采取“依率计征、依法减免、增产不增税”的长期税收优惠政策，对牧业的税收政策轻于农区和城市。对生存环境艰难的民族地区、贫困区采取“轻灾少减、重灾多减、特重全免”的优惠政策；对边疆民族地区实行减免工商税及税收负担轻于内地的税收政策。20世纪70年代末，考虑到民族地区偏远落后，国家进一步放宽税收政策，对民族地区采取税收减免和优惠税率的照顾措施，对边境县和自治县乡镇企业免除工商所得税五年，对民族八省区基建企业降低分成，对民族用品手工业企业及民族贸易三照顾地区的供销社分别实行定期减征和免征所得税。

20世纪80年代后，国家对“老、少、边、穷”地区的新建企业和经营有困难的乡镇企业在一定程度上酌情减征或免征所得税，除国家限制进出口的商品外，减半征收关税和增值税。对民族贸易三照顾地区的商业企业按规定减收或免收所得税、建设税、能源税、产品税以及增值税等若干税种。1986年，国务院发布《关于进一步推动横向经济联合若干题的规定》，以若干优惠的税收政策鼓励全国各地企业到民族地区投资建设。

随着西部大开发的深入实施，2001年，国家针对西部地区的农村信用社免征三年企业所得税，并且直到2020年，对政府鼓励设在西部地区的产业的企业所需缴纳的企业所得税按减15%的税率征收，民族地区的内资企业可经省级人民政府批准后定期减征或者免征企业所得税。2003年，我国开始了以

“简税制、宽税基、低税率、严征管”为标准的税制改革，并将到期的税收优惠期延长下去。在进出口关税方面，为促进边民互市贸易，对进口生活用品实行每人每天 8000 元以下相关进口关税免征，这是促进边境地区经济贸易发展的良好手段。自 2006 年 1 月 1 日起废止了实施 50 多年的《农业税条例》，这是我国税收制度的一个里程碑式的标志性事件，是城乡居民的平等均衡发展，是工业反哺农业、促进“三农”发展和消除城乡差别的有效途径。在农业特产税方面，我国自 2000 年开始农村税费改革后，对农业特产税政策进行了重大调整：合并征收环节、规范农业特产税的征收、下调农业特产税税率、合并有关应税项目等。2006 年 2 月 17 日，农业特产税被宣布废止。取消农业特产税是解决农民“增收难”，走出增收困境的客观需要。另外，2009 年，我国开始推行税费改革，实行结构性减税，即“有增有减，结构性调整”。

农业补贴、农村税费改革及农业税减免等政策的实行对农民来说是增收减负的好消息。直接补贴、良种补贴以及减免农业税、农业特产税、牧业税等措施是政府支持和保护农业生产最主要的政策工具，也是对农村、农民的直接援助。农业税是国家对一切从事农业生产、有农业收入的单位和个人征收的一种税，俗称“公粮”。1958 年，中华人民共和国第一届全国人民代表大会常务委员会通过了《中华人民共和国农业税条例》，农业税制由此开始。1983 年我国开始征收“农林特产农业税”，1994 年改为农业特产税，牧区省份则根据授权开征牧业税。农业税制实际上包括了农业税、牧业税和农业特产税三种形式。直到 2006 年 1 月 1 日，我国才全面取消农业税。根据西方发达国家的经验，当一个国家发展到工业产值超过农业产值时就应开始停征业税，实行“以工补农”税收政策（刘晓斌，2006）。而我国工业总产值在 20 世纪 80 年代中期就已经超过农业总产值，1995 年农业总产值占工农业总产值的比重已经下降到 17%。但我国农业税政策基本没有改变，成为导致农民负担过重、农村发展缓慢、城乡差别大的重要政策因素。2001 年，我国开始实行以“三取消、两调整、一改革”为主要内容的农村税费制度改革，直接减轻了农民的实际负担。不仅如此，农村税费改革从制度上以法律明确和规范了国家、集体和农民三者之间的权利义务关系，是整个国家层面分配领域的重大改革。改革为农民减负，提高了农民的生产积极性，助力了农业的发展。农业税取消后直接降低了农业生产的成本，提高了我国农业的国际竞争力。根据2010年第六次人口普查数据，全国约13.2亿人口中有近9.3亿农民。这意味着低收入农民的减负增收和消费水平的提高，必将缩小城乡居民收入差距。民族地区资源丰富，但针对资源肆意开采和资源浪费等问题，中央政府调高了西部地区的资源税税额。而西部地区的道路建设用地，则根据相关规定免收耕地占用税，做法比照民航、铁路建设用地。另外，自2011年11月1日起，根据相关规定上调增值税和营业税的起征点。小型企业与微型企业的负税明显降低，在一定程度上促进了少数民族地区的小型、微型企业发展。2012年，我国再次调整进出口关税，积极扩大进口，满足经济社会发展。

表4-4　少数民族地区税收优惠政策

时间	税收政策优惠措施	背景
20世纪50年代	农业采取“依率计征、依法减免、增产不增税”政策；对牧业的税收政策轻于农区和城市；民族地区、贫困区采取“轻灾少减、重灾多减、特重全免”的优惠政策	“依率计征、依法减免、增产不增税”的长期税收优惠政策
20世纪70年代	税收减免和优惠税率的照顾措施；对边境县和自治县乡镇企业免除工商所得税五年；对民族八省区基建企业降低分成，对民族用品手工业企业及民族贸易三照顾地区的供销社分别实行定期减征和免征所得税	-
20世纪80年代	对“老、少、边、穷”地区的新建企业和经营困难的企业、民族贸易三照顾地区减免所得税、建设税、能源税、产品税以及增值税等	改革开放，活跃经济
20世纪90年代以后	停止70—90年代初的大部分税收优惠政策	分税制管理体制

三、产业结构调整政策与少数民族地区城乡居民收入差距

产业结构是指各产业之间的相互联系及其数量比例关系。产业结构的形

成和变化反映出一个国家的工业化程度。中华人民共和国成立以来，我国的产业结构经过了由“重、轻、农”到“农、轻、重”，再到第一、第二、第三产业调整优化的演进过程。1953 年我国开始了以重工业为主的大规模工业建设，少数民族地区也不例外。内蒙古包头钢铁基地、包头两座大型机械制造厂、新疆克拉玛依油田、宁夏青铜峡水电站、云南个旧锡业公司等大型建设项目都是这一时期建设的。除此之外，国家也非常注重民族地区的基础设施和基础产业建设，完成了各民族地区的主要铁路干线和一大批大中型工业企业的建设。然而这一时期的工业发展处于失控状态，极大地浪费了资源，破坏了环境。

20 世纪 60 年代，国家为纠正工业建设的失误关停了一些技术落后、严重亏损的企业，根据各地区特点发展轻工业和民族特色企业。同期，基于战略考虑，中央决定调整生产力布局，展开大规模的三线建设。从沿海和内陆地区迁移一批大中型工业企业到青海、甘肃、宁夏、贵州、四川等地区的民族自治地方，并安排了一批重点建设项目。20 世纪 70 年代，政府投入大量的资金和技术支持少数民族地区基础设施建设和工业发展，这些民族地区的生产力有了明显提高，出现了一定规模的工业生产基地，工业生产结构进行了大调整，促成了一批现代化企业。这一时期，西部大开发的三项重大工程项目（西气东输、西电东送、青海 30 万吨钾肥工程）切实为民族地区的长远发展打下了坚实的基础。民族地区立足资源优势，初步走出了一条既切合实际又具有自身特色的工业发展道路。

改革开放后，我国少数民族地区的产业结构发生了巨大变化，尤其是西部大开发战略实施以来，少数民族地区的一、二、三产业比重得到进一步调整与优化。由国家统计局和自治区统计年鉴中公开的统计数据可知民族地区自 1978 年以来的产业结构变动情况。首先，1978 年，少数民族地区第一产业比重为 37%，30 多年来一产比重持续下降，到 2013 年第一产业占比 13%，下降 24 个百分点。其次，少数民族地区第二产业的比重变化分为两阶段，总体处于上升状态。第二产业占比从 1978 年的 41%下降到 1992 年的 33%，这主要是第三产业的比重持续上升所导致的；而 1992—2013 年第二产业占比处于上升阶段，上升到2013年的49%。最后，少数民族地区第三产业的比重不断上升，从1978年的22%上升到2013年的39%。经过30多年的发展，少数民族地区的第一、第二、第三产业产值比重由1978年的0.37：0.41：0.22变化到2013年的0.13：0.49：0.39，第一产业比重大幅下降，第二产业比重增长了8个百分点，第三产业比重则增长了17个百分点。从数据分析中可得第三产业产值比重的变化对我国城乡收入差距变化的影响较为明显，基本呈正相关。而第一、第二产业的比重与城乡居民收入差距呈负相关。

在产业结构调整的政策背景下，我国少数民族地区的城乡居民收入有所增加。其中，农村居民人均纯收入从2003年的2106.20元增加到2014年的8742.00元，增加了3.15倍，年均增长13.81%；同期，城镇居民人均可支配收入从7173.54元增加到23214.00元，增长了2.24倍，年均增长11.27%。基于上述数据分析可知，改革开放后产业结构的变化并未使城乡居民收入差距缩小，反而从总体上拉大了城乡居民收入差距。我国今后需要不断促进产业结构的优化升级，才有可能满足缩小城乡收入差距的现实需求。

表4-5　少数民族地区产业结构调整政策

时间	产业结构调整政策措施	背景
20世纪50年代	优先发展重工业，适当照顾民族地区工业发展；“全党全民大办工业”	工业发展混乱
20世纪60年代	关停了一些技术落后、严重亏损的企业；根据各地区特点发展轻工业和民族特色企业；展开大规模的三线建设	纠正工业建设的失误
20世纪70年代	优先发展轻工业，支持和帮助民族地区发展工业	-
20世纪80年代	对工业发展提出“调整、改革、整顿、提高”的八字方针；对民族地区的企业实行放权让利政策；对民族地区资源开发采取照顾措施	经济体制改革
20世纪90年代以后	加大民族地区与中央资源补偿分成比例；积极引进国内外投资，引导资源加工型和劳动密集型产业转移到中西部地区	-

四、对口支援政策与少数民族地区城乡居民收入差距

对口支援政策起源于中华人民共和国成立初期“公私兼顾、劳资两利、城乡互助、内外交流”的基本经济方针。

对口支援是针对我国区域非均衡发展问题提出的一项政策，指的是经济实力较强、发展迅速的省份对经济欠发达的省区进行各方面的援助。“对口支援”有效地促进了东中西部地区之间资金、物资、技术、人才等的转移支付，在一定程度上控制和缩小了东中西部地区的发展差距，弥补了横向的财政失衡，在协调区域发展、各民族的共同繁荣等方面发挥了中流砥柱的作用。

而对西部地区来说，其内部的城乡居民收入也在发生相应的变化：按“输血”与“造血”相结合的原则，支援双方进行经济贸易交流合作、建设工业园区，这些举动都对城市的助益较大；而乡村地区的主要受益渠道为安居、教育、卫生、饮水工程等基础设施建设，对乡村经济发展的裨益是渗透性的，当下的效果并不明显。所以，从理论上讲，对口支援政策有拉大西部城乡居民收入差距的作用。

1979 年，中央政府第一次正式提出对口支援政策——东部沿海发达地区和西部少数民族地区的对口支援。此政策在中央政府全国“一盘棋”的思想指导下，采取“城市支援农村、沿海支援内地”的帮扶措施，通过全国性的资源调配来解决区域资源分布和经济发展不平衡的问题。主要是东部经济发达的省区对口支援五个民族自治区和三个少数民族聚集区的省份，并提出全国支援西藏的要求（钟开斌，2013）。

20 世纪 80 年代中期对口支援政策初显成效，中央决定扩大支援规模与力度，再次增加对口支援的省区，并采取项目投资、财政补贴等多种形式支援。1995 年《中共中央关于制定国民济和社会发展“九五”规划和年远景目标的建议》中明确提出，由经济发达的东部省区支援经济欠发达的十个西部省区。此时的对口支援主要包括中央政策支持、财政资金支持以及经济发达地区对民族地区的支援。其覆盖范围涵盖了工业技术、农牧业、医疗卫生、科技、

教育、人才、商业服务等各个领域，并逐步形成相对稳定的格局。

西藏、新疆作为民族自治地区，在地理位置和国家战略部署中具有重要性和特殊性。为了促进新疆和西藏地区的发展和稳定，中央制定了对口援藏政策和对口援疆政策，其资金投入最多、涉及地域最广的特点足以说明中央政府对边疆民族地区经济社会发展的重视。

表 4-6　少数民族地区对口支援政策

时间	对口支援政策措施
20 世纪 70 年代	“城市支援农村、沿海支援内地”
20 世纪 90 年代	经济发达的东部省区支援经济欠发达的 10 个西部省区，覆盖范围涵盖了工业技术、农牧业、医疗卫生、科技、教育、人才、商业服务等各个领域

五、移民政策与少数民族地区城乡居民收入差距

生态移民（又称环境移民），是我国扶贫开发与生态建设相辅相成的一项利民政策。21 世纪西部大开发进程中，我国政府对一些生活在自然环境恶劣、资源匮乏地区的贫困人口实行生态移民、异地搬迁。搬迁对象包括了内蒙古、宁夏、贵州和云南等地生活在严酷自然条件中的贫困人口。以内蒙古为例，常年的资源开发导致环境恶化，大范围、持续性的旱涝灾害时有发生，大片土地沙漠化使得人类的生存环境堪忧。2001 年内蒙古自治区政府公布《关于实施生态移民与异地扶贫移民试点工程的意见》，内蒙古 12 个盟市中的 5 个盟市（锡林郭勒盟、乌兰察布市、阿拉善盟、包头市、兴安盟）进行了移民搬迁。达古拉（2010）指出，根据国务院关于实施西部大开发战略情况的报告，截至 2003 年底，我国政府投资 27 亿元人民币，把上述 4 个省区的 70 万人迁移到了自然条件较好的地区。政策实施范围随后逐渐扩大，2006 年已扩展到青海、甘肃、山西及新疆等地。

生态移民是我国将削减贫困与保护环境有机结合的一项政策，对促进贫困地区社会经济全面发展有着十分重要的意义。而判断移民政策成功与否的关键在于贫困人群的生计与贫困问题能否就此解决。世界各地扶贫经验表明，

一个世界性难题就是整合各种扶贫资源使其真正落实到贫困群众身上，发挥实效。

生态移民政策作为扶贫的一项基本手段，对改善搬迁群众的基本住房、交通、医疗、教育条件发挥了不可磨灭的作用，农牧民对政策的满意度颇高。但是，由于移民新村产业政策的不同和政策执行和落实过程中出现的许多问题，使移民新村的人们的生活状态不尽相同。徐劲原（2012）认为，生态移民政策对移民农户总收入的影响整体上呈促进作用，但收入类型不同的农户受影响的程度不同。生态移民政策对从事林业、种植业和非农收入的人群有正面的影响，而对从事养殖业与打工收入的人群有一定程度的负面影响。尽管如此，不可否认，生态移民政策对解决民族地区的贫困问题和促进生态恢复起到了很大作用，缩小了城乡居民收入差距。

“十五”期间，国家发展和改革委员会组织实施了易地扶贫搬迁试点工程，共安排国债资金 56 亿元，搬迁 120 多万人，取得了显著成效。为加快落实扶贫攻坚的重要任务，我国继续扩大易地扶贫的深度与广度，不但将生存条件恶劣地区的贫困人口易地安置到其他地区，而且安置区的基础设施、卫生医疗等生产生活条件都有所提高。为解决搬迁移民的生计问题，各级政府部门积极引导农牧民拓展增收渠道，帮助搬迁人口逐步脱贫致富。“十一五”期间国家进一步加大投入力度、强化政策支持，继续推进易地扶贫工程。2015 年 12 月印发的《“十三五”时期易地扶贫搬迁工作方案》，提出将贫困人口建档立卡实施易地扶贫搬迁，以精准扶贫、精准脱贫为统领，坚持搬迁与脱贫“两手抓”，强化搬迁成效监督考核，加快全面建成小康社会进程。

第三节　结论与对策建议

在对少数民族地区经济发展演变过程的考察中发现，大部分少数民族地区在宏观政策背景下，在对发展战略的选择上缺乏具有民族特色、能够促进少数民族地区自身造血功能和少数民族群体自身发展的关键点，致使少数民族地区经济政策的制定呈现出用整体普遍性掩盖局部问题的现象，导致经济政策成为制约少数民族地区经济发展的不利因素。

中华人民共和国成立以来，我国通过众多领域的措施加大对民族地区经济支持力度，大幅提高了少数民族地区经济收入。但随着我国经济政策的演变和经济制度的调整，在加大对东部地区的政策倾斜力度的同时，对民族地区的资金支持相对减弱，致使民族地区在实质意义上成为东部发达地区的原材料供应基地，自身经济发展受到明显的制约。

民族地区自身经济机能的衰退自然引发财政税收收入减少，拉大了民族地区内部各民族群体之间的收入差距，不仅难以维持民族地区内公共服务体系的正常运行，更为重要的是影响到宏观经济政策在该区域的贯彻落实。而依据少数民族地区区域发展实际，合地区之宜，以区域内各民族群体的自我发展为导向，制定相应的经济政策是缩小民族地区城乡居民收入差距的核心点。政策制定要围绕该核心点，制定具有区域特色、有利于区域可持续发展、有助于区域内各民族群体自身造血功能的政策，实现以宏观政策推动或推进民族地区全面协调可持续发展的战略目标。

第五章　我国少数民族地区城乡居民收入差距与经济增长

第一节　1978 年以来少数民族地区经济发展情况

自中华人民共和国成立以来，经过各族人民的团结奋斗，我国少数民族地区无论在经济建设还是在社会发展的诸多领域均取得了可喜的成绩。近年来，我国边疆少数民族地区的经济得到了快速发展，少数民族地区的经济增长方式得到了进一步的调整优化。

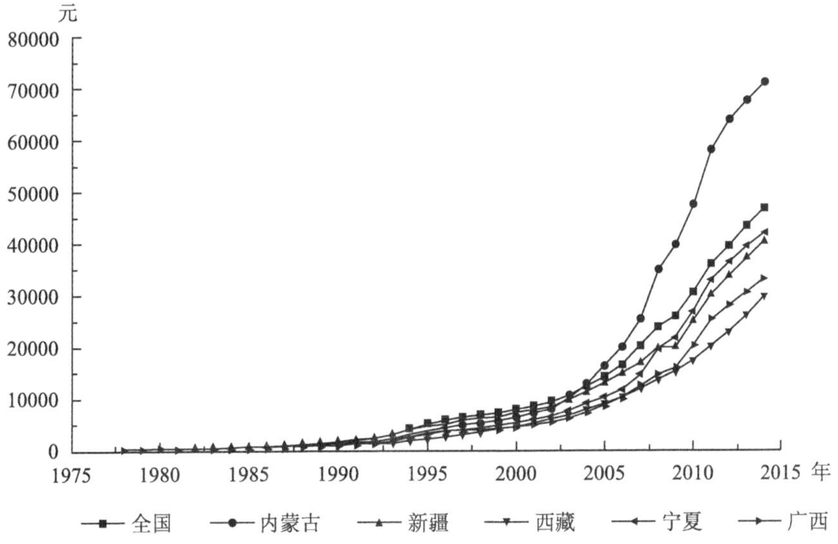

图 5-1　1978—2014 年五个少数民族地区人均生产总值的增长情况

2014年内蒙古实现生产总值17769.5亿元，排在全国第15位，按可比价格计算，增长率达到7.8%。其中，第一产业增加值达到1627.2亿元，同比增长了3.1%；第二产业增加值达到9219.8亿元，同比增长了9.1%；第三产业增加值达到6922.6亿元，同比增长了6.7%。人均生产总值达到71044元，按年均汇率计算折合为11565美元，居全国第6位，连续多年保持西部第1位，增长了7.5%。全区三大产业比例为9.1∶51.9∶39。

新疆维吾尔自治区统计数据显示，自治区成立之初地区生产总值为12亿元，到1978年增长到了39亿元，在之后的30多年间，经济总量迅速增加。1985年新疆生产总值首次突破100亿元大关，1997年达到1000亿元，2004年达到2000亿元，2009年达到4000亿元。自2010年中央新疆工作座谈会召开以来，全区生产总值年年跨越一个1000亿元的台阶，2014年达到9264.10亿元。按不变价格计算，2014年地区生产总值年均增长8.4%。2010年至2014年，全区地区生产总值年均增速达到11.1%，高于全国同期平均水平2.6个百分点，增速在全国的位次由2010年的第29位递增至2014年的第4位。

在中央政府的大力支持和帮助下，西藏自治区的经济社会各方面得到了全面发展。由于西藏自治区的经济发展环境存在特殊性，20世纪50年代以来，中央政府就对西藏自治区的经济发展给予了特殊支持。改革开放之后，中央政府逐年加大了支持西藏经济的力度，使西藏经济发展状况得到了显著改善。2014年，西藏自治区实现生产总值925亿元，人均生产总值达到29897.73元。

广西壮族自治区国民经济持续快速发展，地区生产总值快速增长。在自治区成立之初，广西全区生产总值只有25亿元，当时的工业可以说是一片空白，全区的基础设施也十分落后。改革开放以来，经过各方面共同努力，2014年全年全区生产总值15672.97亿元，按可比价格计算，比上年增长8.5%，排全国第17位。分产业看，第一产业增加值达到了2412.21亿元，同比增长3.8%；第二产业增加值达到了7335.60亿元，同比增长10.1%，其中工业增加值6065.34亿元，同比增长10.1%；第三产业增加值达到了5925.16

亿元，同比增长 8.1%。三次产业结构为 15.4∶46.8∶37.8，与 2013 年相比，第一产业的比重下降了 0.5%，第二产业和第三产业的比重分别提高了 0.2% 和 0.3%。三次产业对经济增长的贡献率分别为 6.4%、60.2%和 33.4%，其中工业贡献率为 51.0%。

近年来，随着国家西部大开发战略的深入实施，宁夏回族自治区的经济社会发展进入了健康发展时期，全区经济增长连续十几年超过全国平均经济增长水平。2014 年宁夏回族自治区生产总值达到 2750 亿元，同比增长 8%；地方公共财政预算收入 339.8 亿元，同比增长 10.2%；从收入增长的角度来看，宁夏城镇居民人均可支配收入在 2014 年达到 23285 元，同比增长 8.4%，农村居民人均纯收入达到 8410 元，同比增长 10.7%；居民消费价格总水平涨幅为 1.9%。

第二节　城乡居民收入差距与经济增长文献回顾

收入差距与经济增长之间的相互作用是一项重要的研究课题。然而大量研究主要围绕收入差距是促进还是阻碍了经济增长这一论题展开，此类研究至今未取得一致的结论。理论研究认为，收入差距对经济增长的影响是复杂的，有正效应和负效应。收入差距的正效应往往依靠单纯的经济机制，而收入差距的负效应通常包括政治经济因素，其结果是，这种负效应可能需要较长的时间来体现。

对于实现正效应的渠道而言，研究者们认为储蓄是财富的凸函数，较大的收入差距通过促进总储蓄率，进而促进资本积累以促进经济增长，因为富人具有较低的消费倾向（Kuznets，1955；Kaldor，1955；Bourguignon，1981）。因此，其他条件不变情况下，较高的收入差距与较高的总储蓄相联系，这样就可以更快地收敛于均衡增长路径。近期的研究则重点关注收入不平等对投资项目选择的影响（Matsuyama，2000）。讨论的主要内容为，如果金融体系不完善，则获得外部融资的能力将取决于个人的财富水平。其结果是，如果财富广泛分散于民众之中，则没有人可以获得充足的资金来实现需要大额投资的高收益项目。在这种情况下，生产性资产的集中分配才可能让有限数量的企业家实现这种投资项目，进而促进经济增长。进一步地，这种高收益项目往往其风险也较高。因此，相对平等的收入分配可能导致吸收显著风险的、具有大量财富的企业家数量的减少。换言之，财富的集中分配可能会增加可以实施的高收益项目的数量。高度的不平等激励人们努力工作、承担高风险获得高收益（Mirrlees，1971；Lazear 和 Rosen，1981；Rosenzweig 和 Binswanger，1993）。例如，如果受过高等教育的人都更富有成效，从而使得收益率具有巨大差异，那么就会鼓励更多的人去寻求教育。随着收入差距的扩大，总需求的较大部分落入“高端”产品（与满足基本需求的商品不同的产品）。这样，创新者得益于更大的国内市场，更容易支持开发新的、更好的品种的投资需求，即较大的收入差距也可通过刺激 R&D 来促进经济增长（Foellmi 和 Zweimüller，2006）。收入差距的这些正效应虽然起作用的渠道不同，但它们有一个共同点：强调单纯的经济机制，因此有理由假设这些渠道物化起来相对更快。

而负效应则正好相反，实现负效应的渠道大部分依赖政治经济因素。例如，收入分配越不公平，则再分配的水平就越高，从而其赋税水平也越高。此外，收入差距也会通过启动高成本的财政政策来阻碍经济增长，即高税收将降低人们的储蓄和投资积极性（Perotti，1993；Alesina 和 Rodrik，1994；Persson 和 Tabellini，1994）。随着收入差距的扩大，选民将提供更少的生产要素（物质资本或人力资本）。最后，即使社会的富裕人群掌握了政治权利，收入差距仍可能通过财政政策的渠道产生负面影响。如果收入差距较大，一旦国家转变成民主国家，则寡头政府可能会通过设立一个低效率的官僚机构来避免高税收，即通过诱发低效率的国家官僚机构而阻碍经济增长（Acemoglu 等，2011）。不完善的金融市场的存在，意味着不同个人的投资能力取决于他们的收入或财富水平。在这种情况下，低收入人群无法进行有价值的投资。反过来，低收入人群的投资不足意味着总产出会比在完善的金融市场下的总产出要低。Aghion 等（1999）认为，在信贷市场不完善时，投资机会的利用依赖于个人的资产和收入水平，低收入者更倾向于对相对回报率高的人力资本进行投资。透过这种机制，收入差距的扩大将阻碍经济增长。然而，通过这些有害的渠道，收入差距的变化不会有一个立竿见影的效果。可以说，改变政策偏好是需要时间的。此外，改变税法也是耗时的。如果较高的收入差距降低了在教育上的支出，由于无法支付学费而使得较低收入的家庭选择放弃全日制教育（Galor 和 Zeira，1993；Galor 和 Moav，2004），即通过阻碍人力资本的形成而阻碍经济增长，这种效应则可能需要十几年的时间才能显现出来。选民对较大的收入差距变得不可接受时，他们就会支持高税收和监管，减少商业活动，所有这些都可以减少投资的积极性。在极端情况下，收入差距可能导致政治不稳和社会动荡，对经济增长产生不利影响（Bénabou，1996；Alesina 和 Perotti，1996；Knack 和 Keefer，2000）。Persson 和 Tabellini（1994）认为，经济积累物质和人力资本的动机受税收政策的影响，如果通过向富人征税来缩小收入差距，就会降低人们的生产积极性，最终使收入差距对经济增长产生负面影响。

总之，大部分正效应都是依靠纯粹的经济机制来实现收入差距对经济增长的促进作用，而大部分负效应都涉及政治进程、机构的变化，人们获得教育的变化，甚至是社会政治运动，来实现收入差距对经济增长的阻碍作用。

另有研究发现，收入差距对经济增长的短期效应是正的，而滞后效应是负的。Halter 等（2014）的核心研究结果表明，在研究期间的最初 5 年中，收入差距的扩大对于实际人均 GDP 的平均增长率具有正效应，而随后 5 年的收入差距的扩大对平均增长率的效应小于最初的 5 年。也就是说，收入差距的长期效应往往是趋于负的。总体而言，他们的研究与大部分近期使用面板数据研究的结果［如 Forbes（2000）发现收入差距与经济增长之间在短期内具有正效应］相呼应，而且也与大部分早期跨国回归结果［如 Alesina 和 Rodrik（1994）发现差距—增长在长期内具有负效应］相呼应。

目前对我国少数民族地区经济增长和城乡收入差距的研究仅使用了定性分析法和简单回归方法，没有定量考察变量间是否存在长期均衡关系，也没有研究经济增长和收入差距之间的因果关系。本书利用时间序列分析方法确定经济增长与城乡收入差距之间的互动关系，以期得到我国五大少数民族地区经济增长与城乡收入差距之间是否存在长期的、稳定的相关关系的结论。

第三节　少数民族地区城乡居民收入差距与经济增长的互动分析

一、少数民族地区城乡收入差距的度量及其演变特征

本节采用更适合于衡量我国二元经济特性的收入差距的指标——泰尔指数对我国五个少数民族地区的城乡收入差距进行衡量。泰尔指数的具体形式如下：

$$dis_t=\sum_{j=1}^{2}\left(\frac{P_{jt}}{P_t}\right)\ln\left(\frac{P_{jt}}{P_t}/\frac{Z_{jt}}{Z_t}\right)=\left(\frac{P_{1t}}{P_t}\right)\ln\left(\frac{P_{1t}}{P_t}/\frac{Z_{1t}}{Z_t}\right)+\left(\frac{P_{2t}}{P_t}\right)\ln\left(\frac{P_{2t}}{P_t}/\frac{Z_{2t}}{Z_t}\right) \tag{5.1}$$

其中，$j=1$，2，分别表示城镇和农村地区，Z_{jt}表示t时期城镇（$j=1$）或农村（$j=2$）人口数量，Z_t表示t时期的总人口，P_{jt}表示城镇（$j=1$）或农村（$j=2$）的总收入（用相应的人口与人均收入之积表示），P_t表示t时期的总收入。本研究的样本期为1978—2014年，基于公式（5.1）计算得出各少数民族地区的泰尔指数，结果见图5-2至图5-6。

内蒙古自治区泰尔指数在1978—2004年经历了三个明显的“V”形期。第一个“V”形期出现在1978—1986年，由1978年的0.08缩小到1984年的0.02，随后又扩大到1986年的0.06；第二个“V”形期出现在1986—1994年，从1986年的0.06缩小到1988年的0.03再扩大到1994年的0.09；第三个“V”形期出现在1995—2004年，从1994年的0.09缩小到1996年的0.07，此后逐渐扩大，2004年达到最高值0.15。2004年之后，内蒙古的泰尔指数一直缩小，到2014年缩小到0.10。

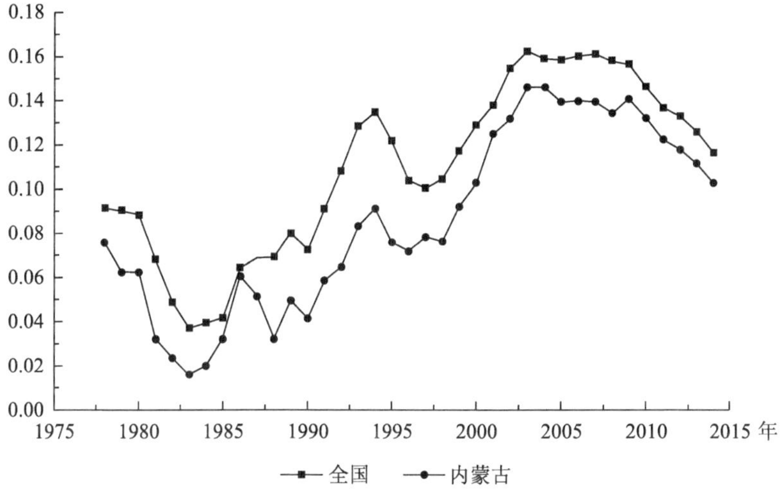

图 5-2　1978—2014 年内蒙古自治区与全国的泰尔指数比较

广西壮族自治区泰尔指数在 1978—1980 年出现了较大的增长，三年间泰尔指数从 0. 02 扩大到 0. 07；1980—2003 年出现了三个“V”形期，第一个“V”形期出现在 1980—1988 年，第二个“V”形期出现在 1989—1993 年，第三个“V”形期出现在 1995—2003 年；2004—2009 年，其泰尔指数一直保持在 0. 21 左右的水平，2010 年开始逐渐缩小，2014 年为 0. 16。

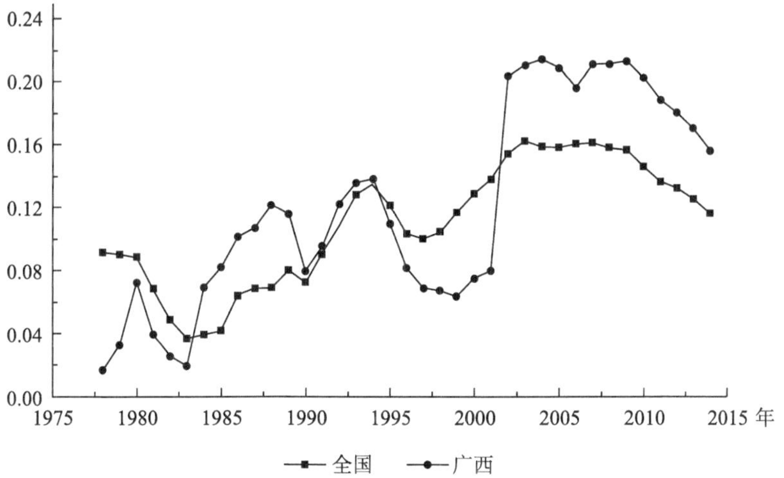

图 5-3　1978—2014 年广西壮族自治区与全国的泰尔指数比较

西藏自治区收入差距的变化情况与内蒙古和广西有所不同，其泰尔指数在 1978—2002 年呈现出锯齿形，泰尔指数从 1978 年的 0.12 缩小到 1985 年的最小值 0.02，此后波动上升，2002 年达到最大值 0.35；从 2003 年开始又逐渐缩小，2014 年缩小到 0.14。总体而言，1978—2014 年西藏自治区的泰尔指数平均值为 0.17，说明其城乡收入差距保持在较高水平。

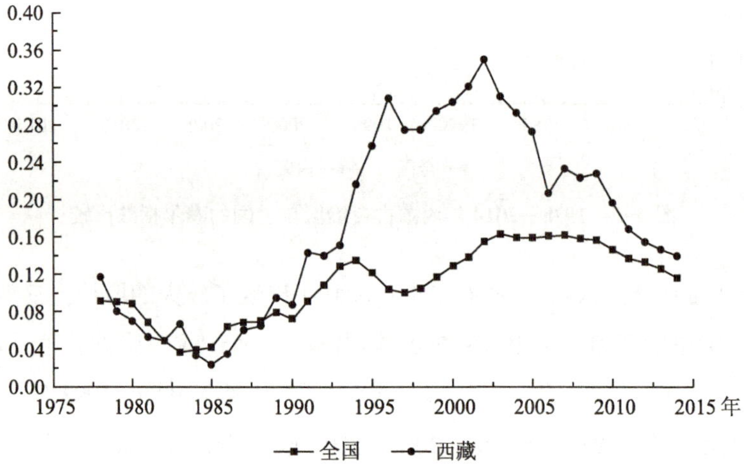

图 5-4　1978—2014 年西藏自治区与全国的泰尔指数比较

宁夏回族自治区的城乡收入差距在 1978—2008 年呈现出“W”形，其中，第一个“V”形出现在 1978—1993 年，其间，泰尔指数的波动并不大，在 0.08~0.15 波动；在 1995—2008 年的“V”形期，泰尔指数在 0.08~0.18 波动，2008 年达到最大值 0.18。2008 年至今，泰尔指数逐渐缩小，2014 年降到 0.11。

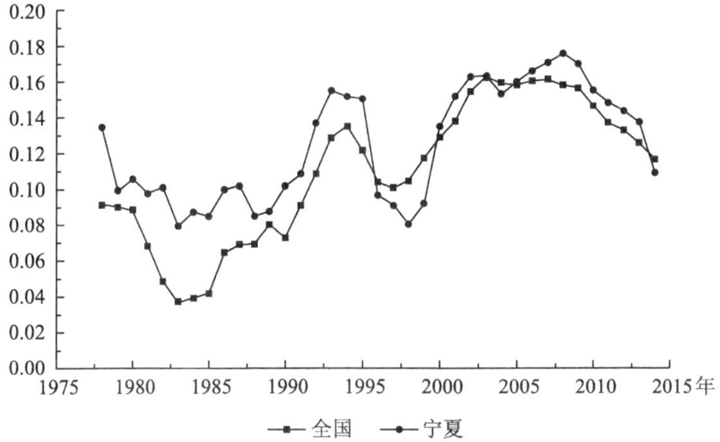

图 5-5　1978—2014 年宁夏回族自治区与全国的泰尔指数比较

新疆维吾尔自治区的收入差距的演变过程与宁夏类似，在 1978—2002 年经历了“W”形演变过程，之后就一直下降。在第一个“V”形期为 1978—1995 年，1982—1984 年泰尔指数达到最小值 0.04，此后逐渐扩大，特别是在 1990—1995 年，收入差距出现了大幅扩大趋势，泰尔指数从 0.06 扩大到 0.17，增加了近 2 倍；1996—2002 年为第二个“V”形期，泰尔指数从 0.17 降到 0.14，再上升到 0.21。2003 年之后，新疆的泰尔指数也逐渐下降，2014 年下降到了 0.11。

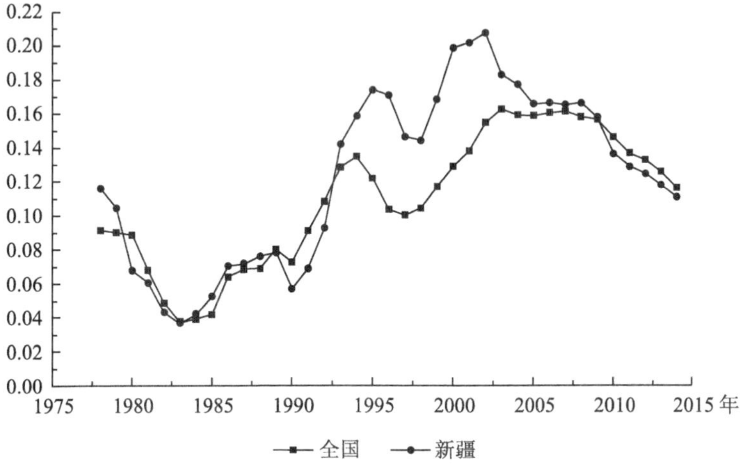

图 5-6　1978—2014 年新疆维吾尔自治区与全国的泰尔指数比较

从上述泰尔指数的变化情况来看，1978 年以来，随着经济的增长，我国五大少数民族地区的城乡收入差距在波动中呈现出逐步扩大的趋势。分阶段来看，少数民族地区城乡居民收入差距呈现出阶段性变化的特征。其中，第一阶段为 1978—1990 年，城乡收入差距呈“W”形波动上升；第二阶段为 1991—2002 年，城乡收入差距呈“V”形波动变化。从五个少数民族地区的泰尔指数变化图中可以明显看出，2002 年是一个分界点，2002 年之前是波动上升阶段，而 2002 年之后处于波动下降阶段。

总体而言，第一阶段的城乡收入差距呈“W”形波动上升，泰尔指数的变化与国家经济政策的出台具有直接的相关性。例如，我国政府为了提高农民收入，在 1994 年和 1996 年连续两次出台了提高农产品价格的政策。这一经济政策的直接结果是城乡收入差距在之后的几年内有了明显的缩小态势，图中表现为泰尔指数在 1995—1997 年有所缩小。另一个重要的年份为 1998 年，这一年中央政府进一步深入改革收入分配市场化，之后城乡收入差距却再次逐步扩大，城乡收入差距由 1998 年前后的较低水平逐步扩大到 2002 年前后的较高水平。1978—1994 年五大少数民族地区的泰尔指数平均为 0.08 左右，1995—2002 年增加到 0.18 左右，收入差距扩大了近 1 倍。

从 1978—2014 年的泰尔指数平均值来看，内蒙古的平均值最低，为 0.09，广西、新疆为 0.12，宁夏为 0.13，西藏的平均值最高，为 0.17。说明内蒙古的城乡收入差距在五个少数民族地区中最小，西藏最大，其余三个地区居中，且其数值非常接近。1978—2014 年，全国的泰尔指数的平均值为 0.11，由此可以看出，广西和新疆的收入差距水平与全国的收入差距水平非常接近，内蒙古的收入差距小于全国的平均水平，宁夏略高于平均值，西藏的收入差距水平远高于全国平均水平。从上述分析可知，五个少数民族地区的泰尔指数大致都经历了两个或三个“V”形期，在 2002 年前后逐步缩小。

二、经济增长与城乡居民收入差距的互动关系分析

（一）数据说明

本节数据选自1978—2014年。内蒙古数据来源于国家统计局和《内蒙古统计年鉴》；广西数据来源于国家统计局、《广西统计年鉴》和《广西六十年经济社会发展成就1949—2009》；西藏数据来源于国家统计局和《西藏统计年鉴》；宁夏数据来源于国家统计局和《宁夏统计年鉴》；新疆数据来源于国家统计局、《新疆统计年鉴》和《新疆五十年1955—2005》。本节以实际地区生产总值对数值代表经济增长，用泰尔指数的对数衡量城乡收入差距变化率，分别用ln*gdp*和ln*tzs*表示。

（二）各少数民族地区经济增长与城乡收入差距的互动关系分析

各省ln*gdp*和ln*tzs*之间的互动关系分析，按以下步骤进行：①对数据进行平稳性检验，本节采用常用的ADF检验法对各数据进行单位根检验。如果数据ln*gdp*和ln*tzs*均是平稳序列，则直接进行OLS回归分析，之后做第四步；如果数据ln*gdp*和ln*tzs*是同阶单整序列，则进行第二步分析。②对ln*gdp*和ln*tzs*进行协整检验。如果具有协整关系，则进行第三步。③进行变量间的短期不均衡关系的分析，即误差修正模型（ECM）。④进行变量间的因果关系分析。

1. 内蒙古自治区

（1）平稳性检验

对内蒙古的ln*gdp*和ln*tzs*数据进行ADF检验，结果如表5-1所示。从结果可知，ln*gdp*和ln*tzs*的检验结果都没有拒绝有单位根的假设，因此ln*gdp*和ln*tzs*均为非平稳的时间序列。对ln*gdp*和ln*tzs*进行一阶差分后，△ln*gdp*和△ln*tzs*均拒绝了有单位根的假设，因此△ln*gdp*和△ln*tzs*均为平稳时间序列。

表 5-1 变量的平稳性检验（内蒙古）

变量	ADF 检验值	检验设定形式	1%临界值	5%临界值	10%临界值	结论
ln*gdp*	0.8185	（C，T，0）	-3.6329	-2.9484	-2.6129	不平稳
△ln*gdp*	-2.9863	（C，T，0）	-3.6329	-2.9484	-2.6129	平稳
ln*tzs*	-0.4583	（C，T，0）	-2.6308	-1.9504	-1.6112	不平稳
△ln*tzs*	-4.8251	（C，T，0）	-2.6327	-1.9507	-1.6111	平稳

注：检验设定形式括号中的“C”表示有截距项，“T”表示有时间趋势项，“N”表示没有时间趋势项，数字表示滞后阶数。后续表格中的含义相同，不再重复介绍。

（2）长期均衡关系分析——协整检验

由上一步可知，ln*gdp* 和 ln*tzs* 都是一阶单整的时间序列数据，则用 OLS 法估计长期均衡方程，得到的协整方程如下：

$$\ln tzs = -4.7812 + 0.3684 \ln gdp$$

$$(-15.405) \qquad (7.181)$$

$$R^2 = 0.5957, \quad DW = 0.4295$$

括号内为 t 值，本节下同。对上述方程的残差 *rdnmg* 进行平稳性检验，ADF 检验结果如下：

$$\triangle rdnmg = -0.8083 \triangle rdnmg\ (-1)$$

$$(-4.8479)$$

$$R^2 = 0.4087, \quad DW = 2.0001$$

将 t=-4.8479 与表 5-2 中的临界值相比较，若取显著性水平为 1%，则 t 小于 EG 检验临界值-4.37，因而可以接受 *rdnmg* 为平稳序列的备择假设，即两个变量是（1，1）阶协整的。

表 5-2 协整检验临界值表

样本容量	EG 检验临界值	
	1%	5%
25	-4.37	-3.59
50	-4.12	-3.49
100	-4.01	-3.39
∞	-3.90	-3.33

（3）短期关系分析——误差修正模型

根据上一步协整检验的结论，取显著性水平为 5%，对 ln*tzs* 和 ln*gdp* 建立 ECM 模型。先从协整检验中的协整回归中求得残差，然后估计误差修正模型，结果如下：

$$\triangle \ln tzs_t = -1.1316 \triangle \ln gdp_t - 0.7456 rdnmg_{t-1} + [\text{AR}(1) = 0.7525]$$
$$(2.2237) \qquad (-3.4377) \qquad (4.7474)$$
$$R^2 = 0.2411, \ \text{DW} = 1.8674$$

模型通过了 DW 检验，各变量的回归系数均通过了 5%的检验。回归结果表明，内蒙古实际生产总值增长率的短期变动对收入差距存在反向影响，本期实际生产总值增长率每增加 1%，本期收入差距会减少 1.13%。此外，短期调整系数是显著的，且误差修正系数为负，符合反向修正机制，表明实际生产总值的增长率与其长期均衡值的偏差中有约 74.53%被修正。

（4）格兰杰因果关系检验

从上述协整分析和误差修正模型可知，内蒙古收入差距和实际地区生产总值增长率之间具有长期均衡关系。下面采用格兰杰因果检验进一步检验两者之间是否存在因果关系，检验结果（见表 5-3）表明：当滞后期为 2 和 3 时，ln*tzs* 不是 ln*gdp* 的格兰杰成因的假设被接受，即 ln*tzs* 不是 ln*gdp* 的格兰杰成因；而 ln*gdp* 不是 ln*tzs* 的格兰杰成因的假设被拒绝，即 ln*gdp* 是 ln*tzs* 的格兰杰成因。

表 5-3 内蒙古经济增长速度和城乡收入差距的变动速度之间的因果关系检验

原假设	滞后期数	F 统计量	P 值	结论
ln*tzs* 不是 ln*gdp* 的格兰杰原因	2	0.4986	0.6123	接受
	3	1.7942	0.1721	接受
ln*gdp* 不是 ln*tzs* 的格兰杰原因	2	4.2523	0.0237	拒绝
	3	4.3501	1.0127	拒绝

2. 西藏自治区

（1）平稳性检验

对西藏的 ln*gdp* 和 ln*tzs* 数据进行 ADF 检验，结果如表 5-4 所示。从结果可知，ln*gdp* 和 ln*tzs* 的检验结果都拒绝了有单位根的假设，因此 ln*gdp* 和 ln*tzs* 均为平稳的时间序列。

表 5-4　变量的平稳性检验（西藏）

变量	ADF 检验值	检验设定形式	1%临界值	5%临界值	10%临界值	结论
ln*gdp*	-4.9713	（C，T，6）	-4.2967	-3.5683	-3.2184	平稳
ln*tzs*	-5.4509	（C，N，9）	-3.6998	-2.9763	-2.6274	平稳

（2）收入差距对经济增长的影响

由上一步可知，ln*gdp* 和 ln*tzs* 都是平稳的时间序列数据，则直接对变量进行 OLS 估计，得到的回归方程如下：

$$\ln gdp = -0.1487\ln tzs + 1.3645AR(1) - 0.3455AR(2)$$

$$(-4.0355)\quad(8.1005)\quad(-1.9912)$$

$$R^2 = 0.9974,\ DW = 1.6112$$

模型拟合优度较高（见图 5-7），方程通过了 DW 检验，各回归系数均通过了 t 检验。回归结果表明，收入差距的变动对经济增长率有负向影响，收入差距每增加 1%，经济增长率减少 0.15%。

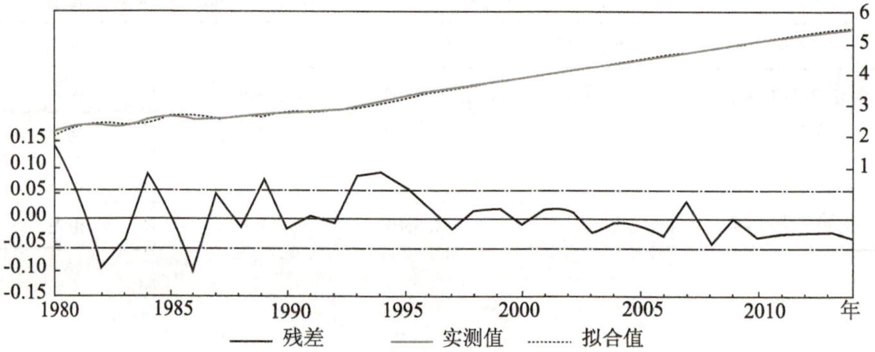

图 5-7　西藏收入差距对经济增长的影响模拟拟合优度

（3）经济增长对收入差距的影响

由上一步可知，ln*gdp* 和 ln*tzs* 都是平稳的时间序列数据，则直接对变量进行 OLS 估计，得到的回归方程如下：

$$\ln tzs = -0.4083 \ln gdp + 0.9624 AR(1)$$

$$(-2.4483) \qquad (27.9912)$$

$$R^2 = 0.8998, \quad DW = 1.5909$$

模型拟合优度较好（见图 5-8），方程通过了 DW 检验，各回归系数均通过了 t 检验。回归结果表明，经济增长率的变动对收入差距有负向影响，经济增长率每增加 1%，收入差距减少 0.41%。

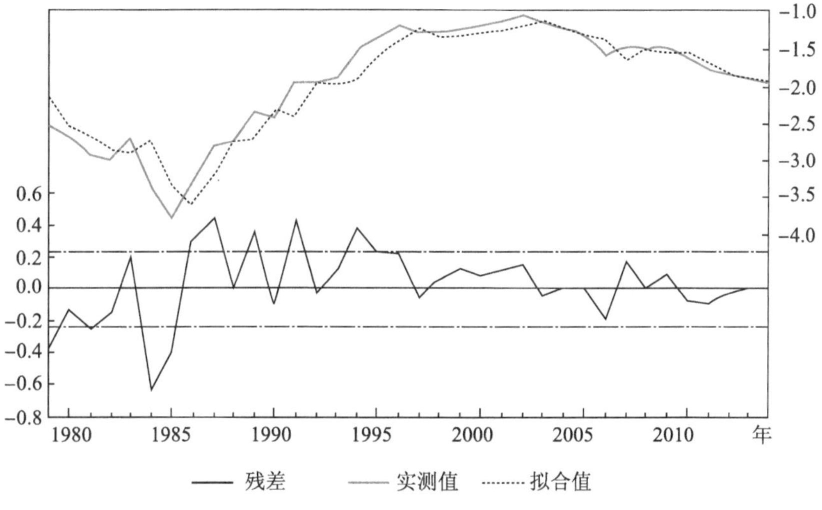

图 5-8　西藏经济增长对收入差距的影响模拟拟合优度

（4）格兰杰因果关系检验

上面分析了西藏自治区的收入差距和实际地区生产总值增长率之间的相互影响关系。这里进一步检验两者之间是否存在因果关系，采用格兰杰因果检验进行分析，检验结果（见表 5-5）表明：当滞后期为 3、4 和 5 时，ln*tzs* 不是 ln*gdp* 的格兰杰成因的假设被拒绝，因此 ln*tzs* 是 ln*gdp* 的格兰杰成因；而 ln*gdp* 不是 ln*tzs* 的格兰杰成因的假设也被拒绝，因此 ln*gdp* 是 ln*tzs* 的格兰杰成因，即 lng*dp* 和 ln*tzs* 之间存在双向的影响关系。

表 5-5　西藏经济增长速度和城乡收入差距的变动速度之间的因果关系检验

原假设	滞后期数	F 统计量	P 值	结论
ln*tzs* 不是 lng*dp* 的格兰杰原因	3	6.13081	0.0026	拒绝
	4	3.20951	0.0303	拒绝
	5	2.72805	0.474	拒绝
lng*dp* 不是 ln*tzs* 的格兰杰原因	3	4.02128	0.0173	拒绝
	4	3.48474	0.0222	拒绝
	5	4.04156	0.0100	拒绝

3. 宁夏回族自治区

（1）平稳性检验

对宁夏的 lng*dp* 和 ln*tzs* 数据进行 ADF 检验，结果如表 5-6 所示。从结果可知，lng*dp* 和 ln*tzs* 的检验结果都没有拒绝有单位根的假设，因此 lng*dp* 和 ln*tzs* 均为非平稳的时间序列。对 lng*dp* 和 ln*tzs* 进行一阶差分后，△lng*dp* 和 △ln*tzs* 均拒绝了有单位根的假设，因此 △lng*dp* 和 △ln*tzs* 均为平稳时间序列。

表 5-6　变量的平稳性检验（宁夏）

变量	ADF 检验值	检验设定形式	1%临界值	5%临界值	10%临界值	结论
lng*dp*	-1.3309	（C，T，3）	-4.2627	-3.5529	-3.2096	不平稳
△lng*dp*	-3.3213	（C，N，0）	-3.6329	-2.9484	-2.6129	平稳
ln*tzs*	-2.3571	（C，T，1）	-4.2436	-3.5443	-3.2047	不平稳
△ln*tzs*	-5.0102	（N，N，0）	-2.6327	-1.9507	-1.6111	平稳

（2）长期均衡关系分析——协整检验

由上一步可知，lng*dp* 和 ln*tzs* 都是一阶单整的时间序列数据，则用 OLS 法估计长期均衡方程，得到的协整方程如下：

$$\ln tzs = -2.810612 + 0.1634\ln gdp + 0.8991AR(1) - 0.3864AR(3)$$
$$(-13.2989)\quad (3.3523)\quad (7.3202)\quad (-3.2901)$$

$$R^2=0.8019，DW=1.8362$$

对上述方程的残差 *rdnx* 进行平稳性检验，ADF 检验结果如下：

$$\triangle rdnx=-1.0007\triangle rdnx\ (-1)$$
$$(-5.2533)$$
$$R^2=0.4608，DW=1.8585$$

将 t=-5.2533 与表 5-3 中的临界值相比较，如果取显著性水平为 1%，那么 t 小于临界值-4.37，因而是可以接受 *rdnx* 为平稳序列的备择假设，即两个变量是（1，1）阶协整的。

（3）短期关系分析——误差修正模型

根据上一步协整检验的结论，取显著性水平为 5%，对 ln*tzs* 和 ln*gdp* 建立 ECM 模型。先从协整检验中的协整回归中求得残差，然后估计误差修正模型，结果如下：

$$\triangle \ln tzs_t=0.1820-1.7712\triangle \ln gdp_t-0.5133rdnx_{t-1}+0.6236AR\ (1)\ -0.4560AR\ (3)$$
$$(1.8967)(-1.8676)\quad(-3.2017)\quad(-3.0563)\quad(3.9760)$$
$$R^2=0.4413，DW=1.7835$$

模型通过了 DW 检验，各变量的回归系数均通过了 t 检验，其中常数项和 △ln*gdp* 通过了 10%的检验，而 *rdnx* 通过了 1%的检验。回归结果表明，宁夏实际生产总值增长率的短期变动对收入差距存在反向影响，本期实际生产总值增长率每增加 1%，本期收入差距会减少 1.77%。此外，短期调整系数是显著的，且误差修正系数为负，符合反向修正机制，表明实际生产总值的增长率与其长期均衡值的偏差中有约 51.3%被修正。

（4）格兰杰因果关系检验

从上述协整分析和误差修正模型可知，宁夏收入差距和实际生产总值增长率之间具有长期均衡关系。下面进一步采用格兰杰因果检验检验两者之间是否存在因果关系，检验结果（见表 5-7）表明：当滞后期为 4 和 7 时，ln*tzs* 不是 ln*gdp* 的格兰杰成因的假设被接受，因此 ln*tzs* 不是 ln*gdp* 的格兰杰成因；而 ln*gdp* 不是 ln*tzs* 的格兰杰成因的假设被拒绝，因此 ln*gdp* 是 ln*tzs* 的格兰杰成因。

表 5-7　宁夏经济增长速度和城乡收入差距的变动速度之间的因果关系检验

原假设	滞后期数	F 统计量	P 值	结论
ln*tzs* 不是 ln*gdp* 的格兰杰原因	4	1.6377	0.1974	接受
	7	1.5552	0.2234	接受
ln*gdp* 不是 ln*tzs* 的格兰杰原因	4	2.8233	0.0473	拒绝
	7	2.9257	0.0384	拒绝

4. 新疆维吾尔自治区

(1) 平稳性检验

对新疆的 ln*gdp* 和 ln*tzs* 数据进行 ADF 检验，结果如表 5-8 所示。从结果可知，ln*gdp* 和 ln*tzs* 的检验结果都拒绝有单位根的假设，因此 ln*gdp* 和 ln*tzs* 均为平稳的时间序列。

表 5-8　变量的平稳性检验（新疆）

变量	ADF 检验值	检验设定形式	1%临界值	5%临界值	10%临界值	结论
ln*gdp*	-3.9632	（C，T，13）	-4.4163	-3.622	-3.2486	平稳
ln*tzs*	-4.1451	（C，N，8）	-3.6892	-2.9719	-2.6251	平稳

(2) 收入差距对经济增长的影响

由上一步可知，ln*gdp* 和 ln*tzs* 都是平稳的时间序列数据，则直接对变量进行 OLS 法估计，得到的回归方程如下：

$$\ln gdp = 0.0639 \ln tzs + 1.1311 AR(1) - 0.1249 AR(2)$$

$$(-2.5404)\quad(30.228)\qquad(-3.0688)$$

$$R^2 = 0.9993,\ DW = 1.6264$$

模型拟合优度较高（见图 5-9），方程通过了 DW 检验，各回归系数均通过了 t 检验。回归结果表明，收入差距的变动对经济增长率有正向影响，收入差距每增加 1%，经济增长率增加 0.06%。

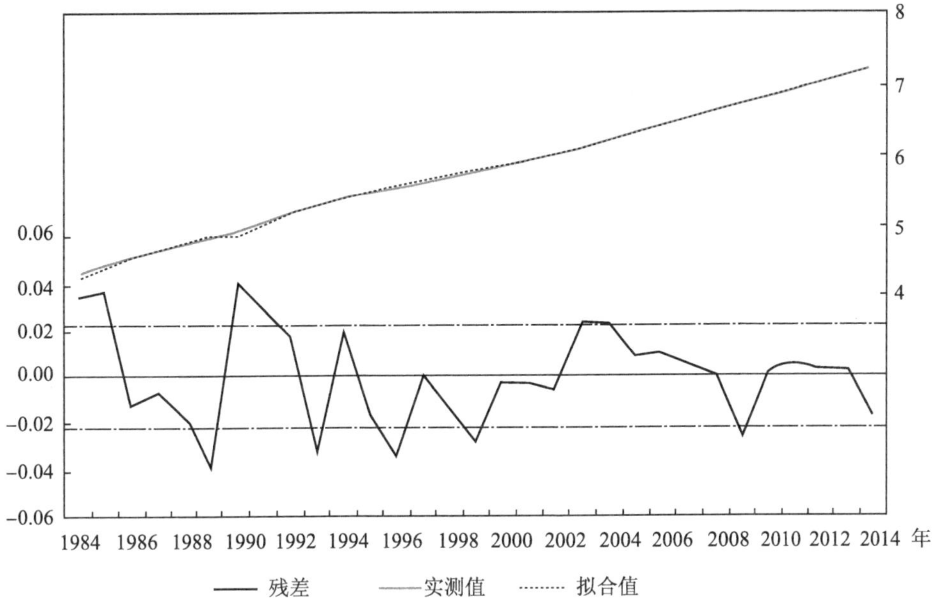

图 5-9　新疆收入差距对经济增长的影响模拟拟合优度

（3）经济增长对收入差距的影响

由上一步可知，ln*gdp* 和 ln*tzs* 都是平稳的时间序列数据，则直接对变量进行 OLS 估计，得到的回归方程如下：

$$\ln tzs = -4.2031 + 0.3507\ln gdp + 1.3479AR(1) - 0.5309AR(2)$$

$$(-5.1514)\quad(2.5013)\qquad(8.8001)\qquad(-3.5362)$$

$$R^2 = 0.9222,\ DW = 2.0174$$

模型拟合优度较好（见图 5-10），方程通过了 DW 检验，各回归系数均通过了 t 检验。回归结果表明，经济增长率的变动对收入差距有正向影响，经济增长率每增加 1%，收入差距增长 0.35%。

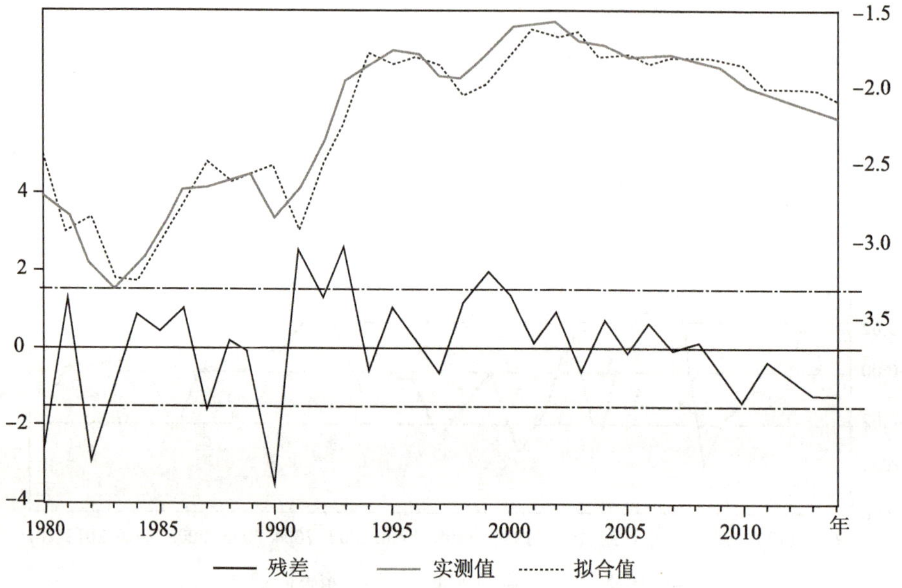

图 5-10 新疆经济增长对收入差距的影响模拟拟合优度

（4）格兰杰因果关系检验

上面分析了新疆维吾尔自治区的收入差距和实际生产总值增长率之间具有长期均衡关系。下面采用格兰杰因果检验进一步检验两者之间是否存在因果关系，检验结果（见表 5-9）表明：当滞后期为 2、3 和 4 时，ln*tzs* 不是 ln*gdp* 的格兰杰成因的假设被拒绝，因此 ln*tzs* 是 ln*gdp* 的格兰杰成因；而 ln*gdp* 不是 ln*tzs* 的格兰杰成因的假设也被拒绝，因此 ln*gdp* 是 ln*tzs* 的格兰杰成因，即 ln*tzs* 和 ln*gdp* 之间存在双向的影响关系。

表 5-9 新疆经济增长速度和城乡收入差距的变动速度之间的因果关系检验

原假设	滞后期数	F 统计量	P 值	结论
ln*tzs* 不是 ln*gdp* 的格兰杰原因	2	5.9376	0.0067	拒绝
	3	2.2799	0.1020	拒绝
	4	2.2964	0.0885	拒绝
ln*gdp* 不是 ln*tzs* 的格兰杰原因	2	3.0845	0.0605	拒绝
	3	4.9694	0.0071	拒绝
	4	5.9545	0.0018	拒绝
	4	5.9545	0.0018	拒绝

5. 广西壮族自治区

(1) 平稳性检验

对广西的 ln*gdp* 和 ln*tzs* 数据进行 ADF 检验，结果如表 5-10 所示。从结果可知，ln*gdp* 和 ln*tzs* 的检验结果都没有拒绝有单位根的假设，因此 ln*gdp* 和 ln*tzs* 均为非平稳的时间序列。对 ln*gdp* 和 ln*tzs* 进行一阶差分后，△ln*gdp* 的检验没有拒绝有单位根的假设，而 △ln*tzs* 拒绝了有单位根的假设，因此 △ln*gdp* 是非平稳的。而 △ln*tzs* 为平稳时间序列。对 ln*gdp* 进行二阶差分后，$\triangle^2$ln*gdp* 的检验拒绝有单位根的假设，$\triangle^2$ln*gdp* 因此为平稳时间序列。

表 5-10 变量的平稳性检验（广西）

变量	ADF 检验值	检验设定形式	1%临界值	5%临界值	10%临界值	结论
ln*gdp*	-1.9715	(C, T, 1)	-4.2436	-3.5443	-3.2047	不平稳
△ln*gdp*	-2.4669	(C, N, 1)	-3.6394	-2.9511	-2.6143	不平稳
$\triangle^2$ln*gdp*	-3.9521	(N, N, 1)	-2.6369	-1.9513	-1.6107	平稳
ln*tzs*	-2.5561	(C, T, 0)	-3.6268	-2.9458	-2.6115	不平稳
△ln*tzs*	-5.4169	(N, N, 0)	-2.6327	-1.9507	-1.6111	平稳

（2）格兰杰因果关系检验

下面检验收入差距和实际生产总值增长率之间是否存在因果关系，这里采用格兰杰因果检验进行分析，检验结果（见表5-11）表明：当滞后期为2、3和4时，ln*tzs* 不是 ln*gdp* 的格兰杰成因的假设均接受，因此 ln*tzs* 不是 ln*gdp* 的格兰杰成因；而 ln*gdp* 不是 ln*tzs* 的格兰杰成因的假设也均被接受，因此 ln*gdp* 也不是 ln*tzs* 的格兰杰成因。

表5-11　广西经济增长速度和城乡收入差距的变动速度之间的因果关系检验

原假设	滞后期数	F 统计量	P 值	结论
ln*tzs* 不是 ln*gdp* 的格兰杰原因	2	0.5890	0.5612	接受
	3	0.4402	0.7261	接受
	4	1.1039	0.3775	接受
ln*gdp* 不是 ln*tzs* 的格兰杰原因	2	2.2817	0.1196	接受
	3	1.3347	0.2838	接受
	4	2.0081	0.1255	接受

三、实证研究结论

以上对我国五个少数民族地区1978—2014年经济增长和城乡收入差距的相互关系进行了描述和实证分析，得出以下结论：

第一，1978年以来，随着少数民族地区经济的快速增长，城乡居民收入持续增长。总体而言，五个少数民族地区的城乡收入差距在波动中呈逐步扩大的趋势。

第二，与研究全国数据的文献所得到的结论不同的是，本节的分析发现，五个少数民族地区中有些地区的经济增长与收入差距之间并不具有长期稳定的协整关系。也就是说，城乡收入差距对实际经济增长率的长期效应因城乡收入差距水平和实际经济水平的变化而呈现出非线性转换与演变的特征。协整方程和ECM模型结果说明：内蒙古与宁夏的实际经济增长率与城乡收入差距之间存在长期稳定的协整关系，经济增长率的短期变动对收入差距存在反向影响；新疆的实际经济增长率与泰尔指数数据均为平稳序列，回归结果表明收入差距的变动和 GDP 增长率的变动之间存在正向关系；西藏的实际经济增长率与泰尔指数数据均为平稳序列，回归结果表明收入差距的变动和 GDP 增长率的变动之间存在负向关系；广西的结果与其他地区不同，实际经济增长率与泰尔指数数据既不平稳也不是同阶单整，因此广西的经济增长与收入差距之间的关系不明确。

第三，从格兰杰因果关系检验的结果来看，内蒙古的经济增长率是收入差距的格兰杰成因；西藏的经济增长率与收入差距之间存在双向因果关系；宁夏的经济增长率是收入差距的格兰杰成因；新疆的经济增长率与收入差距之间存在双向因果关系；广西的经济增长率与收入差距之间不存在因果关系。

第四，实证分析结果表明，我国五个少数民族地区城乡收入差距普遍高于全国平均水平，城乡收入差距已经成为当前我国经济发展中的一个突出问题。当前和今后一段时期，应加强和支持我国少数民族地区的经济发展，并不断缩小民族地区城乡收入差距，创新体制和机制提高农村居民的收入，以此作为社会主义新农村建设的重要内容。

第四节　结论与对策建议

我国五个少数民族地区资源禀赋的差异、地理位置的差异等决定了其经济发展水平的差异，正因如此，缩小少数民族地区城乡收入差距的具体措施也应因地制宜。具体而言：

第一，内蒙古是五个少数民族地区中经济发展最快、城乡收入差距最小的地区。然而，内蒙古的经济是基于中国经济增长对能源和矿产资源的巨大需求而发展起来的。近年来，内蒙古的经济增长主要依靠工业经济的拉动，具有典型的不均衡特点。因此，若要实现内蒙古经济增长与城乡收入差距之间的平衡发展，重点在于调整产业结构，加强第一和第三产业的发展。通过调整工业内部结构，使经济增长不再过度依赖能源资源；重点改变农村及牧区的经济发展模式。建议改变对农牧民的占地补偿办法，尽量做到补偿办法的多样化，从而有力保障失地农牧民的经济生活。正确处理好城市和农牧区经济发展的关系，提高城镇化水平，找到一条有效缩小城乡收入差距的路子。

第二，西藏是五个少数民族地区中城乡收入差距最大的地区。由于西藏社会经济发展以外援型为主，当地财政“造血”能力不足。所以，要想让西藏自治区的经济快速增长，关键是要提高农村牧区的经济发展水平，彻底改变西藏经济“输血型”发展的特点，使其向“输血型+造血型”的发展模式转化，最终实现西藏的和谐稳定与可持续发展。西藏的经济发展显著有别于其他地区，且西藏收入差距的扩大会阻碍其经济增长。因此，要充分考虑西藏经济发展的特殊性，尤其要紧密结合西藏的历史文化，不断缩小城乡收入差距，从而有效保障西藏经济的健康运行和可持续发展。西藏农牧民人口比重非常大，一半以上的人口是居住在广大农牧区的藏族农牧民，从事传统的农牧业。城乡、区域之间发展不平衡，是西藏经济发展过程中面临的主要矛盾。为此，应尽快建立城乡一体化、区域协调发展的新局面；改变原来以城市为重心的发展理念，使公共资源能够在城市与农牧区之间得到均衡配置；加快发展社会主义市场经济，使生产要素能够在城乡间自由流动，最终使西藏自治区城乡经济协调一致发展。

第三，宁夏城乡总体收入差距呈现波动扩大趋势，其中，二元经济结构是城乡居民收入差距扩大的根本原因。因此，缩小宁夏城乡收入差距的根本途径就是通过一系列正式和非正式的制度安排彻底改变传统经济社会体制下形成的城乡分离的二元体制。首先，二元户籍制度是统筹城乡经济发展的核心问题，也是缩小城乡收入差距最大的制度障碍。若要缩小宁夏城乡收入差距，关键在于改革长期以来的二元户籍制度。其次，缩小宁夏城乡收入差距，统筹城乡发展，必须改变财税金融过度向城市倾斜的政策，建立城乡统一的财税金融体制。再次，劳动力素质及科教发展水平是提高农民收入和缩小城乡居民收入差距的根本性因素。最后，还应建立城乡统一的社会保障制度，逐步缩小城乡社会保障水平之间的差距。

第四，新疆经济增长率和收入差距的变动率之间呈双向因果关系，即收入差距的变动对 GDP 增长率有正向影响。新疆和西藏的自然条件、地理位置对其经济发展形成了一种硬性制约，导致其经济发展以外援型为主，当地财政“造血”能力不足。上节研究的政策含义是显而易见的。如果说收入差距与经济增长的关系会受到经济所处的发展阶段的影响，那么政府就应着力实现新疆经济跨越式发展，使之尽快走出经济发展的早期阶段。当新疆经济发展进入更高阶段时，收入差距的缩小就会有利于经济增长。新疆经济发展在全国经济大局中，具有特殊重要的战略地位。只有着重解决城乡之间、区域之间发展不平衡的这一新疆经济社会发展面临的突出矛盾，才能实现新疆跨越式发展的目标。

第五，广西是最大的少数民族聚集地区，是西部欠发达民族地区的典型代表。改革开放以来，广西的经济得到了快速发展，城乡居民可支配收入大幅度增加，但城乡收入差距也出现了扩大的趋势。由上节实证分析结果可知，广西的结果与其他少数民族地区不同，其实际经济增长率与泰尔指数数据既不平稳也不是同阶单整的，因此，广西的经济增长与收入差距之间的关系并不明确。这说明广西的经济增长与城乡收入差距之间还没有形成稳定的互动关系，地方经济的特色和优势还没有完全发挥出来。广西是一个少数民族文化资源丰富的地区，因此，广西应该着力开发当地的特色文化产业，依托当地民族特色，塑造自己经济发展的独特优势，从而有效缩小城乡收入差距。

第六章　我国少数民族地区城乡居民收入差距与产业结构

第一节　产业结构影响城乡居民收入差距的理论与内在机理

一、产业结构影响城乡居民收入差距的理论

（一）产业结构变迁理论

1. 配第—克拉克定律

配第—克拉克以劳动力在三次产业之间的转换规律为主要研究对象。通过研究主要发达国家劳动力的转移，发现随着经济的快速发展和人均国民收入水平的提高，劳动力先从第一产业向第二产业转移，再向第三产业转移。从劳动力在三次产业之间的分布状况来看，第一产业的劳动力比重呈逐步下降趋势，而第二和第三产业的劳动力比重则呈现出相反的趋势。配第认为，制造业给居民带来的收入比农业高，商业给居民带来的收入又比制造业高，而正是这种收入的差异促使劳动力由低收入部门向高收入部门转移。

2. 库兹涅茨对产业结构演变规律的研究

库兹涅茨在其著作《各国的经济增长》一书中，从国民收入和劳动力这两个方面研究了产业结构的演变规律，发现整个工业化时期，产业结构的转换表现在第一产业创造的财富和吸收就业的份额逐渐转移到第二产业和第三

产业。其中，在工业化前期，第二产业逐渐成为财富的主要创造者，而第三产业则是吸收劳动力的主要场所；到工业化后期，第二产业创造财富的比重也开始下降，第三产业逐渐成为经济发展的主体和吸收劳动力的主要场所。因此，在工业化过程中，三次产业的发展是相辅相成的。如果第二产业总量增长很快，而第三产业发展滞后，那么必然会使第二产业在总额中的比重得到较快的增加，同时使劳动力的转移过程受阻，大量的劳动力就会滞留于低效率的第一产业，城镇化水平很难提高。

（二）二元经济结构理论

1. 刘易斯模型

刘易斯认为，在发展中国家国民经济呈现出二元性，存在性质不同的两种部门，一种是劳动生产率和工资水平较高的工业部门，即现代化的生产模式；另一种是劳动生产率很低的农业部门，即传统的生产模式。工业部门的资本积累以它的剩余产出为条件，且它的扩张导致对劳动力需求的提高，从而使农村剩余劳动力向城市工业部门转移。

2. 拉尼斯—费景汉模型

首先，拉尼斯—费景汉模型认为，二元经济中的农业部门既为现代工业部门提供了所需劳动力，也为工业部门提供了足够的农业剩余劳动力，所以应当注重农业部门的技术进步与发展，且纠正了刘易斯模型中对农业部门发展和整个经济的粮食供给问题的忽视。其次，该模型不仅指出了解决粮食短缺的根本途径是农业部门技术的进步，而且发现实现结构转变的关键因素之一就是两个部门之间的平衡发展。最后，拉尼斯—费景汉模型对技术进步类型对工业部门就业增长的影响作了深刻研究，认为技术创新类型的不同可能带来经济增长的不同对剩余劳动力的吸收也会产生不同的影响。

拉尼斯—费景汉模型说明在二元经济转换过程中，劳动者收入的多少取决于劳动生产率的高低，农村居民收入会随着劳动力向城镇转移和农业劳动生产率的提高而提高。因此可以推断，缩小城乡居民收入差距的关键是要提高农业部门的劳动生产率，注重工业部门中劳动密集型产业的发展。

二、产业结构影响城乡居民收入差距的内在机理

（一）农业结构调整与城乡居民收入差距

农业结构调整不仅涉及与农村家庭生产决策有关的农业内部结构变化和产业重组，还涉及农业生产率提升后对生产资源的再配置，这种结构调整和资源的再配置直接影响农民收入构成比例。在家庭经营性收入和工资性收入占主导地位的情况下，农业现代化的推进和产业结构的不断调整能够有效拉长农业的产业链条，增加农业的附加值和效益，在增加农民家庭经营性收入的同时，通过农村剩余劳动力的向外转移增加农民工资性收入。

（二）工业结构调整与城乡居民收入差距

在工业化的过程中，虽然农业生产工具会因工业化水平的不断提高而得到改进，但由于农业生产容易受自然条件的影响，加之土地面积有限，农业生产力发展比较缓慢。所以，在工业化发展过程中，城市和农村的差距会渐渐拉大，在不同的发展阶段又会呈现出不同的特点。

在以轻工业为主的发展阶段，城乡居民收入差距较小。普遍来说，工业化是从轻工业开始的。在工业化初期，卷烟、纺织、农产品加工等产业部门首先从农业中分离出来。这些部门的产品主要用于满足基本的生活需求，需求收入弹性小，生产过程简单。这些劳动密集型产业技术水平较低，占用的资本比较低，需要的是较多的劳动力。所以这个阶段的城乡居民收入差距会比较小。

在以重工业为主的发展阶段，城乡居民收入差距较大。随着重工业在工业中的比重渐渐增加，工业化进入中期阶段。由于重工业大部分为资本技术密集型产业，占用资金较多且周转时间较长，投资回收期也比较长，需要的劳动力却相对较少，对劳动力的技术能力和知识水平要求比较高。因而，在农业劳动力转化为非农业劳动力的过程中，农民就业较困难，收入水平很难提高，所以这一阶段城乡居民收入差距难免会扩大。

（三）服务业结构优化与城乡居民收入差距

服务业缩小城乡居民收入差距的作用主要体现在服务业能够吸纳农业剩

余劳动力。具体而言，服务业能够降低制造业的交易成本，提高制造业部门的劳动力生产率，扩大制造业的利润空间，促进制造业对投资的吸引和生产规模的扩大，从而增加制造业对农业剩余劳动力的吸收。服务业的发展可以提高农业劳动生产率，从而使农村劳动力向城市转移、向服务业转移。特别是在信息经济时代，通过快速发展现代消费服务业，能有效地吸收农业的剩余劳动力，增加农民收入，从而缩小城乡收入差距。

第二节　少数民族地区城乡居民收入差距与产业结构变迁状况

一、少数民族地区城乡居民收入差距的变迁状况

改革开放以来，我国的经济迅速发展，居民的收入水平有了很大的提高。然而，在第二和第三产业的产值比重不断提高的情况下，我国少数民族地区的城乡居民收入差距在不断扩大。依据上一章的分析，本章同样采用适合少数民族地区二元经济特性的收入差距指标——泰尔指数对我国少数民族地区的城乡居民收入差距进行衡量。1978—2014 年，整个少数民族地区泰尔指数的变化趋势如图 6-1 所示。

通过观察我国少数民族地区城乡居民收入差距的变化趋势，并结合少数民族地区的经济发展趋势，可以发现，我国少数民族地区的城乡居民收入差距的变化可以分成三个阶段。

第一个阶段是从 1978 年至 1984 年。这一阶段各少数民族地区均开始实施家庭联产承包经营责任制，广泛地调动了农民从事生产的积极性，促使农业增产、农民增收。同时，在这一阶段少数民族地区的城乡居民收入差距呈现出了下降的趋势，泰尔指数从 1978 年的 0.083 下降到了 1984 年的 0.047。

第二个阶段是从 1985 年至 2004 年。这一阶段五个少数民族地区的改革

重点从农村转向城市，大力发展商品经济，工业产值占比在波动中上升，城乡二元经济结构的特性逐渐凸显。少数民族地区的城乡居民收入差距在波动中迅速扩大，从 1985 年的 0.058 扩大到 2004 年的 0.189。

第三个阶段是从 2005 年至 2016 年。这一阶段少数民族地区开始实施免除农业税的经济政策，大力发展对外贸易，不断完善社会主义市场经济体制。第三产业在这一时期得到了快速的发展，少数民族地区过度重型化的产业结构得到了改善，城市逐渐向重生产、重流通、重服务的方向发展，城市吸纳农村剩余劳动力的能力也在不断提高。这一阶段少数民族地区城乡居民收入差距又开始呈现下降趋势，从 2005 年的 0.183 下降到 2014 年的 0.135。

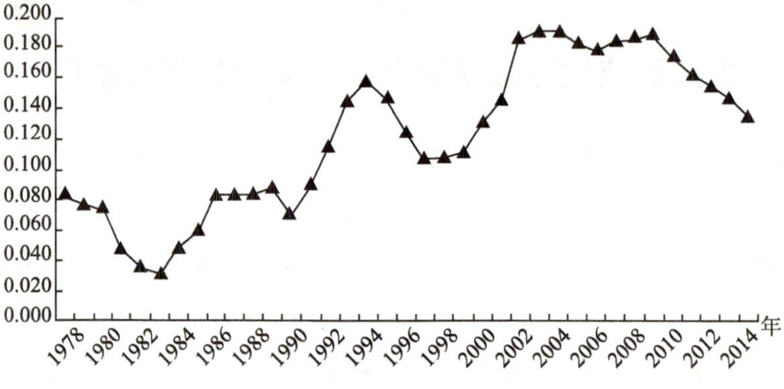

图 6-1　1978—2014 年少数民族地区泰尔指数的变化趋势

分别观察这五个少数民族自治区的城乡居民收入差距的变化趋势（见图 6-2），可以发现，这五个少数民族地区的泰尔指数变化趋势整体上相同，在 1984 年左右下降到最低点，在 2004 年左右上升到最高点，2009 年以来呈现逐步下降的趋势。但在 1994 年至 2004 年这十年期间西藏地区的泰尔指数远远高于其他四个地区。因为西藏农牧民人口占比较大，所从事的传统农牧业效率较低，导致收入水平较低，城乡居民收入差距较大。

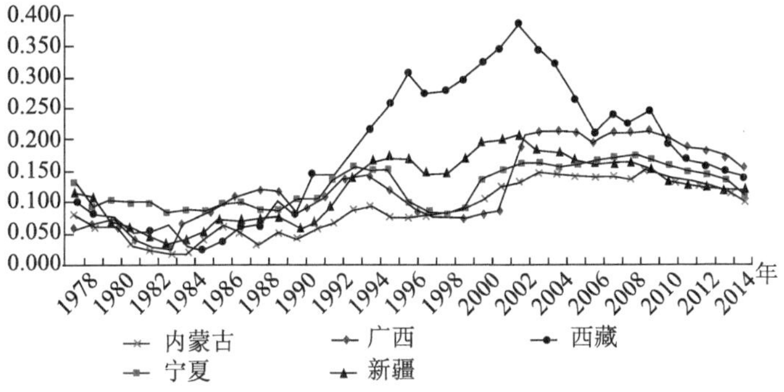

图 6-2　1978—2014 年五个自治区泰尔指数的变化趋势

二、少数民族地区产业结构的变迁状况

产业结构变迁是经济结构变动的主要原因，三次产业力量的此消彼长造成了城乡收入差距的变化。本节将分析 1978—2014 年少数民族地区三次产业增加值比重的变化状况。图 6-3 为 1978—2014 年我国少数民族地区产业结构的变化趋势。

自改革开放以来，我国少数民族地区产业结构不断变迁，第一产业增加值比重在 1982 年之前小幅增加，1982 年之后迅速下降，从 1982 年的 43%下降到 2014 年的 13%，而且 1992 年以后第一产业增加值比重一直低于第二、第三产业增加值比重。第二产业增加值比重在波动中上升，从 1978 年的 41%上升到 2014 年的 48%。第三产业增加值比重稳定上升，从 1978 年的 22%上升到 2014 年的 40%。

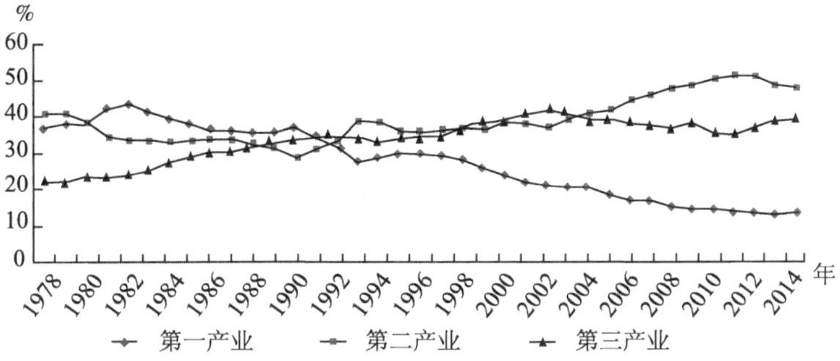

图 6-3　1978—2014 年少数民族地区三次产业增加值比重的变化趋势

图 6-4 为内蒙古三次产业增加值比重的变化趋势，从图中可以看出，内蒙古的产业结构从 20 世纪 70 年代末的“二一三”模式转变成“二三一”模式。第一产业增加值的比重从 1978 年的 33%减少到 2014 年的 9%，减少了 24%。第三产业增加值的比重缓慢增加，从 1978 年的 22%增加到 2014 年的 40%，增加了 18%。第二产业增加值比重变化较小，从 1978 年的 45%增加到 2014 年的 51%，增加了 6%。

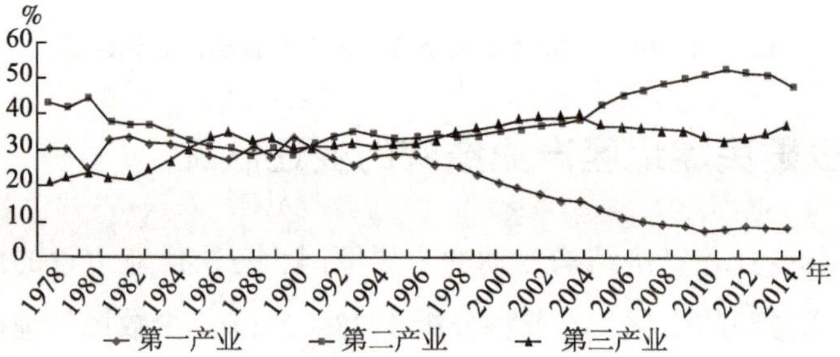

图 6-4　1978—2014 年内蒙古自治区三次产业增加值比重的变化趋势

图 6-5 为广西三次产业增加值比重的变化趋势，从图中可以看出广西的产业结构从 20 世纪 70 年代末的“一二三”模式转变成“二三一”模式。第一产业增加值的比重从 1978 年的 41%减少到 2014 年的 15%，减少了 26%。第三产业增加值的比重不断增加，从 1978 年的 25%增加到 2014 年的 38%，增加了 13%。第二产业增加值比重变化较小，从 1978 年的 34%增加到 2014 年的 47%，增加了 13%。

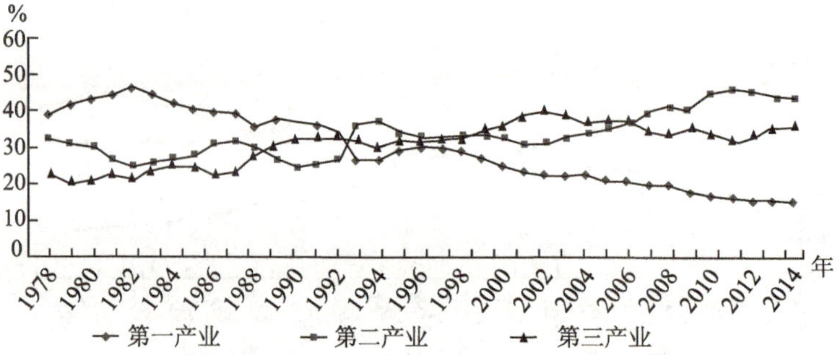

图 6-5　1978—2014 年广西壮族自治区三次产业增加值比重的变化趋势

图 6-6 为西藏三次产业增加值比重的变化趋势，从图中可以看出西藏的产业结构从 20 世纪 70 年代末的“一二三”模式转变成“三二一”模式。第一产业增加值的比重从 1978 年的 51%减少到 2014 年的 10%，减少了 41%。第三产业增加值的比重不断增加，从 1978 年的 22%增加到 2014 年的 53%，增加了 31%。第二产业增加值比重变化较小，从 1978 年的 28%增加到 2014 年的 37%，增加了 9%。

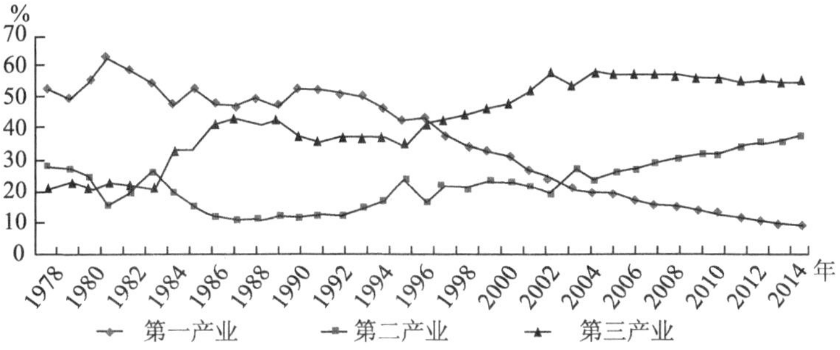

图 6-6　1978—2014 年西藏自治区三次产业增加值比重的变化趋势

图 6-7 为宁夏三次产业增加值比重的变化趋势，从图中可以看出，除个别年份外，宁夏的产业结构一直处于“二三一”模式。第一产业增加值的比重从 1978 年的 24%减少到 2014 年的 8%，减少了 16%。第三产业增加值的比重不断增加，从 1978 年的 26%增加到 2014 年的 43%，增加了 17%。第二产业增加值比重从 1978 年的 51%减少到 2014 年的 37%，减少了 14%。

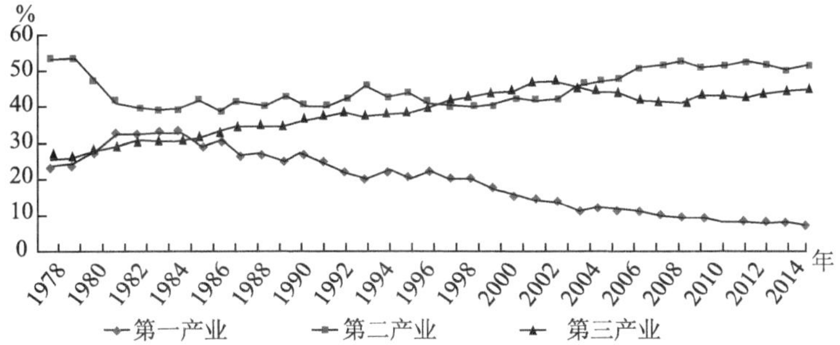

图 6-7　1978—2014 年宁夏回族自治区三次产业增加值比重的变化趋势

图 6-8 为新疆三次产业增加值比重的变化趋势，从图中可以看出新疆的产业结构从 20 世纪 70 年代末的“二一三”模式转变成“二三一”模式。第一产业增加值的比重从 1978 年的 36%减少到 2014 年的 17%，减少了 19%。第三产业增加值的比重不断增加，从 1978 年的 17%增加到 2014 年的 41%，增加了 24%。第二产业增加值比重从 1978 年的 47%减少到 2014 年的 42%，减少了 5%。

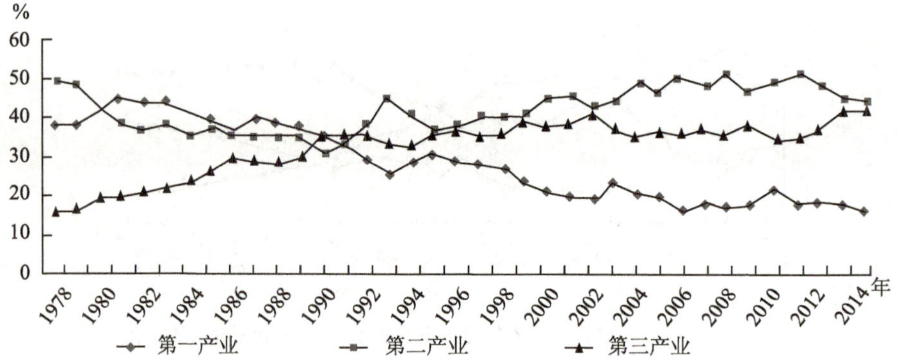

图 6-8　1978—2014 年新疆维吾尔自治区三次产业增加值比重的变化趋势

通过比较发现，五个自治区的产业结构变迁趋势十分相似，即第一产业增加值比重在 1982 年之前小幅上升，之后一直呈现下降趋势；第二产业增加值比重在波动中小幅上升，宁夏与新疆略有下降；第三产业增加值比重呈逐年上升趋势。

三、产业结构对我国少数民族地区城乡居民收入差距的影响

（一）第一产业就业人口比重比第一产业增加值比重下降的速度慢，导致城乡居民收入差距扩大

以内蒙古自治区为例，通过观察图 6-4 和图 6-9，发现内蒙古自治区第一产业增加值比重从 1978 年的 33%下降到了 2014 年的 9%，下降了 24%，而

第一产业的就业人口比重从 1978 年的 67%下降到了 2014 年的 39%，下降了 28%。说明第一产业就业人口比重下降的幅度比第一产业增加值比重下降的幅度小，第二、第三产业的发展并没有创造出更多的就业机会，以至于产生了较多的农业剩余劳动力。农牧民的收入水平没有得到提高，以至于城乡居民收入差距呈现出扩大趋势。

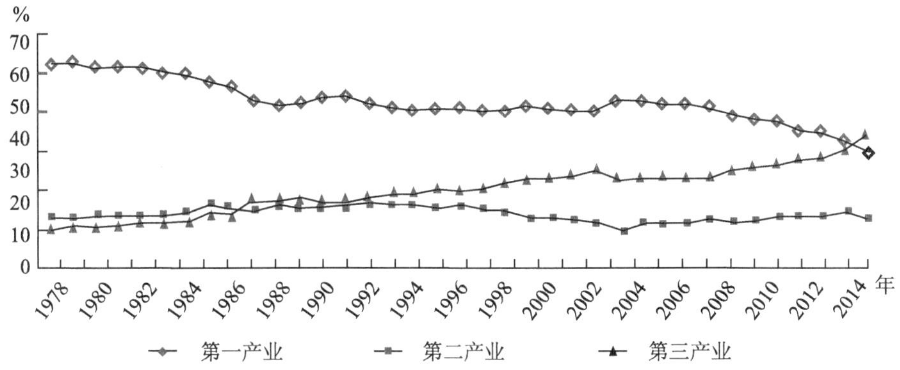

图 6-9　1978—2014 年内蒙古自治区三次产业就业人口比重的变化趋势

（二）三次产业比较劳动生产率不同，导致城乡居民收入差距扩大

图 6-10 表明，由于内蒙古第一产业的现代化水平比较低，城乡二元经济结构强度较大，导致该地区第二、第三产业的比较劳动生产率一直都比第一产业高。

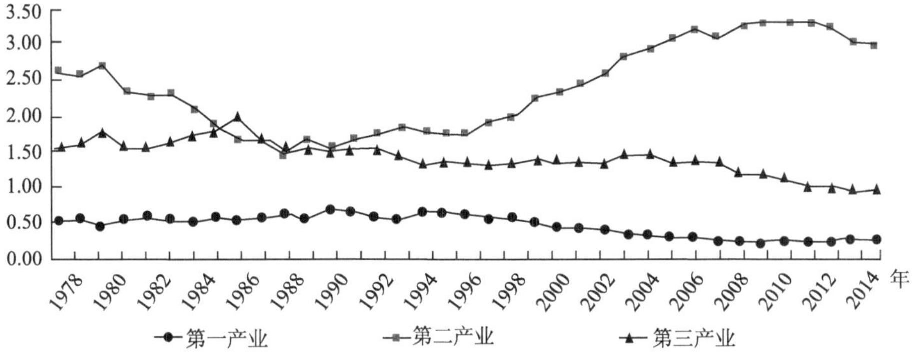

图 6-10　1978—2014 年内蒙古自治区三次产业比较劳动生产率的变化趋势

为此，本章引入了二元对比系数 R。二元对比系数也称作“二元生产率对比系数”，就是第一产业比较劳动生产率和第二、第三产业比较劳动生产率的比值。二元对比系数在 0~1，当 $R=0$ 时，说明第一产业比较劳动生产率是 0，经济的二元结构性最为显著；当 $R=1$ 时，说明第一产业跟第二、第三产业的比较劳动生产率一样，二元经济完全转变成了一元经济，经济的二元性完全消失。R 的计算公式为：

$$B_1 = \frac{G_1/G}{L_1/L},\ B_2 = \frac{G_2/G}{L_2/L},\ R = \frac{B_1}{B_2}$$

其中，G 为生产总值，L 为劳动力总数，G_1 为农业部门增加值，G_2 为非农业部门增加值，L_1 为农业部门劳动力数，L_2 为非农业部门劳动力数。1978—2014 年内蒙古二元对比系数计算结果如图 6-11 所示。数据来源于中华人民共和国国家统计局和《内蒙古统计年鉴》。

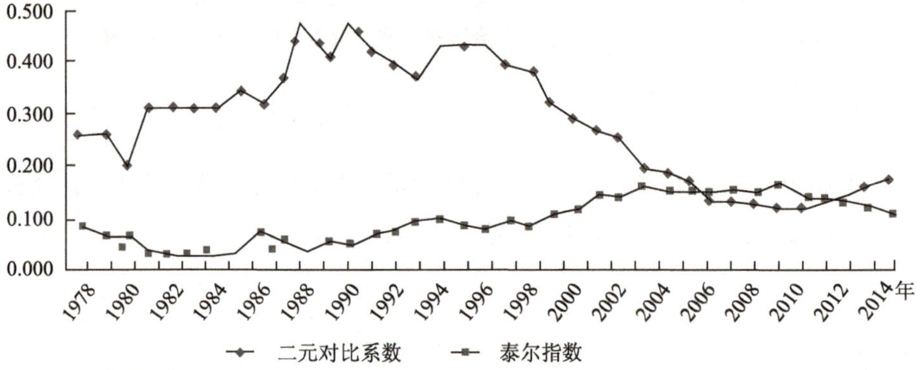

图 6-11　1978—2014 年内蒙古自治区二元对比系数与泰尔指数的变化趋势

从图 6-11 中可以发现，自 1978 年以来内蒙古的泰尔指数在波动中呈先上升后下降的趋势，而二元对比系数在波动中先上升后下降，近年来又开始上升。泰尔指数曲线就像二元对比系数曲线在水中的倒影，二者呈反向变动关系。1978 年至 1983 年家庭联产承包经营责任制的实施充分调动了农民的生产积极性，农业增产、农民增收，此时两部门之间的生产效率差距和城乡居民收入差距渐渐变小，二元对比系数慢慢变大，城乡经济结构的二元性明显减弱，城乡居民收入差距缩小。说明当二元对比系数增大时，也就是二元经济结构弱化时，两部门之间的比较劳动生产率差距变小，城乡居民收入差距变小；相反，当两部门之间的比较劳动生产率差距变大，城乡居民收入差距也随之变大。

第三节　少数民族地区城乡居民收入差距与产业结构的关系

一、数据说明

本节选用 1978—2014 年的数据进行实证分析。用二元对比系数 *R* 代表产业结构，用泰尔指数 *TZS* 来衡量城乡收入差距。

内蒙古的数据来源于国家统计局和《内蒙古统计年鉴》；广西的数据来源于国家统计局、《广西统计年鉴》和《广西六十年经济社会发展成就 1949—2009》；西藏的数据来源于国家统计局和《西藏统计年鉴》；宁夏的数据来源于国家统计局和《宁夏统计年鉴》；新疆的数据来源于国家统计局、《新疆统计年鉴》和《新疆五十年 1955—2005》。

二、少数民族地区城乡居民收入差距与产业结构的实证分析

为了进一步探讨我国少数民族地区城乡居民收入差距与产业结构变迁之间的关系，分析产业结构变迁对少数民族地区城乡居民收入差距影响 ，本节对二者之间的关系进行了线性回归分析。具体步骤如下：①用 Eviews 7.2 对数据进行平稳性检验，本节采用 ADF 检验法对各时间序列数据进行单位根检验；②若数据 *TZS* 和 *R* 均是平稳序列，则直接进行 OLS 回归分析，然后做格兰杰因果关系检验；③如果数据 *TZS* 和 *R* 是同阶单整序列，则对 *TZS* 和 *R* 进

行协整检验，然后得出协整方程，分析二者之间的动态关系。

(一) 内蒙古城乡居民收入差距与产业结构的实证分析

1. 平稳性检验

对内蒙古的 *TZS* 和 *R* 数据进行 ADF 检验，结果如表 6-1。从结果可知，*TZS* 和 *R* 的检验结果都没有拒绝有单位根的假设，因此 *TZS* 和 *R* 均为非平稳的时间序列。对 *TZS* 和 *R* 进行一阶差分后，△*TZS* 和△*R* 均拒绝了有单位根的假设，因此△*TZS* 和△*R* 均为平稳时间序列。即 *TZS* 与 *R* 都是 I（1）数据。

表 6-1　变量的平稳性检验（内蒙古）

变量	检验类型（C，T，L）	ADF 值	5%临界值	10%临界值	P 值	结论
TZS	（C，0，0）	-0.907	-2.945	-2.611	0.774	不平稳
△*TZS*	（C，0，0）	-5.144	-2.948	-2.612	0.000	平稳
R	（C，0，0）	-0.810	-2.945	-2.611	0.804	不平稳
△*R*	（C，0，0）	-6.664	-2.948	-2.612	0.000	平稳

注：C、T、L 表示带有常数项、趋势项和滞后阶数，本节下同。

2. 长期均衡关系分析——EG 协整检验

由上一步可知，*TZS* 和 *R* 都是一阶单整的时间序列数据，则用 OLS 法估计长期均衡方程，得到的协整方程如下：

$$TZS=0.1502 - 0.2299R + 0.9378\mathrm{AR}(1)$$

$$(5.0392)\ (-4.5135)\ (15.0526)$$

$$\mathrm{R}^2=0.9425,\ \mathrm{DW}=1.3295$$

括号中为 t 值，本节下同。对上述方程的残差 *e* 进行平稳性检验，ADF 检验结果如下：

$$\triangle e=-0.6952e(-1)$$

$$(-4.3653)$$

$$\overline{\mathrm{R}}^2=0.3589$$

在 5%的显著性水平下，ADF = -3.3377-5.967÷37-8.98÷37 = -3.7416，

t= −4.3653<−3.7416，可见 *e* 不存在单位根，是平稳序列，表明 *TZS* 和 *R* 是（1，1）阶协整的。

3. 短期关系分析——误差修正模型

根据上一步协整检验的结论，取显著性水平为 5%，对 *TZS* 和 *R* 建立 ECM 模型，先从协整检验中的协整回归中求得残差，然后估计误差修正模型，结果如下：

$$\Delta TZS_t = -0.2346\Delta R - 0.1694e_{t-1} + 0.3863AR\ (1)$$

$$(-5.6040)\ (-0.4677)\ (1.2066)$$

$$R^2 = 0.4808,\ DW = 1.9643$$

模型通过了 DW 检验，回归结果表明，内蒙古实际二元对比系数的短期变动对收入差距存在反向影响，本期实际二元对比系数每增加 1%，本期收入差距会减少 23.46%。此外，短期调整系数是显著的，且误差修正系数为负，符合反向修正机制，表明实际二元对比系数与其长期均衡值的偏差中约 16.94%被修正。

（二）广西城乡居民收入差距与产业结构的实证分析

1. 平稳性检验

对广西的 *TZS* 和 *R* 数据进行 ADF 检验，结果如表 6−2 所示。从结果可知，*TZS* 和 *R* 的检验结果都没有拒绝有单位根的假设，因此 *TZS* 和 *R* 均为非平稳的时间序列。对 *TZS* 和 *R* 进行一阶差分后，△*TZS* 和△*R* 均拒绝了有单位根的假设，因此△*TZS* 和△*R* 均为平稳时间序列。即 *TZS* 与 *R* 都是 I（1）数据。

表 6−2　变量的平稳性检验（广西）

变量	检验类型（C，T，L）	ADF 值	5%临界值	10%临界值	P 值	结论
TZS	（C，0，0）	−1.489	−2.945	−2.611	0.527	不平稳
△*TZS*	（C，0，0）	−4.792	−2.948	−2.612	0.000	平稳
R	（C，0，0）	−1.921	−2.945	−2.611	0.319	不平稳
△*R*	（C，0，0）	−5.538	−2.948	−2.612	0.000	平稳

2. 长期均衡关系分析——EG 协整检验

由上一步可知，*TZS* 和 *R* 都是一阶单整的时间序列数据，则用 OLS 法估计长期均衡方程，得到的协整方程如下：

$$TZS=0.2856 - 0.6667R + 0.9016AR(1)$$

$$(3.8929)\ (-2.2517)\ (14.2473)$$

$$R^2=0.8486,\ DW=1.7921$$

对上述方程的残差 e 进行平稳性检验，ADF 检验结果如下：

$$\triangle e=-0.8999e(-1)$$

$$(-5.2492)$$

$$\overline{R}^2=0.4475$$

在 5%显著性水平下，ADF=−3.3377−5.967÷37−8.98÷37=−3.741，t=−5.2492<3.7416，可见 e 不存在单位根，是平稳序列。表明 *TZS* 和 *R* 是（1，1）阶协整的。

3. 短期关系分析——误差修正模型

根据上一步协整检验的结论，取显著性水平为 5%，对 *TZS* 和 *R* 建立 ECM 模型，先从协整检验中的协整回归中求得残差，然后估计误差修正模型，结果如下：

$$\triangle TZS_t=-0.4971\triangle R-0.4475e_{t-1}+0.4821AR(1)$$

$$(-1.8196)\ (-1.9018)\ (2.1733)$$

$$R^2=0.1886,\ DW=1.7707$$

模型通过了 DW 检验，各变量的回归系数均通过了 5%的检验。回归结果表明，广西实际二元对比系数的短期变动对收入差距存在反向影响，本期实际二元对比系数每增加 1%，本期收入差距会减少 49.71%。此外，短期调整系数是显著的，且误差修正系数为负，符合反向修正机制，表明实际二元对比系数与其长期均衡值的偏差中有约 44.75%被修正。

（三）西藏城乡居民收入差距与产业结构的实证分析

1. 平稳性检验

对西藏的 *TZS* 和 *R* 数据进行 ADF 检验，结果如表 6-3 所示。从结果可知，*TZS* 和 *R* 的检验结果都没有拒绝有单位根的假设，因此 *TZS* 和 *R* 均为非平稳的时间序列。对 *TZS* 和 *R* 进行一阶差分后，△*TZS* 和△*R* 均拒绝了有单位根的假设，因此△*TZS* 和△*R* 均为平稳时间序列。即 *TZS* 与 *R* 都是 I（1）数据。

表 6-3　变量的平稳性检验（西藏）

变量	检验类型（C，T，L）	ADF 值	5%临界值	10%临界值	P 值	结论
TZS	（C，0，0）	-0.935	-2.945	-2.611	0.765	不平稳
△*TZS*	（C，T，0）	-4.855	-3.544	-3.204	0.002	平稳
R	（C，0，0）	-1.386	-2.945	-2.611	0.578	不平稳
△*R*	（C，0，0）	-6.799	-2.948	-2.612	0.000	平稳

2. 长期均衡关系分析——EG 协整检验

由上一步可知，*TZS* 和 *R* 都是一阶单整的时间序列数据，则用 OLS 法估计长期均衡方程，得到的协整方程如下：

$$TZS=0.2088-0.1127R+0.9516\mathrm{AR}（1）$$

$$（1.8059）（-0.4740）（17.7610）$$

$$R^2=0.9140，DW=1.5210$$

对上述方程的残差 *e* 进行平稳性检验，ADF 检验结果如下：

$$\triangle e=-0.7880e(-1)$$

$$(-4.8369)$$

$$\overline{R}^2=0.4072$$

在 5%显著性水平下，ADF=-3.3377-5.967÷37-8.98÷37=-3.7416，t=-4.8369<3.7416，可见 *e* 不存在单位根，是平稳序列。表明 *TZS* 和 *R* 是（1，1）阶协整的。

3. 短期关系分析——误差修正模型

根据上一步协整检验的结论，取显著性水平为 5%，对 *TZS* 和 *R* 建立 ECM 模型，先从协整检验中的协整回归中求得残差，然后估计误差修正模型，结果如下：

$$\triangle TZS_t = -0.0970\triangle R - 0.4175e_{t-1} + 0.5535\text{AR}\ (1)$$

$$(-0.4900)\ (-1.9401)\ (2.9127)$$

$$R^2 = 0.1055,\ DW = 1.9475$$

模型通过了 DW 检验，回归结果表明，西藏实际二元对比系数的短期变动对收入差距存在反向影响，本期实际二元对比系数每增加 1%，本期收入差距会减少 9.7%。此外，短期调整系数是显著的，且误差修正系数为负，符合反向修正机制，表明实际二元对比系数与其长期均衡值的偏差中有约 41.75% 被修正。

(四) 宁夏城乡居民收入差距与产业结构的实证分析

1. 平稳性检验

对宁夏的 *TZS* 和 *R* 数据进行 ADF 检验，结果如表 6-4。从结果可知，*TZS* 和 *R* 的检验结果都没有拒绝有单位根的假设，因此 *TZS* 和 *R* 均为非平稳的时间序列。对 *TZS* 和 *R* 进行一阶差分后，△*TZS* 和△*R* 均拒绝了有单位根的假设，因此△*TZS* 和△*R* 均为平稳时间序列。即 *TZS* 与 *R* 都是 I（1）数据。

表 6-4　变量的平稳性检验（宁夏）

变量	检验类型（C，T，L）	ADF 值	5%临界值	10%临界值	P 值	结论
TZS	（C，0，0）	-2.163	-2.948	-2.612	0.222	不平稳
△*TZS*	（C，0，0）	-3.916	-2.957	-2.617	0.005	平稳
R	（C，0，0）	-0.780	-2.945	-2.611	0.812	不平稳
△*R*	（C，0，0）	-6.209	-2.948	-2.612	0.000	平稳

2. 长期均衡关系分析——EG 协整检验

由上一步可知，*TZS* 和 *R* 都是一阶单整的时间序列数据，则用 OLS 法估计长期均衡方程，得到的协整方程如下：

$$TZS = 0.1680 - 0.2929R + 0.8214\mathrm{AR}\ (1)$$

$$(5.2873)\ (-1.7399)\ (7.3932)$$

$$\mathrm{R}^2 = 0.7571,\ \mathrm{DW} = 1.2043$$

对上述方程的残差 *e* 进行平稳性检验，ADF 检验结果如下：

$$\triangle e = -0.7880e(-1)$$

$$(-4.3065)$$

$$\overline{\mathrm{R}}^2 = 0.3529$$

在 5%显著性水平下，ADF = −3.3377 − 5.967 ÷ 37 − 8.98 ÷ 37 = −3.7416，t= −4.3065<−3.7416，可见 *e* 不存在单位根，是平稳序列。表明 *TZS* 和 *R* 是（1，1）阶协整的。

3. 短期关系分析——误差修正模型

根据上一步协整检验的结论，取显著性水平为 5%，对 *TZS* 和 *R* 建立 ECM 模型，首先从协整检验中的协整回归中求得残差，然后估计误差修正模型，结果如下：

$$\triangle TZS = -0.2899\triangle R - 0.1970e_{t-1} + 0.4847\mathrm{AR}\ (1)$$

$$(-2.0998)\ (-0.5763)\ (1.6049)$$

$$\mathrm{R}^2 = 0.2143,\ \mathrm{DW} = 1.7722$$

模型通过了 DW 检验，回归结果表明，宁夏实际二元对比系数的短期变动对收入差距存在反向影响，本期实际二元对比系数每增加 1%，本期收入差距会减少 28.99%。此外，短期调整系数是显著的，且误差修正系数为负，符合反向修正机制，表明实际二元对比系数与其长期均衡值的偏差中有约 19.70%被修正。

(五) 新疆城乡居民收入差距与产业结构的实证分析

1. 平稳性检验

对新疆的 *TZS* 和 *R* 数据进行 ADF 检验，结果如表 6-5 所示。从结果可知，*TZS* 和 *R* 的检验结果都没有拒绝有单位根的假设，因此 *TZS* 和 *R* 均为非平稳的时间序列。对 *TZS* 和 *R* 进行一阶差分后，△*TZS* 和△*R* 均拒绝了有单位根的假设，因此△*TZS* 和△*R* 均为平稳时间序列。即 *TZS* 与 *R* 都是 I（1）数据。

表 6-5 变量的平稳性检验（新疆）

变量	检验类型（C，T，L）	ADF 值	5%临界值	10%临界值	P 值	结论
TZS	（C，0，0）	-1.653	-2.948	-2.612	0.445	不平稳
△*TZS*	（C，0，0）	-3.440	-2.948	-2.612	0.016	平稳
R	（C，0，0）	-1.571	-2.945	-2.611	0.486	不平稳
△*R*	（C，0，0）	-5.003	-2.948	-2.612	0.000	平稳

2. 长期均衡关系分析——EG 协整检验

由上一步可知，*TZS* 和 *R* 都是一阶单整的时间序列数据，则用 OLS 法估计长期均衡方程，得到的协整方程如下：

$$TZS=0.2072-0.3071R+0.9241AR\ (1)$$

$$(4.9601)\ (-3.2877)\ (13.7666)$$

$$R^2=0.9223,\ DW=1.1133$$

对上述方程的残差 *e* 进行平稳性检验，ADF 检验结果如下：

$$\triangle e=-0.5650e(-1)$$

$$(-3.6816)$$

$$\overline{R^2}=0.2849$$

在 5%的显著性水平下，ADF=-3.3377-5.967÷37-8.98÷37=-3.741，t=-3.7816<-3.7416，可见 *e* 不存在单位根，是平稳序列，表明 *TZS* 和 *R* 是

（1，1）阶协整的。

3. 短期关系分析——误差修正模型

根据上一步协整检验的结论，取显著性水平为5%，对 *TZS* 和 *R* 建立 ECM 模型，先从协整检验中的协整回归中求得残差，然后估计误差修正模型，结果如下：

$$\triangle TZS=-0.1903\triangle R+0.0035e_{t-1}+0.4422\mathrm{AR}\ (1)$$

$$(-2.2285)\ (-0.0088)\ (1.2671)$$

$$R^2=0.3289,\ \mathrm{DW}=1.7563$$

模型通过了 DW 检验，回归结果表明，新疆实际二元对比系数的短期变动对收入差距存在反向影响，本期实际二元对比系数每增加1%，本期收入差距会减少19.03%。此外，短期调整系数是显著的，且误差修正系数为负，符合反向修正机制，表明实际二元对比系数与其长期均衡值的偏差中有约0.35%被修正。

第四节　结论与对策建议

本章对我国五个少数民族地区1978—2014年城乡居民收入差距和产业结构的相互关系进行了描述和实证分析，得出以下结论：

首先，1978年以来，随着少数民族地区经济的快速增长，第一产业增加值和就业人口的比重逐渐减小，第二、第三产业增加值和就业人口的比重逐渐上升。但第一产业增加值比重下降的幅度大于就业人口比重下降的幅度，而且总体而言第一产业的比较劳动生产率比第二、第三产业的比较劳动生产率低。总之，五个少数民族地区的城乡收入差距随产业结构的变迁在波动中呈逐步扩大的趋势，近几年略有下降。

其次，本章所研究的五个少数民族地区的城乡收入差距与产业结构之间具有长期稳定的协整关系，而且是负向影响。随着产业结构的变迁，经济结构的二元性越来越强，少数民族地区城乡居民收入差距越来越明显。

实证分析的结果表明我国少数民族地区城乡收入差距普遍较大，城乡收入差距和二元经济结构已经成为一个突出的社会经济问题。从长期来看，少数民族地区应适当加快产业结构升级的速度，同时要防止工业偏重化带来污染破坏经济的可持续发展。

由于自然资源、地理位置等条件的不同，五个少数民族地区的产业结构和就业结构也各具特色，所以各民族地区在调整产业结构的过程中要充分利用自身的资源优势和环境优势，在可持续发展中不断实现产业结构的优化升级。具体对策建议如下：

第一，内蒙古自1978年以来就一直是工业偏重度化的地区，在产业结构的调整过程中应该加大对农林畜牧业的投资力度，发展特色产业，延伸产业链，增加肉、绒、乳等产品的价值，运用现代电商服务技术拓宽这些产品的流通渠道。同时，加大对现代服务业和高新技术企业的财政和金融支持。

第二，广西的产业结构层次比较低，农业技术并不发达，而且农业占比相对较高，工业产品竞争力较弱，企业规模效益差，第三产业中传统服务业的发展状况相对乐观，但是现代服务业如金融、通信、保险、外贸等行业的发展势头却比较弱。所以在产业结构的调整过程中，广西应大力发展乡镇企业，创造就业岗位，吸收农村剩余劳动力，努力实现供产销一条龙服务。同时，继续发展工业中的支柱产业，并加大对产品品牌的重视，发挥品牌效应，寻找服务业中新的经济增长点并做大做强。

第三，西藏的第三产业发展很快，早在1984年第三产业增加值比重就已经超过第二产业增加值比重，同时第一产业增加值比重也在急速下降。在产业结构的调整过程中，西藏应该加大当地农牧业技术水平的创新力度，保障第一产业的可持续发展。西藏可以开发具有地方特色的藏医药产品，一方面可以满足人们对绿色药品的大量需求，另一方面可以带动工业稳步的发展。

第四，宁夏的第三产业与第二产业是经济增长的主要力量，虽然宁夏的农业资源相当丰富，但其农牧业的发展势头却比较弱。在产业结构调整过程中，宁夏应该利用农业资源优势大力发展劳动密集型产业，延长特色农业的产业链，上下游同时发展，加快特色产品进入市场的速度，解决农民就业问题。

第五，新疆的三次产业结构变迁整体来说比较符合经济规律，即第一产业比重逐渐下降，第二、第三产业比重逐渐上升。但是三次产业中农业的资源性优势没有完全发挥出来。在产业结构调整过程中，新疆应发挥该地区光、热、水、土等资源的优势，发展现代农业，大力投资现代农业设施，运用资源的相对优势和现代技术发展有竞争力的第二、第三产业。

第七章　我国少数民族地区城乡居民收入差距与城镇化

第一节　少数民族地区城镇化发展进程

一、少数民族地区城镇化发展的历史回顾及现状

（一）城镇化的概念

城镇化的概念，不同领域的学者有着不同的见解，国内外学者众说纷纭、莫衷一是。关于城镇化概念的解释有很多，主要表述为指人口、用地及经济文化方式由农村向城市转变的一种过程和趋势，是农村人口和非农产业不断由农村向城镇地区集中的社会经济过程。城镇人口数量在社会总人口中的比重，称为城镇化率、城镇化水平，是衡量城镇化程度的基本指标。不同的学者站在不同的研究角度对城镇化有着不同的认识，现列举部分学者对城镇化含义的理解，见表7-1。

表7-1　城镇化概念列举

学者	城镇化的概念
饶会林	城市化过程就是现代社会商品生产不断发展，人口不断集中，城市经济与区域经济联系越来越密切，城市的社会动力作用越来越加强的历史发展过程
陈利丹	城镇化是地域演化的空间过程，这种演化包括村乡地域向城镇地域转化和城镇地域向外扩张以及城镇地域不断演替的过程

续表

学者	城镇化的概念
宋才发	城镇化是由社会生产力的变化所引起的人类生产方式、生活方式和居住方式变革的过程，主要表现为乡村人口向城镇人口转化以及城镇不断发展完善的过程
王晖	城镇化，也称城市化，是指农村人口向城镇转移、城镇规模扩大以及由此引起的一系列经济社会变化的过程，是现代化的重要的途径和必然归宿
周云宏	所谓城镇化，就是指农村人口不断向城镇转移，第二、三产业不断向城镇聚集，从而使城镇数量增加，城镇规模扩大的过程
魏后凯	城镇化是指人口向城镇聚集、城镇规模扩大以及由此引起一系列经济社会变化的过程

从各位学者对城镇化概念的理解中可以看到：从人口学角度来讲，城镇化是会促使农村人口向城镇转移，致使城镇人口数量不断增加的一种现象、过程和结果；从经济学角度来讲，城镇化的发展即是农村的劳动要素、农村的自然经济转向城镇，同时城镇“聚集—溢出”效应产生辐射带动作用，促使农村经济生活方式快速转变；从社会学角度来讲，城镇化的发展不仅将农村劳动者的生活方式拉向城镇，同时人们的行为举止、思想意识以及生活理念等都会向城镇靠拢；从地理学角度来讲，城镇化的发展就是农村不断向城镇转变、城镇不断向农村扩张及城镇地域不断扩大的一种演变过程。总体来讲，城镇化的发展至少包括四个方面的含义：①人口的转移；②城镇区域面积的扩张；③原有的经济生产方式的转变；④城镇关系的改变。

本书认为，就城镇化的一般性而言，所谓城镇化就是指农村人口及各种生产要素逐渐向城镇转移的过程，在这个过程中，农牧民从农业向非农产业转移，越来越多的人口从分散的农村向城镇集中。

(二) 少数民族地区城镇化发展历程及其现状

1. 发展历程

党的十八大报告明确提出，我国“城镇化水平明显提高，城乡发展协调性增强”，这不仅为民族地区加快建设新型城镇化提供了有力的政策导向与支持，也为城镇化建设奠定了目标与方向。因此，为了使少数民族地区人民生活的方式实现跨越式的发展，使民族地区人民群众真正实现全面小康，我们必须坚定不移地走新型城镇化建设之路，这也是民族地区城乡发展方式实现根本性转变的重要途径。

中华人民共和国成立以后，我国城镇建设得到了空前的发展，经历了对“民族问题实质是阶级问题”的否定，明确提出了“民族问题既包括民族自身的发展，又包括民族之间，民族与阶级、国家等方面的关系”。进入21世纪，国家将民族工作的主题定为“共同团结奋斗，共同繁荣发展”，之后出台的“三规划”（少数民族事业规划、兴边富民行动规划和扶持人口较少民族发展规划）和“一决定”（《加快少数民族和民族地区经济社会发展的决定》）为民族地区的经济社会发展提供了巨大的契机。“十三五”时期是我国全面建成小康社会的关键期，对民族地区的经济发展来说，既是机遇又是挑战。大力发展民族产业，积极融入“一带一路”，坚持走绿色包容的城镇化之路，是民族地区的选择，也是国家的期望。从五个民族地区城镇化发展方式及国家宏观层面对民族地区城镇化发展的调控过程来看，大体上，我国少数民族地区城镇化进程经历了以下五个发展阶段。

（1）第一阶段（1949—1957年）：城镇化快速发展阶段

这个时期是国家恢复建设时期和“一五”规划建设时期。中华人民共和国成立，土地改革在全国范围内全面实施，建立了新型社会主义生产关系，农村生产力获得空前解放。在此期间，各级各类城镇快速增长，不少城镇由衰落转向兴盛。1949年，全国小城镇的数量仅为2000个，到1953年增加到5402个，短短的4年时间里增长了1.7倍。

在此期间，民族地区的城镇化建设进程与全国发展形势保持一致，城镇化建设进入了快速增长阶段。1952年，新疆维吾尔自治区新设立伊宁市和喀什市，城市数量由1座增加为3座。新疆非农业人口从1949年的52.39万人增长到1957年的94.07万人，增长了41.14万人。1957年，全国城镇化率为15.39%，新疆的城镇化率为16.86%，内蒙古城镇化率达到18.74%，均高于全国城镇化水平。这一时期工业项目作为重点建设项目，推动城镇人口不断增长，全国的城镇人口由1952年的6632万人增长到1957年的9949万人。

（2）第二阶段（1958—1965 年）：城镇化起伏发展阶段

这一阶段是我国经济发展的特殊阶段，属于国家经济发展调整时期，也是中华人民共和国成立以来经济发展和城镇化发展变动幅度最大的时期。特别是人民公社化运动开展以后，推行“政社合一”体制，撤销了一批小城镇建制，市面无市，城镇无人管理，则更加剧了城镇衰落。据有关部门统计，1958 年全国有建制镇 5402 个，1960 年缩减为 3672 个，1964 年又缩减为 3148 个。西部民族地区城镇化建设也经历了较大的起伏变化，如 1957 年西部地区城市数量为 30 座，到 1960 年迅速增加到 44 座，到 1964 年又快速地减少到 31 座，接近 1957 年的水平。同一时期，广西壮族自治区的城镇人口也有很大的变化，城镇人口由 1959 年的 258 万人降至 1965 年的 241 万人，减少了 19 万人，但是总人口却由 1959 年的 2205 万人增长至 1965 年的 2445 万人，增长了 240 万人。同时，人口的快速增长并未与人均 GDP 增长同步进行，1958 年广西人均 GDP 为 113 元，1965 年增长为 131 元，人均 GDP 只增加了 18 元。

（3）第三阶段（1966—1976 年）：城镇化发展衰退阶段

这一时期我国经历了“文化大革命”的十年浩劫，全国经济社会处于衰退的阴影之中，全国的城镇化建设也出现了大退步现象。据有关部门统计，“文化大革命”的十年后，全国小城镇数量至 1976 年减少为 2850 个，相比 1964 年减少了 9.4%，相比 1958 年减少了 47.2%，衰退程度十分明显。这一时期，西部民族地区城市数量由 1965 年的 32 座增加到 1976 年的 38 座，增加了 5 座。宁夏回族自治区城镇人口仅增加了 20 万人，从 1966 年的 37.59 万人增加到 1976 年的 57.19 万人，年均增长率为 4.2%。

（4）第四阶段（1977—1992 年）：城镇化建设进入新阶段

党的十一届三中全会的胜利召开，标志着我国经济社会发展与建设掀起了改革开放的浪潮。“以农村包围城市”的经济体制改革，家庭联产承包责任制的广泛实施，使农村经济获得了前所未有的大发展，以广大农村为重要经济腹地的小城镇被最早注入了新的发展活力。小城镇数量逐渐增多，聚集人口逐渐增加，城镇建设规模逐渐扩大，第三产业和科技得到了很大的发展。

全国范围内，这一阶段的建镇数量由 1978 年的 2600 个发展到 1992 年底的 14500 个，建制镇人口达 1.38 亿人，占农村总人口的 14.65%，但人口城镇化水平仍比较低，非农业人口只占建制镇人口的 34%。建制镇的基础设施和居民住宅已初具规模，但小城镇经济仍很薄弱，发展水平仍不高，质量也较差。

内蒙古自治区在此时期也进入了城镇化建设的高速发展阶段，城镇化率由 1977 年的 25.07%增长至 1992 年的 37.03%，城镇人口 15 年间增加了 367 万人。同时，人均 GDP 增加了 1619 元，由 1977 年的 287 元增加至 1992 年的 1906 元，年均增长率为 13.45%。在产业产值方面，1992 年内蒙古自治区生产总值为 421.68 亿元，第一产业、第二产业及第三产业的生产总值分别为 126.86 亿元、152.56 亿元及 142.26 亿元。

（5）第五阶段（1993 年至今）：城镇化建设数量与质量并行

这一阶段为中国特色社会主义建设发展的重要阶段。社会主义市场经济的提出和逐步建立，使农村市场经济得到进一步的深入发展，农村经济结构得到进一步的调整与完善，这给城镇建设发展带来了良好的契机。小城镇发展尤为显著。一方面，城镇基础设施建设得到加强，农民建设小城镇的热情空前高涨。2015 年，五个民族自治区建制镇数共为 1831 个，其中内蒙古为 496 个、广西为 773 个、西藏为 140 个、宁夏为 102 个、新疆为 320 个。另一方面，各级各类城镇对促进农村经济商品化，吸纳农村剩余劳力，促进农村人口城镇化的作用日趋明显地显现出来，城镇职能进一步由市场交换功能向综合功能转变。全国各地区的区域经济发展宏观格局已初步形成以市（县）为龙头，以中心镇为依托，以众多小集镇为基础的市（县）城镇发展体系，并以此带动着地区经济的增长。

2. 发展现状

我国城镇化建设起步较晚，目前在世界范围内，我国城镇化建设正处于初步完成阶段。截至 2015 年底，五个少数民族地区县级区划数为 411 个，城镇人口 5173.26 万人，占总人口比重为 49.1%，远低于全国平均 54.77%的城镇化水平。其中内蒙古城镇化率为 59.51%，广西为 46.01%，西藏为 25.75%，宁夏为 53.61%，新疆为 46.07%。可以看出，在五个少数民族自治区内部，城镇化率有着明显差距，最高的内蒙古比最低的西藏高了 34 个百分点。从地区空间分布来看，东部地区的城镇化率整体较高，达到 55%以上，从东到西城镇化率逐步递减，而五个少数民族自治区整体水平低于中东部地区。从五个少数民族自治区内部来看，如图 7-1 所示，2000—2015 年，除西藏外，其他四个少数民族自治区的城镇化水平整体在提升，年平均增长率在 2%~3%，西藏的城镇化率从 2004 年开始出现递减趋势，年均增长率为-1.82%。

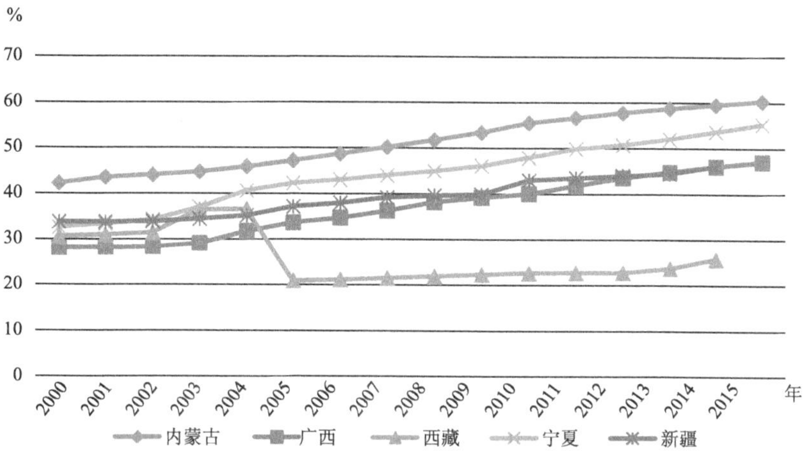

图 7-1　2000—2015 年五个少数民族自治区的城镇化率

（1）内蒙古自治区城镇化发展现状

改革开放以来，内蒙古自治区的城镇化建设得到了较快的发展。截至 2015 年底，内蒙古自治区地级区划数为 12 个，17 个县、11 个县级市、496 个建制镇。内蒙古自治区总人口为 2511.04 万人，城镇化率为 60.30%，比 2000 年城镇化率提高了 18.1 个百分点，比全国平均水平高出 4.2 个百分点。10 多年来，内蒙古小城镇快速发展，产生了辐射带动作用，城镇人口不断增长，经济效益不断聚集，对内蒙古自治区的城镇化建设起到了极其重要的作用。

市场经济建设以来，内蒙古城镇化进程得到较快发展，但与经济发展水平相比，城镇化水平还明显偏低。由图 7-2 可知，内蒙古地区城镇化水平由 2000 年的 42.20%增长到 2015 年的 60.30%，但是地区生产总值在 15 年间增长了 25 倍多，增长速度更为明显。

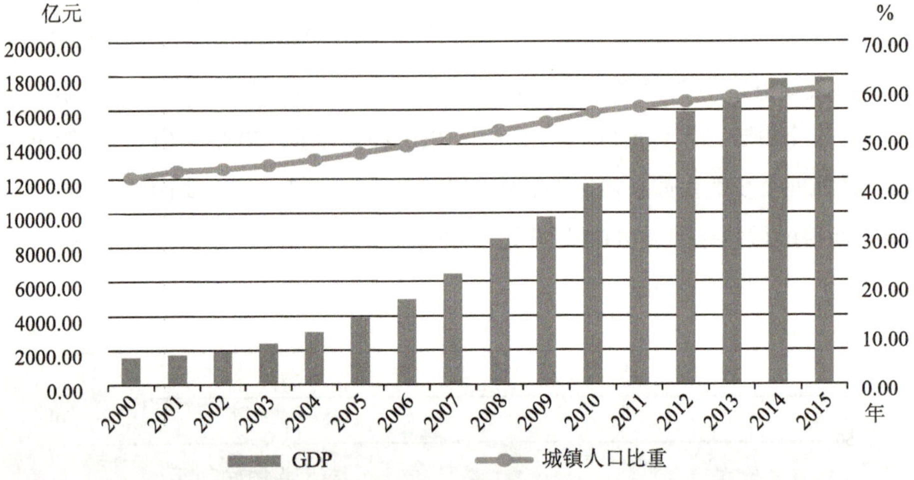

图 7-2　2000—2015 年内蒙古自治区城镇化率与 GDP 的变动趋势

（2）广西壮族自治区城镇化发展现状

自 1978 年以来，广西的城镇化发展与全国基本同步，主要经历了三个阶段：第一个阶段为城镇化建设的起步阶段（1978—1990 年）；第二个阶段为城镇化快速发展的时期（1991—2000 年），该阶段广西经济发展稳定，城镇化建设工作效果明显；第三个阶段为城镇化建设质量与数量并举的阶段（2001 年至今）。如图 7-3 所示，其总体上经历了一个城镇人口规模不断扩大的过程。

截至 2015 年底，广西壮族自治区共设有地级市 14 个，设有 110 个县级单位，包括 37 个市辖区、8 个县级市、53 个县以及 12 个自治县，各类乡镇街道办事处单位共有 1251 个。总体来讲，广西以首府南宁为主，以各个地级市为支柱，以各个小乡镇为城镇化发展的基础，为广西城镇化发展和城乡一体化进程奠定了坚实的基础。

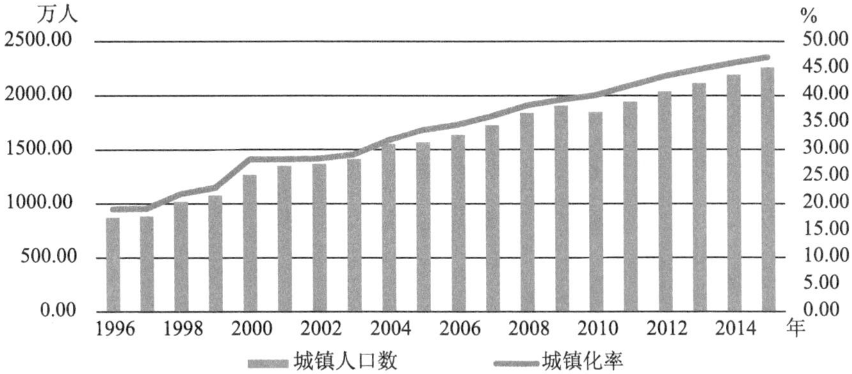

图 7-3　1996—2015 年广西壮族自治区城镇化率的变动趋势

广西城镇化水平虽有所提高，但长期滞后于全国平均水平。2015 年，广西城镇化率达 47.06%，比 2000 年提高了 18.91 个百分点。但低于全国 56.10%的平均水平，相差了 8.76 个百分点。

各个地级市城镇化发展水平不一。2014 年，除防城港市只有 90.56 万人外，广西其他各个地级市人口都过百万人，城镇化率最高的是柳州市，达到了 59.53%，而非广西首府南宁市。南宁市的常住总人口为 685.37 万人，城镇人口达到了 395.24 万人，城镇化率为 57.66%。城镇化率不足 40%的地级市有崇左市、河池市、来宾市、钦州市及百色市，百色市的城镇化率最低，仅为 31%（如图 7-4 所示）。

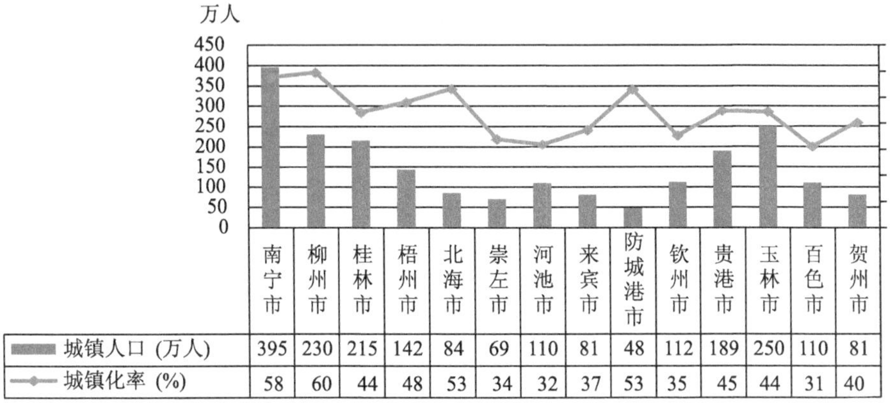

	南宁市	柳州市	桂林市	梧州市	北海市	崇左市	河池市	来宾市	防城港市	钦州市	贵港市	玉林市	百色市	贺州市
城镇人口（万人）	395	230	215	142	84	69	110	81	48	112	189	250	110	81
城镇化率（%）	58	60	44	48	53	34	32	37	53	35	45	44	31	40

图 7-4　2014 年广西壮族自治区 14 个地级市的城镇人口和城镇化率

(3) 西藏自治区城镇化发展现状

改革开放以来，西藏的城镇化建设得到了国家的高度重视与帮助。依靠国家财政的支持与援助，西藏自治区的城镇化建设进入了快速发展时期。目前，西藏自治区的城镇化形成了以拉萨市为中心，以昌都市、日喀则市、林芝市、山南市、那曲地区及阿里地区为辅，以县域地区、小乡镇及边境口岸城市为据点的发展格局。整体来讲，西藏自治区的城镇化水平依然很低，主要体现在以下几个方面：

从城镇的角度来看，截至2015年底，西藏有拉萨市、日喀则市、昌都市及林芝市4个地级市，69个县级单位，140个镇级单位和544个乡级单位。西藏总人口为323.97万人，在过去15年内保持了年均1.39%的增长速度，而城镇人口只增长了2.26万人，增速过慢。

从经济的角度来看，西藏地域辽阔、人口较少，人口密度仅为2.7人/平方千米，属于人口较少地区，同时，经济较为落后且交通闭塞，地区间经济来往不紧密且跨度大，难以形成以拉萨市为中心，或者以各个地级市及地区行署为中心的城镇经济辐射圈。高原地区气候恶劣，工业产业无法正常运作，民族产业难以形成规模经济。西藏人口较少，从事宗教活动的人口较多，致使劳动力缺乏，自然经济发展缓慢，最终导致了“第一产业效率低，第二产业不发达，第三产业虚高”的现状。

从文化角度来看，西藏是一个以藏族为主体的多民族的自治区，藏族人民长期以来以放牧业和种植业为主，自给自足的小农经济占据主体地位，同时西藏整体工业产业不发达，造成西藏人民难以快速城镇化。另外，少数民族地区普遍受教育程度偏低，西藏居民现代文化知识的缺乏对西藏城镇化的发展造成了一定的阻碍。

(4) 宁夏回族自治区城镇化发展现状

截至2015年底，宁夏城镇化率达55.23%，常住人口661.54万人，其中城镇人口368.90万人。2015年全国城镇化率为56.10%，宁夏比全国平均水平低0.87个百分点。2010年，全国城镇化率48.95%，宁夏为47.90%，比全国平均水平低2.05个百分点。宁夏城镇化水平与全国的差距缩小，从一个侧面说明宁夏全面建成小康社会总体水平逐年提升。

过去 10 年间，宁夏城镇化发展进程加快，各市的城镇化水平有了普遍的提高，但受到地理位置、经济水平等诸多因素的影响，各市的城镇化水平差异较大。2005 年与 2015 年宁夏地区的城镇化水平如表 7-2 所示。银川市和石嘴山市的城镇化水平较高，高出全区城镇化水平近 20 个百分点，而固原市的城镇化水平在两次统计中都是最低的。但是，固原市 10 年间的城镇化率增长是最快的，达到了 18.16 个百分点。

表 7-2　2005 年与 2015 年宁夏回族自治区五市城镇化水平比较

地区	2005 年（%）	2015 年（%）	提高百分点
全区	42.28	53.16	10.08
银川市	61.64	75.45	13.81
石嘴山市	58.23	71.25	14.02
吴忠市	31.08	43.70	12.26
中卫市	25.12	37.19	12.07
固原市	11.93	30.09	18.16

（5）新疆维吾尔自治区城镇化发展现状

经过 30 多年的快速发展，新疆城镇化建设有了长足的发展。截至 2015 年底，新疆维吾尔自治区县级区划数为 104 个，包括 12 个市辖区、24 个县级市、62 个县及 6 个自治县，城市建成区面积已达 1065 平方公里。城镇人口 1114.50 万人，城镇化率由 1978 年的 26.07%发展为 2014 年的 47.23%，增长了近 20 个百分点。改革开放以来，新疆总人口增加了 1.91 倍，而城镇人口增加了 3.47 倍；新疆城镇人口年均增长 3.3%，远远超过了同期总人口 1.7%的年均增长速度。

2015 年，新疆城镇化水平达到 47.23%。表 7-3 给出了新疆各地州市 2014 年的城镇化水平。由表 7-3 可知，在新疆 22 个地县市中，有 17 个地县市城镇化水平高于全区平均水平，乌鲁木齐、克拉玛依、五家渠和石河子更是高达 90% 左右，而和田地区、喀什地区和阿拉尔市则较低，分别为 35.15%、37.91%和 52.02%，且和田地区和喀什地区城镇化水平低于全疆平均水平。另外可以看出，北疆地区城镇化水平整体高于南疆地区。

表 7-3 2014 年新疆维吾尔自治区各地州市城镇化水平

	地州市	年末人口（万人）	城镇人口（万人）	城镇化水平（%）
北疆地区	乌鲁木齐市	262.93	256.68	97.62
	克拉玛依市	29.02	28.65	98.73
	吐鲁番地区	64.29	46.38	72.14
	哈密地区	60.84	53.89	88.57
	昌吉回族自治州	140.5	121.24	86.29
	伊犁哈萨克自治州	471.57	284.34	60.29
	伊犁州直属县（市）	298.53	166.25	55.69
	塔城地区	105.99	79.84	75.32
	阿勒泰地区	67.05	38.25	57.04
	博尔塔拉蒙古自治州	49.04	39.38	80.3
	巴音郭楞蒙古自治州	140.42	110.77	78.88
	石河子市	62.26	58.01	93.17
	五家渠市	9.1	8.6	94.51
南疆地区	阿克苏地区	245.76	157.65	64.14
	克孜勒苏柯尔克孜自治州	57.62	33.98	58.97
	喀什地区	422.82	160.31	37.91
	和田地区	215.45	75.74	35.15
	阿拉尔市	18.61	9.68	52.02
	图木舒克市	16.41	13.65	83.18
全区		-	-	46.07

资料来源：《新疆统计年鉴（2015）》。

注：将吐鲁番地区和哈密地区划入到北疆分析，另外缺失北屯市、铁门关市和双河市三地数据。

二、少数民族地区城镇化发展的总体特征

改革开放以来，经过多年的发展，我国少数民族地区城镇化发展出现了以下特点。

（一）总体上民族地区城镇化建设水平较低

1949 年以来，我国经济建设的中心位于东部沿海地区，经济发展会带动一个地区的城镇建设，虽然同一时期西部民族地区的城镇化有一定的成果，但是相对东部地区而言仍然落后。到 2015 年，少数民族地区的城镇化水平仍然很低，且不平衡。如内蒙古城镇化率为 60.30%、宁夏为 55.23%，明显高于广西（47.60%）、新疆（47.23%）和西藏（27.74%）的城镇化水平。

（二）小城镇数量占比较高

民族地区地广人稀，如新疆、西藏及内蒙古的面积位列我国省份前三，但是人口都较少，人口密度低，城镇建设整体上以小城镇为主体，且城镇间的距离较大，城镇分布较为零散。五个民族地区城镇发展与全国城镇发展的总体态势基本一致，小城镇在少数民族地区城镇中占有较大比重。以 2014 年为例，民族地区小城市占据较大比例，同时也高于全国平均占比，相反，中等城市及大城市的占比较低，低于同期全国平均占比，分别低了 7.76、2.13 个百分点，如表 7-4 所示。

表 7-4　2014 年五个少数民族地区地级城市数及其比重

城市规模	五个少数民族自治区		全国	
	城镇数（个）	比重（%）	城镇数（个）	比重（%）
特大城市（200 万人以上）	2	6.45	52	17.81
大城市（100 万~200 万人）	9	29.03	91	31.16
中等城市（50 万~100 万人）	8	25.8	98	33.56
小城市（20 万~50 万人）	11	35.48	47	16.10
小城镇（20 万人以下）	1	3.22	4	1.37
合计	31	100	292	100

资料来源：《中国统计年鉴 2015》。

（三）资源开发型与边境口岸型城镇相结合

民族地区许多城镇依托天然资源，快速发展城镇化建设，如内蒙古鄂尔多斯市、新疆克拉玛依市等，这些城镇的发展与周围农村、牧区的生产生活方式联系较少，资源型城镇与非资源型城镇相互之间联系较少，相互闭塞。另外，五个民族地区除宁夏回族自治区没有对外口岸外，其余四个自治区都有较多的口岸城市，这些城镇远离中心，偏居一隅，城市辐射能力、带动能力较差。近几年，许多口岸城市开始打造旅游口岸，将会从另外一种路径加快城镇化建设。

三、少数民族地区城镇化过程中存在的问题

进入“十三五”时期，随着我国经济实力的不断提高与市场经济的快速发展，少数民族地区城镇化同样也取得了较大的发展。以内蒙古自治区为例，城镇化率从2000年的42.2%增加到2015年的60.30%，增长了17个百分点，城镇建设步伐明显加快，农村城镇化水平稳步提高，农村居民的生产条件、生活环境也得到明显改善。

然而，少数民族地区城镇化建设的过程中仍然存在很多问题，农村城镇化进程依然受到许多因素的阻挠，城镇化水平与东部沿海地区相比仍存在较大的差距。具体来讲，这些问题主要表现在以下几个方面。

(一) 民族地区城镇化建设整体水平较低，发展不平衡

总体来看，民族地区大城市较少，小城镇占据较大比例，而且小城镇质量低、分布散。例如，2014年，五个少数民族自治区城镇化率平均水平仅为45.56%，低于全国54.77%的平均水平，与东部沿海发达地区的差距则更为悬殊。同时，民族地区内部城镇化发展不平衡、不同步。如2014年，内蒙古自治区乌海市的城镇化率达到了95%、呼伦贝尔市为70%，而赤峰市的城镇化率只有27%，通辽市只有39%，内部差距较为明显。如何缩小同一地区内部城镇化的差距，也是民族地区城镇化建设中的重要问题。

(二) 民族地区产业结构单一，城镇化建设缺少必要的经济基础

内蒙古、新疆及西藏的大部分地区仍然是放牧业与种植业相结合的状态，以第一、第二产业发展为主，第三产业发展较为缓慢，地区产业结构较为不

合理。以新疆资源型城市克拉玛依市为例，2014 年克拉玛依市的地区国民生产总值为 847.67 亿元，第一产业产值占比不足 1%，而第二产业产值占比达到了 82%。同期，塔城市的第一产业比重达到了 35%。另外，民族地区市场经济较为疲软，民营小企业数量较少，更多地依靠大型资源企业支撑地区经济发展。

(三) 民族地区城镇化建设过程中对劳动者的技能培养不足

城镇化，不仅是农村生产要素不断向城镇集中、农业产业向工业产业转换的过程，更重要的是"人"的城镇化过程。只有切实解决"人"的问题，努力提高劳动者的素质技能，我国少数民族地区的城镇化发展才有意义。通过对五个民族自治区的抽样调查，五个自治区在 2005 年的文盲人数达到 109920 人，文盲率达到 8.36%，而全国的文盲率在 2000 年只有 6.72%，2010 年只有 4.08%，可见民族地区的文盲率远高于全国平均水平。另外，截至目前，国家设有高新技术产业开发区共有 156 个，而五个民族自治地区合计只有 12 个（内蒙古 3 个、广西 4 个、宁夏 2 个、新疆 3 个、西藏 0 个）。

第二节　少数民族地区城镇化发展过程中的人口城镇化

城镇化的建设将会进一步刺激我国国内市场，同时将会带动地区经济的快速发展，民族地区也是如此。进一步推进城镇化建设，走新型城镇化建设之路，是民族地区的必经之路。城镇化建设过程中主要有地域城镇化、经济城镇化、人口城镇化及生活方式城镇化四种表现形式。从"以人为本"的发展角度来讲，真正的城镇化建设是人口城镇化的建设。随着地区经济的增长、产业结构的调整及城镇基本生活条件的满足，农村人口逐渐被吸引到城镇，农村剩余劳动力逐渐被城镇工业企业吸纳，城镇规模不断扩大，人口数量不断增加，这即是人口城镇化的过程。人口城镇化将会引发消费需求、带动投资增长、推动经济服务化（厉以宁，2011）。从实际发展角度来讲，农牧民能否健康地向城镇转移流动，将是我国在建设新型城镇化过程中面临的重要问题。

一、农村劳动力转移的影响因素梳理

经过多年的建设发展，我国城镇化水平整体上不断提高，但是农牧民向城镇转移时仍然存在较多阻挠因素。农牧地区劳动力顺利转向城镇，一方面将会增加农牧民收入，提高整体生活水平，另一方面也是建设新型城镇化的重要目的。有的学者认为，限制农牧地区劳动力转移的因素主要包括以下几点。

（一）经济因素

受农村经济发展水平的影响，农村剩余劳动力不断转移。李录堂（2009）指出，农村生产性的固定资产与农牧民人均收入这两大经济因素可以衡量农村劳动力的经济状态与需求，随着农村地区经济的快速发展和收入水平的不断提高，农牧民的思想意识得到了解放，他们向城镇转移的意愿开始增强。另外，区域内产业结构分配合理、城镇体系建设完善及农牧民进城后有较多的就业岗位等都将进一步促使农牧区劳动力向城镇转移（王国刚等，2013）。马颖等（2007）利用中国30个省区市的截面数据建立了扩展的“托达罗—菲尔茨”模型，指出农牧区与城镇经济发展水平的不平衡性是劳动力转移的主要影响因素，这也进一步验证了农村地区经济发展会推动农牧区劳动力的转移，城镇地区的快速发展将会很好地吸引劳动力的转移。为此，民族地区应逐步完善城镇发展体系的建设，主动吸引劳动力的转移。

（二）制度因素

制度层面对劳动力转移的限制属于硬性限制，灵活性较差。目前来讲，限制农牧区劳动力转移的两大制度因素是户籍制度及社会保障制度。户籍制度从一开始就将农牧区人口与城镇人口有差别地划分开，而社会保障制度的差别也导致医疗、养老等保障制度出现了差别。如此一来，农村劳动力（农民工）进城转变为市民必然会产生高昂的市民化成本，而人为地维护城乡二元制度，致使农民与市民在就业、住房、医疗以及教育等方面有着较大差别。另外，农牧区的土地流转也是限制劳动力转移的重要因素（杨红彦，2009）。打破土地流转的限制，提高农牧区耕作的机械化水平，会促进劳动力向城镇转移。就业方面，农民工“享受”同工不同酬的待遇；住房方面，农民工始终游离在住房保障之外；教育方面，农民工子女的教育问题直接与户籍挂钩；这些都限制了农民工向城市的转移（“城镇化进程中农村劳动力转移问题研究”课题组，2011）。

（三）劳动力自身因素

农村劳动力受教育程度直接反映出了劳动力的就业能力（李焕芝等，2012），较高的文化程度有利于农村劳动力立足城市、融入城市。就业信息的难以获取和职业教育培训的不足（吕文静，2014），致使农村劳动力获取工作的难度与成本增加，同时，工业企业提供给农村劳动力的薪资待遇也与城镇居民也有较大差别，这些都会增加农村劳动力转移的难度。另外，农村女性劳动力的转移需要考虑更多的因素，自身能力、条件是影响其转移的关键，另外，女性的个人、家庭及地区因素将会致使其就近转移（王弘钰，2013），乡镇企业的数量也会影响到女性劳动力的转移。

二、农村劳动力转移现状及其原因分析

（一）农村劳动力现状分析

五个少数民族地区地处我国西部边远地区，地理环境特殊、民族人口众多、各民族生活习惯不同等众多因素致使少数民族地区的农村劳动力具有一定特殊性。

1. 农民收入情况

20 世纪 90 年代以来，五个民族自治区人民的生活水平发生了巨大的变化，农民的人均纯收入得到了很大的提高。1990 年至 2013 年，内蒙古农村居

民家庭人均纯收入从 647.00 元增长到 8595.93 元，广西从 639.45 元增长到 6790.90 元，西藏从 582.00 元增长到 6578.24 元，宁夏从 594.28 元增长到 6930.97 元，新疆从 684.00 元增长到 7296.46 元。24 年的时间，各地区的农民人均纯收入都增长了 10 多倍，增长最少的广西也增长了 10.62 倍，民族地区农村居民收入水平随着地区经济的快速发展得到了很大的提高。虽然民族地区农民人均纯收入翻了几番，但是民族地区农民人均纯收入与全国平均水平相比差距仍很明显，除内蒙古外，其余四个自治区的人均纯收入与全国平均水平的绝对差距达到了 2000 元，如图 7-5 所示。

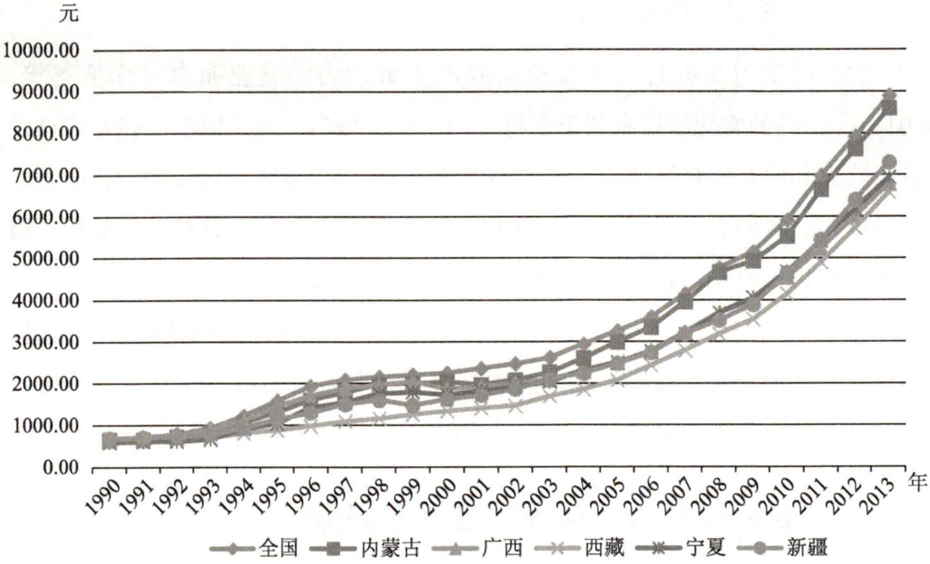

图 7-5　1990—2013 年全国和五个少数民族地区农村居民人均纯收入

2. 农村劳动力的特征

（1）新疆维吾尔自治区农村劳动力就业及分布情况①

一般来讲，农村地区劳动力选择就业地一般分为本地区就业和跨地区就业两种。从新疆内部来看，城市间距离远，南疆、北疆交通不便利，且城市

① 这里仅以新疆维吾尔自治区为例作研究。

功能辐射半径的重合度低；从全国来看，新疆地区位于我国西北内陆，只与西藏、青海及甘肃三省区相接，远离我国工业发达的东部沿海地区。这样的先天条件，导致新疆农村劳动力跨区跨省就业的成本增加。

《新疆调查年鉴》抽样调查显示，2014 年，新疆 96.5%的调查者选择在乡镇上就业，离家近及成本低是其主要原因；选择到县城及省城就业的人数只占到所有调查者的 1.6%，选择到其他省区跨区就业的只有 1.9%。从以上调查数据可以看到，选择离家就业的劳动者不足 4%，大部分农村劳动力选择留乡就业、就近就业。

（2）内蒙古自治区农村劳动力受教育情况①

《内蒙古统计年鉴》显示，2014 年，内蒙古农村劳动力整体受教育水平偏低，文盲人口占到总人口的 4%，小学文化水平的人口占 26%，初中文化水平的人口占 43%，高中文化程度的人口占 16%，而大专及以上文化水平的人口只占 11%。可以看到，内蒙古自治区初中及以下文化水平的人口占到了 73%，农村劳动力整体文化水平偏低。具体劳动力受教育情况，如图 7-6 所示。

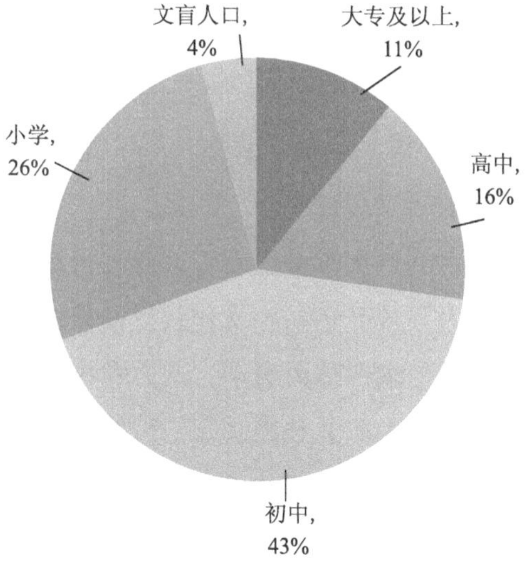

图 7-6　2014 年内蒙古自治区农村劳动力受教育程度分布情况

① 这里仅以内蒙古自治区作为例研究。

（二）农村剩余劳动力产生的原因

对于农村地区产生剩余劳动力的原因，可以从外部大环境和农村劳动力自身因素两方面进行分析。

1. 外部大环境

民族地区土地结构较为复杂，地貌多为高原、山地、草原、戈壁及沙漠等，可利用土地面积较为贫乏。一定量的土地面积承载的劳动力数量是固定的，随着人口的增加便会产生人地矛盾，进而产生较多的剩余劳动力，民族地区也不例外。市场经济的快速发展，对民族地区粗放、简单的农牧业生产和手工业生产产生了巨大的冲击，致使农牧业地区产生越来越多的剩余劳动力。

科学技术的进步与应用将逐步解放劳动力，这也意味着减少了生产对劳动力的需求。科学技术在农牧业领域同样有着长足的研究与应用，机械化种植、机械化收割、机械化牧养等在农牧业领域应用越来越多，逐步改变了传统的种植及牧养方式。科学技术的宽泛应用，一方面提高了农牧业的生产效率，另一方面也减少了对劳动力的需求。

2. 农村劳动力自身原因

（1）农牧民整体教育水平较低

民族地区少数民族占到绝大部分，农牧区劳动力汉语水平较低，受教育程度不高，大部分劳动力只接受了初中文化教育，难以达到企业要求的文化水平，只能从事一些简单低端的体力劳动，这为农牧民向城镇转移带来了较大的阻力。同时，农村劳动力职业技能匮乏，民族地区的民族产业发展较为缓慢，原有的手工业技能难以支撑劳动者在城镇寻求到新的工作，这势必会降低劳动者转移的动力。另外，如新疆、西藏等地，许多农牧民更多地会选择参加宗教文化活动，并不会选择向城镇转移。

（2）农牧民汉语能力较差不适应市场需求

五个民族地区主要居住着我国的蒙古族、壮族、回族、藏族及维吾尔族同胞，这些少数民族基本都有着自己完整的语言体系。虽然我国逐步推进在民族地区进行双语教学，但是许多年龄稍大的劳动者都只会讲本民族的语言，缺乏使用汉语交流的能力。所以，许多农牧民的语言能力不足就是他们向城镇转移的最大阻力，导致他们只能在周边地区从事一些简单的劳作。

（3）农牧民向城镇转移的思想动力不足

农牧民自身受教育的程度较低、语言能力较差，许多偏远地区的少数民族依然生活在自给自足的经济状态中，坚持从事放牧业与种植业，并认为向城镇转移的成本高昂。总之，农牧民自身的转移思想动力不足，不仅限制着农牧民转移的积极性，而且对政府工作产生了严重的阻碍。

三、农村剩余劳动力转移方式选择

合理高效地转移农牧区剩余劳动力是建设新型城镇化的重要目标，也是我国长期以来的重要任务。农牧区剩余劳动力的转移受区域经济发展水平、区域内产业结构及劳动力自身思想意识等较多因素的影响。在剩余劳动力转移方式的选择上，不同的学者有着不同的看法，现阶段主要有以下两种方式。

（一）向大、中城市转移农村剩余劳动力

从实际情况来看，大、中城市的发展会接纳吸收较多劳动力，会为劳动者提供许多合适的岗位。但是，农牧区劳动力进入大城市必须面对社会保障与就业机会不平等的事实，导致许多劳动者的转移成本加大。具体来看，劳动者向大、中城市转移会面临下面一些问题：

首先，大、中城市的企业发展逐渐由以往的劳动密集型向资本密集型和技术密集型转移，城市生活结构基本稳定成型，很难再次吸收较多单一性、低层次的劳动者，也就意味着很难大规模地容纳较多的农村剩余劳动力。

其次，农村剩余劳动力的文化水平低、职业技能缺乏，与大、中城市快速发展过程中需要复合型、全面型人才之间的矛盾较为突出。调查资料显示，向大、中城市转移的农村剩余劳动力主要处于初中文化水平，导致劳动者只能从事以体力劳动为主的工作。市场经济下，劳动者的收入与付出呈正相关，

全面型高级人才的收入注定比体力劳动者的收入高。同时，农村剩余劳动力的城市生活成本高于高收入群体也是农村剩余劳动力转移所面临的阻力。

（二）向小城镇转移农村剩余劳动力

民族地区的小城镇，总体上人口较少、经济基础薄弱、城镇基础设施建设不完善，客观上需要大量的劳动力去建设，增添城市基本的活力。五个民族地区小城镇数量较多，同时分布较为广泛，基本上都分布在村落的中心位置。以建制镇数为例，全国统计年鉴资料显示，2014 年，全国建制镇 20401 个，五个民族自治区建制镇共有 1815 个（内蒙古 495 个、广西 773 个、西藏 140 个、宁夏 102 个、新疆 305 个），占全国总数量的 8.89%。从另外一个角度可以看出，民族地区城镇分布密度较小，辐射面积较大。随着国家新型城镇化建设的推进，今后民族地区的城镇化建设将以人为本，全面提升城镇化建设质量与水平。新型城镇化需要走科学发展之路，加速建设带有民族特色的乡镇企业。以新疆为例，据统计，新疆乡镇企业总产值由 2000 年的 302 亿元增长到 2013 年的 1658 亿元，年平均增长率达到 2.54%。相对西部地区而言，民族地区城镇的发展迅速，乡镇企业较多，能较好地吸纳农村劳动力。城镇的建设、城区基础设施的改善及工作岗位的增多，将会吸引更多的劳动力转移。以新疆为例，据统计，2000 年乡镇企业从业人数为 8.03 万人，到 2013 年增长到 132.83 万人，增长了 124.8 万人。因此，农村及牧区人口向小城镇转移是一种较好的模式。

第三节　少数民族地区城乡居民收入差距与城镇化的关系

一、我国收入分配制度的演变

中华人民共和国成立初期的新民主主义经济形态，决定了我国不可能完全实行按劳分配。1953 年，我国开始进行社会主义改造，收入分配体制也由多种分配方式向按劳分配的单一方式转变。1956 年底，社会主义改造基本完成，按劳分配的收入分配方式在城市和农村建立起来。“文化大革命”期间，经济秩序混乱，按劳分配制度一度中断，直到 1971 年经济整顿后，按劳分配制度才得以恢复。

1978 年以来，为改变平均主义的分配政策、调动劳动者的生产积极性，国家对按劳分配的分配制度进行调整，逐渐形成了以按劳动分配为主，多种分配方式并存的分配制度。党的十一届三中全会提出“克服平均主义”，直到党的十八大提出“要深化收入分配制度改革，实现发展成果由人民共享，要提高劳动报酬在初次分配中的比重。初次分配和再分配都要兼顾效率和公平，再分配更加注重公平”。为适应经济社会发展的需要，我国的收入分配制度在党的历次重要会议的指导下几经调整、不断完善。

二、少数民族地区城乡居民收入差距的演变

中华人民共和国成立之初，国内生产力水平整体较低，强调阶级平等、政治平等，决不允许压迫剥削的存在扩大阶级矛盾，而政治平等就需要经济平等。所以，全国人民生活水平基本处于同一水平线。但是，随着改革之风刮向全国，生产力逐步解放，城乡居民收入差距开始拉大。五个少数民族自治区中，除西藏自治区外，其他四个自治区城乡居民收入差距的演变趋势基本与全国的趋势一致，改革开放后基本呈现先有缓解，而后迅速恶化，再缓慢拉大的趋势。

（一）第一阶段：改革开放以前

中华人民共和国成立以后，我国经历了“土地改革”“大跃进”及“文化大革命”的曲折历史，虽然“一五”时期我国经济突飞猛进，但是整体经济实力较低。在计划经济体制下，统销统购，人民的基本生活需求可以得到满足，生活水平较之前也有所改观。这一阶段，无论是农村居民之间还是城镇居民之间的收入差距都没有被快速拉大，整体上全国城乡居民收入水平相当。

（二）第二阶段：略有改善

改革开放后至20世纪80年代中期，在“以经济建设为中心”的基本路线的指引下，全国上下把集中力量发展生产力摆在首要位置。农村广阔的消费市场被迅速激发，对各类产品的需求不断增加，刺激了国内轻工业的快速发展，同时也带动了相关产业的发展。农村地区实行包产到户，刺激了农村劳动者的生产积极性，农民收入增加，生活水平得到了提升。总体来讲，全国生产力得到了较大的解放，城乡居民生活水平都得到了提升，城乡居民收入差距得到了一定的缓解。以内蒙古为例，农民人均纯收入由1978年的131元增加到1985年的400元，城镇居民人均可支配收入由301元增加到666元，城乡居民收入比由2.30下降到1.67，缩小了0.63。

（三）第三阶段：有所恶化

20世纪80年代中期至20世纪90年代中期，城乡居民收入差距逐渐被拉大。以公有制为主体的多种所有制经济共同发展，城镇中的私营经济如雨后春笋般，城镇经济连续数年高速增长。以农业为主的农村居民收入水平没有得到相应的快速提升，城乡居民收入差距开始恶化。如广西壮族自治区1985年的农村居民人均纯收入为302.96元，城镇居民人均可支配收入为683.45元，是农村居民人均纯收入的2.25倍。到了1995年，农村居民人均增长到1446.14元，而城镇居民人均可支配收入为4791.87元，城乡收入差距为7.01倍。10年间城乡收入差距扩大了3.12倍，城乡居民收入关系急剧恶化。

（四）第四阶段：稳步递增、差距拉大

第四阶段为20世纪90年代中期至今，城乡居民收入关系得到改善，城乡居民收入差距增速出现微弱下降趋势，但较之前依然被拉大。东部沿海地区的制造业快速发展，需要大量的劳动力，掀起“民工潮”，农村剩余劳动力逐步走向城镇就业工作，收入方式多元化，收入水平整体上得以提升，对缩小收入差距有一定的缓解作用。而进入21世纪后，城乡居民收入差距稳步提升。以宁夏为例，截至2013年底，农民人均纯收入为6930.97元，城镇居民

人均可支配收入为 21475.73 元，农村居民人均纯收入约占城镇居民的 1/3。2013 年至 2015 年农村居民人均纯收入年平均水平不足城镇居民人均可支配收入的 1/3。

三、少数民族地区城乡居民收入差距与城镇化的实证分析

（一）关于城乡居民收入差距与城镇化之间关系的既有观点阐述

改革开放以来，我国经济水平整体上得到了提升，城乡居民收入关系由恶化到逐步缓和，城镇化建设逐步向新型城镇化建设发展，但是城乡居民间的收入差距始终存在。20 世纪 90 年代以来，我国城乡居民收入差距问题开始被众多学者所关注研究。对于造成城乡居民收入差距的原因，总体概括起来有历史文化、经济结构、城镇化发展不协调等。关于城乡居民收入差距的影响因素，不同的研究者有不同的解释与看法。如就城镇化发展对城乡居民收入差距的影响来说，有的学者认为城镇化的快速发展会进一步拉大收入差距，有的学者则认为加快城镇化建设是缩小城乡居民收入差距的办法。

1. 城镇化发展有助于缩小城乡收入差距

许多学者认为，进一步缩小城乡居民收入差距需要快速发展城镇化。城镇化发展滞后将会促使城乡居民收入差距的拉大（苏雪串，2002），同时收入差距的存在也会进一步阻碍地区经济的发展。城镇化的建设同时又更多地依赖地区经济发展水平。姚耀军（2005）通过时间序列数据实证分析后发现，城镇化发展水平与城乡居民收入差距之间呈反向关系，且城镇化水平对城乡收入差距是单向格兰杰原因，他认为，从长期来看，城镇化水平的提高对缩小城乡收入差距有一定积极作用。大力推动地区城镇化建设是缩小城乡居民收入差距的重要途径（蔡继明，2009）。王淑梅和危兆麟（2007）通过向量自回归模型，认为在我国经济政治背景下，高城镇化水平不仅可以增加农民收入，同时会增加区域内国民生产总值，这些经济基础又会反作用于城镇化的快速发展，促进农民收入增长，缩小城乡居民收入差距，推动我国经济系统稳定发展。

2. 城镇化发展导致城乡收入差距拉大

另外一部分学者提出，城镇化的快速发展会导致城镇居民收入差距的不断拉大。城镇化发展与城乡居民收入差距存在相互作用机制，城镇化发展水平将会影响城乡居民收入差距，具有正向拉大的作用（程开明，2007；李金昌，2007），城乡居民收入差距的产生来自于城镇化的发展。贺建风和刘建平（2010）通过理论及实证分析研究得出，广东省城乡居民收入差距的产生主要受城镇化发展的影响，城镇化的快速发展直接导致了城乡居民收入差距，具有正向作用力。符想花（2011）从时间序列数据上分析得出，城镇化的快速发展会正向作用于城乡居民收入差距，导致收入差距的不断扩大。

在上述学者的观点中可看到，部分学者只探讨了城镇化发展对城乡居民收入差距的单向作用，并没有进一步探究二者之间的相互动态关系。姚耀军（2005）、范晓莉（2012）应用计量方法对二者关系进行了研究。谢云（2012）通过对城镇化与城乡居民收入差距关系的动态研究得出，二者之间具有稳定的关系，城镇化的发展会促使城乡居民收入差距不断拉大。另外，大部分学者在研究二者之间的关系时，都是基于全国数据或者东部地区数据。对此，本节基于五个少数民族地区时间序列数据，对城乡居民收入差距与城镇化发展水平关系进行研究。

（二）城乡居民收入差距及城镇化发展的变量选取

研究城镇化的发展与城乡居民收入差距之间的动态关系，需要选取以下两个变量指标。

1. 城乡居民收入差距（*URG*）

本节采用城镇居民人均可支配收入与农村居民人均纯收入之比来衡量城乡居民收入差距。无论是城镇居民还是农村居民，人均收入指标都是反映居民生活水平的重要指标。由于城镇居民与农村居民的生活成本不同，因此城镇居民选用人均可支配收入指标，而农村居民选用人均纯收入指标。

2. 城镇化发展水平（UB）

本节选取城镇化率来反映城镇化发展水平。城镇化率即地区内城镇人口占总人口的比重。随着城镇化发展水平的逐步提高，城镇地区的巨大利益将会吸引大部分农村劳动力转向城镇，农业生产者转变成非农业生产者，城镇化率逐年提升。

城镇化水平用公式表示为：

$$UB_{i,\ t} = P1_{i,\ t}/P2_{i,\ t} \tag{7.1}$$

其中，$UB_{i,\ t}$、$P1_{i,\ t}$、$P2_{i,\ t}$ 分别表示 i 地区 t 期的城镇化水平、城镇人口以及总人口数。本书所采用的数据均来自《中国统计年鉴》(1978—2015 年)。

(三) 城乡居民收入差距与城镇化间关系的实证分析

1. 格兰杰因果关系检验

运用 Eviews 7.0 对 URG 和 UB 进行格兰杰因果关系检验。所谓格兰杰因果关系检验就是检测变量之间相互影响的关系，自变量受因变量的变动而变动，因变量受自变量的变化而变化。对两变量 X 与 Y，格兰杰因果关系检验要求估计以下回归：

$$Y_t = \beta_0 + \sum_{i=1}^{m} \beta_i Y_{t-i} + \sum_{i=1}^{m} \alpha_i X_{t-i} \tag{7.2}$$

$$X_t = \delta_0 + \sum_{i=1}^{m} \delta_i Y_{t-i} + \sum_{i=1}^{m} \lambda_i X_{t-i} \tag{7.3}$$

根据以上公式分别建立五个自治区的城乡居民收入差距指标（URG）与城镇化率指标（UB）之间的格兰杰因果关系模型，滞后阶数都是最优阶数，检验结果见表 7-5 至表 7-9。

内蒙古、广西、西藏和新疆的格兰杰因果检验结果表明，在 5%的显著水平上，城乡居民收入差距（URG）不是城镇化（UB）的格兰杰原因，即城乡居民收入差距的拉大不会造成城镇化的快速发展，或者说城镇化发展速度与城乡居民收入差距无关；城镇化（UB）也不是城乡居民收入差距（URG）的格兰杰原因，只有新疆在滞后 1 阶时，城镇化（UB）是城乡居民收入差距（URG）的格兰杰原因，而在滞后 2~4 阶时，格兰杰原因并不明显，说明城镇化的发展与城乡居民收入差距之间没有关系。这与许多学者通过研究全国或者东部地区得出的城镇化发展对城乡居民收入差距有正向或反向影响的结论有所不同，产生这样的结果的原因可能和西部民族地区的特殊性有关，需要进一步探寻。

宁夏的格兰杰因果检验结果和上述四地区有所差异，检验结果如表 7-9。在 5%的显著水平上，城乡居民收入差距（*URG*）不是城镇化（*UB*）的格兰杰原因，结果说明城乡居民收入差距的不断扩大不会促使城镇化快速发展，或者说城镇化发展速度与城乡居民收入差距无关；城镇化（*UB*）是城乡居民收入差距（*URG*）的格兰杰原因，城镇化的发展将会促使城乡居民收入差距不断被拉大，这与部分学者的研究结果相符。

表 7-5　内蒙古城乡居民收入差距与城镇化间的格兰杰因果关系检验

原假设	滞后阶数	样本量	F 统计量	P 值
UB 不是 *URG* 的格兰杰原因	1	35	3.31883	0.0778
URG 不是 *UB* 的格兰杰原因			0.56625	0.4573
UB 不是 *URG* 的格兰杰原因	2	34	0.86114	0.4332
URG 不是 *UB* 的格兰杰原因			0.95089	0.3981
UB 不是 *URG* 的格兰杰原因	3	33	0.65102	0.5895
URG 不是 *UB* 的格兰杰原因			1.96661	0.1437
UB 不是 *URG* 的格兰杰原因	4	32	1.24847	0.3185
URG 不是 *UB* 的格兰杰原因			2.15525	0.1063

表 7-6　广西城乡居民收入差距与城镇化间的格兰杰因果关系检验

原假设	滞后阶数	样本量	F 统计量	P 值
UB 不是 *URG* 的格兰杰原因	1	35	1.53254	0.2247
URG 不是 *UB* 的格兰杰原因			0.51524	0.4781
UB 不是 *URG* 的格兰杰原因	2	35	1.53254	0.2247
URG 不是 *UB* 的格兰杰原因			0.51524	0.4781
UB 不是 *URG* 的格兰杰原因	3	33	1.94064	0.1478
URG 不是 *UB* 的格兰杰原因			0.36150	0.7813

续表

原假设	滞后阶数	样本量	F 统计量	P 值
UB 不是 *URG* 的格兰杰原因	4	32	0. 54257	0. 7061
URG 不是 *UB* 的格兰杰原因			0. 98330	0. 4361

表 7-7　西藏城乡居民收入差距与城镇化间的格兰杰因果关系检验

原假设	滞后阶数	样本量	F 统计量	P 值
UB 不是 *URG* 的格兰杰原因	1	35	0. 01073	0. 9181
URG 不是 *UB* 的格兰杰原因			0. 03112	0. 8611
UB 不是 *URG* 的格兰杰原因	2	34	0. 15797	0. 8546
URG 不是 *UB* 的格兰杰原因			0. 01122	0. 9888
UB 不是 *URG* 的格兰杰原因	3	33	0. 35093	0. 7888
URG 不是 *UB* 的格兰杰原因			0. 22499	0. 8781
UB 不是 *URG* 的格兰杰原因	4	32	0. 54909	0. 7015
URG 不是 *UB* 的格兰杰原因			0. 06017	0. 9928

表 7-8　新疆城乡居民收入差距与城镇化间的格兰杰因果关系检验

原假设	滞后阶数	样本量	F 统计量	P 值
UB 不是 *URG* 的格兰杰原因	1	35	6. 57384	0. 0152
URG 不是 *UB* 的格兰杰原因			2. 10232	0. 1568
UB 不是 *URG* 的格兰杰原因	2	34	2. 48381	0. 1010
URG 不是 *UB* 的格兰杰原因			1. 55728	0. 2278
UB 不是 *URG* 的格兰杰原因	3	32	1. 44730	0. 2519
URG 不是 *UB* 的格兰杰原因			2. 67676	0. 0679
UB 不是 *URG* 的格兰杰原因	4	31	1. 38747	0. 2694
URG 不是 *UB* 的格兰杰原因			3. 56771	0. 0210

表 7-9　宁夏城乡居民收入差距与城镇化间的格兰杰因果关系检验

原假设	滞后阶数	样本量	F 统计量	P 值
UB 不是 *URG* 的格兰杰原因	1	35	4. 49443	0. 0419
URG 不是 *UB* 的格兰杰原因			0. 14588	0. 7050

续表

原假设	滞后阶数	样本量	F 统计量	P 值
UB 不是 *URG* 的格兰杰原因	2	34	2.09309	0.0115
URG 不是 *UB* 的格兰杰原因			0.44411	0.6457
UB 不是 *URG* 的格兰杰原因	3	33	5.30324	0.0055
URG 不是 *UB* 的格兰杰原因			0.40437	0.7511
UB 不是 *URG* 的格兰杰原因	4	32	2.27216	0.0525
URG 不是 *UB* 的格兰杰原因			0.61473	0.6564

从城镇化发展水平与城乡居民收入差距发展趋势图（见图 7-7）可以看出，随着宁夏城镇化水平的不断提高，城乡居民收入比也在波动上升，也就说明两个变量之间存在一定的正相关关系，相关性系数为 0.756（显著性水平为 1%）。下面对宁夏地区的数据进行相关性分析。

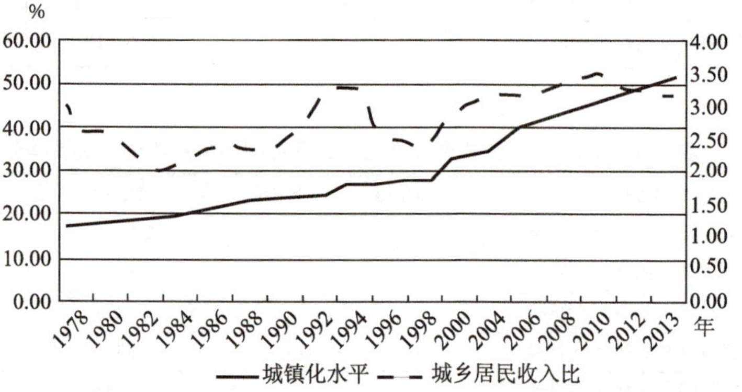

图 7-7　1978—2013 年宁夏城镇化发展水平与城乡居民收入差距发展趋势

2. 单位根检验

为了保证时间序列数据的平稳性，对宁夏城乡居民收入差距和城镇化发展水平数据进行单位根检验。如果检验发现两组数据具有同阶平稳性，则可进一步进行相关性分析研究。检验结果如表 7-10 所示。由于二者原序列均存在单位根，故需要对原序列进行差分，以消除数据不平稳。通过序列一阶差分单位根检验，序列 △*URG* 和 △*UB* 在 1%的显著水平下都平稳，二阶差分检验结果显示，序列$\Delta^2 URG$、$\Delta^2 UB$检验值在1%的显著水平下都平稳，判定序列ΔURG、ΔUB都属于一阶单整序列。基于ADF检验，可以继续进行极大似然协整检验，以此判断被解释变量和解释变量之间的关系。

表7-10 ADF单位根检验

变量	检验类型（C，T，L）	ADF值	10%临界值	5%临界值	1%临界值	结论
URG	（0，0，1）	-0.789	-2.619	-2.960	-3.611	不平稳
ΔURG	（0，0，1）	-4.712	-2.960	-2.960	-3.611	平稳
$\Delta^2 URG$	（0，0，1）	-5.475	-2.622	-2.967	-3，679	平稳
UB	（0，0，1）	2.367	-2.612	-2.948	-3.632	不平稳
ΔUB	（0，0，1）	-4.357	-2.614	-2.951	-3.639	平稳
$\Delta^2 UB$	（0，0，1）	-7.725	-2.617	-2.957	-3.635	平稳

3. 协整检验

本节采用Johansen极大似然法来检验城乡居民收入差距和城镇化率之间是否存在协整关系，即长期均衡关系。

迹检验和最大特征根检验均表明，城乡居民收入差距与城镇化率之间存在协整关系，即城乡居民收入差距与城镇化水平之间存在长期均衡关系。

表7-11 迹检验结果

假设的CE（s）的个数	特征值	迹统计	0.05关键值	P值
没有*	0.218666	21.23475	15.49471	0.0000
至少有一个*	0.080275	7.845149	3.841466	0.0316
在5%显著性水平下，迹检验结果表明变量之间存在2个协整关系				

注：*表示在5%显著性水平下拒绝原假设，P值为麦金农—豪格—米凯利斯（1999）P值。

表 7-12 最大特征根检验结果

假设的 CE（s）的个数	特征值	最大特征统计	0.05 关键值	P 值
没有*	0.218666	28.389596	14.26460	0.0001
至少有一个	0.080275	6.845149	3.841466	0.0616
在 5%显著性水平下，最大特征值检验结果表明变量之间存在 1 个协整关系				

注：* 表示在 5%显著性水平下拒绝原假设，P 值为麦金农—豪格—米凯利斯（1999）P 值。

4. 协整方程

由上文的协整检验可知，变量城乡居民收入差距（*URG*）与城镇化率（*UB*）之间存在长期的均衡关系，由此可建立城乡居民收入差距与城镇化率之间的长期均衡方程如下：

$$URG_t = \alpha + \beta UB_t + \varepsilon_t \tag{7.4}$$

对公式（7.4）进行最小二乘法回归分析，可得城乡居民收入差距和城镇化率之间的回归方程，即：

$$URG = 1.86 + 0.031UB$$

$$(12.36)\ (6.72)$$

$$R^2 = 0.57,\ DW = 0.50,\ F = 45.23 \tag{7.5}$$

括号内为 t 值，下同。从公式（7.5）中可以看到，$R^2 > DW$，即此方程为伪回归方程，所以截取 1991—2013 年的数据进行回归分析。回归方程如下：

$$URG = 2.27 + 0.02UB$$

$$(9.78)\ (3.48)$$

$$R^2 = 0.37,\ DW = 0.63,\ F = 12.164 \tag{7.6}$$

从公式（7.6）看，1991—2013 年，城乡居民收入差距与城镇化发展之间存在一定的比例关系，受协整方程（7.6）的约束。从影响程度上看，城镇化水平的不断发展，对城乡居民收入差距具有正向促进作用，城镇化水平每增加一个百分点，城乡收入差距将扩大 0.02，说明城镇化在一定程度上是宁夏城乡居民收入差距拉大的诱因。

第四节　结论与对策建议

通过上述的实证分析，可以得出下列结论：改革开放 30 多年来，民族地区城镇化水平和城乡居民收入差距之间的相关关系并不明显，只有宁夏城镇化率与城乡居民收入差距之间具有单向正向关系，这一结论与较多学者的观点存在差异。尽管这一实证结论仅从统计关系上进行分析，但是有助于我们重新认识西部民族地区城镇化发展对城乡居民收入差距的作用，反思现有的城镇化发展路径，寻找其他对收入差距有影响的因素。

我国经济的快速发展必定会促使国民收入增加，政府不会为了消灭城乡居民收入差距而减少城镇居民的收入来源，而是会积极发挥各方力量帮助农村居民创收，努力提升农村家庭人均纯收入中的家庭经营性收入，主动缩小城乡间的收入差距。各个自治区的数据显示，2010 年左右城乡居民收入差距出现缩小的趋势。但是单纯依据几年的数据作出差距缩小的预测也失之偏颇。关于如何缩小城乡居民收入差距或者探析其影响因素，以稳步推进新型城镇化发展，应从以下几个方面予以探究与改善：

其一，转变城镇化发展的侧重点，注重人口城镇化而非土地城镇化。数据显示，五个少数民族自治区首府城市的建成区面积增长速度均快于人口增长速度，只有银川市的建成区面积增长速度与人口增长速度接近。大部分城市依然热衷于走土地城镇化建设之路，城市面积不断扩大，但相应的市（农）民基本生活设施不健全。可以看到，银川与乌鲁木齐两城市十年间常住人口增长率都达到了 30%，而同期的户籍城市人口分别占常住人口的 60% 与 75% 左右，意味着有接近 1/3 的城市人口属于流动人口。不能让高城镇化率掩盖低城镇化质量，当前首要任务应重视农民工等流动人口市民化的问题，放松二元制下的户籍、住房、医疗等不平等限制，减轻其生活支出压力，提高生活水平。同时，地方政府应注重农村地区人力资本积累，增加在农牧区的教育投资，尤其是在九年义务教育及汉语教育领域的投入，努力提高农民、牧民整体受教育水平，丰富劳动力职业技能，从根本上解决农民、牧民转移进城之后就业困难的问题。人力资本的积累不仅能够提高地区整体劳动力水平，也会提高劳动力主动学习知识与技能的能力，是有利于长远发展的考虑。

其二，优化农村、牧区产业结构，推动适宜农村发展的农牧业。在这方面地方政府应扮演重要角色。目前，地方政府对农村的财政补贴、技术支持均落后于城市，自然会导致城乡收入差距拉大。在政府技术引导与财政支持下，积极打造具有民族特色的产业，在弘扬民族文化的同时带动相关产业，真正做到“一村一品”“一镇一特色”，使农牧民主动“创业”，促使农牧民多渠道多方式增加收入。坚持优化利用地区资源优势，如西藏地区的高原特色生物，积极发挥地区生物多样性、特殊性优势，延长产业链，做到产品深加工、精加工。另外，五个民族地区都有一定的农畜业和民族手工业优势，应大力发展农畜业，促使产业规模化经营、规范化经营，依托边境口岸优势扩大内外部销售市场。推动民族手工业积极发展，一方面可以将民族手工业产品作为物质文化遗产进行保护，另一方面可以保证农牧民发挥自己特有的技能优势，以开发旅游纪念品为重点，为农牧民增加收入。积极建造具有本民族特色的旅游胜地，五个民族地区都有完整的自然景观与本民族特有的文化活动，应以市场活动为导向，形成特色的旅游文化产业。

其三，对于西部民族地区城镇化的发展，应充分借鉴澳大利亚等国家的模式。总人口较少，绝大部分人集中在大城市，偏远小城镇地区人口聚居较少，相对的城镇建设投资就会少很多。五个民族地区中，只有宁夏与广西每平方公里人口过万人，其他三地只有一两千人，较低的人口密度注定了较低的城市密度。集中发展大城市或其郊区，难以发挥城市作用，城市辐射度降低，城市部分资源就会出现浪费现象。所以，西部民族地区应极力发展小城镇，充分利用当地人力、物力。一方面，可以达到城镇化的根本目的，既保证了农牧民生活水平，又间接增加了其收入；另一方面，小城镇的建设会缓解大城市的发展压力，对建设生态城市有积极作用。

第八章　我国少数民族地区城乡居民收入差距专题研究

第一节　内蒙古牧民家庭收入实地调查分析①

一、课题调查研究背景

收入分配是当前社会经济生活中人们普遍关心的问题，是民生之源。居民个人收入分配状况关乎百姓生活的改善、家庭的稳定和社会的和谐，是人民群众最关心、最直接、最现实的利益所在。内蒙古自治区是以蒙古族为主体的少数民族地区，其居民经济收入状况直接影响到整个民族地区乃至国家的社会和谐、政治稳定和经济持续发展。

目前，诸多学者对少数民族地区居民经济收入状况的研究，基本都是按照国家统一的行政区划，将省区一级作为研究单位，聚焦在宏观层面作分析。然而，由于我国少数民族具有“大杂居、小聚居”的格局特点，这种宏观的研究视角难以深入了解少数民族聚居程度较高地区居民经济收入的真正现状，并且难以更为具体地体现民族性因素。

受历史因素、地理条件、风俗文化的影响，内蒙古的蒙古族居民多数仍从事着传统农牧业，大部分蒙古族聚居区集中在旗县、嘎查、村落农牧区，而且经济发展水平相对滞后，居民收入水平也不高。因此，这些地区既是少

① 本节实地调研于2014年6月、2014年7月、2015年4月分三次进行。

数民族相对集中区，又是经济发展相对落后区，其居民经济收入水平不仅代表着地区经济发展水平，更代表着少数民族这一族群的经济收入状况。

本课题组组建了专门的调研团队，深入呼伦贝尔市、锡林郭勒盟、阿拉善盟、乌兰察布市等具有典型代表性的内蒙古农牧业地区蒙古族聚居区，进入农牧户家里面对面地进行深度访谈，访谈人数共计 160 人。通过访谈，课题组从多角度多方面掌握了该地区居民对现实相关政策、生产、生活以及收入状况的感知、感悟以及实际经济生活水平状况，获得翔实可靠的第一手资料。在此基础上，课题组又依据官方相关统计数据，借助应用统计学中聚类分析的方法，以内蒙古地区蒙古族相对聚居集中程度为主要指标，对自治区内 101 个旗县进行聚类，并对各类区域内经济状况、城乡居民收入差距进行了系统深入的分析研究。进而结合综合分析，对改善自治区蒙古族聚居区居民经济收入状况提出了对策建议。

二、牧民家庭收入状况田野调查与分析

（一）畜牧业发展问题

对于草原牧区的牧民而言，收入的第一来源为养牧收入，但长期以来畜牧业产业发展受到诸多因素的制约，导致其收入增长受限。

1. 生产方式调整

“我们搬到移民村已经十年了。生活上也有了很大的变化，有些变化是能够接受的，有的到目前为止还弄不明白。”（H 先生，42 岁，锡林郭勒盟正蓝旗生态移民）

“养牧是我们的本行，养黑花奶牛对我们来说是很容易的事情。我们想错了。传统的畜牧业根本与现在的养殖不同。我们十年前搬到移民村，开始养奶牛、卖牛奶，万万没有想到把自己的生活交给了别人来管理。”（L 先生，36 岁，呼伦贝尔生态移民）

“我们从养牧的牧民变成给老板打工的村民，对我们的发展方向一点都不了解。现在只能过一天算一天，也没有太大的要求。”（Z 女士，38 岁，阿拉

善盟生态移民）

“我觉得经济发展应该是有持续性的，看现在的样子我们的可持续性在哪儿？如果只是追求经济发展，恐怕得把我们的文化全部扔掉。也许我们当时没有意识到改变一种生活方式有多难，现在我连我自己变成啥样都不知道了。”（H先生，67岁，锡林郭勒生态移民）

“现在都不知道该怎么办，别说以后了！我来到移民村以后扫过大街，在饭店洗过碗，还给别人看过孩子，虽然这些都是工作，但只能补贴家里生活支出，依靠这些是没有发展的。”（Q女士，43岁，阿拉善生态移民）

近年来，针对牧区的生态环境问题和牧民贫困问题，国家和自治区先后出台了相关政策，推行“扩乡建镇”的城镇化道路。在此政策背景下，牧区生产生活方式发生了巨大变化，即从畜牧业生活变为畜牧产业化。从上面的访谈实录中可以看到，这种变化对于蒙古族牧民而言，影响的不仅仅是单纯的经济收入，还有他们将来的生活目标。

2. *劳动力老龄化*

“我们这儿养牧的年轻人少了。有年轻人也都到城市打工去了。现在的牧区都是一些上了岁数的人，打草季节人手不够，只能雇用外地人，这样花销就更大了。我们这个嘎查现在有400多口人，最年轻的劳动力也40多岁了。没人干活，花钱雇用外地人，很影响收入。”（S先生，54岁，锡林郭勒牧民）

“孩子少了，一家一个孩子，谁都想让孩子多学一点知识，所以都把孩子送出去读书。这些孩子大学毕业以后就不会回到牧区养牧，就在城市找工作，成了城市人。因为他们回来以后他们所学的知识都用不上，就导致牧区劳动力老龄化问题严重。”（S先生，56岁，呼伦贝尔牧民）

“干活的人少了，如果牛羊都养的话人数不够，我们浩特①在秋季打草的时候，把羊都放在一起，轮班放。只有这样才能腾出人手去做别的事情。”（G先生，36岁，锡林郭勒牧民）

受我国计划生育政策的影响，牧区人口也出现老龄化倾向，导致劳动力

① “浩特”是指一个自然形成的生活共同体，数个浩特组成一个嘎查。

严重不足。现在只有中老年人在维持牧区的劳动生产，回乡年轻人的数量基本上满足不了牧区劳动力的需求，牧区劳动力断层现象日益凸显，影响了畜牧业产业收入。

3. 市场经济与传统产业的矛盾

“我们自己做的奶豆腐不能到商店里卖，说我们手工做的不符合卫生要求。”（G女士，41岁，锡林郭勒牧民）

“去年一只好羊能卖2000多元，今年的牛羊都卖不出去，贵贱没人买。卖给街上的饭店，卫生防疫站还不让随便卖。我们也不知道怎么办。”（A女士，48岁，锡林郭勒牧民）

我国很早就在市场经济体制中建立了明确的行业标准来保障消费者权益。但对于牧区的传统产品（如牛羊肉、奶制品等），目前还没有一个统一规范的质量保障体系，导致类似产品无法进入市场，直接影响牧民的收入。实地调查中牧民们反映的“去年上千的羊价，今年贵贱没人买”的现实情况可以说明市场经济体制中存在的问题。

4. 现行草原管理制度与畜牧业集约化生产的矛盾

“我觉得现在的草原保护和畜牧业发展有冲突，限制牲畜的数量，我们怎么发展。我们这儿现在1个人可以养5头牛，1头牛可以折合5只羊，就是说你要么养5头牛，要么养25只羊。”（N先生，40岁，锡林郭勒牧民）

“我活了60年，没听说过牛羊危害草原的说法。现在的政策明显是把草原沙漠化的问题归结在牛羊身上。是我们的制度造成了这些，把好好的草场按人头分割，在这么一点地方反复放牧才造成沙化。我们这儿现在一个人不到200亩草场，一家三口也就是600亩草场。我们现在养50多头牛，这个数字虽然违反了规定，但没有办法。按照政府的规定，我们家才能养15头牛，根本就生活不了。”（W先生，62岁，锡林郭勒牧民）

“我们也尝试过合伙办公司搞养殖业，可是，我们几家的草场不在一个地方，甚至我自己家的草场也分了好几块，根本就没办法开展集约式养牧。”（N女士，47岁，呼伦贝尔牧民）

通过调研发现，牧区现行的环境保护制度极大地影响了牧民的经济收入。在禁牧、轮牧、以草定畜等生态保护政策背景下，牧民无法开展以传统的畜牧业为基础的集约化经营，原因有二：

第一，数量的限制。比如，三口之家可以养15头牛，如果折合成羊的话，可以养75只羊。按照目前的羊价来推算，这家的全部财产折合人民币约45000元，谁都不会用其仅有的财产冒险投资。

第二，草场的分散。实行草场承包制度以后，牧民的可利用草场面积明确化。同时，由于草场的质量不同等因素，每人可使用的草场不能聚集，影响牧户联合集约化生产。

5. 政府对畜产品的价格政策

“今年的牛羊都卖不出去，去年一个大羊平均能卖1500元，今年才500元，还没人买。我们找政府有关部门协调过此事，可是没有什么回应。这马上就冬天了，我们还得准备草料，草料的价格跟去年差不多，有些地方甚至比去年还高。卖草料的都知道，牛羊卖不出去，都会需要草料，所以价格就便宜不了。”（B先生，58岁，锡林郭勒牧民）

“我们找过苏木政府了。他们说肉类价格全国都一样，市场不景气，他们也没什么办法，让我们耐心地等待。一只羊只能换35捆草，也就是750斤草。750斤草喂10只羊，连10天都不够，这样推算牧民们真的不容易啊！”（M先生，46岁，阿拉善牧民）

“今年干旱，没长草。没办法把羊全部卖掉了。大小100只羊，平均520元。如果明年年头好了再买一点养活吧。今年确实没有办法。没草料羊也过不了冬。”（S女士，40岁，锡林郭勒牧民）

“我们在电视上常看到，粮食和菜都有保底价，为什么我们的牛羊肉就没有最低收购价格呢？如果没有政府的政策保护的话，在这种市场经济体制下我们无法生存。旗政府一再宣传搞合作社、让牧民走产业化道路。如果没有一个政策性的明确标准的话，产业化的路子也不好走。”（J先生，40岁，锡林郭勒牧民）

目前，政府对牧区的畜产品没有明确的市场指导价格，牧民只能依靠零散销售渠道出售畜产品，而这种零散销售对牧民来说，得不到最低价格保障。目前内蒙古的畜牧经营不适合完全依赖于市场，必要时需要政府适当介入。

（二）政策落实有效性问题

1. 国家政策在基层的落实

“我们嘎查在几年前就办了育肥牛的合作社，现在嘎查长在经营。开始办的时候把我的名字也加进去了。那个牌子现在还在嘎查居委会办公室挂着呢。听说国家给了不少钱，还买了不少牛，他们家现在是我们嘎查的首富了。”（B 先生，54 岁，锡林郭勒牧民）

“上边有什么好政策我们也沾不上光，苏木有啥事就先叫嘎查的领导，具体有啥政策、怎么执行、谁能参加，这些我们老百姓都不知道。”（Z 先生，39 岁，锡林郭勒牧民）

国家在政策上大力支持牧区产业化经营，政策支持和资金支持的力度都很大。但是，国家政策究竟能否真正落实下去、当地牧民是否知晓，这是一个现实问题。上述牧民的表达在一定程度上反映出国家政策在有些地方没有真正落实到位，导致牧民成为“政策盲”，不能够有效利用国家对牧区的扶持政策。

2. 禁牧政策带来的负面效应

“我们这儿从 10 年前开始禁牧。限制牲畜数量，提倡圈养。这样一来我们的收入就大大减少，甚至连最低生活都保障不了。国家每年每人给发 3000 元的禁牧补贴，但时间也不确定，有时候两三年才给，根本就不能指望。”（H 先生，51 岁，乌兰察布市牧民）

“禁牧，每天把这几个牛羊圈在圈里，牛羊也不长个子，卖不上价。每年给那一点儿补贴的钱，连买饲料都不够。尤其像今年牛羊价格大落，而我们再便宜也得卖掉，越是这样，那些商贩越压价。”（G 先生，50 岁，阿拉善牧民）

按照国家规定和《内蒙古自治区草原生态保护补助奖励机制监督管理办法》（内政办发〔2011〕54 号）、《内蒙古自治区草原生态保护补助奖励机制资金管理办法》(财农〔2012〕532号)、《内蒙古禁牧、草畜平衡监测评价标准与方法》、《内蒙古牧草良种补贴项目实施方案》、《内蒙古自治区嘎查(村)级草原管护员管理办法》以及《中共内蒙古自治区纪委自治区监察厅关于严明纪律确保草原生态保护补助奖励资金安全发放的意见》,禁牧区实行舍饲圈养制度,目的就是最大限度地保护草原生态、促进草原植被尽快恢复。该政策的实施会给草原退化严重、生活条件恶劣、人均草场面积小的牧户带来因减畜而降低收入的恶果。牧区中的部分地区为了保持草畜平衡而控制牲畜头数,但忽略了牧民绝大部分收入来自畜牧业生产的事实,以致新形势下牧民持续增收遇到难题。同时,在禁牧过程中,牧民必须实行“以草定畜”制度,每年要卖掉一部分牲畜来控制数量,而这一制度恰好为商家提供了控制价格的机会。

(三)城乡二元经济问题

“我们牧区不像城市那样受重视,虽然国家要把牧区和城市同样发展,依我看来,牧区只是城市发展的附带品。”(N先生,56岁,锡林郭勒盟牧民)

“用城镇居民经济收入衡量牧区牧民经济收入是不合理的,牧民的经济收入表现不同于城镇居民。我们的收入计算里不包含前期投资,也不包括劳动力的付出时间。城镇居民上班的每天工作几个小时,做生意的前期投入有多少,这些都可以估量的。我们牧民生活质量的高低不在于钱的多少,而在于牛羊是否安康、水草是否茂盛。”(T先生,43岁,呼伦贝尔牧民)

“城市的发展离不开牧区的支持,牧区是城镇的自然环境屏障,城镇发展需要良好的生态环境,牧区在这方面起到了很大的作用。从我们牧区的情况来看,离城市比较近的牧区会被重视,而像我们这样偏远的牧区都会被忽略掉。”(B女士,36岁,锡林郭勒盟东乌旗牧民)

新型城镇化是我国今后一段时期内实现现代化的重大战略举措。传统城镇化模式存在诸多弊端,也是不可持续的。党的十八大加快了我国城镇化建设的战略部署,坚持走“以人为本”的中国特色新型城镇化道路,这对于解决传统城镇化推进模式中存在的问题、实现经济与城镇化良性互动、全面建成小康社会具有重要意义。经过多年的发展，内蒙古的城镇化已经从“十一五”的高速发展阶段，进入了目前的中速发展阶段，城镇化取得了显著成效，2012年城镇化率达到57.5%，比2005年提高了10.3个百分点。城市功能得到明显提升，宜居性得以增强，促进了经济的发展和社会的繁荣与稳定。但是，内蒙古仍具有城乡二元经济的典型特征，从本质上讲，经济结构的二元性是导致城乡收入差别的重要原因，城乡间发展不平衡使农牧民很难与城镇居民获得同等的发展机会、享受均等的公共服务，这些仍需在未来的发展过程中逐步解决。

(四) 牧民失地问题

“不到10年的时间，我家的草场减少了一半。我家5口人，1000来亩草场。前几年通铁路征走300亩，一开始每亩地给了60元，后来又补了一点，最后好像是一亩地合200元。去年又修公路征地120亩，每亩地给了2800元。现在5口人500多亩草场，没法养牧了。”（W先生，62岁，锡林郭勒牧民）

“这几年铁路、公路、开矿征地，把原有的草场几乎都征走了。虽然给了一点补贴，但都是一次性的。养不了牧，就没有长远的收入。只好吃老本，等有机会做点生意。”（S女士，39岁，乌兰察布市牧民）

“草场被征用，我们到了城市生活，虽然生活环境有变化，但我们永远是牧民。城里人也不会把我们当成城里人，我们反而与原来的牧区生活共同体的联系越来越少，给我们的生产生活带来了很大的影响。”（A先生，51岁，呼伦贝尔市牧民）

近年来，各种煤矿、金矿、油田、铁路、公路等项目陆续开发，干部户占用草场现象的屡禁不止，造成了牧用草场面积逐年紧缩，牧民的草场被征用，却得不到合理的补偿，导致草场价差收益大量流失。这在一定程度上限制了牧民收入的增长，拉大了城乡居民的收入差距。草场是大多数牧民家庭的安身立命之本，是他们生活的保障，失去草场也就意味着失去了就业机会。根据上述牧民的说法，牧区牧民草场收益严重受损，产业间矛盾凸显，牧民增收已陷入困境。牧民因失去部分草场而丧失了长期的收入来源，这必将影响牧民收入的持续稳定增长。

目前，我国已处在城镇化加快发展时期，无论沿海还是内地，无论东部还是西部，随着城镇向郊区的迅速扩张，农牧民的土地大量被征用，改变着农牧民长期以来不变的生产生活方式。特别是随着我国改革开放和西部大开发的不断深入，民族地区更多的牧民因此失去草场，其原有的生产方式被打破，牧民自身的发展问题便日益突出，并且成为当前社会关注的热点问题。同时，由于城市规划和生态建设等诸多原因，牧民的草场被大量征用后形成了城区边缘牧村，虽然在区域上已成为城市的一部分，但在土地权属、户籍、行政管理体制上仍然保留着牧村模式。这一群体既不同于牧区牧民，也不同于城市居民，他们失去了全部或大部分草场，但仍然保留着传统的生活方式。他们是城里的牧区人、牧区的城里人，没有草场或者草场面积越来越少，在生活方式上却依然无法融入城市，进而成为该地区城乡居民经济收入差距被拉大的关键问题。

（五）文化变迁问题

牧民传统文化的起源和发展与牧民的生产生活方式有着密切的关系。随着牧区社会生产生活方式的变化，传统文化也会相应地作出选择，或者变为新的文化，或者扬弃不适合现在环境的那部分内容和形式进行自我整合，或者被迫同化为主流文化的一个分支，变为亚文化。

“我们对自己现在的处境都不太了解，别说考虑今后的发展方向了！”（Z先生，65岁，锡林郭勒盟生态移民村牧民）

“移民的时候（2001年）政府说过，五年以后等我们的草场恢复了就可以回去。我们刚来的时候就做着五年的打算。谁知道这一来就十几年了。估计一辈子也回不去了。”（X先生，47岁，锡林郭勒生态移民）

“来这儿（移民村）以后，以前嘎查的人们都跟变了一个人似的。以前有困难，不说大家也会帮忙，现在别说帮忙了，用工给钱少了都没人干，只能靠亲戚了”（N女士，40岁，锡林郭勒生态移民）

调查中发现，传统生活方式的变迁，让牧民今后的发展规划迷失了方向，其中最为突出的就是生态移民。“生态移民，是因为生态环境恶化或为了改善和保护生态环境而发生的迁移活动，以及由此活动而产生的迁移人口。”其主要目的包括保护或恢复自然生态环境、贫困救助、发展经济等。目前，内蒙古自治区的生态移民主要集中在牧区。在生态移民的过程中，移民的居住环境、生产生活等各方面都发生了根本性的变化，这种自然环境和人文环境的改变给移民的正常生活带来了重大的影响。

调查中牧民的话以及其背后的深层含义值得思考。对于少数民族聚居地区而言，受少数民族文化的特殊性影响，最值得注意的就是民族文化的变迁及随之而来的种种问题。

（六）教育导致的收入问题

“我们没有上过学，除了养牧没什么本事，出去做生意也不会。个人感觉我们好像落后于现代社会，我觉得不能用看别人的眼光看我们。我到镇里打过工，因为我不识汉字、汉语也说得不好，只能干别人不干的重体力劳动。”（G先生，48岁，锡林郭勒牧民）

“苏木里边的小学撤了，孩子上学都到旗里上。我们家就是这样，为了让孩子上学，我们两个（指夫妻俩）轮班在旗里住，给孩子做饭。就剩一个人养牧，所以把一半的牛羊都卖掉了。”（M女士，34岁，锡林郭勒牧民）

“孩子在旗里上学，一学期要花好几千元，养牧也不景气，供孩子上学也是个问题。以前在苏木上学花不了多少钱，现在还要找课外补习班等，花销太大了。”（B先生，47岁，锡林郭勒牧民）

上述牧民的话说明了牧区劳动力本身的受教育程度带来的问题。随着我国就业制度和收入分配制度的改革，劳动力自身素质已经成为决定劳动者收入的重要因素。我国长期以来一直实行的以城市为核心的教育体制，使牧区牧民无法享受公平平等的受教育机会，牧区出生的劳动力文化水平一般都以初中和小学教育为主，而城市人口劳动力则以高等教育的群体为主。在劳动力供应产生竞争的条件下，牧民劳动力与城市劳动力素质的差距最终在收入上得以体现。

另外，牧民对子女教育投入的加大，相应地导致了收入水平的降低。我国近年来基础教育布局的调整，在很大程度上影响着牧区的生产力。在基础教育布局调整的政策背景下，牧区的学校被撤销，统一整合到镇一级。牧民们为了让孩子接受教育不得不加大额外的教育投入，例如跟读或借读。就一般的牧区三口之家来说，不管选择哪一项，都会给生产生活带来较大的影响。

（七）牧区城乡金融发展不平衡问题

“搞企业创业比登天都难。我从前年开始，想办个风干肉加工厂，办个贷款到现在都没办下来，都两年多了。银行要担保人，牧区的牧民不行，因为他们说没有固定工资的不能担保，用我们的牛羊担保也不让，因为牛羊不是固定资产。现在好像有个联保贷款，要找五个人联保，这个好像牧民也可以。不过，牧区牧民每年每户都需要贷点款，所以没人给担保。”（D先生，53岁，阿拉善牧民）

“我们贷款就是农村信用社。小额贷款，一家才给贷一两万元。想做点生意，没有资金是不可能的。去年，我贷了两万元，在旗里开了个小饭店，第一次做生意没什么经验，第二年开始资金就周转不开，结果关门了。如果有点资金上的支持，也许就开起来了。”（A先生，46岁，锡林郭勒生态移民）

与城市相比，牧区金融业发展相对滞后。从以上牧民的话语中可以了解到，牧区与城镇相比，贷款、存款、固定资产投资的差异较大，牧区贷款较难。牧民的贷款金额往往只有几千元甚至几百元，然而贷款程序繁杂，成本高，风险大。受担保、联保、抵押等程序的复杂性和牧民持有资产的差距影响，牧民最基本的金融需求都难以得到满足。再加之有些地方政府对牧区金融体系的扶持力度不够，导致畜牧业生产资金来源短缺，牧民很难从金融机构那里得到支持，这也在很大程度上阻碍了牧区经济的发展，影响了农牧民增收的效果。

第二节　内蒙古蒙古族聚居区居民收入典型分析

一、蒙古族聚居区居民经济收入状况聚类分析

通过与蒙古族聚居区牧民面对面的访谈调研，了解到了这些地区的居民对畜牧业发展、国家相关政策落实、城乡二元经济、牧民失地、民族文化变迁、牧民教育以及牧区金融发展等多个方面的看法。为了更全面、系统地分析蒙古族聚居区的居民经济收入情况，本节依据国家统计数据，将内蒙古地区 101 个旗县作为个案，按照一定标准进行类别划分，以此为基础再进行重点分析和研究。

（一）聚类分析

1. 指标选取

由于一些旗县在自然资源、经济基础、资金技术、少数民族聚居程度等方面状况极其相似，优势和劣势也比较均等，因此可以按照一定标准进行分类。本节将内蒙古自治区的 101 个旗县作为样本个案，用 K-Means 聚类法进行了类别划分，选取 2012 年内蒙古自治区 101 个旗县的人均生产总值、少数民族聚居程度、城乡居民收入差距三个指标进行聚类。

（1）人均生产总值

在发展经济学中常被用来衡量地区经济发展状况，是衡量人民生活水平的有效指标。

（2）少数民族聚居程度

用少数民族人口占当地总人口的比重来表示。少数民族聚居程度超过 50%，是少数民族聚居区的重要评判标准之一。

（3）城乡居民收入差距

本节选取城乡常住居民相对收入差距作为指标来衡量，可以体现城镇发

展对农牧区的辐射、带动作用，以及城乡二元经济一体化的水平。

2. 聚类分析过程设计

由于聚类分析是以各种距离来度量个体间“亲疏”程度的，数量级会对距离产生较大的影响并影响最终的聚类结果。为了解决这个问题，在聚类之前应该首先消除数量级对聚类的影响。本文选取的是标准化的处理方式。表8-1给出了7类初始的中心值，已经可以看出7个中心具有较大差异。

表 8-1　初始聚类中心

	聚类						
	1	2	3	4	5	6	7
人均生产总值	2.65408	1.50836	-0.85715	-0.72853	-0.91724	4.00906	-0.55131
城乡居民收入差距	1.04508	-1.50377	3.67211	0.84180	0.81052	-1.36303	-1.94160
少数民族聚居程度	-0.81840	2.48231	-0.99887	-0.95613	2.93824	0.78684	0.06496

表 8-2 列出了聚类迭代的过程，从过程中可以看到，一共迭代了 5 次，前 2 次中心的偏移很大，以后逐渐减小，5 次之后中心变为 0，说明此时样本类属不再发生改变，分类结果比较合理。

表 8-2　迭代历史记录

迭代	聚类中心内的更改						
	1	2	3	4	5	6	7
1	0.976	1.132	0.702	0.782	1.310	0.000	1.137
2	0.000	0.255	0.642	0.078	0.325	0.000	0.207
3	0.000	0.000	0.000	0.067	0.115	0.000	0.119
4	0.000	0.000	0.000	0.041	0.160	0.000	0.136
5	0.000	0.000	0.000	0.000	0.000	0.000	0.000

注：由于聚类中心内没有改动或改动较小而达到收敛。任何中心的最大绝对坐标更改为 0.000。当前迭代为 5。初始中心间的最小距离为 2.834。

表 8-3 列出了最后的各类中心值，和类初始中心值比较，可以发现各类的中心值已经有了较大改变，各类的差别也更加明显了。第 6 类的人均生产总值最高，第 2 类的少数民族聚居程度最高，第 3 类的城乡收入差距最大。

表 8-3　最终聚类中心

	聚类						
	1	2	3	4	5	6	7
人均生产总值	1. 9951	0. 6123	-0. 83562	-0. 3121	-0. 52888	4. 0091	-0. 1483
城乡居民收入差距	0. 4149	-1. 5272	2. 3363	0. 45688	-0. 04170	-1. 3630	-0. 7537
少数民族聚居程度	-0. 4698	1. 8285	-0. 9426	-0. 5177	1. 3504	0. 78684	-0. 4039

表 8-4 列出了聚类结果中各类的样本数目。可以看到，有效样本个案 92 个，其中第 4 类样本最多，为 26 个，而第 6 类样本最少，仅为 1 个。

表 8-4　每个聚类中的案例数

聚类	1	10
	2	6
	3	7
	4	26
	5	18
	6	1
	7	28
有效		96
缺失		0

从表 8-5 结果上看，3 个变量的 F 统计量都非常大，相应的 P 值等于 0，因此，虽然 F 统计量分布未知，但依然能肯定 3 个变量在七类地区中均值显著差异，3 个变量都是有效的聚类变量。

表 8-5 聚类结果 ANOVA

	聚类		误差		F 统计量	P 值
	均方值	自由度	均方值	自由度		
人均生产总值	11.866	6	0.267	89	44.371	0.000
城乡居民收入差距	12.858	6	0.201	89	64.096	0.000
少数民族聚居程度	12.244	6	0.242	89	50.609	0.000

（二）聚类结果分析

由于白云鄂博矿区、满洲里市、根河市、阿尔山市、东胜区这 5 个地区的农牧民人均纯收入指标缺失，在聚类过程中，为确保聚类结果的合理性，把这些样本剔除，单独作为一类另行处理。

运用 SPSS 软件进行 96 个地区进行 K-Means 聚类的结果如下：第 1 类包含 10 个地区，第 2 类有 6 个地区，第 3 类有 7 个地区，第 4 类包含 26 个地区，第 5 类有 18 个地区，第 6 类仅含 1 个地区，剩余 28 个为第 7 类，未参与聚类分析分析的 5 个旗县为第 8 类。

表 8-6 2012 年内蒙古 101 个旗县分类

类别	地区（旗县）
第 1 类	青山区、石拐区、达尔罕茂明安联合旗、准格尔旗、鄂托克旗、乌审旗、伊金霍洛旗、海南区、阿拉善左旗、额济纳旗
第 2 类	新巴尔虎右旗、新巴尔虎左旗、陈巴尔虎旗、阿巴嘎旗、东乌珠穆沁旗、西乌珠穆沁旗
第 3 类	清水河、武川县、化德县、商都县、兴和县、察哈尔右翼中旗、四子王旗
第 4 类	新城区、赛罕、和林格尔县、昆都仑区、九原区、固阳县、扎兰屯市、鄂伦春自治旗、突泉县、林西县、克什克腾旗、翁牛特旗、宁城县、敖汉旗、苏尼特右旗、太仆寺旗、正镶白旗、多伦县、丰镇市、卓资县、凉城县、察哈尔右翼前旗、察哈尔右翼后旗、达拉特旗、鄂托克前旗、杭锦旗
第 5 类	牙克石市、乌兰浩特、科尔沁右翼前旗、科尔沁右翼中旗、扎赉特旗、科尔沁区、科尔沁左翼中旗、科尔沁左翼后旗、库伦旗、奈曼旗、扎鲁特旗、阿鲁科尔沁旗、巴林左旗、巴林右旗、喀喇沁旗、苏尼特左旗、镶黄旗、正蓝旗
第 6 类	霍林郭勒市

续表

类别	地区（旗县）
第 7 类	回民区、玉泉区、土默特左旗、托克托县、东河区、土默特右旗、海拉尔区、额尔古纳市、阿荣旗、莫力达瓦达斡尔族自治旗、鄂温克族自治旗、开鲁县、红山区、元宝山区、松山区、二连浩特市、锡林浩特市、集宁区、临河区、五原县、磴口县、乌拉特前旗、乌拉特中旗、乌拉特后旗、杭锦后旗、海勃湾区、乌达区、阿拉善右旗
第 8 类	白云鄂博矿区、满洲里市、根河市、阿尔山市、东胜区

表 8-7　2012 年各类别地区情况分析

类别	人均生产总值（元）	城镇居民人均可支配收入（元）	农牧民人均纯收入（元）	城乡居民绝对收入差距（元）	城乡居民相对收入差距	少数民族聚居程度（%）
第 1 类	222600	29191	11246	17945	2. 62	13. 1
第 2 类	125734	19113	13969	5144	1. 37	61. 5
第 3 类	24307	18347	4843	13503	3. 85	3. 2
第 4 类	60982	22260	8563	13697	2. 64	12. 1
第 5 类	45795	16777	7423	9354	2. 32	51. 5
第 6 类	363673	34000	23000	11000	1. 48	39. 6
第 7 类	72455	22132	11959	10173	1. 87	14. 5
第 8 类	75883	25249	-	-	-	10. 6

数据来源：《2013 年内蒙古统计年鉴》。

1. 第 1 类地区——少数民族聚居程度不足 30%

第 1 类地区的少数民族聚居程度不足 30%，但是人均 GDP 都比较高，均值达到 222600 元，仅次于第六类地区的霍林郭勒市。从行政区域的划分来看，这类地区除了阿拉善盟的阿拉善左旗和额济纳旗是由于人口数量较少造成的人均生产总值较高以外，其余地区均处于包头、鄂尔多斯、乌海这三个工业城市内，处于呼包鄂经济圈，因此经济发展水平较高，城镇居民人均可支配收入比较高。但是农牧民人均纯收入较低，使得城乡居民收入的相对差距和绝对差距都较大。

2. 第 2 类地区——少数民族聚居程度均值达 61.5%

第 2 类地区都是牧业旗，均处在呼伦贝尔和锡林郭勒两个盟市，少数民族聚居程度最高，均值达到 61.5%。全内蒙古最好的草场大都集中在这里，经济基础相对较好，人均生产总值处于较高水平，农牧民人均纯收入最高，因而城乡居民收入差距无论是相对差距还是绝对差距，均是几类地区中最低的。

3. 第 3 类地区——少数民族人口仅占总人口的 5%

第 3 类地区的少数民族人口仅占总人口的 5%，聚居程度低，离市中心相对较远，工业发展缓慢，本身经济基础比较薄弱，在市中心打工的居民较多，人均生产总值仅为 24307 元，是几类地区中最低的。而农牧民人均纯收入过低，是导致这类地区城乡居民收入绝对差距和相对差距均较大的直接原因，相对收入差距已经达到了 3.85。

4. 第 4 类地区——少数民族聚居程度不足 12.1%

第 4 类地区的少数民族聚居程度不足 12.1%，经济基础一般，农牧民人均纯收入较低，且城乡居民相对收入差距是几类地区中较大的，仅次于第 3 类地区，达到了 2.64。

5. 第 5 类地区——少数民族聚居程度较高

第 5 类地区少数民族聚居程度较高，其中比例最高的科尔沁右翼中旗达到 85%。地区经济基础薄弱，以农牧业经济为主要经济形式，人均 GDP 很低，城乡居民收入皆较低，尤其农牧区常住居民人均纯收入均值仅有 9354 元。城乡居民收入差距较大，相对收入差距已经超过了 2。

6. 第 6 类地区——霍林郭勒市

霍林郭勒市是内蒙古自治区的直辖市，由通辽市代管，位于大兴安岭南麓，在科尔沁草原腹地，是一座因煤而建、因煤而兴的新兴工业城市，因此人均生产总值极高。

7. 第 7 类地区——少数民族聚居程度一般

第 7 类地区的少数民族聚居程度一般，虽然离城市中心较近，但总体经济基础比较一般，人均生产总值仅为72455元，农牧民人均纯收入较高，从而使城乡居民的收入差距不至于过大。

8. 第8类地区——少数民族聚居程度较低

第8类地区少数民族聚居程度较低，农牧民的人均纯收入指标没有得到统计，但从人均生产总值和城镇居民人均可支配收入两个指标来看，此类地区城镇化程度较高，工业化较快。

通过聚类分析，可以发现：

第一，居民收入水平与少数民族聚居程度无直接关系。从聚类结果来看，表面上城乡居民收入水平与少数民族的聚集程度并没有直接的关系。少数民族人口比重最高的两类地区分别是第2类地区和第5类地区，二者的少数民族人口均占到总人口的一半以上，但城乡居民收入水平却出现较大的差异。第2类地区的农牧民人均收入达到13969元，第5类地区的农牧民人均收入达到7423元，并没有出现少数民族比重越高的地区，收入水平越高或越低的情况。从这个角度来看，民族集聚因素并不能成为影响城乡居民收入水平的直接因素。

第二，发展少数民族地区经济是提高收入的有效途径。通过聚类分析可以看到，人均生产总值较高的地区，城乡居民收入也较高。第1类、第2类和第6类地区的人均生产总值都在10万元以上，而它们的城乡居民收入也都在万元以上，这说明旗县经济的整体发展可以带动当地居民的收入增长。但是，经济的发展必须要注重第一、第二、第三产业的关联性，注重第二产业发展的辐射带动作用；否则，农牧民收入水平的提高会受到限制。

第三，必须努力提高农牧区常住居民的人均纯收入。相对于城镇居民收入而言，农牧民收入是更为关键的问题，不仅影响到一类地区整体的收入水平，而且影响到城乡收入差距。农牧民收入低的地区，一般整体居民收入也较低，城乡收入差距也较大。聚类结果显示，城乡收入差距最大的地区为第3类地区，农牧民人均纯收入仅为4843元；而农牧区常住居民人均纯收入高达23000元的第6类地区的城乡居民相对收入差距仅为1.48。由此可见，农牧区常住居民人均纯收入较低的旗县，必然存在城乡收入差距较大的情况，二者存在直接的联系。

二、两类蒙古族聚居程度较高地区典型分析

通过上述聚类分析发现，第 2 类和第 5 类地区的少数民族聚居程度达到 50%以上（第 2 类和第 5 类地区的蒙古族人口占比分别为 61.5%和 51.5%），并且存在一个共同点，即基本由以牧业或半农半牧业为主要经济产业的旗县组成。然而，两类地区有一个非常大的区别就是，农牧民收入水平有较大的差距。第 2 类地区农牧民人均收入达到 13969 元，高出全区人均农牧民纯收入 83.5%，与城镇居民收入相差 37%；而第 5 类地区农牧民人均收入达到 7423 元，比全区人均农牧民纯收入低 2.5%，与城镇居民收入相差 132%。两类地区形成了鲜明对比。

（一）两类蒙古族聚居区共同特征分析

1. 蒙古族相对集中

两类地区涉及 24 个旗县，蒙古族聚居程度均超过 50%，大多数旗县为牧业旗县或半农半牧区。其中高收入蒙古族聚居区包括 6 个旗县，分别为新巴尔虎右旗、新巴尔虎左旗、陈巴尔虎旗、阿巴嘎旗、东乌珠穆沁旗、西乌珠穆沁旗，蒙古族聚居程度达到 61.5%，如表 8-8 所示。低收入蒙古族聚居区包括 18 个旗县，其中科尔沁右翼中旗、科尔沁左翼中旗、科尔沁左翼后旗、扎鲁特旗、阿鲁科尔沁旗、巴林左旗、巴林右旗、苏尼特左旗、镶黄旗、正蓝旗这 10 个旗县均为牧业旗，科尔沁右翼前旗、扎赉特旗、科尔沁区、库伦旗、奈曼旗为半牧区，乌兰浩特市、牙克石市和喀喇沁旗为山老区；蒙古族聚居程度达到 51.5%，如表 8-9 所示。少数民族聚居程度最高的科尔沁右翼中旗达到 84.9%，少数民族聚居程度最低的乌兰浩特市也有 34.4%为蒙古族人口。

表 8-8　2012 年高收入蒙古族聚居区特征

	人均生产总值（元）	城镇居民人均可支配收入（元）	农牧民人均纯收入（元）	城乡居民相对收入差距	少数民族聚居程度（%）
新巴尔虎右旗	188501	17450	12523	1. 39	75. 3
新巴尔虎左旗	76274	16682	12468	1. 34	75. 4
陈巴尔虎旗	133042	19290	13159	1. 47	50. 1
阿巴嘎旗	112579	20201	14463	1. 40	52. 1
东乌珠穆沁旗	129789	20372	16800	1. 21	55. 7
西乌珠穆沁旗	114219	20680	14398	1. 44	60. 6
平均值	125734	19113	13969	1. 37	61. 5

资料来源：根据《2013 年内蒙古统计年鉴》相关数据计算而得。

表 8-9　2012 年低收入蒙古族聚居区特征

	人均生产总值（元）	城镇居民人均可支配收入（元）	农牧民人均纯收入（元）	城乡居民相对收入差距	少数民族聚居程度（%）
牙克石市	52784	19608	9613	2. 04	37. 7
乌兰浩特市	40570	16600	7452	2. 23	34. 4
科尔沁右翼前旗	22169	14018	5057	2. 77	52. 4
科尔沁右翼中旗	18590	13501	4709	2. 87	84. 9
扎赉特旗	17590	14033	4981	2. 82	42. 6
科尔沁区	63816	20797	11500	1. 81	41. 7
科尔沁左翼中旗	26040	15519	7195	2. 16	74. 9
科尔沁左翼后旗	35110	15706	7554	2. 08	74. 2
库伦旗	34488	14930	6738	2. 22	60. 8
奈曼旗	29989	15571	6999	2. 22	38. 7
扎鲁特旗	53108	16646	9204	1. 81	51. 4

续表

	人均生产总值（元）	城镇居民人均可支配收入（元）	农牧民人均纯收入（元）	城乡居民相对收入差距	少数民族聚居程度（%）
阿鲁科尔沁旗	34063	16113	6310	2.55	40.0
巴林左旗	30992	16633	6337	2.62	38.0
巴林右旗	35105	15128	6466	2.34	45.0
喀喇沁旗	23074	16641	6772	2.46	50.9
苏尼特左旗	106362	20152	8655	2.33	58.6
镶黄旗	137966	20486	8200	2.50	56.8
正蓝旗	62485	19911	9879	2.02	43.4
平均值	45795	16777	7423	2.32	51.5

资料来源：根据《2013年内蒙古统计年鉴》相关数据计算而得。

2. 从事第一产业的人口比例较高

通过三次产业人口的统计分析，可以发现两类地区从事第一产业的人口比例都比较高。

在高收入蒙古族聚居区中，除新巴尔虎右旗的第一产业从业人员比例稍低以外，其余地区从事第一产业的人数比例都很高，均在43%以上，远远高于从事其他产业的人数比重。在从事三次产业的人口比重中，各旗县从事第二产业的人口均是最少的，新巴尔虎左旗仅有9.7%的居民从事第二产业，最高的陈巴尔虎旗也仅达到25.9%，各旗县中仅新巴尔虎右旗的第三产业从业人口比重略微高于第一产业的从业人口比重，其余旗县基本都保持着第一产业从业人口比重最大、第二产业从业人口比重最小的状态。

在低收入蒙古族聚居区中，除了牙克石和乌兰浩特以外，其余旗县从事第一产业的人口比例基本都在50%左右或以上，均值达到58.32%；第三产业从业人口比重均在27%左右；第二产业的从业人口比重最小，均值仅有12.6%，最低的扎赉特旗只有5.0%。

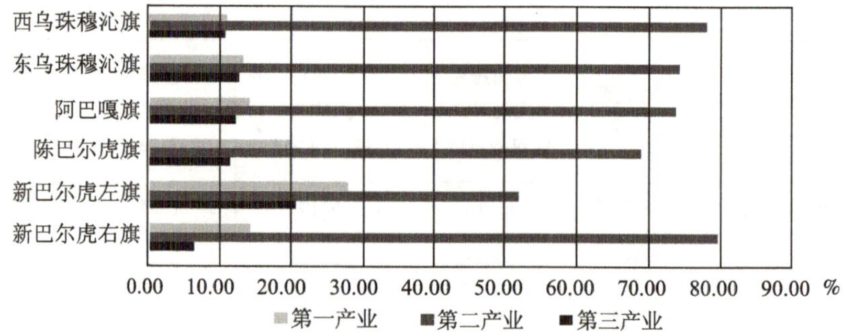

图 8-1 高收入蒙古族聚居区从事三次产业的人数比重

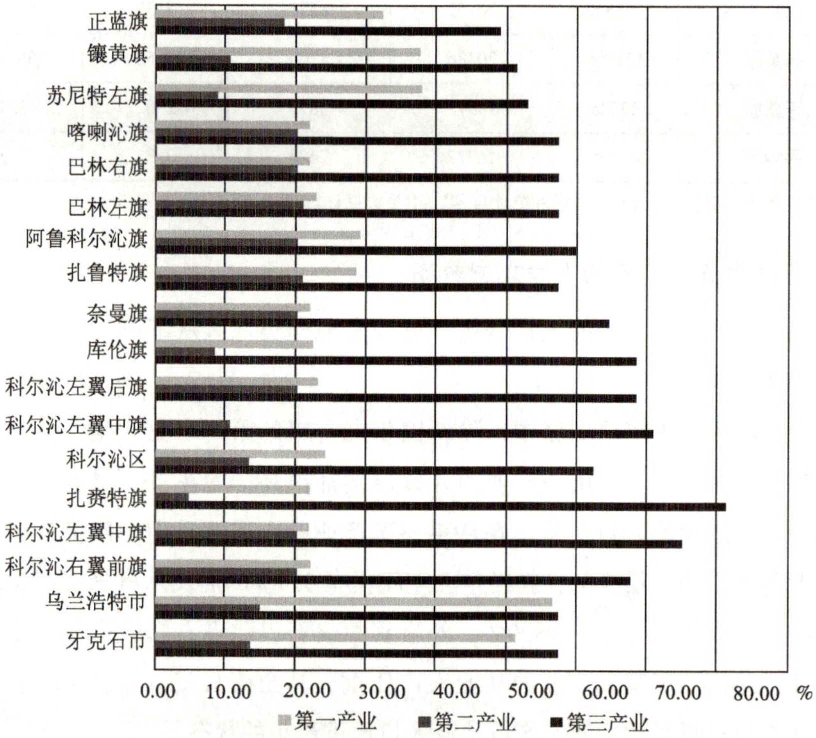

图 8-2 低收入蒙古族聚居区从事三次产业的人数比重

3. 比较劳动生产率较低

在高收入蒙古族聚居区中，由图 8-3 可以看出，各旗县的三次产业的增加值中，均是第二产业增加值所占比例最大，全部在 50%以上，而从业人口比例最高的第一产业增加值却是三次产业中最低的。第三产业虽然有较多的人力投入，产出却较少。从均值来看，第三产业的从业人口占从业总人口的35.8%，但增加值只占生产总值的16.8%，比较劳动生产率（农业部门产值比重与劳动力比重之比）小于1，说明当地的第三产业内部结构需要调整及优化，需要发展有利于经济发展的具有科技含量的新兴服务业，以有效服务于第一产业的快速发展。另外，第三产业的发展，不仅是为生产服务，也是为消费服务，提高农村牧区常住居民的收入和消费水平，拉动内需，以促进第三产业的蓬勃发展显得尤其重要。

在低收入蒙古族聚居区中，地区农业部门的比较劳动生产率均值仅为0.337。所有旗县中将近或超过一半的人从事第一产业，但第一产业增加值仅占地区生产总值的20.2%，乌兰浩特市、科尔沁区和镶黄旗的第一产业增加值占比均不足8%。第一产业的低产出不仅严重影响了此类地区的经济发展，而且由于第一产业的产出直接关系到农牧民的人均纯收入，直接影响了农牧区居民的生产生活水平。虽然第二产业增加值的从业人口比重极低，最高的也仅有20%左右，但第二产业增加值的比重却达到生产总值的一半，均值为52.4%，最高的镶黄旗可占到76.3%。第三产业的发展势头并不强劲，增加值比重均值仅为27.4%，仅相当于生产总值的1/4左右，因此第三产业的发展前景还是很广阔的。

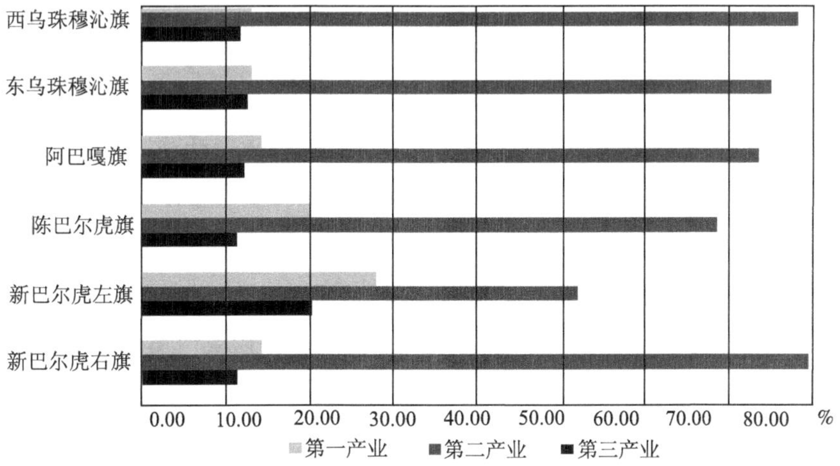

图8-3　高收入蒙古族聚居区三次产业增加值在生产总值中所占比重

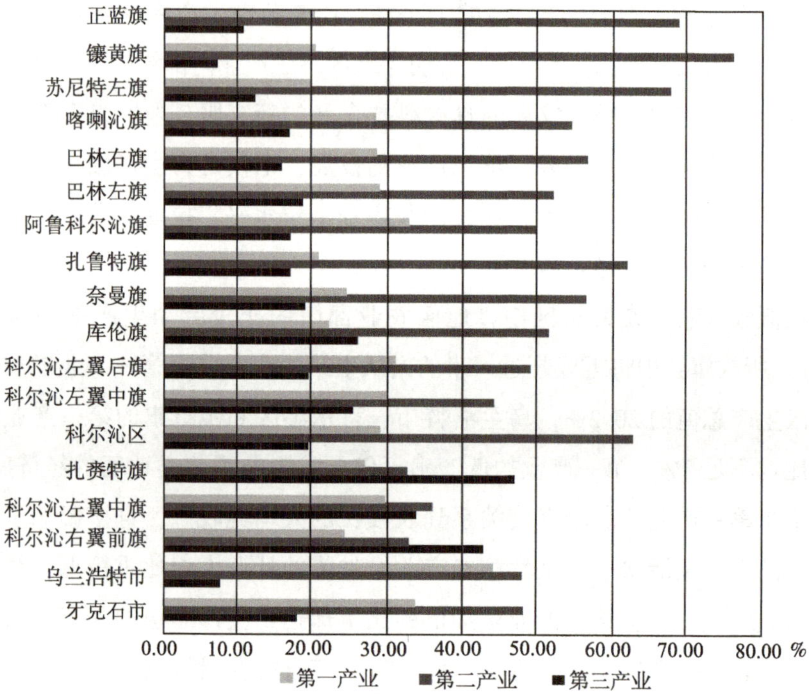

图 8-4 低收入蒙古族聚居区三次产业增加值在生产总值中所占的比重

4. 城乡二元经济结构突出

城乡经济二元性可以用农业部门和非农业部门比较劳动生产率之间的比值，即城乡二元对比系数予以体现。理论上，城乡二元对比系数的区间为 0~1，值越小，二元性越突出，当值为 1 时，二元性消失。在国际上，发展中国家的二元对比系数通常为 0.31~0.45，发达国家的二元对比系数则较高，一般在 0.52~0.86。

在高收入蒙古族聚居区中，各旗县农业部门的比较劳动生产率均值为 0.257，仅为非农业部门的 1/6 左右，二元对比系数均值仅为 0.156，远远低于发展中国家的常值区间，最低的新巴尔虎右旗仅为 0.108，说明此类地区的经济二元性明显。此类地区富有广袤且优质的草场，比较有利于畜牧业的发展，少数民族比重很高，如何更加科学地采取现代化养牧方式，以提高第一产业的比较劳动生产率显得尤其重要。

在低收入蒙古族聚居区中，经济二元对比系数均值为0.174，远远低于其他类别地区，更低于发展中国家一般区间。经济的二元性越强，对经济的健康持续发展就越不利，因此，凭借从事第一产业人口比重大的优势，应深层次查找制约第一产业比较劳动生产率的原因，采取利农、利牧、利民措施，缩小城乡居民收入差距，推动经济的长远发展。

表8-10　高收入蒙古族聚居区各部门比较劳动生产率及二元对比系数

	农业部门比较劳动生产率（%）	非农业部门比较劳动生产率（%）	二元对比系数
新巴尔虎右旗	0.165	1.518	0.108
新巴尔虎左旗	0.401	1.611	0.249
陈巴尔虎旗	0.262	1.568	0.167
阿巴嘎旗	0.224	1.938	0.115
东乌珠穆沁旗	0.251	1.757	0.143
西乌珠穆沁旗	0.241	1.613	0.150
平均值	0.257	1.668	0.156

资料来源：根据《2013年内蒙古统计年鉴》相关数据计算而得。

表8-11　低收入蒙古族聚居区各部门比较劳动生产率及二元对比系数

	农业部门比较劳动生产率（%）	非农业部门比较劳动生产率（%）	二元对比系数
牙克石市	0.516%	1.258%	0.410
乌兰浩特市	0.275%	1.283%	0.214
科尔沁右翼前旗	0.633%	1.771%	0.357
科尔沁右翼中旗	0.452%	2.653%	0.171
扎赉特旗	0.579%	2.819%	0.206
科尔沁区	0.128	2.429	0.053
科尔沁左翼中旗	0.359	2.566	0.140
科尔沁左翼后旗	0.285	2.571	0.111

续表

	农业部门比较劳动生产率（%）	非农业部门比较劳动生产率（%）	二元对比系数
库伦旗	0.381	2.360	0.162
奈曼旗	0.297	2.286	0.130
扎鲁特旗	0.342	1.661	0.206
阿鲁科尔沁旗	0.285	2.072	0.137
巴林左旗	0.336	1.838	0.183
巴林右旗	0.311	1.715	0.181
喀喇沁旗	0.292	1.955	0.149
苏尼特左旗	0.232	1.867	0.124
镶黄旗	0.139	1.913	0.073
正蓝旗	0.218	1.753	0.124
平均值	0.337	2.043	0.174

资料来源：根据《2013年内蒙古统计年鉴》相关数据计算而得。

（二）两类蒙古族聚居区差异特征分析

1. 经济总体发展水平不同

高收入蒙古族聚居区与低收入蒙古族聚居区经济总体发展水平差异较大。高收入蒙古族聚居区人均生产总值达到125734元，而低收入蒙古族聚居区人均生产总值只有45795元，二者的差距近2倍。

高收入蒙古族聚居区除传统畜牧业为经济发展提供了强有力的支撑之外，矿产资源的开发与利用与畜牧业一起，共同提升了该类地区的整体经济发展水平。

低收入蒙古族聚居区中大部分旗县经济发展水平较差，人均生产总值较低。其中喀喇沁旗、巴林左旗、巴林右旗、库伦旗、奈曼旗等被列为国家级贫困县。人均生产总值超过10万元的仅有锡林郭勒盟的苏尼特左旗和镶黄旗两个旗县，分别为106362元和137966元。人均生产总值最低的扎赉特旗仅为17590元。从城乡居民收入情况来看，此类少数民族聚居区的城镇常住居民人均可支配收入均值较低，仅为16777元；农村牧区常住居民人均纯收入的均值仅为7423元，同样远低于其他类别地区，超过1万元的仅有科尔沁区，最低的科尔沁右翼中旗仅为4709元。城乡居民收入相对差距均值达到2.32，最高的科尔沁右翼中旗达到2.87。

2. 自然资源禀赋差异较大

在高收入蒙古族聚居区中，经过数据解读发现，这些旗县均为牧区，此类地区中的旗县均拥有内蒙古最好的草场，蒙古族居住比例很高，且都居住在呼伦贝尔和锡林郭勒草场状况比较好的地区。总体上，每家每户的草场面积，都在三千亩以上，最高可达万亩。

在低收入蒙古族聚居区中，农牧民草场面积较小，一般情况下，牧民家草场面积在二三百亩左右，使得生产成本投入过大、生产规模小，很难实现农牧业生产发展的规模化。

（三）两类蒙古族聚居区特征分析结论

从上述两类蒙古族聚居区的特征分析可以看出，这两类聚居区大多数为牧区或半农半牧区，蒙古族居住比例很高，部分嘎查的蒙古族比例甚至在90%以上。从事第一产业的人口比重较大，蒙古族的收入主要来源于畜牧业，并且传统畜牧业生产方式向现代化畜牧业生产方式的转变缓慢。

两类蒙古族聚居区中，第三产业均不发达，第二产业以资源开发为主，对第一产业带动不足，对提高蒙古族聚居区居民收入的影响并不显著。在高收入蒙古族聚居区，人均生产总值达到125734元，而城镇与农牧民人均收入分别只有19113元与13969元，均没有超过人均生产总值的20%；在低收入蒙古族聚居区，居民收入也没有超过人均生产总值的40%。说明在国家、企业、居民三者的财富分配中，居民仅仅得到小头，而国家、企业得到大头。

高收入蒙古族聚居区的居民收入之所以高，是因为该类地区牧民拥有超过低收入地区牧民近10倍的草场面积，并且草质优良。低收入蒙古族聚居区并没有高收入地区的自然资源优势，因而无法借鉴高收入地区的经验。

城乡二元经济对峙现象依然严峻，城乡一体化进程仍十分缓慢，畜牧业作为居民收入的主要来源，其发展在短期内至关重要。如何发展畜牧业、延伸其产业链、优化市场环境，进而提高居民的收入，依然是蒙古族聚居区需要解决的主要问题。

（四）影响两类蒙古族聚居区居民收入提高的因素

1. 畜牧业产业层次低，比较效益差

畜牧业产业层次低，农牧民收入情况不稳定。调研发现，大部分旗县农牧业的发展仍主要以一家一户的小型生产模式为主。例如正蓝旗的某嘎查，一般情况下，家里仅有不到一百只羊，有二百只羊的家庭就算是嘎查中最富有的了，最少的一户仅有不到十只羊。牛羊的养殖规模增长十分缓慢，甚至会出现越养越少的情况。由于规模小，市场抗风险能力极低，只要出现牛羊生病或市场价格下跌的情况，或者遭遇任何小型灾害，就会对农牧民的生活造成严重影响。

畜牧业比较效益差，转型升级滞后。一方面，农牧业生产投入多、利用率低、生产周期长、资金周转慢，增加了生产的不确定性，加上技术进步滞后，农牧业的投资回报率低，农牧民生产投入成本不断提高，从第一产业中获得收入的难度不断增加，这使得当地居民的收入增加缓慢。另一方面，农牧业是依赖于土地等资源进行有限性发展的，而本地居民的农牧产品通常未经过深加工，直接以原料的形式出售，导致农牧业的产业链条过短、产品附加值低，受市场价格波动的影响极大。在调研的旗县中，农牧产品的加工企业均较少，造成农牧民的收入不稳定且增速缓慢。同时，蒙古族聚居区的农牧业生产仍存在现代农牧业生产要素缺乏、社会资本投入不足、农村牧区金融服务能力低等情况。在调研过程中，据农牧民反映，他们用于生产的资金完全依赖于生产积累或者亲戚之间的转借，牛羊通常无法作为抵押而向银行贷款，以至于在牛羊的养殖期间出现资金困难时，没有适当的方式解决，使情况恶化。

2. 资源的开发利用没有带来居民收入增长

在各旗县的县域经济发展过程中，普遍存在单纯追求地区生产总值增长，

而不是居民收入增长的情况。从目前来看，拉动地区经济增长主要靠第二产业，准确地说是采煤采矿业的发展。外来人员带来资金、技术，对本地资源进行开发，这种做法虽然加速了当地的经济发展，地区生产总值也有所升高，但对于提高农牧区常住居民的收入来说则影响微弱。这些产业对农牧区居民的经济收入增长没有产生直接的带动作用，农牧区居民只能通过再分配得到极少的利益甚至没有。在调研中也发现，多数蒙古族聚居区的确存在地区经济和少数民族经济发展的分离。资源被开发了，地区生产总值的水平得到了提高，但是少数民族经济却没有因相应的带动作用而有所起色。例如，在蒙古族聚居区兴建的一些大型工程和资源开发项目，蒙古族聚居区本地居民由于缺乏资金和技术，无法直接参与其中，只能获得很少的补偿，却可能因此失去基本的生产条件，使其原有的生产生活条件不断恶化。

同时，唯 GDP 政绩观的负面影响不容忽视。采用高物质、高能源、高消耗的发展方针，大力发展煤炭、矿石等开采业，却无法兼顾生态补偿，使得周围环境受到污染、草场生态压力加大，给农牧民的生产生活带来了困难，却不能给予其补偿。

3. 产业关联度低，市场环境较差

蒙古族聚居区经济发展水平较低，产业分工不发达，农牧业产业体系不健全，畜牧业与地区整体经济发展关联度不高，生产、加工、销售配套体系不完善。蒙古族聚居区的支柱产业多为矿产资源开采业，与农牧业的关联度低，而且第三产业多以社会消费品零售业为主，与农牧业有关的特色旅游业开发不足，使得农牧业生产基本处于“孤岛”状态。农畜产品的销售体系不完善，导致牧民的牲畜销售被动、销售价格低。

每年八月、九月是牛羊出栏的最好时期，但是由于牛羊不能作为资产进行抵押贷款，牧民的资金流动成为很大的问题，大部分牧民都不得不通过草场抵押或者朋友亲戚之间的借贷来维持生产和生活，因此背上了沉重的债务包袱。为了能够按时还贷，他们只能通过出售牛羊来换取资金。而牛羊的销售渠道一般只有两种：一是靠旗县里的冷库。由于国家会给予补助，因此牛羊的收购价钱会稍微高一点，但是需要牧民自己租车把羊拉过去。由于销售季节性较强，到了冷库也不能立刻出售，只能排队等待，有时折腾一天也不一定能排上。时间一长，牛羊会因为长时间没有进食而掉称甚至死掉，这些损失均由牧民自己承担，最后很可能得不偿失。二是靠外地中间商的收购。由于中间商非常清楚牧民急于出售和负债的情况，因此会趁机压低价格，而牧民并不了解市场情况，也没有更好的销售渠道，只能以低价售出。并且这些中间商并不固定，牧民即使被骗也无处申诉。由于政府当前并没有出台有关牛羊肉最低收购价方面的政策，加上牧民的市场意识淡薄、销售渠道单一，因此只能听任这些中间商的摆布。

信息渠道不通畅。通过调研发现，蒙古族获取外界信息的渠道较少，仅部分家里有电视，也很少看。蒙古族虽然都会一些简单的汉语，但用汉语来表达自己的想法依然比较困难，并不能完全理解电视上播出的新闻信息。有些嘎查还存在未通电的情况，使得他们在生产过程中对市场的敏感度极低，造成了生产和市场的脱节。镶黄旗有户牧民表示，曾经听人说杜泊绵羊好养，市场效益好，于是就把家里的小尾寒羊都换成了杜泊绵羊，但是养成之后发现市场需求并不大，只能又换回了小尾寒羊。赔本不说，这样来回一折腾足足浪费了五年的时间。市场信息渠道的缺失，使得农牧民的市场适应能力很弱。

4. 农牧区劳动力技能短缺

大部分蒙古族聚居区内部的年轻人都较少，基本只有父母老人留守在家里。经过访谈得知，有些蒙古族聚居区的居民存在这种心理：父辈的人都觉得只有没本事、没能力的孩子才会留在家里，和自己一样从事养牧工作，稍微受过教育的孩子都会选择留在旗县甚至去盟市工作。而大部分年轻人也都不愿意回到家里从事养牧工作，觉得农牧业是没有前途的行业。因此，农牧区劳动力的老龄化趋势明显，且不断加深。

另外，由于历史因素的影响，农牧民普遍受教育程度低，甚至多数都不识字，习惯于靠天吃饭的传统生产方式，这给蒙古族聚居区传统农牧业向现代农牧业的转化制造了障碍。由于生产、销售技能知识的缺乏，农牧民无法给农牧业生产增加新的利润点，只能以低附加值的原材料形式销售，造成了部分资源的浪费。由于缺乏进城务工的技能资本，农牧民被禁锢在了农牧区，无法完成劳动力向非农业部门的转移，因而无法获得更高的工资性收入。

5. 资源环境约束不断增加

蒙古族聚集区畜牧业经过几十年的超常规发展，一些旗县的草场沙化严重。为了草场恢复，自治区实施了禁牧与休牧政策，对草场进行了暂时围封或季节性围封，减少了草场资源的可利用量。

同时，为了促使第二产业的快速发展，各地加大了矿产资源的开发力度。由于技术、资金的短缺，以及政府的不当监管，在资源开发的同时出现了无序开采、越界开采、采富弃贫等现象，使得污染加重，环境变得更加脆弱，农牧业的发展越发艰难。

畜牧业的长远发展需要一个良好的自然生态环境作支撑，粗放型的矿产资源开发严重影响了畜牧业的发展。比如，西乌珠穆沁的白音华镇就有四个露天煤矿，赛音温德尔嘎查的河水都被煤矿污染了。牧民普遍反映由于露天煤矿的污染，草场的状况越来越差，很容易就形成风沙，牛羊经常生病，不仅使得对牛羊的饲养投入增加，而且牛羊肉的质量也越来越差。煤矿的占地补助只给被占草场以及煤矿两公里以内的草场分发，但煤矿污染的影响何止两公里，而周边牧户却得不到任何补贴，深受其害。

6. 地方政府能动作用不强

由于蒙古族聚居区的社会经济各方面条件比较落后，尤其是信息渠道不通畅，政府不仅市场环境的传话者，还是调节市场生产要素配置的“有形之手”。但是经过实地调研发现，多数旗县政府的参与引导度不够，驾驭市场经济的能力不足，统揽本旗县经济社会发展全局的能力不够，无法为蒙古族聚居区的经济发展提供有力的政策保障和技术指导，使得蒙古族聚居区的经济尤其是农牧业依然按照传统的生产要素配置方式发展，不能顺应市场经济发展的需要为当地农牧业生产带来新的增长动力。在对正蓝旗某移民村的调研中发现，2004 年进行移民的时候，政府许诺五年就可回迁，但是十年过去了，牧民依然不能回到自家草场。随着时间流逝，生产资料匮乏的村民们生活日益艰难，但是政府除了按照国家规定补发少许补助以外（有时还存在迟发、漏发的现象），对提高村民收入水平、从根本上解决问题不管不问。而村民们市场意识淡薄，信息渠道不畅，没有更好的收入来源，只能坐等政府援助，造成了国家“越补越贫”的现象。

7. 禁牧、休牧等政策带来的问题

在低收入蒙古族聚居区，牧民的牧场质量多数不太好，每户牧民分得的草场面积较小，畜牧业的生产成本主要是牛羊的草料投入。例如正蓝旗、苏尼特左旗和镶黄旗的牧民，每家每户分得的草场多数在千亩以内，一般情况下，牧民家草场面积在二三百亩。这对于以养牧为生的农牧民来说，最直接的影响就是生产成本，再加上休牧政策，依靠草场减少草料投入的生产方式不再可能，牧民因此逐渐丧失了传统依靠牧场养殖的优势。与此同时，随着禁牧政策的执行，出现了一个新的群体——生态移民。生态移民作为一个特殊的群体，为了维护生态平衡、改善该地区的生态环境，放弃自家草场，住进比较集中的移民村中，收入来源主要依靠奶牛养殖，使得牧民必须转变传统畜牧业散养的经营思维，以市场经济的经营理念来考虑成本和收入。这不仅要求他们具有准确分析、判断市场的能力，还要有足够的生产销售知识作生产支撑。但现实却是，现在移民村居民与低收入群体几乎是同义词。

在高收入蒙古族聚居区，由于经营体制的变革，传统的游牧方式已无法维持，大部分嘎查内部基本都将牲畜、草场私有化，分配到户，并且为了公平，将草场分为好、中、坏三等，使每一家都有坏草场，也能得到好草场。这样一来，虽然总体上每家每户的草场面积都不小，都在三千亩以上，甚至最高可达万亩，但是草场因此被分成小块，用铁丝分割，同一牧户的两片草场可能相隔十里地，大面积散养牛羊就此成为难题。此外，环境压力越来越大，大部分草场的草质并不好，无法打草，牧民只能从外界购买草料来维持牛羊的生长。因为食物单一，牛羊会出现各种病症，牧民还需要给牛羊打防疫针，增加了牧民的支出。另外，由于草场的承载能力下降，牧民养殖牲畜的数量也限制。有的地方是按草场定需的，比如白奶庙就出台政策，规定每30亩地可以养一只羊以限制养殖数量。因此，每户养殖的牛羊数量较少，无法形成规模养殖，无法带来规模效益。再加之单家独户经营，无论是在养殖方面还是在销售方面都不具备话语权，牛羊也无法购买保险，致使牧民的抗风险能力极低。

8. 移民政策带来的问题

建立移民村的初衷是保护牧民的生存环境、提高收入，但现实却发生了一定偏离。一些旗县的草场沙化严重，为了恢复草场，对草场进行了暂时围封或季节性围封。政府给牧民集体建了房子，并告诉他们等草场恢复了就可以回迁。于是牧民都搬离自己的家，住进了移民村。在移民村，居民由于没有了草场，居住又相当拥挤，只能放弃原来养的黄牛和羊，按照政府的引导将它们换成奶牛。一头黄牛的价格是 1000 多元，而一头奶牛的价格在 16000 元到 18000 元，牧民的牲畜数量随之下降。虽然同是养殖业，但是养奶牛属于精细化生产，与牧民原来的粗放式生产完全不同，因此牧民们的奶牛养殖并没有获得很好的效果。正蓝旗某移民村的村民表示，奶牛吃的比黄牛多，现在没有了可以放牧的草场，移民村与自家草场相隔百公里，加上人工和运输费用，打草的话极不划算，奶牛的饲料全部靠要购买，投入成本比较高。因此，移民村的村民收入普遍较低。另外，一切生活用品都需要通过购买来获得，生活压力越来越大。走访的移民村中，基本全部移民都对现在的生活状态不满意，都渴望能够重新回到自家草场。

另外，移民村中奶牛的饲养方式和牧民原来的黄牛是完全不一样的，所以会出现很多问题。往往即使奶牛品种名贵，也无法产出高效益。一年十二个月中，奶牛的产奶高峰期只有三个月。奶牛容易患乳腺炎，需要打抗生素，这个时期的奶是不可以用的，即使停药三四天后，牛奶中的抗生素仍会超标。一般情况下，奶牛必须在规定的时间到厂家提供的挤奶站中进行挤奶，然后生奶会被厂家全部直接收走。苏尼特左旗满都拉图镇的一位移民村村民表示，由于移民村村民的奶牛养殖规模都比较小，大一些的厂家都不愿意收购这些散户的生奶，村里有两个奶站都相继废弃了，村民只能把生奶卖给一些小厂家，生奶的收购价格自然很低。

移民村的未来堪忧。例如，敦达霍布尔移民村是由从 49 个嘎查、12 个苏木中抽取的100多户牧民组成的，全部养殖奶牛，但是现在整个村子只剩下20多户居民还在坚持，稍微有些办法都已经进城务工。留下的村民渐渐增加了羊的养殖数量，由于政府提供的房子全都空了出来，一些房子成了羊圈。

9. 受传统观念的禁锢和影响，现代经营意识缺乏

农牧民对传统的农牧业生产生活方式依赖程度很强，并没有真正打破长期形成的传统生产生活模式，因此没有紧随现代经济发展的变化，在生产中注入现代生产要素，寻求新的经济增长点来增产增收。再加上民族传统意识影响、信息渠道不畅，农牧业生产与现代化市场发生了脱节。尤其是蒙古族聚居区，由于多年形成的习惯，大部分农牧民安于现状，恋土情节严重，排外意识较强，农牧区居民与城镇之间的流动性弱，导致农牧区与外界的信息渠道不通畅，农牧业生产仍然按照自己所能进行，而不能根据市场所需而定，与现代化市场格格不入。

在入户调查中发现，没有一家能够明确说出每一只羊或牛的平均现实成本和产出。当问到一整年的利润时，大部分人也只能说出大概数目，具体是盈利还是赔本、赔了多少，他们总是笑着说没有计算过。这与商品经济的要求背道而驰。按照传统的游牧生产方式，牧民无须考虑对草场进行投资，只要留够充足的时间，使草场得到充分的自然恢复，就能使牛羊吃到草原上各种营养丰富的草，按照这种方式饲养的牛羊也不会因为缺乏某种元素而生病。当问到对草场的投资情况时，牧民基本都是摇头表示无法理解这个概念。对草场的投资意识淡薄，加上草场退化日益严重，影响了农牧业的生产效益。

在阿巴嘎旗，有户牧民（汉族）讲述了他们雇用的一对蒙古族夫妻的事情：由于政府征地，夫妻俩就把自己家的草场变成了几十万元的现钱。女儿上大学和夫妻二人毫无规划的消费，使得他们的积蓄在三年多时间里就被花完了，最后只能选择在牧区打工，而且每次都会预支工资用来消费。截至接受访谈时，夫妻俩已经预支了未来三个月的工资。由于没有财富积累的意识和习惯，农牧民尤其是蒙古族农牧民对风险的抵抗能力极差，一旦丧失草场、牛羊等生产资料，他们只能选择为他人打工以挣得微薄的收入。长期以来，以蒙古族为主的少数民族大多以族群的形式聚居在草原生活。传统的游牧生

产生活方式决定了他们基本都生活在较为偏僻的地方，并且鲜少与外界交往，具有一定程度的封闭性，因此对长期生活的区域具有一定的归附性。因而，在没有生产资料的情况下，相比于进城务工，人们更愿意选择在本区域务工，比如帮人放牧等。

10. 受风俗习惯的影响，市场经济的意识淡薄

风俗习惯是在长期历史发展过程中逐渐形成的共同爱好，表现在饮食、服饰、居住、娱乐和生产等方面，具有稳定性、敏感性、地域性和群众性等特点。由于蒙古族人长期以族群形式聚居，拥有共同的信仰和生产生活方式，族群内部感情深厚，对于帮助过自己的人，只要对方有所求，即使会损及自家利益，也会选择答应。

苏尼特左旗的一位 47 岁牧民表示，在自己母亲得重病急用钱的时候，得到了现在的老板的帮助，之后因为老板的请求，他们夫妻二人选择放弃自己家的草场，帮老板经营牛羊，收取每个月 2000 元的雇佣费用。这比自己养牧时得收入少得多，但他们觉得这样做是很正常的，不会因为收入减少而拒绝恩人的请求。

蒙古族人重义轻利，以义为重，以情为本，花在人情上的费用较多。据调查，在内蒙古大部分地区，无论家庭经济状况如何，在孩子百天、周岁、六岁、十二岁和结婚时都要大摆宴席，而且规格较高，不仅会宴请所有的亲朋好友，还会请司仪和表演嘉宾。有的家庭一次宴请费用高达四五万元。而来客也会回礼，每次几千元不等，这都给低收入家庭造成了极大的经济压力。每个旗县都有自己的宴席规格，如果宴席规格不达标便会惹人闲话，给当事人带来一定的心理压力。

三、改善蒙古族聚居区居民经济收入状况的对策建议

蒙古族聚居区多数处于落后地区，经济发展总体水平不高，市场化程度低，蒙古族传统的思维方式、民族文化、风俗习惯以及自然资源影响着畜牧业的生产，制约着农牧民收入的提高。因而，必须采取切实有效的措施来提

高农牧民的收入。

（一）加强政府引导，强化经济发展保障

要改善民族聚居区城乡居民的收入状况，首先要促进民族聚居地区的经济发展，提高城乡居民的收入，而关键就在于提高农牧区常住居民的人均纯收入。由于市场经济发展并不完善，蒙古族聚居区居民的信息渠道又不通畅，多数居民完全依靠政府的政策引导进行生产。因此，政府在各旗县的资源配置、产业结构调整等方面扮演着重要的角色，需要不断加强政策性引导力度，做好宏观调控工作。政府的能动作用不仅对民族聚居区经济的发展有重要意义，对缩小城乡收入差距同样重要。

1. 立足市场，实现本地的资源优势与市场需求的有效统一

在市场经济条件下，只有具有市场潜力的产品才可能具有经济价值，任何经济优势都来源于市场中的竞争优势。对于内蒙古的蒙古族聚居区来说，草场、矿产等资源优势可以带来短期的比较成本优势，但由于其有限性和不可再生性，粗放型经济发展模式很难实现的可持续发展。只有在以市场为导向的前提下，利用特色资源带来的比较成本优势，才能使民族聚居区的经济持续稳固发展。

2. 提高经济开放度，使民族聚居区经济在国民经济大系统中不断发展

在市场经济环境下，保持开放性是民族聚居区经济持续发展的必要条件。农牧业必须跳出地域局限，实行全方位的开放，把自己置于国内乃至国际市场经济大循环中。

3. 坚持有所为、有所不为，将特色经济、优势经济作为重点培育和发展对象

具有区域特色的民族聚居区，可以结合自身的优势，更好地在市场经济中突出自己的特色，形成竞争优势。切忌“一把抓”的发展模式，切忌没有重点、产业趋同的经济结构，即使门类齐全，也会因为没有特点而在市场经济中无法形成气候，最后陷入低增长怪圈，使城乡居民的生产环境变得更加混乱。

4. 提高农牧业与各产业间的关联度，注重产业协同带动作用

农牧业与各产业之间相互独立、关联度较低，不能形成有效的连锁互动，产业链过短，或者由于各种制约条件难以延伸，成为制约民族聚居区农牧业及整体经济发展的重要因素。因此，对各产业发展的规划与引导，不能局限于旗县内部的小范围，还需要考虑与市场经济发生互动的产业大格局。只有将各产业协调发展作为民族聚居区经济发展的战略指导方针，才能促进各旗县的分工协作，实现共同繁荣。

5. 强调本地化致富，加大对农牧区的政策倾斜，注重保护农牧区常住居民的利益

用好、用活中央及区市的各项政策，结合民族聚居区的实际情况，制定完善各项优惠政策；改善和优化农牧区的投资环境，加大招商引资力度，增强开放型经济活力；加强基础设施建设，改善农牧区常住居民的生活环境。

（二）明确民族旗县主导产业，优化市场产业结构

由于蒙古族聚居区的经济基础比较薄弱、各种资源有限，不可能发展全方位、全门类经济，因此在经济发展过程中要避免各产业“多、小、散、乱”的问题，要从实际出发，确立主导产业重点培养，使之在激烈的市场竞争中形成领先优势，才能实现有限资源的最大化效益，建立规范有序的市场环境，有效地促进民族聚居区的经济增长。

1. 将蒙古族聚居区作为基本单位，综合考虑自然、经济和社会环境等条件，对优势条件分别进行多角度和综合的比较、分析

要确保县域内的比较优势不仅是旗县间、盟市间、省区市间以及全国范围内的横向优势，更要具有发展的眼光，保证比较优势同时具有现实优势和潜在优势，具有可持续发展的纵向优势。最后确定的民族聚居区的比较优势，不仅要具有地域特色、能够可持续发展，还要与大市场经济形成互补。

2. 依据比较优势，确立主导产业

民族聚居区在经济发展过程中，经常会将支柱产业和主导产业混淆。支

柱产业是指该产业增加值在地区生产总值中占比较大，对该地区的经济增长起较大作用的产业。而主导产业的生命力在于其对经济增长速度的带动性以及对其他产业的影响力，因此需要拥有广阔的市场、先进的技术，以及很强的扩散效应。因此，民族聚居区现有的煤炭、矿石开采业虽然对地区生产总值贡献率极高，但由于资金、技术落后等原因，只能算作支柱产业，而不是主导产业。

3. 确定民族聚居区的主导产业

首先，需要衡量该产业的市场需求度，没有需求的主导产业是无法存活的。其次，要考虑该产业与该地区产业群和产业链的关联度，确保对地区经济的高贡献的同时也能够对其他产业产生拉动作用。最后，主导产业作为优先发展的行业，必须具有巨大的技术进步潜力，才可以推动区域整体的技术进步。

（三）坚持发展特色农牧业，提高市场竞争力

将特色农牧业作为地区的主导产业不断发展，是增加农牧民收入、缩小城乡收入差距的有效途径。是否属于特色农牧业，是否具有市场和社会效益是衡量的首要标准。特色农牧业必须具有一定的规模，高品质、高效益，具有广阔的发展前景，经过扶持和培育可以成为民族聚居区的主导产业，并带动县域经济的发展。加快特色农牧业模式的建立，需要政府做好引导服务工作。

1. 坚持尊重农牧民意愿原则

民族聚居区的农牧民以蒙古族为主，拥有自己独特的文化和思维模式，需要切实尊重他们的意愿，防止主观决策，挫伤他们的生产积极性。可以通过宣传鼓励的方式，强化“赶超”意识，树立“特色”观念，激发农牧民的积极性和创造性，发展具有民族特色的产品及产业。政府在资金政策方面，尽量加强对农牧区的倾斜，注重解决基础设施、技术研发等方面的实际问题。

2. 坚持合作化生产模式

以“一家一户”的形式进入市场，在各个环节均会处于劣势、不具备话

语权。农牧民需要联合起来，搞合作化道路，才能加强与市场、政府间的对话。

3. 坚持市场导向

特色农牧业的发展，既要考虑省内市场，也要考虑整个国内市场甚至国际市场。瞄准现实需求和潜在需求，提高产品质量，创造品牌，通过品牌效应赢得市场，才能有持续长久的发展。

4. 坚持以科技为支撑

特色农牧业应以科技进步为支撑，提高特色农牧产品的科技含量，优化品种和品质结构，保障农牧产品品质稳定，提高劳动生产率的同时增加附加值，使农牧业成为真正的特色农牧业。

5. 调整产业结构，发展优势产业，从单纯依靠农牧产业的生产方式转变为生产、加工、流通全过程农工贸一体化模式

增加农牧产品的链条，可以带动当地经济发展，增加居民收入水平。畜牧业收入一直以来都是内蒙古草原牧区牧民最主要的收入来源。而畜牧业生产很容易受到自然灾害的影响，要解决这一问题，形成优质的畜牧产业结构是重要途径。根据民族地区的不同特点，发展自身的优势产业，实现规模化经营。根据市场的变化，对畜牧业产品的生产进行合理调整，以获取市场竞争力。加快在传统畜牧业基础上的产业化进程，打破当前城乡产业分割的格局，创造城乡互补发展新局面。

(四) 改善宏观调控，建立健全农牧区融资市场

要加强市场管理，规范市场行为，抓紧建立健全牛羊肉、蔬菜和粮食等基本农牧产品的储备调节体系和市场风险基金，保护生产者和消费者的利益。

农牧民贷款难的问题严重阻碍了农牧业经济的发展，因此，政府必须加大扶持小型金融网点建设的力度，为农牧民提供发展生产、脱贫致富必需的启动资本，从根本上解决农牧产业生产融资困难的问题。同时，国家可以因地制宜采取一定的措施，引导并刺激银行信贷资金、外资、民资投入畜牧业，提高牧区绿色农牧产业的吸引力。

（五）推进中小企业工业化，带动农牧业发展

中小企业大都处于城乡交界处，是吸纳农牧区富余劳动力就业、有效开发当地特色资源的主要载体。中小企业工业化不仅可以提高当地居民的生活水平，还可以在促进城乡经济协调发展方面发挥独特的功能和作用。内蒙古蒙古族聚居区经济基础薄弱，资金、技术、人才匮乏，中小企业可以成为改变这一事实的突破口。中小企业不仅占用资源较少，而且作为技术创新的主体，可以通过多种途径带动农牧业创新，通过帮助农牧区引进资金、技术、人才来促进农牧业形成立足于科技创新、人力资本的新竞争优势。中小企业的工业化有利于疏通融资渠道，完善金融体制，解决经济发展中的资本短缺问题，这无疑为农牧区的金融环境发展奠定了一定的基础。适时、充足的资本供给可以保障民族聚居区农牧业的持续发展。工业化一般以建设经济园区、推动产业集中的模式存在，合理的园区规划可以减少资源、生产要素之间的运输和时间成本，对于生产污染也可以集中治理，减小其对生态环境的影响，还可以带动民族聚居区的经济发展，为农牧业发展营造良好的经济环境。另外，产业集聚，人口密集，也可以降低公共设施和服务的成本，提高当地居民的生活质量。

（六）大力发展旅游业，增加收入来源多样性

蒙古族聚居区基本都具备优先发展旅游业的优势。草原特殊的地貌特征，丰富的风景资源，富有民族特色的历史文化，赛马、摔跤、游牧等特有的生活方式和含有地方特色的烤全羊、奶茶、炒米等食物，都是具有奇异风情的旅游资源。

旅游业具有产业关联度高、吸纳社会就业能力高、投资周期短、见效快、污染小的特点。对于工业基础薄弱、经贸落后的蒙古族聚居区，凭借文化和自然风景等旅游资源发展旅游业，不仅可以带动其生产总值的增长，也有利于动员各方面的力量共同参与到旗县的经济开发中来，带动经济的繁荣发展，为当地经济注入新鲜的血液，改变当地居民收入来源的单一结构。旅游业的发展不仅可以保留当地农牧民的生产生活方式，也可以提高他们的收入水平，

还可以为当地农牧产品作为一个品牌“走出去”奠定基础。

（七）优化资源开发补偿机制，保障居民切身利益

多数少数民族聚居区的环境条件脆弱、经济基础落后、资金短缺，但矿产资源和风能资源优势非常突出，一旦加以开采，可以迅速成为当地的支柱产业。但是，此种发展模式也存在弊端。在开采资源的同时往往伴随着对环境的污染，因此，地方政府应加强监管工作，禁止无序开采、越界开采、采富弃贫等现象，拒绝浪费资源，杜绝安全隐患，保证资源开发的合理性和与环境保护的和谐性。

由于资源开发所污染的环境，正是农牧业发展所依赖的环境，因此要明确生态保护的主要区域是农牧区、生态保护的主体是农牧民这一实际情况。但是在实际中，农牧区居民作为弱势群体，基本上只能无条件接受资源开采方的单方补偿条款。因此，强势的资源开采企业，只能利用相关政策法规去制约。要严格执行谁污染、谁治理的责任追究政策，坚持源头保护制度，将污染范围降到最小，监督企业完成相关环境治理和生态修复任务，把生产对环境污染的程度降到最低。另外，要完善利益补偿机制。对企业可以采取自然资源有偿使用政策，对资源进行开发的前提是必须对生态环境进行维护并对未来发展利益给予补偿，资源增值转移必须对当地居民优先受惠权给予补偿，补偿费用可以计入资源价格。对于农牧区居民受到的损失，应严格按照损害赔偿制度执行，切实保障农牧民的权益。

建立社会保障机制体系。地方政府和有关部门应高度重视草原生态保护补助奖励机制工作，坚决贯彻执行国务院关于实施草原生态保护补助奖励机制的决定，认真贯彻落实《内蒙古自治区草原生态保护补助奖励机制实施方案》和《内蒙古自治区草原生态保护补助奖励机制监督管理办法》等一系列政策文件，准确把握国务院和自治区党委政府的决策部署，真正把政策的内涵挖掘出来，按照国家和自治区政府的要求，各盟市、旗县结合自身实际，制定切实可行的实施方案，苏木、嘎查成立相应的组织机构，各部门明确责任，密切配合、齐抓共管、形成合力。

（八）更新居民发展观念，树立主动发展意识

要实现民族聚居区的科学发展、跨越式发展，提高居民的收入，缩小城乡差距，就要进一步解放农牧区常住居民的思想观念，牢固树立全局意识、经营意识、危机意识、赶超意识，让农牧区常住居民的赶超思想成为农牧业实现跨越式发展的动力，推动农牧业经济发展不断提档、升级、进位。

思想、观念、意识的改变离不开教育。蒙古族聚居区居民的文化水平普遍较低，对新的知识、信息的接受能力不强。因此，应当把对农牧区牧民的教育培训放在第一位，将农牧民持有的传统知识体系化，反哺农牧业发展。农牧区的长远和可持续发展在于教育。首先，应该当扎实落实义务教育，改善国家基础教育布局，调整政策，使农牧民子女与城镇儿童有同等的就近接受优质教育的机会。其次，在大学生农牧区服务计划的基础上，实质性地鼓励农牧区出生的大学生回乡服务，为回乡大学生创造“能留下”的平台，改变现行大学生村官计划的“踏板”效应，让年轻知识力量扎根农牧区、建设农牧区，给农牧区注入新鲜血液。

（九）实行专项扶贫，确保贫困牧民收入提高

对于蒙古族聚居区的贫困牧民，其所在地区资源匮乏，自身年龄较大，民族意识较强，市场观念淡薄，所以应充分发挥政府的力量，组织有关部门定点扶贫。同时，还应该认真贯彻落实农村牧区低保、养老、医疗制度，保证农牧民收入的相对稳定性。此外，应大力聚集社会各界的力量，包括国有企业、民营企业、社会组织、个人，共同参与到扶贫工作当中，确保贫困牧民的生活无后顾之忧。

第三节 内蒙古精准扶贫战略思考

精准扶贫是指针对不同贫困区域环境、不同贫困农户状况，运用科学有效程序对扶贫对象实施精确识别、精确帮扶、精确管理的治贫方式。一般来说，精准扶贫主要是就贫困居民而言的，谁贫困就扶持谁。

2013 年 11 月，习近平到湖南湘西考察时首次作出了“实事求是、因地制宜、分类指导、精准扶贫”的重要指示。2014 年 1 月，中办详细规制了精准扶贫工作模式的顶层设计，推动了“精准扶贫”思想落地。2014 年 3 月，习近平参加两会代表团审议时强调，要实施精准扶贫，瞄准扶贫对象，重点施策，进一步阐释了精准扶贫理念。2015 年 1 月，习近平总书记新年首个调研地点选择了云南，总书记强调坚决打好扶贫开发攻坚战，加快民族地区经济社会发展。五个月后，总书记来到与云南毗邻的贵州，强调要科学谋划好“十三五”时期扶贫开发工作，确保贫困人口到 2020 年如期脱贫，并提出扶贫开发“贵在精准，重在精准，成败之举在于精准”。“精准扶贫”成为各界热议的关键词。

反贫困是古今中外治国理政的一件大事。消除贫困、改善民生、逐步实现共同富裕，是社会主义的本质要求，是我们党的重要使命。我国 1986 年成立了专门性减贫工作机构并开始对农村牧区贫困现象进行有针对性的消除，而此前主要通过经济增长所带来的自发减贫效应并辅之以救济式扶贫来消除贫困。此后，我国的扶贫开发工作经历了大规模开发式扶贫阶段（1986—1993 年）、八七扶贫攻坚阶段（1994—2000 年）、新世纪整村推进扶贫开发阶段（2001 年后）。党的十八大把扶贫开发工作纳入“四个全面”战略布局，实施精准扶贫、精准脱贫，加大扶贫投入，创新扶贫方式，扶贫开发工作呈现新局面。经过改革开放近四十年的努力，我国成功走出了一条中国特色扶贫开发道路，使七亿多农村贫困人口成功脱贫。贫困人口的分布也由 20 世纪 80 年代的以普遍式分布为主转变为相对集中于少数自然条件艰苦的地理区域，以分散各地的“插花贫困”和社区里的个别贫困为主。随之而来地，在贫困瞄准单位方面，经历了由大片区到贫困县再到贫困村的变化过程。从扶贫开发工作的方式特征来看，经历了前期以贴息贷款为主的信贷扶贫计划与区域开发计划相结合的扶贫方式，到20世纪90年代中后期受多元性、参与性发展话语的影响，更倾向于以人为中心的扶贫方式。

无论是缩小瞄准单位，还是更精细化的扶贫方式，本质上都反映了中国的扶贫政策在面对农村贫困状况的新变化时，从扶贫机制上由主要依赖经济增长的“涓滴效应”到更加注重“靶向性”，对目标人群直接加以扶贫干预的动态调整。而具体到每次扶贫纲要调整、扶贫模式的改变、具体扶贫专项政策的丰富，其背后都折射着扶贫政策制定者与反贫困领域研究者对贫困和反贫困内涵与分析框架认识的更新，以及对既有扶贫实践中暴露出的问题的解决之道的学理思考。

精准扶贫作为2014年提出的中国扶贫系统的新工作机制和工作目标，官方定位为“通过对贫困户和贫困村精准识别、精准帮扶、精准管理和精准考核，引导各类扶贫资源优化配置，实现扶贫到村到户，逐步构建精准扶贫工作长效机制，为科学扶贫奠定坚实基础。”在扶贫工作一线实践者眼中，精准扶贫的核心内容和理念通常被归纳为“扶真贫”和“真扶贫”。这一机制出台前的政策准备可追溯自2009年国务院扶贫办和民政部等部门为推动农村牧区最低生活保障制度和扶贫开发政策的有效对接而开展的贫困户识别与分类工作，以期为不同类型的贫困户提供差异性和针对性的扶持。习近平总书记2013年11月在湘西考察时提出：“扶贫要实事求是，因地制宜。要精准扶贫，切忌喊口号，也不要定好高骛远的目标。”2015年1月，习近平总书记在云南考察时再一次指出：“要以更加明确的目标、更加有力的举措、更加有效的行动，深入实施精准扶贫、精准脱贫，项目安排和资金使用都要提高精准度，扶到点上、根上，让贫困群众真正得到实惠。”在习近平总书记明确提出精准扶贫的理念后，中央办公厅在《关于创新机制扎实推进农村扶贫开发工作的意见》中，将建立精准扶贫工作机制作为六项扶贫机制创新之一。国务院扶贫办随后制定了《建立精准扶贫工作机制实施方案》，在全国推行精准扶贫工作。在中央政府的大力推动和地方政府的努力下，精准扶贫取得了显著的进展。但从一年多的实施情况看，也存在一些影响精准扶贫效果的突出问题，需要进一步通过机制创新加以解决。

作为中国共产党在少数民族地区建立的第一个民族自治地方，内蒙古的经济社会发展一直得到党和国家的大力扶持。内蒙古的扶贫开发始于20世纪80年代中期，特别是内蒙古自治区实施“三七”扶贫攻坚计划以来，扶贫开发取得了很大成就，前后经历了三个历史阶段，并取得了突破性进展。第一阶段是1986—1993年“输血式”的扶贫方式。截至1993年底，内蒙古农牧区的贫困人口数量为357万人，贫困发生率下降到30%。第二阶段是1994—2000年“造血式为主、输血式为辅”的扶贫方式。经过七年的大力集中帮扶，内蒙古农牧区的贫困状况明显缓解，农牧业基础设施有了一定改善，生产生活条件得到了提高，大部分农牧民解决了基本温饱，农村牧区贫困人口由323.9万人减少到195万人，贫困发生率下降到10%左右。第三阶段是2001年至今“一体两翼”的扶贫方式。新一轮扶贫开发以来，自治区党委全面落实中央关于扶贫开发的各项决策部署，坚持把扶贫开发作为重大政治任务和头号民生工程来抓，切实加强组织领导，健全完善扶持政策，不断加大投入力度，推动扶贫开发事业不断取得新进展新成效。特别是党的十八大以来，政府针对扶贫开发面临的新形势新任务，制定了一系列力度大、针对性强的重大举措。大力实施农村牧区“十个全覆盖”工程，着力兴办“三个一”民生实事，深入开展领导干部联系帮扶活动，扎实推进“三到村三到户”的精准扶贫。贫困人口脱贫步伐明显加快，贫困地区基础设施明显改善，基本公共服务水平明显提高，全区贫困人口由2010年的258万人减少到2014年的98万人，贫困发生率由19.7%下降到7.3%，贫困地区农牧民人均可支配收入达到8867元，全区扶贫开发呈现出前所未有的新局面。

在研究内蒙古农牧区扶贫开发方面，苗国庆（2006）以内蒙古和林格尔为案例研究了内蒙古和林格尔的反贫困模式。格根图雅（2010）以科尔沁右翼中旗为研究对象对扶贫开发进行了研究探讨。云宝君（2007）构建和完善了内蒙古的反贫困机制。巴图和高娃（2007）在分析农牧民致贫原因的基础上阐述了治理贫困的思路。都日娜（2010）提出了内蒙古库伦旗蒙古族反贫困的对策建议。魏庆华（2011）认为内蒙古农村牧区贫困人口的贫困不仅表现为经济上贫困，而且表现为健康生存能力贫困和贫困主体知识贫困等多重相互影响的贫困，呈现出多维形态特征，并在分析贫困形态特征的基础上，提出扶贫开发对策建议。汤艳玲和孟繁杰（2002）从经济效益、社会效益和生态效益三个方面对内蒙古农村牧区开发的效益进行了综合分析，认为扶贫开发的经济效益是扶贫开发成功的前提，同时还要兼顾社会效益和生态效益。

但是，在充分肯定成绩的同时也要清醒地认识到，当前自治区扶贫开发任务仍然艰巨，打赢脱贫攻坚战还存在许多制约因素。一是2015年末，还有贫困人口约80万人，虽总量不大，但剩下的都是贫中之贫、困中之困，越往后难度越大、见效越慢。二是现有贫困人口大多分布在生态环境恶劣、自然资源贫乏、地理位置偏远的地方，生产生活条件差，减贫脱贫成本高。三是贫困户中老幼病残占相当大比例，不少贫困群体收入不够稳定，因灾、因病、因学返贫现象时有发生。四是经济下行压力加大，贫困群众就业和增收难度增大，一些农牧民因失去工作重新陷入贫困。五是收入差距有逐渐扩大的趋势。2002年内蒙古城乡居民收入比为2.90，而到2014年，城乡居民收入比扩大为2.84，且收入差距的绝对值为18374元。按照3100元的贫困标准计算，仅差额就达贫困人口年人均收入的5.92倍。此外，内蒙古农村牧区内部的收入差距也在扩大，部分富裕户和典型示范户掩盖了实际的贫困问题。六是农牧区发展和增收面临突出困难和问题。农牧民的收入主要来自家庭经营，主要来自畜牧业，收入结构更加单一，增收的难度也更大。七是扶贫工作并未做到精准落实。在扶持对象精准上，自治区虽然从2014年开始开展了建档立卡工作，但没有把真正的扶贫群体找出来；在项目安排精准上，没有做到因地制宜、尊重群众意愿。

通过以上论述可以看出，目前内蒙古的扶贫开发工作已进入深水区。打好这场扶贫攻坚战，必须创新工作机制，准确贯彻落实精准扶贫、精准脱贫的基本方略，解决好扶持谁、谁来扶、怎么扶、如何退的问题。又由于内蒙古是边疆民族地区，客观分析精准扶贫工作中存在的问题与难点，提出相应的对策和改进路径，具有特殊重要的意义。从全面建成小康社会来看，农村牧区贫困人口全部脱贫，是自治区全面建成小康社会、实现第一个百年奋斗目标的一个标志性指标。只有加快补齐贫困人口脱贫这块突出的短板，才能确保所有贫困地区和贫困人口同全区一道迈入全面小康社会。从推动经济持续健康发展来看，当前自治区经济已进入新常态，正处于新旧动能转换期，保持经济中高速增长、迈向中高端水平，迫切要求培育新的经济增长点，拓展经济发展新空间。贫困地区经济发展水平低，贫困人口边际消费倾向高，加强贫困地区基础设施和公共服务建设，促进贫困群众持续增收，有利于扩大有效投资需求、消化过剩产能，有利于扩大有效消费需求、带动产业结构优化升级。从促进社会和谐稳定来看，缩小发展差距，增强发展的均衡性协调性，是维护社会公平正义、构建社会主义和谐社会的必然要求。自治区城乡发展差距、居民收入差距较大，一个重要原因是贫困地区发展滞后、贫困群众生活困难。只有大力推进脱贫攻坚，努力让贫困地区尽快发展起来，让贫困群众尽快脱贫致富，使全区人民朝着共同富裕的方向稳步前进，才能巩固好民族团结、社会稳定、边疆安宁的良好局面。

一、内蒙古各盟市及旗县居民收入现状

实现内蒙古地区的精准扶贫工作，首先要对内蒙古各盟市、各旗县乃至各乡镇的收入状况及其相关信息实现精准挖掘。为此项目组团队对内蒙古地区的各大盟市与旗县进行了走访，了解到众多的信息。然而，因时间紧迫及居民收入本身的特点，并未能完全了解相关信息。因此，本节进一步结合统计年鉴数据对内蒙古地区城乡居民收入状况展开了相关的分析。

（一）内蒙古各盟市城镇居民收入现状及其分析

为了了解内蒙古各盟市城乡居民收入现状，表 8-12 中给出了 2010—2013 年内蒙古各盟市城镇居民平均每人可支配收入。

表 8-12　2010—2013 年内蒙古各盟市城镇居民平均每人可支配收入

地区	2010 年（元）	2011 年（元）	2012 年（元）	2013 年（元）	年平均（元）	年平均增长率（%）
包头市	25862	29628	33488	36576	31389	9.00
鄂尔多斯市	25205	29283	33140	36132	30940	9.60
呼和浩特市	25174	28877	32646	35629	30582	9.10
乌海市	19741	22349	25447	28045	23896	8.80
阿拉善盟	19111	21622	24448	26807	22997	8.60
锡林郭勒盟	15464	17960	20508	22708	19160	9.90
呼伦贝尔市	14858	17142	19492	21482	18244	9.50
通辽市	14263	16548	18828	21009	17662	9.70
赤峰市	14109	16416	18678	20802	17501	9.80
乌兰察布市	14289	16314	18609	20536	17437	9.20
巴彦淖尔市	14422	16368	18455	20311	17389	8.60
兴安盟	11505	13233	15573	16796	14277	10.60

图 8-5 为 2010—2013 年各盟市城镇居民平均每人可支配收入聚类分析图。通过该图可将内蒙古自治区各盟市城镇居民分为四大类：①富裕：包头市、鄂尔多斯市、呼和浩特市城镇居民；②一般富裕：乌海市、阿拉善盟城镇居民；③一般贫困：锡林郭勒盟、呼伦贝尔市、通辽市、赤峰市、乌兰察布市、巴彦淖尔市城镇居民；④贫困：兴安盟城镇居民。

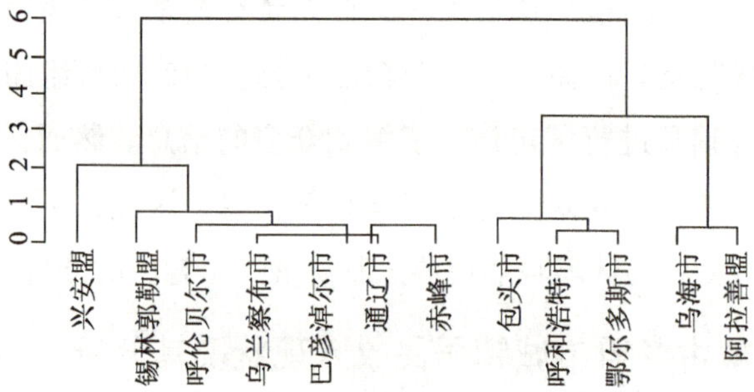

图 8-5　2010—2013 年内蒙古各盟市城镇居民平均每人可支配收入聚类分析图

（二）内蒙古各盟市农村牧区居民收入现状及其分析

表 8-13 中给出了 2010—2013 年各盟市农村居民人均收入。通过表 8-13 可以看出，内蒙古自治区各盟市农村居民人均收入的差距是巨大的，乌海市的农村居民人均收入是兴安盟的 2.46 倍。

表 8-13　2010—2013 年内蒙古各盟市农村牧区居民人均收入

地区	2010 年（元）	2011 年（元）	2012 年（元）	2013 年（元）	年平均（元）	年平均增长率（%）
乌海市	9245	10786	12429	14062	11630	10.40
包头市	8766	10058	11421	12801	10762	9.20
鄂尔多斯市	8756	10047	11416	12800	10755	9.20
呼和浩特市	8746	10038	11361	12736	10720	9.10
巴彦淖尔市	8240	9483	10717	12077	10129	9.20
阿拉善盟	7836	9058	10420	11752	9766	10.00
锡林郭勒盟	6153	7639	8925	10109	8206	13.20
呼伦贝尔市	6295	7643	8807	9990	8184	11.80
通辽市	6002	7216	8501	9621	7835	12.30
赤峰市	5010	6138	7079	8022	6562	12.20
乌兰察布市	4451	5092	5853	6655	5513	9.60
兴安盟	3712	4359	5064	5765	4725	10.90

图 8-6 为 2010—2013 年各盟市农村牧区居民人均收入聚类分析图。通过该图可将内蒙古自治区各盟市农村居民分为四大类：①富裕：乌海市、包头市、鄂尔多斯市、呼和浩特市的农村牧区居民；②一般富裕：巴彦淖尔市、阿拉善盟的农村牧区居民；③一般贫困：锡林郭勒盟、呼伦贝尔市、通辽市、赤峰市的贫困农村牧区农民；④贫困：乌兰察布市、兴安盟的农村牧区居民。

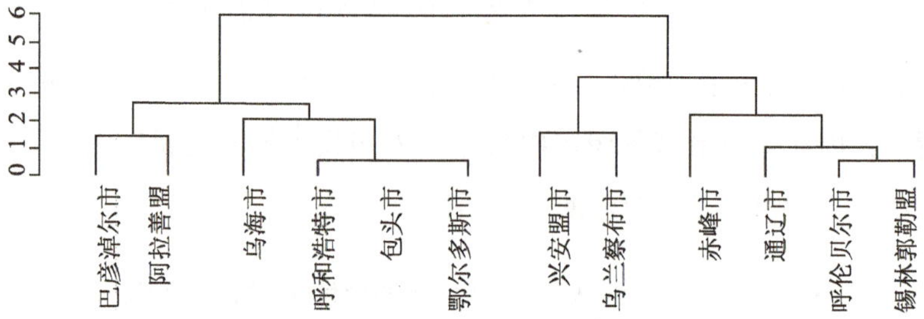

图 8-6　2010—2013 年内蒙古各盟市农村牧区居民人均收入聚类分析

通过表 8-12 及表 8-13 可以发现，城镇居民平均每人可支配收入最低的也比农村居民人均收入最高的高。从聚类分析图可以看出，最富裕的城镇居民和农村牧区居民集中分布在呼和浩特市、包头市和鄂尔多斯市。呼包鄂金三角地区位于内蒙古自治区中西部核心区、黄河两岸，拥有 1250 多亿吨的煤炭、7000 多亿立方米的天然气、逾亿吨的稀土保有储量和 58.6 亿立方米的黄河配给水量，拥有全自治区 60%以上的研发机构、75%的科技人员以及距离北京 500 千米、距离天津港口 600 千米、毗邻俄罗斯和蒙古国的区位优势，成为居民收入较高的地区。此外，依托和利用已有资源优势培育出了新的竞争优势，“产业多元、产业延伸和产业升级”的发展思路不断提升了呼包鄂三市优势特色产业的发展水平，使其成为内蒙古经济快速增长的火车头和助推器，对带动当地经济发展起了巨大作用。而乌海市是内蒙古自治区西部的新兴工业城市，境内资源富集，素以“乌金之海”著称，带动了大批城镇居民的就业。

收入一般的城镇居民和农村牧区居民集中分布在阿拉善盟。阿拉善盟位于内蒙古自治区最西端，位于举世闻名的河套平原和乌拉特草原上，属于典型的生态经济型土地利用区域，有宜耕土地 300 万亩。第一产业发展相对较好，农村牧区收入较高。巴彦淖尔市是内蒙古自治区西部的一个新兴城市，交通便利，通信便捷，气候干燥，气温偏低，自然资源丰富，旅游资源独具特色，被誉为“塞上江南、黄河明珠、北方新城、西部热土”。第二、第三产的发展带动了城镇居民的就业，提高了其收入。

一般贫困和最贫困的居民集中分布在锡林郭勒盟、呼伦贝尔市、通辽市、赤峰市、乌兰察布市。它们的共同特点是位于内蒙古自治区东部，即蒙东地区。首先，蒙东地区资源富集，但工业整体发展水平不高，生产规模有限，第一产业从业人员比重偏大，工业化水平较低。服务业发展相对落后，难以为城镇居民提供充足的就业岗位。其次，虽然内蒙古自治区的森林、草原、水资源大多分布于此，且蒙东地区拥有世界上原生植被保存最好的呼伦贝尔大草原和锡林郭勒大草原，但这一区域生态相对脆弱。通过实际调研发现，在锡林郭勒境内，除了东乌旗和西乌旗的草场比较好外，其他地区如苏尼特左旗、右旗等，草场沙化、植被破坏严重，且近年来施行禁牧政策，畜牧业发展受到极大的限制。再次，蒙东地区又是蒙古族聚居的地区，全区蒙古族人口的80%以上分布在这个区域，少数民族自身的天性使得其外出打工收入偏低。最后，由于交通、通信等的落后，物流的不发达，中间商极其强势地控制了牛羊价格，牧民实现稳定收入增长举步维艰。

（三）内蒙古各旗县城乡居民收入现状及其分析

为了精准了解内蒙古自治区各旗县收入状况，本项目组对 2013 年统计年鉴中内蒙古自治区 102 个旗县的人口及其收入数据进行了汇总（见表 8-14）。

数据整理结果表明，农村牧区人均纯收入低于 6000 元的旗县有 5 个，人口总和约为 74 万人；人均纯收入为 6000～7000 元的旗县有 18 个，人口总和高达 398 万人。这些地区大部分都是自然条件相对恶劣或者人口数量较大的地区，实现全面建成小康社会的宏伟目标依然非常困难。城镇居民人均可支配收入不到 18000 元的旗县有 11 个，人口总和 83 万人，人均可支配收入为 18000～20000 元的旗县有 17 个，人口总和 98 万人。

表 8-14　2013 年内蒙古自治区各旗县人口及其收入相关数据

地区	城镇人口（人）	乡村人口（人）	城镇居民人均可支配收入（元）	农村牧区人均纯收入（元）
新城区	326807	50059	36429	13769

续表

地区	城镇人口（人）	乡村人口（人）	城镇居民人均可支配收入（元）	农村牧区人均纯收入（元）
回民区	200088	37626	31892	14325
玉泉区	151654	48630	30917	13728
赛罕区	306378	124395	35366	13014
土默特左旗	46984	317875	24639	11113
托克托县	56220	151692	26021	10718
和林格尔县	60073	141994	25102	8641
清水河县	64222	80063	20037	5597
武川县	44215	130622	19136	5385
东河区	480541	57759	29945	15023
昆都仑区	733359	26441	35227	17453
青山区	494000	10200	35227	16453
九原区	149600	63200	33804	14075
石拐区	26900	6700	25379	9454
白云矿区	12700	14300	35178	–
土默特右旗	140300	139800	25245	11655
固阳县	59700	113200	21800	9103
达尔罕茂明安联合旗	53100	45800	27311	9929
海拉尔区	260853	17435	25656	10583
满洲里市	–	–	26383	–
扎赉诺尔区	44990	45624	26383	–
扎兰屯市	216349	205444	22759	10770
牙克石市	346739	4036	21982	11657
额尔古纳市	81375	2031	20177	11696
根河市	–	–	18122	9323
阿荣旗	102797	228349	25073	11505
莫力达瓦达斡尔族自治旗	66474	264053	15914	6714
鄂伦春自治旗	194868	69036	17411	6364
鄂温克族自治旗	114024	29391	23038	10008
新巴尔虎右旗	18313	16888	21834	9780

续表

地区	城镇人口（人）	乡村人口（人）	城镇居民人均可支配收入（元）	农村牧区人均纯收入（元）
新巴尔虎左旗	23442	19150	18045	13952
新巴尔虎旗	44580	14152	22467	11943
乌兰浩特市	244797	78880	20588	9346
阿尔山市	38507	10009	18508	6397
科尔沁右翼前旗	29011	310088	17558	6360
科尔沁右翼中旗	71208	189068	16849	5917
扎赉特旗	74634	322855	17545	6280
突泉县	76269	238409	17108	6119
科尔沁区	379381	477345	23376	12059
霍林郭勒市	76286	5868	30005	25678
科尔沁左翼中旗	69801	464033	17641	7435
科尔沁左翼后旗	51727	353930	17793	7894
开鲁县	74066	324012	19387	9985
库伦旗	36224	144142	16928	6972
奈曼旗	63856	383903	17658	7209
扎鲁特旗	74533	232616	18996	9778
红山区	269395	89608	23525	12372
元宝山区	161387	165208	23254	12240
松山区	118556	442534	22126	9457
阿鲁科尔沁旗	40159	260002	17301	6160
巴林左旗	56893	300292	18829	6515
巴林右旗	58480	127203	17288	6671
林西县	49128	191778	18512	6148
克什克腾旗	54712	198431	19311	7236
翁牛特旗	70618	416365	18536	6608
喀喇沁旗	45724	306918	18851	7206
宁城县	75631	536509	20374	6947
敖汉旗	72162	535260	18814	7186

续表

地区	城镇人口（人）	乡村人口（人）	城镇居民人均可支配收入（元）	农村牧区人均纯收入（元）
二连浩特市	24846	2206	36574	18976
锡林浩特市	171525	7828	30670	16787
阿巴嘎旗	-906	17693	25253	16406
苏尼特左旗	14907	19596	25214	9680
苏尼特右旗	42801	26634	24713	6910
东乌珠穆沁旗	46932	33448	25697	19241
西乌珠穆沁旗	41199	38521	25945	16475
太仆寺旗	101695	110369	23619	7494
镶黄旗	13599	17779	25817	9228
正镶白旗	19787	54872	22474	6760
正蓝旗	30489	52703	25311	11197
多伦县	40854	69454	25797	9046
集宁区	271469	42828	22569	10664
丰镇市	163668	174592	21125	8298
卓资县	125701	88457	21527	7021
化德县	32347	141015	20802	5786
商都县	58723	284127	18811	6544
兴和县	69580	261218	18143	6267
凉城县	49171	195193	20151	7824
察哈尔右翼前旗	38223	182954	20307	7160
察哈尔右翼中旗	24879	198764	19095	5676
察哈尔右翼后旗	34877	179821	19275	7282
四子王旗	56573	158519	19401	6924
东胜区	226782	42126	28601	33707
达拉特旗	217660	144784	28928	12020
准格尔旗	216457	98216	33612	12128
鄂托克前旗	41560	35587	30225	12163
鄂托克旗	61641	35382	31205	12084

续表

地区	城镇人口（人）	乡村人口（人）	城镇居民人均可支配收入（元）	农村牧区人均纯收入（元）
杭锦旗	68220	75044	28829	11951
乌审旗	59381	50325	30316	12122
伊金霍洛旗	97635	72575	33605	12128
临河区	241745	314250	21035	11705
五原县	96409	195140	20635	11632
磴口县	53972	68510	20301	11268
乌拉特前旗	94617	249565	20163	11026
乌拉特中旗	49999	94542	21190	10686
乌拉特后旗	38146	25762	21051	9617
杭锦后旗	115342	194422	20747	11598
海勃湾区	291000	19600	29401	12887
海南区	96200	10300	28068	11289
乌达区	128765	7235	27963	18398
阿拉善左旗	87825	55073	27217	12179
阿拉善右旗	15628	9864	27997	14131
额济纳旗	11924	6089	27992	15011

注：“-”表示未在统计年鉴中找到相关数据。

通过表 8-14 发现，内蒙古依然存在较多的贫困旗县，城乡居民人均收入水平的低下及城乡内部的较大差距说明贫困群体依然大量存在。国家不仅需要帮助较为贫困的旗县进行大规模的革新，也要让那些介于贫困与非贫困地区的居民能够脱贫，并让富裕旗县的特殊居民能够并保持长久的富裕生活。

二、内蒙古居民收入及消费支出

城乡居民收入总量是反映城乡居民收入差距的最为直接的指标，而收入的构成进一步能够反映居民收入的稳定性、潜在的增长点与可能存在的众多风险。而在观察收入差距时，仅仅考虑居民收入是不够的，还要观察居民消费支出状况。

（一）内蒙古城镇居民收入及消费支出

表 8-15 给出了 2012 年及 2013 年内蒙古自治区城镇居民收入构成相关数据。从表 8-15 可以看出，这两年内蒙古自治区城镇居民收入得到了一定的提升，但其收入结构并未发生多大变化。内蒙古城镇居民的可支配收入主要来自工资性收入，经营性收入和转移性收入次之。而在经营性收入中，第三产业收入为其主要收入，第一产业和第二产业的收入很少。

内蒙古城镇居民收入的构成进一步说明了要想保障内蒙古自治区城镇居民的收入，就要提供更多的就业岗位。而随着近两年内蒙古自治区经济发展水平的减缓及其大规模人才的输出，保障城镇居民就业的难度系数依然较大。因此，鼓励大学生自主创业并由此带动一批大学生及农民工就业是今后内蒙古地区城镇居民增收的较为重要的途径。

表 8-15 内蒙古自治区城镇居民收入构成 （单位：元）

项目	2012 年	2013 年
可支配收入	23611	26004
工资性收入	14648	16146
经营性收入	3860	4223
第一产业收入	240	262
农业净收入	161	177
牧业净收入	66	72
第二产业收入	731	776
第三产业收入	2889	3186
财产性收入	1454	1587
转移性收入	3650	4049

表 8-16 给出了内蒙古自治区 2012 年及 2013 年城镇居民消费性支出情况，表 8-17 给出了内蒙古自治区城镇居民消费性支出占比。通过表 8-16 与表 8-17 可以看出，内蒙古地区城镇居民的消费性支出主要用于食品、居住、

衣着和交通方面。城镇居民在衣、食、住、行四方面的支出占比依然较高，在2012年和2013年均超过总收入的2/3，这也充分说明内蒙古自治区城镇居民的收入水平较低、城镇生存成本较高。而在反映国家发展水平及居民幸福指数的医疗保健、生活用品及服务、文化娱乐、教育和通信等方面的支出总量低且占比较少。

表8-16　内蒙古自治区城镇居民消费性支出　　（单位：元）

项目	2012年	2013年
食品	4868	5451
居住	2990	3465
衣着	2311	2440
交通	1608	1718
医疗保健	1313	1352
生活用品及服务	1257	1248
文化娱乐	955	1060
教育	950	980
通信	857	887
其他商品和服务	543	641

表8-17　内蒙古自治区城镇居民消费性支出占比　　（%）

项目	2012年	2013年
食品	27.58	28.33
居住	16.94	18.01
衣着	13.09	12.68
交通	9.11	8.93
医疗保健	7.44	7.03
生活用品及服务	7.12	6.49
文化娱乐	5.41	5.51
教育	5.38	5.09
通信	4.85	4.61
其他商品和服务	3.07	3.33%

（二）内蒙古农牧民收入及消费支出

内蒙古自治区统计年鉴将农牧民分为三类，即农民、农村牧区居民和牧民。这在一定程度上体现了少数民族地区的特性，也在部分程度上反映了内蒙古自治区的特性——各地区土地面积及其肥沃程度存在较大的差异。人们为了获取更高的收入，将早期的肥沃草原转化为了农田，然而又因干旱等原因纠结于种地与放牧之间。这就造成了农区、农牧区及牧区的分隔。

通过近两年的调研及访谈，本项目组发现内蒙古牧区可以被归纳总结为两类：第一类是人员稀少的内蒙古北方边疆地区，如新巴雅尔胡左旗、新巴雅尔胡右旗、霍林格勒市、东乌旗、达尔汗茂明安联合旗等。这些地域保持着牧区生活方式，其中东部地区蒙古族牧民占比较高，而西部地区蒙古族牧民占比呈现一定的下降趋势且居民收入并不高。第二类是土壤厚度不深、土壤质量较差的地区或半荒漠化地区，如阿拉善南部地区、苏尼特左旗、苏尼特右旗、阿鲁科尔沁地区。内蒙古农区分布较广，主要集中在水资源相对丰富、自然环境较好的地带。但因人口数量上的差距，农区居民的收入也存在较大的差距。内蒙古农牧区的界线较难辨认。在禁牧政策下，牧区的数量本应较少，但事实并非如此。实地调研发现，一定比例的农区居民在进行着畜牧养殖。虽然按照规定只能圈养，但是基于便利及低成本的目的，再加之地区监管不严，众多禁牧地区依然在放牧，这也导致了部分农区生态环境的恶化。农牧民收入的可持续性增长引人担忧。

1. 内蒙古农牧民收入及消费支出

表 8-18 给出了 2012 年及 2013 年内蒙古自治区农民收入的构成。从表 8-18 中可以看出，在农民四大收入构成中，经营性收入最多，其次是工资性收入、转移性收入，最少的是财产性收入。而经营性收入的主要来源是第一产业收入，在第一产业收入中，农业净收入所占比重最大；第三产业收入远远低于第一产业收入；第二产业收入几乎可以忽略不计。转移性收入大约是财产性收入的 3 倍，这主要是由于内蒙古自治区对农民施行的各项补贴，如农业支持保护补贴、农资综合补贴、农机购置补贴等。财产性

收入最少，说明内蒙古自治区农民投资理财意识比较淡薄。通过调研访谈发现，农机购置补贴等转移支付费用并未体现其真正的价值，中间环节的管理人员通过管理缺陷控制了这项补贴，普通农民难以从中获益。

表 8-18 内蒙古自治区农民收入构成 （单位：元）

项目	2012 年	2013 年
可支配收入	7313	8429
工资性收入	1646	1923
经营性收入	4359	4972
第一产业收入	3858	4353
农业净收入	2972	3376
牧业净收入	834	909
第二产业收入	63	76
第三产业收入	438	543
财产性收入	334	379
转移性收入	967	1155

表 8-19 和表 8-20 给出了 2012 年及 2013 年内蒙古自治区农民消费性支出情况及相关占比。可以看出，内蒙古农民消费性支出中吃、住两项的数值较小，但占比较高，两项总和占比超过 50%，这也说明农民收入水平较低、生活质量较差。另外，农民消费性支出中教育和医疗保健的费用较低，但占比较高，这在一定程度上体现了在教育及医疗保健方面农民依然较难得到公平的待遇。除此之外，农民在交通、通信上的支出占比较高，体现了农民在获取增收渠道、提高农产品价格方面成本较高、风险较大。农民在生活用品及服务、文化娱乐及其他商品和服务上的消费占比总和不到 9%，且人均消费总和不到 600 元，这也说明农民们除了基本的消费支出，在体现生活质量与生活水平上的支出依然较低，全面建成小康社会的难度系数依然巨大。

表 8-19　内蒙古自治区农民消费性支出　（单位：元）

项目	2012 年	2013 年
食品	2125	2338
居住	1226	1257
教育	744	783
医疗保健	583	761
交通	508	674
衣着	447	514
生活用品及服务	270	308
通信	182	232
文化娱乐	152	162
其他商品和服务	106	158

表 8-20　内蒙古自治区农民消费性支出占比　（%）

项目	2012 年	2013 年
食品	33.50	32.54
居住	19.33	17.49
教育	11.73	10.89
医疗保健	9.20	10.59
交通	8.01	9.39
衣着	7.05	7.16
生活用品及服务	4.25	4.28
通信	2.86	3.23
文化娱乐	2.39	2.25
其他商品和服务	1.67	2.20

表 8-21 给出了 2012 年及 2013 年内蒙古自治区农村牧区居民收入构成。可以看出，农村牧区居民收入与农民收入结构基本相同。需要指出的是，在经营性收入的来源中，牧业净收入的比重上升。

表 8-21　内蒙古自治区农村牧区居民收入构成　（单位：元）

项目	2012 年	2013 年
可支配收入	7956	8985
工资性收入	1666	1851
经营性收入	4732	5402
第一产业收入	4217	4819
农业净收入	2679	3077
牧业净收入	1500	1680
第二产业收入	63	70
第三产业收入	452	513
财产性收入	346	397
转移性收入	1213	1335

表 8-22 和表 8-23 给出了 2012 年及 2013 年内蒙古自治区农村牧区居民消费性支出情况及相关占比。可以看出，食品、居住和教育支出占据了前三位，三项总和占比超过了总支出的 60%。交通和医疗保健支出的占比也较高，且有一定的上升。其他支出的占比相对较低。

表 8-22　内蒙古自治区农村牧区居民消费性支出　（单位：元）

项目	2012 年	2013 年
食品	2151	2355
居住	1262	1300
教育	786	807
交通	633	791
医疗保健	561	763
衣着	494	556
生活用品及服务	294	331
通信	236	313
文化娱乐	158	170
其他商品和服务	116	157

表 8-23 内蒙古自治区农村牧区居民消费性支出占比 (%)

项目	2012 年	2013 年
食品	32.15	31.22
居住	18.86	17.24
教育	11.75	10.70
交通	9.45	10.49
医疗保健	8.38	10.12
衣着	7.38	7.37
生活用品及服务	4.40	4.39
通信	3.52	4.15
文化娱乐	2.36	2.25
其他商品和服务	1.74	2.09

表 8-24 给出了 2012 年及 2013 年内蒙古自治区牧民收入构成情况。可以发现，内蒙古自治区牧民的收入明显高出农民及农村牧区居民的收入。收入主要来源于经营性收入中的牧业净收入，其次是转移性收入。由于牧民比较缺乏现代化知识和专业技能，很少外出打工，因此工资性收入很少。内蒙古自治区牧民转移性收入所占比重较高与政府对牧民施行的草场补贴、畜牧良种补贴、粮食补贴等有重要关系。虽然牧民人均收入较高，但通过实地调研发现，牧民内部之间存在较大的收入差距，部分地区几乎无法放牧。

表 8-24 内蒙古自治区牧民收入构成 (单位：元)

项目	2012 年	2013 年
可支配收入	12560	12981
工资性收入	1204	1333
经营性收入	7443	8490
第一产业收入	7160	8167
农业净收入	686	898
牧业净收入	6489	7249
第二产业收入	24	27
第三产业收入	259	296
财产性收入	432	524
转移性收入	3480	2634

表 8-25 和表 8-26 给出了 2012 年及 2013 年内蒙古自治区牧民消费性支出情况及相关占比。可以看出，内蒙古自治区牧民在交通及通信方面的支出占比明显高于农民，这是因为牧民通常都居住在交通网络及通信技术并不发达的偏远地区。与此同时，牧民在教育支出的占比也较高，在通信、衣着及医疗保健方面的支出占比基本稳定在 8%~9%。在生活用品及服务、文化娱乐及其他商品和服务方面的支出占比较少。

表 8-25　内蒙古自治区牧民消费性支出情况　　（单位：元）

项目	2012 年	2013 年
食品	2448	2475
居住	1530	1616
交通	1332	1403
教育	1070	1141
衣着	853	897
医疗保健	833	856
通信	830	855
生活用品及服务	468	499
文化娱乐	232	253
其他商品和服务	137	127

表 8-26　内蒙古自治区牧民消费性支出占比　　（%）

项目	2012 年	2013 年
食品	25. 15	24. 45
居住	15. 72	15. 96
交通	13. 68	13. 86
教育	11. 00	11. 27
衣着	8. 76	8. 86
医疗保健	8. 56	8. 46
通信	8. 53	8. 44
生活用品及服务	4. 81	4. 93
文化娱乐	2. 38	2. 50
其他商品和服务	1. 41	1. 25

2. 内蒙古农牧民收入及消费支出特点

①内蒙古自治区农民、农村牧区居民和牧民的收入主要来源于经营性收入，财产性收入的贡献最少。其中，农民、农村牧区居民的经营性收入主要来源于农业净收入，而牧民的经营性收入主要来源于牧民净收入。需要关注的是，转移性收入是牧民的第二大收入来源。

②在消费性支出中，食品和居住支出所占比重始终最高，农民和农村牧区居民的这两项支出占比超过 50%，而牧民在这两项上的支出也超过了 40%。三类居民的教育支出占比也较高。此外，农民和农村牧区居民医疗保健支出占比较大，而牧民交通支出占比较大。

③三类居民在生活用品及服务、文化娱乐及其他商品和服务上的支出占比依然较低，这在部分程度上体现出内蒙古农牧民的生活质量依然很低。

④三类居民在教育及医疗保健上支出费用及支出占比的低下，进一步说明了三类居民不仅在未来收入水平提高方面不具备优势，也有潜在的致贫可能性。

3. 对内蒙古农牧民调研结果的总结

统计年鉴中提供的数据仅仅是各类居民收入及消费的平均值，而通过实地调研，本项目组进一步发现了众多影响农牧民收入及消费支出的因素。

（1）对内蒙古地区农民调研的结果总结

①农村居民土地灌溉面积不断提升，但连年的干旱使得水浇成本依然较大。统计年鉴中统计的收入总和可能并未扣除购买种子、化肥、机械设备等投资。如果将这些计算在内，农民的收入远比想象中的低。

②农民收入虽然从总体趋势上来看在提高，但农产品的价格并未明显提高。事实上，近十年来，玉米的价格基本稳定。

③施肥与灌溉虽然能够保证农民收入的稳定性，但地下水位下降、地上土壤受重金属污染，未来农民收入的可持续性难以保障。

④农民因贷款及孩子上学等原因急需用钱，较易被商家控制价格，而非主营农产品收入又与以外界的联系较少、规模化水平较低，难以得到保障。

⑤对金钱欲望的增加使得农民内部关系较差，相互帮忙与合作的可能性明显降低，再加上优秀青年劳动力的缺乏，农民耕作水平提高的速度减缓。

⑥农产品种子资源受到一定控制，农产品的绿色化及高产化进程推进缓慢。

⑦学术研究成果与农民生产实际的结合状况并不乐观，国家对农业的大量投入未收到预期的收益。

⑧内蒙古东部地区盛行高利贷及各种宴请，严重增加了居民支出，甚至出现了恶性循环。

⑨农民虽然可以通过大棚、种植水果等方式来增加单位面积的产出，但这种方式使用化学药品较多，在较高投入下存在潜在的亏损风险。

⑩农家院等经营性活动因管理及技术水平的低下，并不能够成为稳定的收入来源。

⑪城市扩充、资源开发、道路建设等征用了一定数量的土地，当地居民虽然得到了一定的补偿，但因此改变了自己的生活方式。

⑫因对政策措施的不了解及当地管理部门的腐败，农民并未享受到应有的政策待遇，农机补贴等的落实状况并不乐观。

（2）对内蒙古牧民调研结果的总结

①牧民草场沙化较为严重，近年来经常出现大规模的草场干旱状况。

②因牧区交通网络的不发达，牧畜产品价格较易受到商家的控制，再加上贷款、牧畜头数的严格控制，商家有了更多的压价理由。

③大规模养殖不仅提高了牧民的投入成本，也造成了牧畜产品价格的低下。

④在禁牧政策的约束下，牧民的生活已经发生了根本的变化，牧畜的圈养策略事实上与众多商家并无本质的区别。

⑤禁牧补贴不能按时发放、谎报草场面积、克扣单位面积补贴及不发放禁牧补贴的状况经常出现，牧民很难得到公平的待遇。

⑥优质草场被管理部门或商家占用的情况时有出现。当地牧民虽然得到了一定的补贴，但失去了草场，再加上理财能力及个人技能的低下，随时可

能致贫。

⑦草场划分机制给牧民的日常生活带来了众多不便，潜在增加了放牧时间。同时，因优质草场不能共享、干旱状况经常出现，草场沙化风险倍增。

⑧大规模风力发电与资源开发给牧民造成了众多影响，资源环境也受到了一定程度的破坏。

⑨因贷款及劳动力的缺乏，牧民存在较大的失地风险。

⑩生态移民政策落实不到位，移民收入很难得到保障。

⑪牧畜流行病及传染病可能会导致牧民收入的不稳定性。

⑫乡村教育的变化及其差距导致了牧民更多的教育支出及其家庭的不稳定性。

三、内蒙古稳步提高收入缩小差距及精准扶贫建议

上述分析表明，在内蒙古，无论是在城镇居民还是在农牧民中，均存在一定数量的贫困群体，特别存在大量的贫困农牧民。近几年我国经济增速放缓，城镇居民收入得不到保障，众多隐性消费使得城镇居民的生活现状也并不景气。因此，采取合理的对策来提高内蒙古城乡居民的收入是我国全面建成小康过程中的一项重要任务。

（一）内蒙古自治区城镇居民精准扶贫建议

1. 多方支持居民创业，增加城镇居民经营性收入

内蒙古城镇居民的经营性收入低于全国平均水平，稳步提高城镇居民经营性收入是提高城镇居民收入的重要任务之一。

（1）鼓励全民创业

内蒙古要围绕富民强区目标，狠抓招商引资，积极采取有效措施，激发市民创业精神，推动经济的快速发展和城镇居民经营性收入的大幅增加。一个地区的活力之源在于全民创业，一个地区的富庶之路在于全民创业。政府要鼓励创业，为个体工商会提供融资渠道，实行税收优惠政策，促进全民创业，提高居民经营性收入。政府还应加大减税力度，鼓励个人创业，继续做

好就业工作，广辟就业门路，尤其要进一步做好低收入居民家庭的就业工作。

（2）积极搭建创业平台和载体

要将“创业经济”纳入全区经济社会发展的总体规划，制订创业规划，引导广大创业者因地制宜实施自己的创业计划。各地要建立“创业园”和“创业街”项目，吸纳有创业项目和创业能力、但无场地的创业者进园入街来创办、领办小企业或经济实体。在创业园积极探索建立孵化小企业、滚动式培育小企业的长效机制。

（3）提高青年人勤劳指数

在“十三五”期间，积极培育掌握新生代信息技术、拥有接受新鲜事物能力的青年人才，发挥其在经济社会中的作用，以实现居民收入的不断增加。

（4）为创业者提供良好的创业环境

城市中虽然存在众多创业赚钱的机会，但部分行业或多或少会出现垄断的现象。新进入者因资金及人际关系上的缺陷，很难在前期的竞争中胜出，这也会间接地影响其他创业者创业的信心。因此，努力为创业者提供良好的创业环境，在创业前期为创业者提供更多支持是一项鼓励创业的重要措施。

2. 务实就业，以增加城镇居民工资性收入

要努力提高居民收入在国民收入分配中的比重，提高劳动报酬在初次分配中的比重。深化收入分配制度改革，努力扭转收入差距扩大的趋势。保障和改善民生，促进社会公平正义，加快构建社会主义和谐社会，积极调整收入分配关系，进一步完善工资制度，建立工资正常增长机制，着力提高中、低收入者的工资性收入。

（1）行政事业单位职工

提高在职职工工资标准。建立与经济增长联动的工资增长机制，实施具有普遍影响力的增资政策措施，提高全区各类人员的收入水平。财政和社会保障部门应根据实际情况，建立完善稳定的公务员工资增长机制，在自治区平均水平基础上提高增长标准，提高工资指导线的基准线和下线，为企业增资提供制度支撑。继续稳步推进公务员津补贴工作，全面推动事业单位实施绩效工资制度。工资制度的不断改进为工资的较快增长提供了坚强的政策依

据和制度保障。

（2）企业职工

推行企业工资集体协商制度，保障职工民主参与的权利。真正落实以职工代表大会制度为主要内容的企业民主管理制度，保障职工的知情权、参与权、表达权和监督权，重点建立健全职工收入分配协商决定机制、职工收入正常增长机制和职工收入支付保障机制。

加强企业工资分配监控，充分发挥政府宏观指导作用。政府有关职能部门要定期对企业工资分配情况进行执法检查，规范企业执行最低工资标准的行为，明确职工工资与企业效益同步（或相应）增长。政府要从宏观上把握好工资分配的“度”，使企业工资支付与工资成本相适应、人均工资水平与地方经济发展相适应、职工工资收入与群众生活水平相适应。

扶持中小企业，有效改善微观经济。统计资料显示，中小企业的发展对未来基层工薪收入翻番起到了决定性的作用。但目前，内蒙古自治区中小企业正面临着企业核心竞争力不足、管理落后、品牌效益差、产业结构落后以及融资环境差等诸多困境。通过研究日本国民收入倍增计划发现，日本在经济增长的关键时刻采取了支持中小企业发展、限制大资本经济扩张等措施，提高了中小企业竞争力，扩大了就业需求，提高了工人收入。但我国却恰恰相反，国家出台的“抓大放小”政策导致很多中小企业很难得到地方上的种种政策优惠。因此，应强化对中小企业的专门扶持以促进中小企业发展。

务实居民就业观，引导居民合理就业，针对就业困难人员开展技能培训，确保消除零就业家庭。要充分发挥政府引导和服务就业的职能，采取积极的就业政策，制订每年新增城镇就业人口计划，提高全体劳动力年龄范围内人员的就业率。转变大学生择业观念，帮助其解决首次就业。社会保障和民政部门应承担起落实城镇居民就业的工作，充分提高城镇家庭就业面，为城镇居民增收创造广阔空间。

3. 完善资本市场，加强对公民产权保护，以提高城镇居民财产性收入

党的十八大报告提出“多渠道增加居民财产性收入”，这是继党的十七大报告提出“创造条件让更多群众拥有财产性收入”之后的又一政策亮点。财

产性收入是城镇居民收入的重要组成部分，要提高居民收入必须把提高财产性收入作为重点。

（1）完善当前的资本市场制度

对于城市居民来说，资本市场的完善与成熟是其财产性收入增长的重要基础。要通过鼓励上市公司分红，严厉打击内幕交易，推动养老金等长期资金入市，进一步健全新股发行制度等措施，完善当前的资本市场制度，营造良好的投资氛围。

（2）依法加强对公民财产权的保护

法律为多渠道增加居民财产性收入提供了制度保障。今后要进一步健全保护公民财产权制度，为增加居民财产性收入营造公开、公平、公正的法制环境。尤其在拆迁、征地、征用公民财产的过程中，要依法确保公民财产权利和财富增值权利不受侵犯。

（3）更加重视规范市场秩序和完善制度建设

一是要适度扩大存贷款利率浮动范围，逐步缩小存贷款利差，保护存款人权益。继续规范资本市场，重视保护投资者的特别是中小投资者的合法权益。通过创新金融体系、强化投资理财渠道监管、规范交易方式、探索网络交易模式，让居民拥有更为多样的金融理财工具和产品。加强上市公司监管，规范可持续回报股东的分红制度。二是要完善政策法规，加强对投资租赁行为的服务、指导和规范管理，维持市场秩序良性运行，保护民间投资的合法权益。

（4）增加多元化的理财产品

政府应稳定并规范股票及证券市场，在积极健全和完善资本市场的同时，积极拓展更多投资理财新渠道，鼓励金融机构进行产品创新，给居民一个安全、广阔的理财空间。努力做好民间非法集资事件处理工作，把集资户的损失减到最小。

4. 健全转移支付制度，增加城镇居民转移性收入

随着我国社会经济的发展、老龄化趋势的加剧，急需健全现有转移支付制度。

（1）加强离退休金、养老金、救济金、辞退金、保险赔偿金以及住房公积金等的管理

政府要加强对个人的离退休金、养老金、救济金的管理。单位也要对个人辞退金、保险赔偿金以及住房公积金等的支出加强管理。

（2）强化转移支付制度定位

针对现阶段转移支付制度存在的形式繁多、定位不准确的问题，政府要健全政府转移支付制度的相关法律法规。我国转移支付制度的建立，需要有相应的法律、法规作保障，才能够为我国转移支付制度的健康运行提供良好的法律环境。

5. 减少城镇居民生活支出及隐性消费支出

城镇居民生活费用支出种类繁多，包括物业费、取暖费、电费、燃气费等。然而，少数民族地区的管理不严，相关部门故意抬高相关费用，导致了城镇居民生活支出的提高及部分人群的非法牟利。除此之外，内蒙古自治区作为电能及燃气的主要输出基地，对居民进行适当的优惠是完全在合理范围内的。

除上述生活必要开支外，城镇居民还有众多隐性支出，如孩子的教育隐性支出、看病隐性支出、工作或开店隐性支出，这些均在一定程度上造成了城镇居民内部的收入差距。

6. 努力保障教育的公平性

内蒙古作为少数民族地区，其教育水平与众多发达省份存在较大的差距。不仅如此，在内蒙古各大盟市、各旗县及城市内部，也存在较大的差距。优秀的学生及教师集中在一所或几所学校，本身就造成了教育的公平性。优秀的学生会更加优秀，而学习较差的学生及因收入较低而无法购买优秀学校学区房的群体很难得到良好的教育，这也为未来收入差距的拉大埋下了伏笔。

鉴于这一点，在努力提高教师教学水平的同时，应通过合理的管理机制将教学质量较差的教师通过转岗制度进行进一步的筛选，在不断培养优秀教师的同时随机将其分配到各个学校，通过共同学习与进步，早日让教师的教

学水平提升到更高的层次。在学生择校方面，可以通过随机分配的方案保障各类学生择校的公平性。

7. 引进合理的征税制度，避免企业与个人的逃税漏税

为了避免城乡居民收入的进一步拉大，应引进合理的征税制度来缩小高低收入者之间的差距，也要避免企业及个人避税漏税现象的发生，并增加转移支付费用来救济那些努力工作但又无法获得稳定收入的低收入群体。

8. 以旅游业为切入点，全面提高城镇居民服务意识

随着居民生活水平的不断提高，人们对服务质量与种类的需求更加多样化。然而，因少数民族地区居民思想意识相对落后，难以理解市场对多样化服务的需求，服务质量比较低下。通过多年的亲身经历及与他人的交谈发现，少数民族地区城镇居民的服务意识较为落后，服务质量的低下严重影响了游客的消费欲望。多起宰客事件的发生，严重影响了游客人数。

内蒙古作为拥有草原、沙漠、森林及蒙古族传统文化等诸多旅游资源的省份，旅游业的发展前景较为乐观。然而，如果不全面提高居民的服务意识，通过旅游业赚取的资金会被流动人口带走，这也会影响当地居民的就业与收入。以旅游业为切入点，全面提高城镇居民的服务意识，大力发展第三产业是未来内蒙古城镇居民收入的重要增长点。

（二）内蒙古自治区农牧民精准扶贫建议

1. 宏观方面

（1）努力保持经济稳定增长，发现和培育新的经济增长点

经济发展是全面建成小康社会的重要基础。根据自治区自身的特殊性，一要通过推进新型工业化和现代农牧业进程，努力提高第三产业发展水平，二要提高产业核心竞争力，把内蒙古建设成为绿色农畜产品生产加工基地。

（2）积极拓展居民收入来源，落实农牧民增收措施

一是要鼓励全民创业，多方支持居民创业。积极搭建创业平台和载体，提高青年人勤劳指数，从而显著提高城镇居民的经营性收入和农牧民的工资性收入。二是对于农牧民来说，要从税收支持力度和扶贫力度上加大对其优

势产业的保护，同时对其因禁牧带来的损失给予更多的生活补贴。三是要积极引导农牧民进城就业。为此，需打造良好的城乡交通体系，为农牧民进城与返乡提供方便。同时，需建立专门机构为其进城求职提供就业咨询服务。

（3）建设基础设施，提高牧民抗灾能力

由于农牧区所处位置的特殊性，近年来经常遭受旱灾、水灾、火灾、白灾等，然而目前内蒙古农村牧区基础设施薄弱、抗灾能力差。应根据内蒙古自身的地形条件，因地制宜、有重点、有步骤地加强农牧区公路建设。首先，做好农牧区公路的规划工作。根据实际情况提出公路建设方案，构建农牧区路网结构。其次，加大对农村牧区公路建设的资金投入。在大力推进公路建设的同时，考虑实际情况，切实采取各种措施落实公路养护责任，稳定养护资金来源，建立长效养护机制。最后，加快农村牧区客运站建设。深入调查，合理调配运力，探索适合当地的农村牧区客运模式，在车流和人流量较为集中的地方增设客运站，方便农牧民出行。为此，需要规划先行，努力实现低投入大实效。同时，应加大对农业保险的支持力度。

（4）积极发展特色产业及旅游业

内蒙古的“鄂尔多斯”“伊利”“蒙牛”等特色品牌已在国内外享有很高的知名度。在此基础上，应利用自身资源继续发挥乳业、纺织业等独特产业的优势。同时，要结合内蒙古独有的生态文化资源与历史文化资源，将蒙古族独特的民族文化与美丽的大草原相融合，不断吸引全国各地的游客。因此，政府应制定旅游产业发展政策，用旅游业来带动农牧民产品销售渠道的扩充及附带产业的发展，不仅可以很好地贯彻内蒙古“8337”发展战略中把内蒙古建设成“体现草原文化具北疆特色的旅游观光休闲度假基地”的宏伟目标，也可以为解决大批农牧民的就业问题作出贡献。

（5）转变消费观念，规范消费信贷

内蒙古自治区农牧民消费观念较强，借款消费状况经常出现。然而近年来，随着生态环境的恶化，农牧民的收入很难得到保障，而又因高利贷借款的存在导致农牧民急于卖出农畜产品，较易受到商家控制，在最不理想的情况下可能会失去土地、草场。因此，急需引进规范的农村牧区信贷部门。消费信贷是优化居民跨期消费的重要手段，能够提前释放潜在消费能力，对于扩大消费和促进经济增长具有长远而重要的经济意义。银行和相关金融机构应当在有效控制风险的前提下，结合促进消费的有关政策，研发差异化、多层次的消费信贷产品，吸引和促进居民在教育、医疗服务、旅游等更多的领域进行信贷消费，引导居民从传统消费观念向追求生活品质的现代消费观念转变。政府和银行要积极开发消费信贷产品及服务，在保证风险处于合理范围内的前提下适当放宽准入制度，并努力将农牧区涵盖进金融服务范围当中，以促进农牧民消费需求的增长。不仅如此，政府也可以采取补贴等优惠政策促进居民医疗保健类、交通和通信类的消费支出，以有效地扩大居民的消费总额，有效地改善居民消费结构，有效地带动农牧区经济的可持续增长。

（6）提高农牧民人力资本水平，加强汉语教育

重视农牧区青少年的义务教育。针对内蒙古自治区的特点，建立农牧区现代教育体系，为农牧区青少年提供城乡平等的高质量教育。首先，加大对农牧区教育的资金投入，改善农牧区的办学条件和基础设施，提高教育机构的硬件水平。农牧区教育设施水平远远落后于城市，城市里已开始使用多媒体、远程网络等先进科学技术，而广大的农牧区仍然使用传统的教学工具。其次，增加农牧区教师的工资和补助，提高农牧区教师的整体素质。

加强农牧区劳动力的职业培训。随着经济的发展，社会对劳动力素质的要求越来越高，农牧民进城就业需要一定的文化和技能素质。因此，必须采取措施，多渠道、多形式地加强对农牧区劳动力的文化教育和技能培训。同时，还应强调发展少数民族汉语教育。通过多种形式的教育和培训，努力提高现有农牧民劳动力素质，扩大人力资本积累，为自身的就业打下一个良好的基础。

（7）加快农牧民思想观念的转变

内蒙古自治区政府一定要意识到在农牧区传授科技知识、开展劳务技能培训的重要性和必要性，应不断加大宣传力度，创新宣传方式，帮助农牧民彻底转变观念。一方面，在普及新的技术、方法、观念时应充分做好宣传，在讲授时要耐心、细致；另一方面，可以成立科普协会，从思想、技术等方

面对农牧民给予大力的支持与帮助。

（8）高度重视生态文明建设，加强节能减排和生态环境保护力度

一是要切实抓好综合治理，坚持自然修复与工程措施相结合。坚持两手抓，一手抓重点生态区及农村牧区，一手抓重点生态工程，加强生态环境保护。二是要严把高能耗行业准入关，防止高污染、低效益的产业向内蒙古转移。三是要充分利用草场，大面积种植树木及防风固沙效果好的植物，不断增加植被覆盖面积，防止沙漠化。草场要实行轮牧或草畜分治，严格控制牲畜数量，全面提高牧民草场恢复与保护意识，促进生态环境的可持续发展。

2. 精准扶贫方面

在宏观把控提高内蒙古自治区农牧民收入基本思路的基础上，更为重要的是如何对内蒙古农牧民进行精准扶贫。国家施行了较多的惠民政策，然而因各个环节的解读误差及执行误差，各种政策并没有发挥预期作用。减少政策措施的中间环节，对贫困群体进行精准扶贫与帮扶是内蒙古自治区实现全面建成小康社会宏伟目标的关键。

习近平总书记在系列重要讲话中曾经提到："不缺豪言壮语，也不缺宏伟蓝图，缺的是实实在在的落地。我们看干部不是看你说得怎么样，关键是看你干得怎么样。"这些话充分体现了习近平总书记做实事的决心。当前，中国最缺乏的就是既有坚定理想信念又能脚踏实地做事，且个人素质过硬的领导干部。但这是我国实现全面建成小康社会宏伟目标的基本条件。

（1）对贫困农牧民进行精准分类

内蒙古自治区因其地域的特殊性、自然环境的特殊性及居民种类的特殊性，采用统一的扶贫方案来让所有居民实现脱贫的做法显然不科学。本项目组通过挖掘统计年鉴数据、实地调研与访谈的方式，了解到导致内蒙古农牧民贫困的原因可以分为以下四类：

①因地致贫。随着生态环境的恶化，内蒙古地区出现了大量的沙化或半沙化地带，再加上西部地区存在的大量黄土高原及地下水位的严重下降，部分地区不仅无法种地与放牧，居民居住成本都特别高，这些地区的扶贫问题是内蒙古地区全面建成小康社会的关键。虽然通过移民政策已将这些居民转

移至移民村或城镇，但因无法保障其稳定的收入来源，移民的生活状况并不乐观，很难谈得上全面建成小康社会。

②因病致贫。恶劣的生态环境、不健康的生活习惯、大量饮用劣质酒使农牧区居民常得大病，昂贵的医疗费用使众多家庭陷入了贫困状态。再加上老龄化的加速，因病致贫人数将会更多。

③因连年灾害致贫。随着生态环境的恶化，内蒙古自然灾害频发。大规模的干旱几乎每年都会出现，近两年更为严重。再加上火灾、虫灾、雪灾等，农牧民随时可能致贫，各家并无足够的存款有效抵御各种灾害。

④因学致贫。虽然我国实现了九年义务教育，但因异地就学等，各家教育占支出比依然较高。与此同时，百分之六七十的大学升学率及学生消费观念的超前性，使得农牧区有大学生的家庭每年不仅需要支付一定的学费，还至少要支付 1 万~2 万元的生活费。对于内蒙古农牧民的人均收入而言，这笔支出几乎无法承担。国家虽然引进了相关扶贫款，但因贫困群体识别过程中的误差及扶贫总额不高，大量贫困群体并未得到应有的资助。

（2）建立大数据扶贫平台

光靠部分群体的调查与反映难以对农牧民有全面科学的了解。通过 2016 年暑期的调研发现，内蒙古各地虽然都在全面推进“十个全覆盖工程”，但推进效果存在较大差异。部分地区出现了将道路建设到村干部家门口而不给百姓修路的现象，将危房改造工程建设到离居民较远的地方的现象，对房屋与树木进行染色的现象，幼儿园及小学建设得比城市还要高档的现象，众多地区依然没有通电、通信信号几乎没有的现象。这些现象均说明了由上而下是无法高效推行各种政策的。

“直面问题是勇气，解决问题是水平。”基于这一点，内蒙古自治区扶贫工作必须要直面问题，让广大人民群众全面反映问题，将问题摆在台面上进行深入思考并寻找出解决问题的方案。当然，只靠少数人向上反映的做法也并不合理，因此，引进一个大数据扶贫平台，让所有环节都能被民众看到、听到、参与到才能够更好地解决问题。除大数据扶贫平台外，专业人士对扶贫平台的维护、大数据分析及优化建模方案的引进同样非常重要。

（3）提供农牧业保险政策

由于收入水平的低下及保险意识的缺乏，内蒙古农牧区的居民购买保险的比例较低。与此同时，国家虽然推出了农业保险政策，但牧业保险的相关政策尚未出台。从而，引进针对干旱、流行病等灾害的保险政策，保障农牧民的稳定收益是十分必要的。在必要的时候可以考虑引进强制保险政策。

（4）加大转移支付力度，逐年恢复生态环境

内蒙古自治区作为资源输出大省和生态环境恶化大省，应争取国家更多的转移支付费用用于生态环境治理。而生态环境的恶化也与农牧民收入低存在较强的联系，只有解决好当地居民的收入问题，才能够大力推进生态环境保护政策。因此，国家应加大转移支付力度，充分利用中国的人口优势，让居民参与进来，逐年恢复生态环境。只有这样，居民的稳定收入才能得到保障。需要注意的是，应加大对转移支付费用的监管力度，必要时可考虑财务公开政策。

与此同时，近几年部分地区的退耕还林、退牧还草政策成效初显，今后应继续推行此项政策。同时，基于恢复草原生态环境的要求，建议严格执行禁牧政策，加大对恢复草原的牧民的奖励力度，可以考虑种草补贴政策。

（5）优化农畜产品买卖市场

近年来，牛羊的收购价格下降速度较快，其主要原因可分为两类：第一类是进口牛羊肉对内蒙古自治区牛羊肉价格的冲击较大；第二类是管理及制度上的缺陷、农牧区交通网络的不发达导致商家较易垄断市场，压低收购价格。因此，建议适当增加对国外牛羊肉的进口限制，简化内蒙古自治区内部买卖牛羊肉的市场流程，引进牛羊肉最低收购标准，保障牧民的稳定收益。

（6）完善抗灾基础设施建设

近几年全国范围内自然灾害发生频率较高，对居民的人身和财产安全产生了一定影响，从而影响了居民的收入与消费水平。通过实地调研发现，内蒙古农牧民应对自然灾害的基础设施水平较低，防洪防灾的意识较为薄弱，居民收入也因此可能受到较大的影响。以内蒙古牧区为例，因交通网络的落后和庞大的养殖规模，一旦发生较大的雪灾，牛羊很可能面临饥饿甚至死亡。

通过查阅历史资料发现，草原上曾发生多起大规模雪灾，大量的农畜被饿死。因此，无论是农区还是牧区，都应加强防灾基础设施建设，以防止大规模灾害给农牧民生命财产带来严重影响。

（7）充分发挥领导带头作用，加大对农牧民的培训力度

近年来，农畜产品的价格受到了一定的冲击，这可能与国家政策制度有一定的关系，但在更大层面上是由于农牧民对市场需求不够了解、对产品的宣传力度不够。因此，应充分发挥领导的带头作用，推广有计划地养殖与种植，对市场进行深度调研，合理宣传产品，努力保障农畜产品的价格，让更多居民拥有稳定的收益。对于那些土地面积尚可但人均土地面积较少的地区，建议通过种植瓜果、蔬菜、药材等方式来保障稳定收益。对于林木业比较发达的地区，建议通过规模化种植蘑菇、坚果、药材，养殖野生动物等方式来保障居民的收益。对于水资源相对丰富的地区，建议通过养殖鹅、鸭及鱼虾等水产品来保障居民的收益。而对于那些自然环境较为恶劣的地区，建议通过养殖猪、鸡，引进小型工厂或者外出打工的方式来保障居民的收益。除了传统的养殖与种植业外，农牧民们都缺乏相关专业技术知识，所以必须对农牧民进行大量培训，保障创业初期的稳定收益，从而带动更多人从事副业。

（8）全面提高农牧民服务意识，大力发展旅游业

随着人们生活水平的不断增加，来内蒙古旅游的人数显著增加。然而，众多旅游场所成为部分当地居民或外来居民谋取高额利润的场所。旅游服务质量的低下使众多旅游爱好者对内蒙古产生了较差的印象，这将影响未来来内蒙古旅游的游客数量，也为内蒙古优质农畜产品的输出带来了众多的负面影响。因此，全面提高农牧民的服务意识与服务质量，让更多的旅游爱好者感受大草原的美景、牛羊肉的鲜美及蒙古民族的热情好客，只有这样，才能够实现旅游业的可持续发展，为农牧民提供更多的就业岗位，为农畜产品的输出打下坚实的基础。

（9）大力推进农田滴灌技术，防止水土流失与土壤侵蚀

通过实地调研发现，内蒙古众多地区虽然实现了农田的灌溉，但因连年的干旱及矿产资源的开采，地下水位下降迅猛。如果继续使用低效的灌溉技

术，未来内蒙古的生态环境还会继续恶化。因此，推进农田滴灌技术，节约用水总量，提高农产品产量是内蒙古农业可持续发展的道路。

另外，值得重视的是，在已经进行耕地种植的部分草原，政府应重视防止草原的沙化及其可持续发展能力的退化。同时，大规模的种地与大规模的施肥较易造成水土流失与土壤侵蚀，因此需要尽早提升农业种植水平来保障农业的可持续发展。建议采用轮耕等方案以提高土地使用效率与可持续性。

(10) 引进科学养殖方案，保障牧民稳定收益

通过实地调研发现，各地区的牧民并无足够的养殖计划，在牧畜数量的设置、品种的改进及种畜的淘汰方面并没有明确的计划，完全按照经验、市场价格及家庭收入状况进行决策。从科学化养殖的角度考虑，牧民必须根据自己草场面积的大小、近年来的雨水状况及畜产品价格状况引进科学的养殖方案，只有这样才能保障牧民的稳定收益，否则一旦被商家控制收购价，稳定收益就很难得到保障。

(11) 建立农牧区合作社，提高种植与养殖效率

随着城镇化进程的全面推进及大学扩招，极少部分年轻人选择回到农牧区从事农牧业。实地调研结果表明，现在农牧区老龄化状况较为严重，村镇里留下的基本都是中老年人，还有小部分的孩子。先进种植与养殖知识及年轻劳动力资源的缺乏，使得建立农牧区合作社、提高种植及养殖效率成为保障农牧民稳定收益的较为有效的途径。土地资源的共享、机械设备的共享与劳动力资源的共享，使居民在拥有更加稳定的收入的同时拥有更多的时间去提升自己的生活质量。解决这一问题的关键在于引进科学的评价指标体系去平衡合作社中各方的利益关系。

(12) 完善交通网络，降低出行成本

通过数据分析可以看出，内蒙古农牧民在交通通信方面的支出较多。一方面，人数总量少，单位出行成本较高；另一方面，部分地区仍然是传统土路，出行难度系数较大，在恶劣天气状况下几乎无法出行。这极大地影响了农牧民在危机时刻的收入与支出。因此，尽早完善农牧区交通网络，降低农牧民出行成本是缩小城乡居民收入差距、保障农牧民生命财产安全的有效途径。

（13）实现农牧区的转型升级

通过对农牧区的实地调研发现，大部分农牧区居民依然从事着较为传统的养殖种植业。然而，随着居民生活水平的提高，居民对农畜产品的需求更加多样化。但传统养殖种植业因其规模小，单位利润并不高。众多省份纷纷提出了单位产值较高的养殖与种植方案，因此，建议内蒙古自治区以绿色农畜产品为切入点，引进部分高效率养殖与种植方案，通过科学的销售策略实现内蒙古农牧区的转型升级。

（14）加大教育投入力度

内蒙古作为地广人稀的省份，教育一直以来都处于全国的下游水平，特别是近年来蒙古族的教育质量下降较为严重。这导致内蒙古地区缺乏稳定的优秀人才供应，再加上引进人才难度系数大，引进人才后会带来潜在的就业竞争压力，或多或少地影响了内蒙古居民的稳定收入。因此，加大教育的投入力度，大力培养本土优秀人才来发展内蒙古经济是必须坚持的重要原则。目前，政府对偏远地区农牧民教育的投入依然不足，贫困地区农牧民获得优质教育的机会少之又少，从而必须加大对贫困群体的教育投入，以实现全面建成小康社会的宏伟目标。

（15）逐步推进城镇化进程，实现部分农牧民的城镇化

内蒙古城镇化率与其他少数民族地区相比较高，早已突破50%。然而，过早过快的城镇化进程也对城镇居民的稳定就业造成了冲击。在近两年经济下滑的冲击下，城镇居民中也出现了一定数量的贫困群体。因此，政府需要稳步推进城镇化进程。在将农牧民培养为能够在城镇生存的复合型人才后再完成城镇化过程，才是推进城镇化进程的长远之计。

（16）精细化政策规章制度的落实，防止公款挪用与私用

基于国家经济社会快速发展的背景，国家提出了众多针对性较强的政策。然而，因规章制度的细节不清及执行过程中的众多缺陷，各种政策并未发挥预期水平。因此，应将规章制度落实到位，防止公款挪用与私用。因为这不仅会影响到国家的民生，也可能会造成社会的不稳定。

参考文献

［1］ W. 阿瑟·刘易斯．经济增长理论［M］．梁小民，译．上海：上海三联书店，1990.

［2］ 阿不都热西提·麦麦提敏·布拉比，韩桂兰．新疆城乡居民收入差距影响因素的实证研究［J］．对外经贸，2014（1）．

［3］ 安平．从西藏旅游业的发展看农牧民的增收［J］．中央民族大学学报（哲学社会科学版），2010（3）．

［4］ 巴图，高娃．内蒙古农村牧区扶贫脱困路径研究［J］．前沿，2007（12）．

［5］ 白雪军．宁夏城镇化发展现状、归因分析及路径选择研究［D］．宁夏大学，2014.

［6］ 蔡昉，杨涛．城乡收入差距的政治经济学［J］．中国社会科学，2000（4）．

［7］ 蔡昉．城乡收入差距与制度变革的临界点［J］．中国社会科学，2003（5）．

［8］ 蔡海龙．城乡居民收入差距的表现及其决定因素的实证研究［J］．农业经济，2010（1）．

［9］ 蔡继明．加快城市化进程，缩小城乡居民收入差距［J］．理论前沿，2009（14）．

［10］ 曹裕，陈晓红，马跃如．城市化、城乡收入差距与经济增长——基于我国省级面板数据的实证研究［J］．统计研究，2010（3）．

［11］ 曾国安，胡晶晶．论中国城市偏向的财政制度与城乡居民收入差距［J］．财政研究，2009（2）．

[12] 曾国平，王韧．二元结构、经济开放与中国收入差距的变动趋势[J]．数量经济技术经济研究，2006（10）．

[13] 常文涛．区域城镇化与城乡居民收入差距关系研究[J]．统计与决策，2016（15）．

[14] 陈爱雪，乌日丽歌．内蒙古地区城乡居民收入差距分析[J]．内蒙古民族大学学报，2007（4）．

[15] 陈斌开，张鹏飞，杨汝岱．政府教育投入、人力资本投资与中国城乡收入差距[J]．管理世界，2010（1）．

[16] 陈传康，徐祥临．中国少数民族和民族地区城镇化研究文献综述及展望[J]．中国发展，2013（1）．

[17] 陈利丹．21 世纪广西城镇化论析[M]．北京：中国经济出版社，2005.

[18] 陈闻君，胡序勇．对新疆资源富集区产业发展“比较优势陷阱”的理论分析[J]．理论视野，2012（11）．

[19] 陈彦斌．中国城乡财富分布的比较分析[J]．金融研究，2008（12）．

[20] 谌森．内蒙古自治区城乡居民收入差距的问题研究[D]．中南民族大学，2013.

[21] 程芳，杨雨鑫．浅谈扶贫开发工作的历史沿革及发展趋势[J]．农村工作通讯，2011（9）．

[22] 程开明，李金昌．城市偏向、城市化与城乡收入差距的作用机制及动态分析[J]．数量经济技术经济研究，2007（7）．

[23] 程莉，刘志文．农业现代化与城乡收入差距：内在逻辑与实证分析[J]．财经科学，2013（7）．

[24] 程莉．1978—2011 年中国产业结构变迁对城乡收入差距的影响研究[D]．西南财经大学，2014.

[25] 程永宏．改革以来全国总体基尼系数的演变及其城乡分解[J]．中国社会科学，2007（4）．

［26］迟诚．城市偏向型经济政策对城乡收入差距的影响［J］．城市问题，2015（8）．

［27］达古拉，胡格吉乐图，石柱．生态移民政策的影响分析［J］．生态经济，2010（10）．

［28］党玮．价格传导机制及其对农村居民收入分配的影响——基于新疆SAM的实证分析［J］．西北人口，2009（6）．

［29］邓发旺，徐爱燕．西藏城乡发展差距分析［J］．西藏研究，2010（5）．

［30］丁雨佳．新型城镇化研究的文献综述［J］．经济研究导刊，2014（36）．

［31］丁志国，赵晶，赵宣凯，吕长征．我国城乡收入差距的库兹涅茨效应识别与农村金融政策应对路径选择［J］．金融研究，2011（7）．

［32］都日娜．内蒙古库伦旗蒙古族贫困问题研究［D］．西北民族大学，2010.

［33］杜炳萱，陈爱东．关于西藏城镇化问题的探讨［J］．中国证券期货，2012（4）．

［34］范从来，张中锦．分项收入不平等效应与收入结构的优化［J］．金融研究，2011（1）．

［35］范念龙，徐红．新疆农村居民收入与经济增长关系研究［J］．商业经济，2011（5）．

［36］范晓莉．城市化，财政分权与中国城乡收入差距相互作用的计量分析［J］．财政与税收，2012（03）：7-10.

［37］方创琳，李广东．西藏新型城镇化发展的特殊性与渐进模式及对策建议［J］．中国科学院院刊，2015（3）．

［38］符想花．城市化进程中城乡居民收入差距模拟与预测［J］．统计与决策，2011（24）．

［39］付桂军．内蒙古城乡收入差距的制度分析［D］．内蒙古师范大学，2006.

［40］尕藏才旦，刘静静．西藏经济逐年递增五十载的辉煌历程［J］．西藏大学学报（社会科学版），2009（3）．

［41］高帆．中国居民收入差距变动的因素分解：趋势及解释［J］．经济科学，2012（3）．

［42］高宏宇，王利清．以城镇化发展促进农村剩余劳动力转移就业——以内蒙古凉城县为例［J］．前沿，2012（5）．

［43］格根图雅．科尔沁右翼中旗扶贫开发研究［D］．内蒙古师范大学，2010.

［44］葛立方，朱睿．宁夏城镇化发展的现状、问题及发展思路探析［J］．北方经济，2014（8）．

［45］宫晓霞．缩小城乡居民收入差距与建立农村社会保障制度［J］．东岳论丛，2006（3）．

［46］龚庆秀．广西城乡居民收入变动的实证分析［J］．生产力研究，2012（1）．

［47］巩芳，李婷．内蒙古城镇化与生态环境协调发展分析［J］．资源开发与市场，2014（9）．

［48］谷成，李俊毅．城乡收入分配差距的扩大与我国社会保障制度的整合［J］．东北财经大学学报，2004（4）．

［49］国家民委办公厅，等．中华人民共和国民族政策法规选编［M］．北京：中国民航出版社，1997.

［50］国家统计局农调总队课题组．城乡居民收入差距研究［J］．经济研究，1994（12）．

［51］韩喜平，杨艺．二元经济结构与农村发展［J］．吉林大学社会科学学报，2010（1）．

［52］蒿建华．城市化、劳动生产率、人力资本与城乡居民收入差距的实证检验［J］．统计与决策，2012（10）．

［53］红梅．中国少数民族经济政策50年［J］．广西民族研究，2000（2）．

[54] 侯李伟．草原牧业家庭集约化经营的困境［D］．中国社会科学院,2013.

[55] 胡超．对外贸易与收入不平等——基于我国的经验研究［J］．国际贸易问题，2008（3）．

[56] 胡晶晶，黄浩．二元经济结构、政府政策与城乡居民收入差距——基于中国东、中、西部地区省级面板数据的经验分析［J］．财贸经济，2013，34（4）．

[57] 黄国华．农村劳动力转移与城乡收入差距的因应——来自全国29个省市的经验数据［J］．北京理工大学学报（社会科学版），2010（2）．

[58] 黄启学．研究民族团结协同机理 促进各民族人民大团结——以广西壮族自治区民族团结协同关系为例［J］．西南民族大学学报（人文社会科学版），2011（5）．

[59] 黄素心，王春雷．广西城乡居民收入差距新探［J］．广西民族大学学报（哲学社会科学版），2011（6）．

[60] 黄万纶．中国少数民族城镇经济研究［M］．北京：民族出版杜，1994.

[61] 贾明月，张瑜琼，殷敏．我国国民收入分配与经济增长的关系［J］.经营与管理，2012（8）．

[62] 建风，刘建平．城市化，对外开放与城乡收入差距——基于VAR模型的实证分析［J］．技术经济与管理研究，2010（4）．

[63] 蒋含明．要素价格扭曲与我国居民收入差距扩大［J］．统计研究，2013（12）．

[64] 焦永利，郇雷．中西部新型城镇化的战略方向及西藏城镇化的政策建议［J］．西藏研究，2014（6）．

[65] 金智娟，安礼伟，赵曙东．对外开放对我国收入差距影响的分析［J］．世界经济与政治论坛，2007（3）．

[66] 敬莉，张胜达．基于资源优势的新疆产业结构优化与路径依赖［J］.新疆财经，2012（2）．

［67］李峰峰，刘辉煌，吴伟．基于面板门槛模型的城市化与城乡居民收入差距关系研究［J］．统计与决策，2015（1）．

［68］李贵茜．外国直接投资对我国收入不均衡影响的研究——实证文献综述［J］．现代管理科学，2012（3）．

［69］李国璋，赵桂婷．城乡收入差距与经济增长之间的倒“U”关系分析——以甘、青、宁经济区为例［J］．湖南社会科学，2012（4）．

［70］李汉君．对外贸易与收入差距——基于我国省际面板数据的实证分析［J］．国际贸易问题，2010（5）．

［71］李江南，李永波．我国民族地区城乡居民收入差距现状及对策建议［J］．内蒙古农业科技，2013（1）．

［72］李俊青，韩其恒．教育、金融市场和中国居民的收入不平等［J］．世界经济，2011（9）．

［73］李克强．协调推进城镇化是实现现代化的重大战略选择［J］．行政管理改革，2012（11）．

［74］李澜．西部民族地区城镇化：理论透视·发展分析·模式构建［M］．北京：民族出版社，2005.

［75］李鸣骥，黄立军．宁夏中南部地区生态移民几种城镇化模式对比研究［J］．小城镇建设，2013（5）．

［76］李宁．中国民族地区经济扶持政策与经济增长研究［D］．吉林大学，2011.

［77］李实，古斯塔夫森．中国农村少数民族与汉族居民收入差距的分析［J］．中国人口科学，2002（3）．

［78］李实，罗楚亮．中国城乡居民收入差距的重新估计［J］．北京大学学报（哲学社会科学版），2007（3）．

［79］李实，罗楚亮．中国收入差距究竟有多大？——对修正样本结构偏差的尝试［J］．经济研究，2011（4）．

［80］李小玉，郭文．基于面板数据的中部地区产业结构与城乡收入差距关系的实证研究［J］．企业经济，2011（12）．

［81］李秀荣．内蒙古城镇化发展影响研究［D］．西安电子科技大学，2011.

［82］林光彬．等级制度、市场经济与城乡收入差距扩大［J］．管理世界，2004（4）．

［83］刘春林．内蒙古城镇化与经济增长关系研究［D］．内蒙古大学，2014.

［84］刘芳．民族经济政策对民族地区企业的影响研究［D］．中央民族大学，2009.

［85］刘建军．对口支援政策研究［D］．新疆大学，2007.

［86］刘军，王佳玮，杨浩昌．产业聚集对居民收入的影响及其区域差异——基于中国省级面板数据的实证分析［J］．经济问题探索，2015（5）．

［87］刘丽梅．内蒙古扶贫工作与旅游扶贫［J］．中国乡镇企业会计，2012（5）．

［88］刘利．中国城乡居民收入差距：理论分解·现状评判·对策思考［D］．吉林大学，2010.

［89］刘叔申，吕凯波．财政支出结构、产业结构和城乡居民收入差距——基于1978—2006年省级面板数据的研究［J］．经济问题，2011（11）．

［90］刘树成，张连城，张平．中国经济增长与经济周期2010［M］．中国经济出版社，2011.

［91］刘晓斌．取消农业税的效应及对策研究［J］．经济工作，2006（7）．

［92］刘渝琳，滕洋洋，李后建．FDI的流入必然会扩大城乡收入差距吗?［J］．世界经济研究，2010（8）．

［93］刘玉祥，赵锡平．新疆公共支出对居民收入差距影响的实证分析［J］．新疆财经，2013（2）．

［94］刘志雄．广西财政支农对农民增收的效应研究［J］．江苏商论，

2012（4）.

［95］刘志雄. 制约民族地区农民增收的影响因素研究——以广西为例［J］. 中国经贸导刊，2012（23）.

［96］柳应华，宗刚，杨涛. 西藏旅游业发展对城乡居民收入的影响研究［J］. 中国藏学，2014（1）.

［97］卢冲，刘媛，江培元. 产业结构、农村居民收入结构与城乡收入差距［J］. 中国人口·资源与环境，2014（S1）.

［98］陆铭，陈钊，万广华. 因患寡，而患不均——中国的收入差距、投资、教育和增长的相互影响［J］. 经济研究，2005（12）.

［99］陆铭，陈钊. 城市化、城市倾向的经济政策与城乡收入差距［J］. 经济研究，2004（6）.

［100］罗添元，龙少波. 我国民族地区产业结构优化与经济增长关系实证分析［J］. 新疆农垦经济，2010（10）.

［101］吕炜，储德银. 城乡居民收入差距与经济增长研究［J］. 经济学动态，2011（12）.

［102］吕炜，储德银. 城乡居民收入差距与经济增长研究［J］. 经济学动态，2011（12）.

［103］马琳，贾保文. 城镇化对城乡居民收入差距变动影响的实证研究——以天津市为例［J］. 天津经济，2015（7）.

［104］马晓强，丁沛文，王颂吉. 中国城乡二元经济结构的转化趋势及其解释［J］. 开发研究，2013（3）.

［105］马秀英. 中国民族经济政策研究［D］. 中央民族大学，2004.

［106］马正兵. 产业结构调整与增进城乡收入实证研究［J］. 新疆财经大学学报，2008（1）.

［107］玛楠. 内蒙古城镇化发展现状、问题及对策研究［D］. 内蒙古大学，2012.

［108］迈克尔·P. 托达罗. 经济发展与第三世界［M］. 印金强，等，译. 北京：中国经济出版社，1992.

［109］苗国庆．和林格尔反贫困模式探究［D］．内蒙古农业大学，2006.

［110］纳慧．甘肃少数民族地区产业结构研究［D］．西北民族大学，2008.

［111］内蒙古城镇化研究课题组．内蒙古城镇化进程与发展趋势研究报告之一——内蒙古城镇化十年来发展现状、存在问题及原因［J］．内蒙古统计，2013（3）．

［112］内蒙古城镇化研究课题组．内蒙古城镇化进程与发展趋势研究报告之二——内蒙古城镇化发展质量评价及发展思路［J］．内蒙古统计，2013（4）．

［113］内蒙古农牧业厅编辑部．内蒙古禁牧政策解读［EB/OL］．［2012-03-15］．http：//www. nmagri. gov. cn/zwq/zcjd/223144. shtml.

［114］倪洁．长三角区域产业结构变迁的影响因素研究［D］．上海师范大学，2015.

［115］聂雨薇，韩丽萍，滕英霞．内蒙古城镇化现状及问题分析［J］．煤炭经济研究，2012（4）．

［116］欧阳志刚．阈值协整及其对我国的应用研究［D］．华中科技大学，2008.

［117］潘明明，后华．新疆城镇化与城乡收入差距关系的实证研究［J］．时代金融，2016（20）．

［118］彭娜，王运松，聂思举，徐世英．我国民族地区城乡收入差异程度的实证分析［J］．中央民族大学学报（自然科学版），2011（4）．

［119］彭娜．我国民族地区城乡收入差异程度的实证分析［J］．中央民族大学学报（自然科学版），2011（4）．

［120］彭泽军，绒巴扎西．西藏二元经济结构的实证分析［J］．贵州民族研究，2008（2）．

［121］戚兆坤．广西产业结构演进的特征分析［J］．钦州学院学报，2015（2）．

［122］曲兆鹏，赵忠．老龄化对我国农村消费和收入不平等的影响［J］．经济研究，2008（12）．

［123］饶会林．城市经济学［M］．大连：东北财经大学出版社，1999.

［124］任维德．“一带一路”战略下的对口支援政策创新［J］．内蒙古大学学报（哲学社会科学版），2016（1）．

［125］沈红．中国贫困研究的社会学评述［J］．社会学研究，2000（2）．

［126］沈宏益．西藏农牧民持续增收的财政政策研究［D］．北京林业大学，2013.

［127］沈颖郁，张二震．对外贸易、FDI 与中国城乡收入差距［J］．世界经济与政治论坛，2011（6）．

［128］师强．科技创新驱动内蒙古产业结构调整研究［D］．内蒙古科技大学，2015.

［129］史晋川，沈国兵．论制度变迁理论与制度变迁方式划分标准［J］．经济学家，2002（1）．

［130］宋才发，黄伟，潘善斌，等．民族地区城镇化建设及其法律保障研究［M］．北京：中央民族大学出版社，2006.

［131］苏楠，曹晅．我国中、西部地区对外贸易与城乡居民收入差距的关系研究——基于省际面板数据的实证分析［J］．学习与实践，2010（11）．

［132］苏雪串．城市化与城乡收入差距［J］．中央财经大学学报，2002（3）．

［133］孙敬水．农村居民收入不平等形成机理研究综述［J］．云南财经大学学报，2013（4）．

［134］孙久文．走向 2020 年的我国城乡协调发展战略［M］．中国人民大学出版社，2010.

［135］孙旷怡．中国城乡居民收入差距影响因素分析［J］．统计与信息论坛，2011（5）．

［136］谭建新，吴定伟．广西城乡居民收入差距实证分析——基于农村人力资本外溢视角［J］．广西民族大学学报（哲学社会科学版），2012（3）．

［137］唐剑，郑洲．西藏产业结构优化升级的问题及对策研究［J］．贵州民族研究，2014（3）．

［138］唐莉莉．金融资源配置与经济增长关系的实证研究［D］．山东财经大学，2015.

［139］陶纪坤．社会保障制度与城乡收入差距［J］．兰州学刊，2008（12）．

［140］陶群山．中国城乡收入差距扩大的二元经济结构分析［J］．经济前沿，2009（5）．

［141］万广华，陆铭，陈钊．全球化与地区间收入差距：来自中国的证据［J］．中国社会科学，2005（3）．

［142］万玛当知．民族地区失地农牧民生存现状调查与发展对策研究［D］．兰州大学，2012.

［143］汪同三，蔡跃洲．改革开放以来收入分配对资本积累及投资结构的影响［J］．中国社会科学，2006（1）．

［144］王彪，高翔，倪一超．浅论我国产业结构的变动和调整［J］．中国新技术新产品，2011（9）．

［145］王健．论长江三角洲、珠江三角洲产业结构变化与区域经济发展［D］．吉林大学，2007.

［146］王君同志在自治区党委扶贫开发工作会议上的讲话［EB/OL］．内蒙古新闻网，［2015-12-07］．http：//gov. nmgnews. com. cn/system/2015/12/09/011831418. shtml.

［147］王莉荣．广西城镇化发展态势、问题与对策研究［J］．广西政法管理干部学院学报，2013（5）．

［148］王娜．西藏产业结构与就业结构的演变及关联性分析［J］．西藏发展论坛，2010（4）．

［149］王少平，欧阳志刚．我国城乡收入差距的度量及其对经济增长的效应［J］．经济研究，2007（10）．

［150］王少平，欧阳志刚．中国城乡收入差距对实际经济增长的阈值效

应[J].中国社会科学，2008（2）.

[151] 王生贵，张杰，龚新蜀.新疆城镇化发展历程、现状与对策研究[J].新疆农垦经济，2011（12）.

[152] 王淑梅，危兆麟.农民收入与城镇化关系的实证分析[J].财政研究，2007（4）.

[153] 王微.我国城乡收入差距问题研究［D］.吉林大学，2005.

[154] 王伟化，杜凤莲，李红霞.内蒙古经济增长与城乡收入差距的互动关系分析[J].中国软科学.2009（8）.

[155] 王小华.收入结构变迁、支农政策引导与农村消费困境摆脱——一个时空和区域差异的对比研究[J].金融理论与实践，2013（11）.

[156] 王小华.中国收入差距的演化历程及相关研究综述[J].西部经济管理论坛，2012（3）.

[157] 王小鲁，樊纲.中国收入差距的走势和影响因素分析[J].经济研究，2005（10）.

[158] 王晓志，吉孟振.内蒙古城镇化：现状、问题及对策[J].内蒙古农业大学学报（社会科学版），2012（1）.

[159] 王晔.内蒙古农牧区扶贫开发的政府行为研究［D］.内蒙古大学，2013.

[160] 王艺明，蔡翔.财政支出结构与城乡收入差——基于东、中、西部地区省级面板数据的经验分析[J].财经科学，2010（8）.

[161] 位志宇，廖士光，韩忠伟.农村金融支持与城乡收入差距的经济效应研究[J].华南农业大学学报（社会科学版），2007（1）.

[162] 魏浩，王宸.中国对外贸易空间集聚效应及其影响因素分析[J].数量经济技术经济研究，2011（11）.

[163] 魏丽颖.内蒙古产业结构调整战略研究［D］.内蒙古农业大学，2005.

[164] 魏庆华.内蒙古农村贫困形态特征及扶贫开发对策[J].内蒙古农业大学学报（社会科学版），2011（1）.

［165］魏玮，宋一弘，张燕航．市化、政府支出偏好与城乡居民收入——基于中国省际 1995—2010 年的面板数据［J］．云南财经大学学报，2012（4）．

［166］温军．中国少数民族经济政策稳定性评估（1949～2002 年）（上）［J］．开发研究，2004（4）．

［167］翁占斌．完善农户小额信用贷款的思考［EB/OL］．中国金融界网，［2010-07-15］．http：//www.zgjrjw.com/news/fxsk/2010715/1434149667.html.

［168］吴霖．江苏就业结构调整与产业结构优化的实证研究［D］．南京航空航天大学，2006.

［169］吴沛宝．西藏城镇化发展战略研究［D］．西藏大学，2012.

［170］吴振华．重庆市城乡居民收入差距的实证研究［D］．重庆工商大学，2008.

［171］吴知音．财政政策与区域经济协调发展［D］．东北财经大学，2002.

［172］伍耀规．广西产业结构存在的问题及对策［J］．大众科技，2011（1）．

［173］武小龙，刘祖云．中国城乡收入差距影响因素研究——基于 2002—2011 年省级 Panel Data 的分析［J］．当代经济科学，2014（1）．

［174］西蒙·库兹涅茨．各国的经济增长［M］．北京：商务印书馆，1985.

［175］习近平赴湘西调研扶贫攻坚［EB/OL］．新华网，［2013-11-03］．http：//news.xinhuanet.com/politics/2013-11/03/c_117984236.htm.

［176］习近平在云南考察工作时强调：坚决打好扶贫开发攻坚战［EB/OL］．中国政府网，［2015-01-21］．http：//www.gov.cn/xinwen/2015-01/21/content_2807769.htm.

［177］夏庆杰，宋丽娜，Appleton S. 中国城镇贫困的变化趋势和模式：1988—2002［J］．经济研究，2007（9）．

[178] 夏晓婷．中国收入差距与经济增长的关系分析[J]．内蒙古财经学院学报，2012（1）．

[179] 徐黑妹．中国对外贸易政策的研究［D］．厦门大学，2007.

[180] 徐舒．技术进步、教育收益与收入不平等[J]．经济研究，2010（9）．

[181] 徐煜珺．缩小我国城乡居民收入差距的财税政策研究［D］．江西财经大学，2012.

[182] 许庆，田士超，徐志刚，邵挺．农地制度、土地细碎化与农民收入不平等[J]．经济研究，2008（2）．

[183] 杨国安，徐勇．中国西部城乡收入差距与城镇化的关系检验——以青海省为例[J]．地理科学进展，2010（8）．

[184] 杨明洪，孙继琼．中央财政补助对西藏经济发展和收入分配的影响分析[J]．西南民族大学学报（人文社科版），2009（7）．

[185] 杨森平，唐芬芬，吴栩．我国城乡收入差距与城镇化率的倒 U 关系研究[J]．管理评论，2015（11）．

[186] 杨秀花．新疆城乡居民收入差距问题研究［D］．石河子大学，2010.

[187] 杨艳玲，孟繁杰．内蒙古自治区农村牧区扶贫开发效益分析[J]．农业经济问题，2002（S1）．

[188] 姚丹，毛传新．国际贸易对我国区域城乡收入差距的影响研究[J]．国际商务（对外经济贸易大学学报），2013（2）．

[189] 姚耀军．金融发展、城市化与城乡收入差距——协整分析及其格兰杰因果检验[J]．中国农村观察，2005（2）．

[190] 云宝君．内蒙古牧区贫困问题研究［D］．内蒙古大学，2007.

[191] 云莉，赵剑峰．当前内蒙古居民收入分配现状、原因及其对策[J]．内蒙古财经学院学报，2012（1）．

[192] 张传庆，田旭．西藏城乡居民收入差距影响因素的实证研究——基于计量经济模型的分析[J]．黑龙江民族丛刊，2016（1）．

［193］张恩英，矫正．我国城乡收入差距现状及对策分析［J］．商业经济，2013（2）．

［194］张芳霞，朱志玲．宁夏城镇化发展区域差异因素研究［J］．宁夏工程技术，2011（2）．

［195］张凤艳，张湛，高岗仓．实现中国民族和谐的经济政策及其调整［J］．青海民族研究，2005，16（4）．

［196］张嫘，方天堃．我国城乡收入差距变化与经济增长的协整及因果关系分析［J］．农业技术经济，2007（3）．

［197］张丽君，韩笑妍，王菲．中国民族经济政策回顾及其评价［J］．民族研究，2010（4）．

［198］张甜．新疆城镇化进程中农村剩余劳动力转移问题研究［D］．乌新疆农业大学，2012.

［199］张习宁，关艳丽．二元经济结构、国际贸易与城乡收入差距——基于中国省际面板数据的实证分析［J］．社会科学家，2010（1）．

［200］张协奎，韩昌猛，林冠群．广西城镇化现状与发展对策研究［J］．广西大学学报（哲学社会科学版），2013（5）．

［201］张雪瑞，王彦东．增长与共享——基于内蒙古经济增长与城乡居民收入增长的关系研究［J］．内蒙古师范大学学报（哲学社会科学版），2009（6）．

［202］张永军．内蒙古城乡居民收入差距的实证研究［D］．内蒙古农业大学，2014.

［203］张玉春．江苏工业结构升级研究［D］．南京航空航天大学，2009.

［204］张志军．资源型城市可持续发展综合评价及提升路径研究［D］．石河子大学，2011.

［205］赵凤，东梅，周婷．产业结构升级影响就业的实证分析——以宁夏为例［J］．农业科学研究，2014（2）．

［206］赵思诚．宁夏产业结构升级对农村转移劳动力影响研究［D］．宁

夏大学，2015.

［207］赵显洲．中国农业剩余劳动力转移研究［D］．华中科技大学，2008.

［208］赵小芳，耿建忠，宋金平．近60年来新疆产业结构演进过程与机理分析［J］．干旱区资源与环境，2011（3）．

［209］赵晓霞，李金昌．对外贸易、FDI与城乡居民收入及差距——基于省际面板数据的协整研究［J］．中国人口科学，2009（2）．

［210］赵珍．新疆城镇化发展的现状及筹资途径研究［J］．财会研究，2014（4）．

［211］甄江红，杜淑芳．内蒙古城乡居民收入水平及其差距变动分析［J］．干旱区资源与环境，2005（4）．

［212］中共中央办公厅《关于创新机制扎实推进农村扶贫开发工作的意见》［EB/OL］．新华网，［2014-01-25］．http：//news. xinhuanet. com/politics/2014-01/25/c_ 119127842. htm.

［213］钟笑寒．城乡移民与收入不平等：基于基尼系数的理论分析［J］．数量经济技术经济研究，2008（8）．

［214］周兵兵，周生路．我国城乡居民收入差距研究综述——兼论地理学的缺位［Z］//中国地理学会，河南省科学技术协会．中国地理学会2012年学术年会学术论文摘要集，2012.

［215］周凯．中国城乡融合制度研究［D］．吉林大学，2012.

［216］左停，杨雨鑫，钟玲．精准扶贫：技术靶向、理论解析和现实挑战［J］．贵州社会科学，2015（8）．

［217］Ahlnwalia M S. Income Distribution and Development：Some Stylized Facts［J］. The American Economic Review，1976，66（2）.

［218］Ahlnwalia M S. Inquality，Poverty and Development［J］. Journal of Development Economics，1976，3（4）.

［219］Benjamin D，Brandt L，Giles J，Wang S. Income Inequality during China' s Economic Transition［Z］. Working Paper，2005.

［220］ Benjamin D, Brandt L, Giles J. The Evolution of Income Inequality in Rural China［J］, Economic Development and Cultural Change, 2005, 53 (4).

［221］ Carlsson F, Qin P. It Is Better to Be the Head of a Chicken than the Tail of a Phoenix? A Study of Concern for Relative Standing in Rural China［J］. The Journal of Socio-Economics, 2010, 39 (2).

［222］ Chang G H. The Cause and Cure of China' s Widening Income Disparity［J］. China Economic Review, 2002, 13 (4).

［223］ Chenery H, Syrquin M. Pattans of Development (1950-1970)［J］. African Economic History, 1971, 86 (2).

［224］ Chi W, Li B, Yu Q. Decomposition of the Increase in Earnings Inequality in Urban China: A Distributional Approach［J］, China Economic Review, 2011, 22 (3).

［225］ Chi W, Li B. Glass Ceiling or Sticky Floor? Examining the Gender Earnings Differential across the Earnings Distribution in Urban China, 1987—2004［J］. Journal of Comparative Economics, 2008, 36 (2).

［226］ Clarke G R G, Xu L C, Zou H. Finance and Income Inequality: Test of Alternative Theories［Z］. World Bank Policy Research Working Paper No. 2984, 2003.

［227］ Ferreira F H G, et al. A Global Count of the Extreme Poor in 2012: Data Issues, Methodology and Initial Results［J］. Journal of Economic Inequality, 2016, 14 (2).

［228］ Gravier-Rymaszewska J, Tyrowicz J, Kochanowicz J. Intra-provincial Inequalities and Economic Growth in China［J］. Economic Systems, 2010, 34 (3).

［229］ Gustafsson B, Li S. Income Inequality Within and Across Counties in Rural China 1988 and 1995［J］. Journal of Development Economics, 2002, 69 (1).

［230］ Heshmati A. Global Trends in Income Inequality［M］. New York:

Nova Science Publishers, 2007.

[231] Kanbur R, Zhang X. Fifty Years of Regional Inequality in China: A Journey through Central Planning, Reform, and Openness [J]. Review of Development Economics, 2005, 9 (1).

[232] Krueger A O, Schiff M, Valdes A. The Political Economy of Agricultural Pricing Policy [M]. Baltimore: Johns Hopkins University Press, 1991.

[233] Kuznets S. Economic Growth and Income Inequality [J]. The American Economic Review, 1955, 45 (1).

[234] Lewis W A. Economic Development with Unlimited Supply of Labor [J]. The Manchester School of Economic and Social Studies, 1954 (22).

[235] Luo X, Zhu N. Rising Income Inequality in China [Z]. Research Working Papers, 2008.

[236] Panizza U. Income Inequality and Economic Growth: Evidence from American Data [J]. Journal of Economic Growth, 2002, 7 (1).

[237] Sala-i-Martin X. The Disturbing "Rise" of Global Income Inequality [Z]. Economics Working Papers, 2002, 3 (4).

[238] Shi X. Empirical Research on Urban-Rural Income Differentials: The Case of China [Z]. Unpublished manuscript, 2002.

[239] Sicular T, Yue X, Gustafsson B, Li S. The Urban-rural Income Gap and Inequality in China [J]. Review of Income and Wealth, 2007, 53 (1).

[240] Su B, Heshmati A. Analysis of the Determinants of Income and Income Gap between Urban and Rural China [J]. China Economic Political Review, 2013, 2 (1).

[241] Todaro M P. A Model for Labor Migration and Urban Unemployment in Less Developed Countries [J]. The American Economic Review, 1969, 59 (1).

[242] Wan G, Lu M, Chen Z. Globalization and Regional Income Inequality: Empirical Evidence from Within China [J]. Review of Income and Wealth, 2007, 53 (1).

[243] Xu L C, Zou H. Explaining the Changes of Income Distribution in China [J] . China Economic Review, 2000, 11 (2) .

[244] Yang D T. Urban-biased Policies and Rising Income Inequality in China [J] . The American Economic Review, 1999, 89 (2) .

[245] Yu K, Xin X, Guo P, Liu X. Foreign Direct Investment and China' s Regional Income Inequality [J], Economic Modelling, 2011, 28 (3) .

[246] Zhang K H, Song S Rural-urban Migration and Urbanization in China: Evidence from Time-Series and Cross-Section Analyses [J] . China Economic Review, 2003, 14 (4) .